高职高专汽车类教学改革规划教材

汽车车身电控系统检修
(第二版)

郑尧军　主　编
孙旭松　陈立旦　黄会明　副主编

清华大学出版社
北　京

内 容 简 介

本书力求体现车身电控课程理实一体化、工作任务化的教学理念，强调对车身电控系统的基本结构、工作原理和检修方法的系统性学习。本书讲解的车身电控系统包括巡航系统、自动空调系统、车载网络系统、自动座椅系统、安全气囊系统等，这些系统具有典型性，易于实施教学。本书以培养车身电控各大系统故障诊断分析(检修)能力为主线，以简单的部件认识→原理、电路分析→部件性能检测→复杂的故障诊断为教学实施流程，并在其中贯穿了车身电控各大系统的结构组成、工作原理、控制分析等电控与网络知识。

本书可作为职业院校汽车类专业学生的教材，同时也可作为汽车维修技术人员的参考书及培训教材。

图书在版编目(CIP)数据

汽车车身电控系统检修 / 郑尧军　主编. —2版. — 北京：清华大学出版社，2016 (2024. 2 重印)
(高职高专汽车类教学改革规划教材)
ISBN 978-7-302-45406-9

Ⅰ. ①汽…　Ⅱ. ①郑…　Ⅲ. ①汽车—车体—电子系统—控制系统—车辆修理—高等职业教育—教材　Ⅳ. ①U472.41

中国版本图书馆 CIP 数据核字(2016)第 260160 号

责任编辑：施　猛　马遥遥
封面设计：常雪影
版式设计：方加青
责任校对：曹　阳
责任印制：沈　露

出版发行：清华大学出版社
网　　址：https://www.tup.com.cn, https://www.wqxuetang.com
地　　址：北京清华大学学研大厦 A 座　　　邮　　编：100084
社 总 机：010- 83470000　　　邮　　购：010-62786544
投稿与读者服务：010-62776969，c-service@tup.tsinghua.edu.cn
质 量 反 馈：010-62772015，zhiliang@tup.tsinghua.edu.cn
课 件 下 载：https://www.tup.com.cn, 010-62781730

印 装 者：三河市龙大印装有限公司
经　　销：全国新华书店
开　　本：185mm×260mm　　印　　张：22.25　　字　　数：474 千字
版　　次：2012 年 8 月第 1 版　　2016 年 11 月第 2 版　　印　　次：2024 年 2 月第 6 次印刷
定　　价：59.00 元

产品编号：069592-02

前言(第一版)

近年来，随着汽车技术的快速发展，在社会需求与法律法规的双重推动下，为了改善乘坐的安全性和舒适性，也为了节能和环保，汽车车身电控技术发展迅速。智能化是《中国制造2025》提出的未来十年的八大任务中的首要任务，汽车产业又是《中国制造2025》九大重点领域之一的战略必争产业，国家期待以低碳化、信息化、智能化为汽车行业发展的突破口，以节能与新能源汽车创新与产业化为专项重大工程，布局基于大数据系统的智能化汽车产业链建设，实现智能网联汽车的批量应用。我国预期在2020年实现V2V、V2X之间的信息化，以智能网联汽车为代表的无人驾驶技术ADAS或将成为汽车行业发展的主流，并预期在2025年实现智能网联汽车规模化运行。在这一背景下，学习作为智能网联汽车基础的汽车车身电子技术知识，掌握车身电控技术的检修技能显得尤为重要。汽车车身电子的发展主要通过增加控制器控制功能、提高系统可靠性需求和增加软硬件复用来实现。

由于汽车车身电控系统融合了最新的汽车电控技术与车载网络技术，发展变化快，因此，该课程的学习难度大，技能掌握周期长。“汽车车身电控系统检修”课程作为汽车相关专业开设的一门实践性很强的专业核心课程，对提高汽车维修从业人员的技能和水平至关重要。

本书以“高等职业教育汽车专业领域技能紧缺型人才培养指导方案”为依据，结合高职教育、工作岗位，根据现阶段学习情境化的要求，在编写时力求贯彻以下几项原则。

(1) 工学结合、任务驱动的原则。通过对汽车维修企业及机电一体化等岗位的分析，梳理出汽车车身电控系统检修课程的故障诊断分析核心能力，以职业岗位的典型工作任务为驱动，设计理实一体化的学习任务；选取典型的、易教学实施的汽车车身电控系统(巡航系统、自动空调系统、车载网络系统、自动座椅系统、安全气囊系统等)进行教学任务化设计。

(2) 工作过程系统化，以培养综合职业能力为目标的原则。通过典型案例(任务)导入，设计融职业基本能力、社会能力、专业能力于一体的系统化学习性工作任务，使学生在真实的工作场景中获得解决综合性专业问题的能力和技术思维方式。

(3) 贯彻以学生为主体、以教师为引导、符合职业实际的原则。注重对车身电控系统故障诊断分析核心能力培养的学习目标和引导问题的设计。在理实一体的场景中，强调“学中教”“练中学”，体现以学生为主体、以教师为引导的理念。

(4) 教材的开发与精品课程网站同步的原则。精品课程网站提供了教材的各种辅助教学资源，配套性好。教材既适合课堂教学，也有利于学生自学。

全书共分4大项目，14个学习任务。项目1为车身电控系统检修基础，主要介绍车身电控系统的检修基础(入门)知识；项目2为汽车巡航控制系统检修，主要介绍汽车巡航控制系统结构与工作原理，要求学生能运用所学知识进行巡航系统的故障诊断；项目3 为汽车自动空调系统检修，主要介绍汽车自动空调系统结构与工作原理，要求学生能运用所学知识进行自动空调系统的故障诊断；项目4为车载网络控制系统检修，主要介绍车载网络结构与工作原理，要求学生能运用所学知识进行典型车载网络系统的故障诊断。

各项目的具体内容如下所述。

项目1为车身电控系统检修基础，共分为3个学习任务。学习任务1.1为车身电控系统检修基础，通过对车身电控系统工作原理与检修基础知识的介绍，以较为基础的雨刷电控系统的检修技能训练为突破口，学习如何对车身电控系统故障进行检修，为后续车身电控系统的检修打下扎实的基础；学习任务1.2为自动座椅系统认识与检修，从电动座椅(汽车电气子系统)的实例过渡到自动座椅(车身电控子系统)的实例，使学生加深对车身电控系统原理的理解，通过对自动座椅系统的结构与原理的学习，以典型故障案例分析了自动座椅前后不能滑动的故障诊断；学习任务1.3为安全气囊系统认识与检修，介绍了安全带的结构，通过对安全气囊系统结构与原理的学习，介绍了安全气囊系统的故障诊断方法。

项目2为汽车巡航控制系统检修，共分为3个学习任务。学习任务2.1为巡航控制系统操作与认识，介绍了汽车巡航系统的结构与原理，并进行了巡航系统的操作练习；学习任务2.2为电磁电机式巡航系统故障诊断，对典型电磁电机式巡航系统的电路进行了分析，进行了电磁电机式巡航系统部件的性能检测，并运用案例法对巡航系统不能设定故障的诊断做了分析；学习任务2.3为其他类型巡航系统检修，重点介绍了本田真空式巡航系统与大众电子油门式巡航系统的结构与原理，并运用案例法对真空式巡航系统与电子油门式巡航系统故障的诊断做了分析。

项目3为汽车自动空调系统检修，共分为3个学习任务。学习任务3.1为自动空调系统操作与认识，介绍了自动空调系统的结构与原理，并进行了自动空调系统的操作练习；学习任务3.2为自动空调系统分析，对典型自动空调系统的电路进行了分析，完成了自动空调系统部件的性能检测；学习任务3.3为自动空调系统故障诊断，运用案例法对自动空调系统出风口不能出冷风故障的诊断做了分析。

项目4为车载网络控制系统检修，共分为5个学习任务。学习任务4.1为车载网络系统检修基础，介绍了车载网络系统的结构与工作原理，对车载网络系统的检修基础知识进行了技能性训练，为后续车载网络系统的检修打下扎实的基础；学习任务4.2为舒适系统结构认识与操作，介绍了舒适系统的结构与原理，并进行了舒适系统(电动门窗与中控锁等)的操作练习；学习任务4.3为舒适系统CAN故障检修，对典型大众舒适系统的电路进行了分析，进行了舒适系统CAN部件的性能检测，并运用案例法对舒适系统中驾驶员侧主控开关不能控制右后门窗故障的诊断做了分析；学习任务4.4为驱动系统CAN故障检修，对典型大众动力系统进行了分析，并运用案例法对动力系统中 ABS仪表故障灯常亮的诊断做了分析；学习任务4.5为其他车载网络系统故障检修，介 绍了车载网络系统的其他典型网络协议，如内联局域网LIN的结构原理，多媒体娱乐 系统MOST的结构原理，蓝牙(Blue Tooth)的结构原理，FlexRay的结构原理。

本书由郑尧军任主编，陈立旦、孙旭松、黄会明任副主编。全书由郑尧军负责统稿，陈开考主审。

本书在编写过程中参阅了大量国内公开发表或出版的资料、文献及汽车维修手册，并引用了其中的部分图表资料，谨在此表示深深的谢意。在大纲讨论和编审中得到了浙江省高职高专汽车类协作组各位专家的关心与支持，在此一并表示感谢。

鉴于汽车车身电控系统涉及的知识和内容比较广泛，本书只取主要部分，加上编写时间仓促、水平有限，书中内容取舍、编排及叙述等方面难免有不妥之处，敬请各位专家和读者批评指正，以便再版时修订。我们的反馈邮箱：zhengyaojun@126.com。

本书可作为高职类汽车专业学生的教材，也可作为汽车维修技术人员的参考书及培训教材。

编者

2012年1月

前言（第二版）

近年来，在社会需求与法律法规的双重推动下，国内外汽车技术的发展变革特别迅猛。2015年5月8日，国务院发布了《中国制造2025》，将“节能与新能源汽车”列为《中国制造2025》九大重点领域之一，明确了汽车行业未来发展战略，国家期待以低碳化、信息化、智能化为汽车行业发展的突破口，以节能与新能源汽车创新与产业化为专项重大工程，布局基于大数据系统的智能化汽车产业链建设，实现智能网联汽车的批量应用。规划在2020年实现V2V、V2X之间的信息化，以智能网联汽车为代表的无人驾驶技术ADAS或将成为汽车行业发展的主流，并预期在2025年实现智能网联汽车规模化运行。从国家产业政策上可以看出，除节能与新能源汽车外，另一个扶持的重点是智能网联汽车(车联网)、无人驾驶技术。

学习作为智能网联汽车基础的汽车车身电子技术知识，加强对车身电控系统基本原理的领悟，对掌握车身电控技术的检修技能尤为重要。而汽车车身电控技术发展主要是通过增加控制器的控制功能、提高控制系统可靠性需求、增加系统软硬件复用等得以实现的，其基本的控制理论并没有太大的改变。在教学趋势上强调对基本车身电控系统原理的领悟，侧重对故障诊断等检修技能的熟练应用。

本书在再版前，基于汽车最新产业政策与行业发展趋势的考虑，参考了近年来职业院校汽车专业全国性技能比赛赛项、汽车行业企业技能比武、第43届世界技能大赛(汽车技术项目)与2016年中国技能大赛——第44届世界技能大赛选拔赛(汽车技术项目)等对技能知识的要求，增加了对车身电控系统检修基本技能知识的训练目标，在学习任务“1.1 车身电控系统检修基础”中，通过对车身电控系统工作原理与检修基础知识的介绍，增加了“1.1.3 科鲁兹雨刷系统低速故障案例分析”的内容，以较为基础的雨刷电控系统的检修技能训练为突破口，学习如何对车身电控系统故障进行检修，为后续车身电控系统的检修打下扎实的基础。在“4.3.2 舒适系统故障诊断”的拓展故障点中，增加了高职院校全国职业技能大赛中关于舒适系统赛项的比赛文件案例，供大家参考，在此也一并对引用了材料的国赛组委会、企业专家及同行表示感谢！

本书由郑尧军任主编，孙旭松、陈立旦、黄会明任副主编，王仁秋、曾文胜、封立军等企业技术专家任参编人员，为本教材的修订提供了很多新的技术建议。具体分工：郑尧军(浙江经济职业技术学院，任务1.1、2.1、2.2、4.2、4.3)、陈立旦(浙江经济职业技术学院，任务1.2)、孙旭松(河南工业职业技术学院，任务3.1、3.2、3.3、4.4)、黄会明

(浙江机电职业技术学院，任务1.3)、王仁秋(武汉华滋东江汽车零部件有限公司，任务2.3)、曾文胜(神龙汽车有限公司，4.1)和封立军(厦门金龙联合汽车工业有限公司，任务4.5)。全书由郑尧军负责统稿，由陈开考主审。

本书在编写过程中参阅了大量国内公开发表或出版的资料、文献及汽车维修手册，并引用了其中的部分图表资料，谨在此表示深深的谢意。在大纲讨论和编审中得到了浙江省高职高专汽车类协作组各位专家的关心与支持，在此一并表示感谢。

鉴于汽车车身电控系统涉及的知识和内容比较广泛，本书只取主要部分，加上编写时间仓促、水平有限，书中内容取舍、编排及叙述等方面难免有不妥之处，敬请各位专家和读者批评指正，以便再版时修订。我们的反馈邮箱：zhengyaojun@126.com。

本书可作为高职类汽车专业学生的教材，也可作为汽车维修技术人员的参考书及培训教材。

在此向施猛编辑、武汉科技大学的麻友良教授和郭健忠教授致谢！

编者

2016年6月

目录

项目1

车身电控系统检修基础

任务1.1 车身电控系统结构与原理认识

学习目标

(1) 知识点：汽车车身电控系统的组成，汽车电控系统检修基础知识。

(2) 技能点：车身电控系统检修基本技能训练(方法能力——观察能力、学习能力、写作能力；社会能力——团队合作能力、交流能力、演讲能力；专业能力——动手能力、分析问题的能力)。

(3) 训练点：车身电控系统检修基本技能训练。

(4) 评价点：考勤与加分项，任务处理过程考核，任务验收考核(任务工作单的填写、上台演讲表达、提问与解答)，知识识记考核，操作过程考核与期考。

任务导入

客户反映某科鲁兹轿车，除雨刷系统高速挡和喷水功能正常外，其他工作均不正常，业务接待人员及维修作业人员了解到该车型的雨刷系统采用新型的车身电控技术，因此需要学习对汽车电控系统进行检修的一般性程序，从而为后续课程的学习及完成该车故障的诊断与排除打下基础。

任务分析

1. 汽车车身电控系统介绍，初步了解汽车车身电控系统的结构组成

(1) 汽车新技术在汽车车身中的应用情况；

(2) 汽车车身电控系统的结构组成。

2. 掌握汽车电控系统的基本检修技能

(1) 汽车电控系统概述；

(2) 电控系统检修基础；

(3) 案例分析。

任务实施

1. 教学条件(师资、设备、场地、资源)

(1) 师资要求。具有中级职称以上、双师资格的教师2名以上。

(2) 设备要求。汽车电控系统检修基础台架8～16个，其他辅助材料。

(3) 场地要求。理实一体化的教室，投影仪，黑板。

(4) 学习资源。教师教学手册、学生学习手册、任务工作单、维修手册等教学资源。

2. 教学实施

(1) 汽车车身电控系统组成及车身电控系统检修基础知识讲授(课内集中教学与示

范，学生记录与跟踪操作)。教师现场教学，结合内容，引导学生在车身电控系统检修基础台架上跟随教师操作体悟。

(2) 车身电控系统检修基础练习(课内学生分组体悟)。学生分组练习车身电控系统的检修技巧，记录相关数据，完成任务工作单的内容，注意现场操作安全。

(3) 学习评价(学生上台总结、演讲、评价)。学生分组上台总结、演讲，组间、组内评价，最后统计每个人的过程考核成绩。

相关知识

1.1.1 汽车车身电控系统概述

1. 汽车新技术概述

近年来，在社会需求与法律法规的双重推动下，随着信息技术、计算机技术、汽车电子技术的迅速发展与在汽车中的应用，汽车电控技术与网络技术得到了蓬勃发展，汽车行业继续呈现多样化发展趋势，尤其是以改善乘坐安全性、舒适性、节能环保为主要目的的汽车车身电控技术发展迅速。从《中国制造2025》给出未来十年的八大任务、九大重点领域、十五大专项重大工程来看，未来应以节能与新能源汽车创新与产业化为目标，布局基于大数据系统的智能化汽车产业链建设，以实现智能网联汽车的批量应用。初步设想在2020年实现V2V、V2X之间的信息化，以智能网联汽车为代表的无人驾驶技术ADAS或将成为汽车行业发展的主流，预期在2025年实现智能网联汽车规模化运行。就目前构成智能网联汽车的基础技术而言，大致包括动力控制系统、底盘电控系统、车身电子与安全系统及车载网络系统。车身电控技术的主要发展方向包括以下几个方面。

(1) 满足用户个性化的需求，大幅度提高汽车的性能，使之更舒适方便、安全可靠。

(2) 满足社会需求，保护环境，节省能源，节约资源。

(3) 实现包括道路在内的交通系统智能化，将汽车和社会有机地联结起来，即智能网联汽车ADAS。

仔细观察汽车车身电子的发展趋势，大致可再细分为三个方面，即增加功能、提高系统可靠性需求和增加软硬件复用。功能的增加要求在车辆的各个不同电子模块之间建立更有效、更稳定的通信机制；功能的增加必然意味着发生故障的可能性增加，所以现代车身电控系统对汽车系统的使用可靠性提出了更高的要求；“功能的增加”和“提高系统可靠性”的发展趋势，必然会导致更复杂的系统和器件解决方案，而解决问题的方法就是“软硬件复用”。

2. 汽车车身电控系统的结构组成

车身电控系统是在汽车整体运行环境下能够独立使用的电控系统，它和汽车本身的性能并无直接关系，以节约能源，改善乘坐舒适性、使用方便性，提高汽车档次、安全性，满足现代通信的需要，增加享受型功能等为目的，多属辅助性功能，目前在汽车电控系统中是更新最快、新技术应用最广泛的领域。在汽车车身中的应用主要表现在以下几个方面。

(1) 汽车安全控制系统；

(2) 汽车使用方便性控制系统；

(3) 车内环境舒适、娱乐系统；

(4) 汽车信息与显示系统；

(5) 汽车智能化控制系统与车载网络系统。

汽车安全控制系统由主动安全系统与被动安全系统组成，其中主动安全系统包括底盘安全控制技术(如ABS/ASR/ESP、EPS、轮胎压力监测等)、车身主动安全装置(如高级驾驶员辅助系统ADAS、倒车雷达、智能辅助泊车系统、智能防盗系统、驾驶员状态监视系统等)；被动安全系统主要有已广泛应用的安全带、安全气囊系统等。

汽车使用方便性控制系统主要有巡航控制系统(CCS，或自动巡航控制系统ACC)、电动/自动座椅控制系统、前照灯控制系统等。

汽车车内环境舒适、娱乐系统有自动空调控制系统、多媒体音响娱乐系统、电动门窗控制系统等。

汽车数字仪表与信息显示系统有多功能信息显示系统(仪表)、语音系统、接入式互联网等。

汽车智能化控制系统与车载网络系统有导航与定位系统、车载网络系统、车载电话、智能交通ITS、智能网联汽车等。因此，学生既要学习汽车车身电控各大子系统的结构与工作原理，又要掌握车身电控系统与车载网络系统的检修基础知识，最终为车身电控系统的故障诊断与检修服务。

1.1.2 车身电控系统检修基础知识

1. 汽车电控系统概述

1) 汽车电控系统与常规电气系统差异

图1-1为常规汽车电气系统的线路图，常规电气系统具有明显的回路确定性，即电从哪里来，经过负载回到哪里。开关确定了对应负载的控制，如开关K_1控制灯光的亮灭，开关K_2控制电动机的旋转与停止，开关K_3控制加热器的工作，开关K_4控制电磁阀的工作。因此，每一个负载回路是确定的。

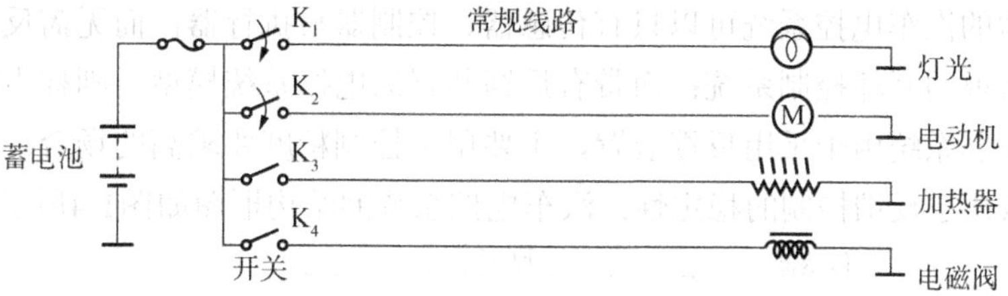

图1-1　常规电气系统的结构

如果开关K_1闭合时，发现灯光是独立工作的，但开关K_2闭合时，发现电动机和灯光同时工作了，则说明灯光电路与电动机电路相互间(单向)短路了。现如果需要实现以下功能：开关K_1只控制灯光的亮灭，但开关K_2闭合时需要同时控制灯光的间歇性亮灭和电动机的间歇性工作。为完成以上功能，对图1-1的线路进行常规性改造，会显得很复杂且无头绪，电控系统的模型(电子控制器) 的出现，则很好地解决了这些难题，汽车电控系统的结构模型如图1-2所示。

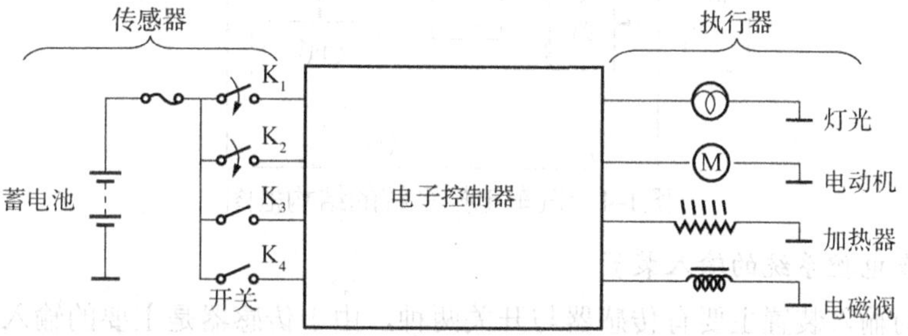

图1-2　汽车电控系统的结构模型

当需要实现开关K_1的独立控制灯光与开关K_2的同时控制灯光与电动机间歇性工作时，通过对电子控制器的软件功能进行修正即可实现。采用电控系统后，可以很方便地对电子控制器进行功能拓展，如间歇性工作、脉冲控制、频率控制等。因此，随着汽车新技术的发展，电控系统的应用也越来越广泛，电控系统可较好地实现对系统功能的拓展、优化及软硬件电路的复用。

2) 汽车电控系统控制原理与基本组成

汽车电控系统的核心是控制，即电子控制单元ECU，而控制是需要判断的，完成判断的前提是必须获得足够的输入电信号(表征输入物理状态的变化)，控制功能完成的质量则取决于执行器(输出装置)及反馈的完善程度。汽车电控系统的控制原理与基本组成如图1-3所示。

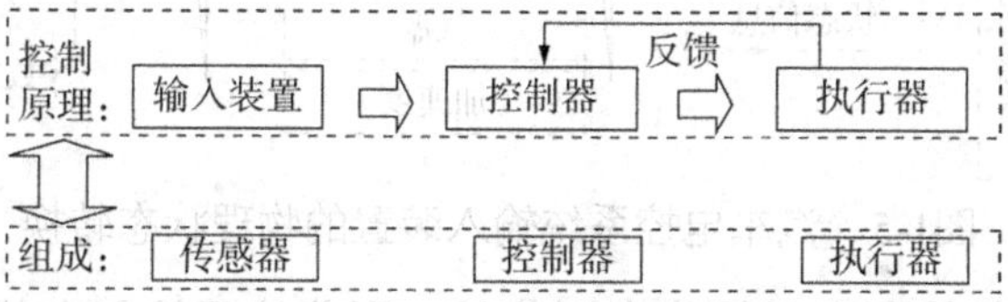

图1-3　汽车电控系统的控制原理与基本组成

最基本的汽车电控系统可以只有传感器、控制器与执行器，而无需反馈装置，这就是平常所说的开环控制系统；而带有反馈装置的电控系统模型，则称为闭环控制系统。闭环控制系统由于采用反馈装置，主要用于控制精度要求高的场合。闭环控制系统的质量取决于反馈控制的稳定性，汽车电控系统的结构框图如图1-4所示。

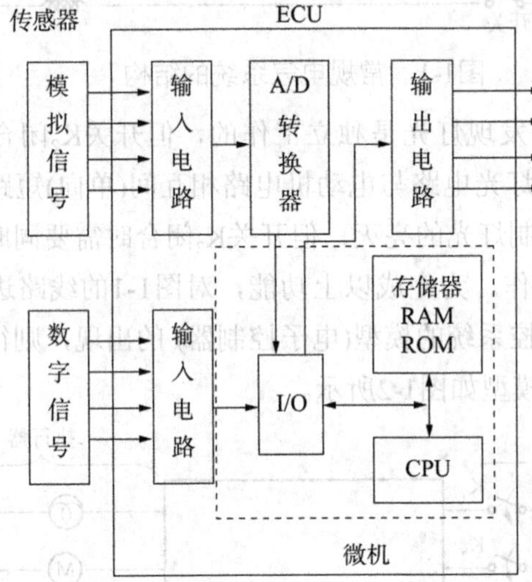

图1-4　汽车电控系统的结构框图

3) 汽车电控系统的输入装置

常见的输入装置主要有传感器与开关两种，由于传感器是主要的输入装置，因此电控系统的输入装置大多情况下称为传感器。如图1-5所示，实际上，电控系统的输入装置是基于物理状态变化的，它把原始的机电、液压、气压等物理状态变化(如温度变化、压力变化、角度变化等)转换为电控单元所能识别的电信号。通俗地讲，电控系统的输入装置相当于人的感知器官，用于感受来自外界的各种信息。因此，在实际检修过程中，对电控系统传感器信号的检测一定要注意不同物理状态变化下的电信号变化是否吻合，切忌只以单一物理状态下的电信号检测作为判断依据。

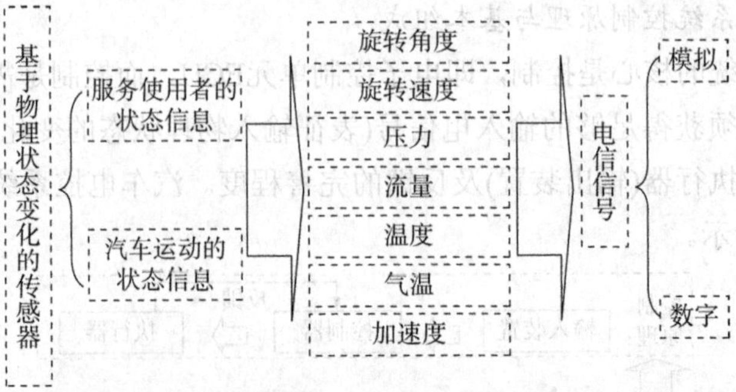

图1-5　汽车电控系统输入装置的物理状态转换

由于电控系统的控制器只接收电压信号，因此按照输入电信号的类型，可分为模拟电压信号与数字电压信号两种。模拟电压信号是一种在一定时间内连续变化的电压信号。数字电压信号实质上可以简单地理解为高低电平，或者说在电路状态中只有“开”与“关”两种工作状态，即用数字表示为“0”与“1”两种工作状态。如图1-6所示为模拟信号与数字信号的比较。

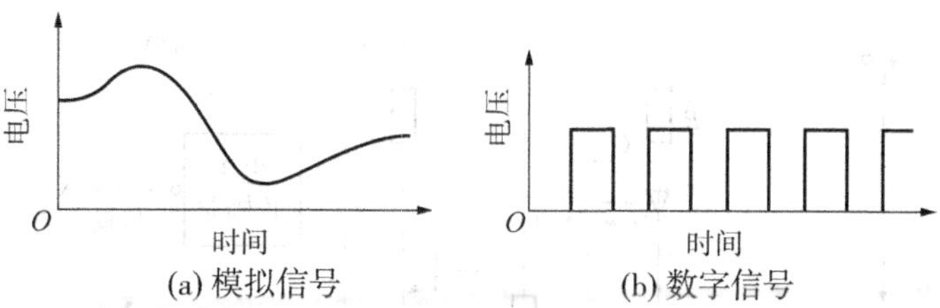

图1-6　模拟信号与数字信号的比较

模拟信号由于是连续不断变化的线性变化电信号，实际上不能为电控单元的运算器所识别，因此将模拟信号输入电控单元后，需经电控单元内部设置的放大电路放大，再经过模数转换电路(A/D转换器)，把模拟信号转换为数字信号，才能为电控单元的微处理器所识别，模拟信号的处理转化如图1-7所示。

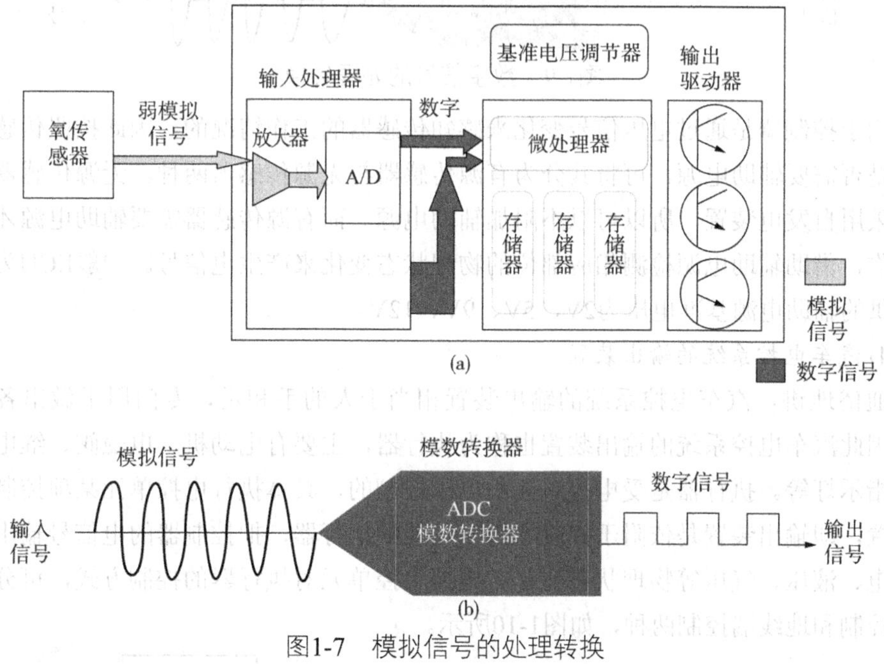

图1-7　模拟信号的处理转换

电控单元的微处理器只能识别两种状态的数字信号：数字“0”和“1”。电控单元的内部输入电路较简单，如图1-8所示为简单的数字电压产生器原理示意图，电源参考电压为5V，当开关S打开时，控制TTL电平(晶体管的电平，即图1-8中G左侧的电平)使光电隔离装置G截止，电压传感器X端读出5V的高电压(即逻辑1)；当开关S闭合时，控制TTL电平使光电隔离装置G导通，电压传感器的读数接近0V(即逻辑0)。由于数字信号的简单性，实际中数字信号又往往被狭义地理解成方波信号。数字信号赋予数值的方式被称为二进制编码，在二进制码中用数字“0”和“1”代表数字电压信号的不同状态。数字信号一般分为离散信号、脉冲信号、频率信号等，根据数字信号的特性，电控单元的微处理器能够根据精确控制的需要来改变数字信号中的高电压或者低电压信号持续时间的长度，以实现对控制功能的控制。数字信号的处理转换如图1-9所示。

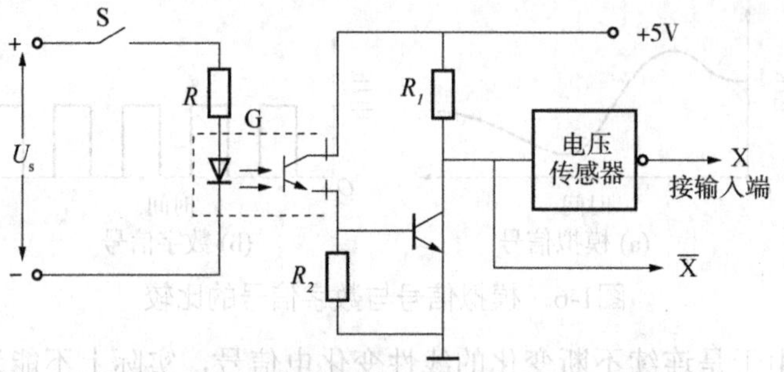

图1-8　简单的数字电压产生器原理示意图

图1-9　数字信号的处理转换

由于控制器是通过电压信号变化来感知传感器的工作情况的，因此按照传感器工作时是否需要辅助电源，可将其分为有源传感器与无源传感器两种。无源传感器大多因为采用自发电装置，所以可以不附加辅助电源。而有源传感器需要辅助电源才能正常工作，借助辅助电源检测相应部位的物理状态变化来产生电信号。一般ECU为传感器提供的辅助电源基准电压为2V、5V、9V、12V。

4) 汽车电控系统的输出装置

通俗地讲，汽车电控系统的输出装置相当于人的手和足，专门用于做出各种动作，因此汽车电控系统的输出装置也称为执行器，主要有电动机、电磁阀、继电器、仪表指示灯等。执行器是受电控单元的电压控制的，具体执行电控单元某项控制功能的装置，即输出装置是依附于控制器控制功能的执行器，把控制器的电信号输出转换为机电、液压、气压等物理状态变化。根据电控单元对执行器的控制方式，可分为火线端控制和地线端控制两种，如图1-10所示。

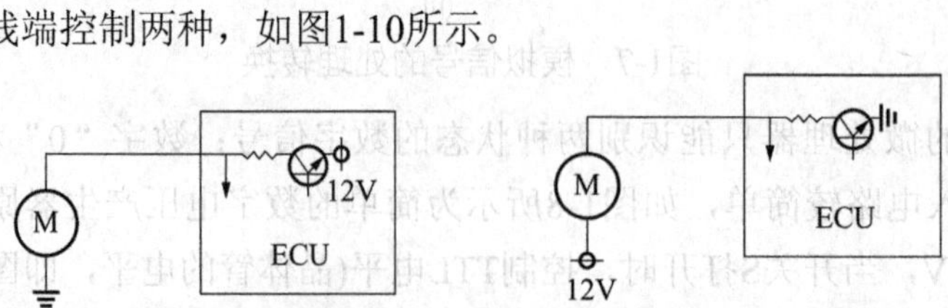

(a) 火线端控制　　(b) 地线端控制

图1-10　火线端控制和地线端控制的执行器比较

按输出信号的类型，汽车电控系统的可输出装置分为模拟量输出和数字量输出。

(1) 模拟量输出。模拟量输出是把电控单元的离散数字量输出转变成连续的模拟量输出，以控制执行机构。模拟量输出通道可以使用独立的通道和D/A转换器，也可以多通道共用D/A转换器及设置保持器。

(2) 数字量输出。数字量输出则把I/O接口输出的输出量直接转换成执行机构所需的信号。数字量输出的形式有以下三种。

① 微处理器I/O口直接控制执行机构；

② 通过三极管控制执行机构；

③ 通过继电器控制执行机构。

根据执行机构的驱动电流要求，数字量输出通道中还需要增加功率放大电路进行驱动。

5) 汽车电控系统的控制器

通俗地比喻，汽车电控系统的控制器相当于人的大脑，专门用于接收外界的各类信息，进行计算、比较、判断等处理，并向执行机构发出工作指令。汽车电控系统的控制器即电子控制单元(Electronic Control Unit)，俗称行车电脑、车载电脑，简称为ECU或ECM等，车身电控单元一般简称为BCM(Body Control Module)。图1-11所示为帕萨特轿车左前门窗电控单元和车载网络系统中央电控单元。

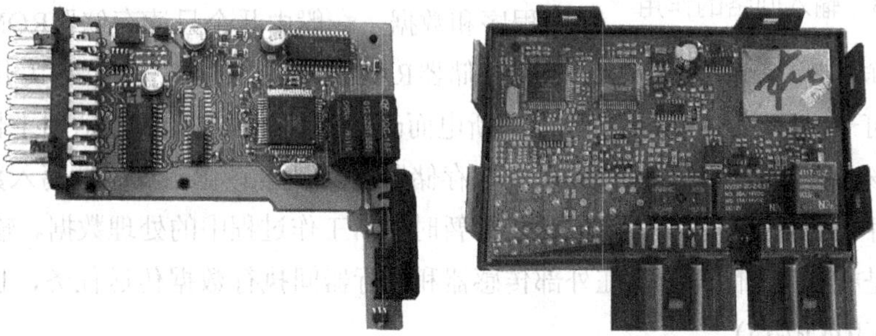

图1-11 帕萨特轿车左前门窗电控单元和车载网络系统中央电控单元

ECU主要由输入接口(回路)、输出接口(回路)、存储器(RAM、ROM)和控制器CPU四部分硬件电路及控制程序软件两大部分组成，ECU的组成结构框图如图1-12所示。

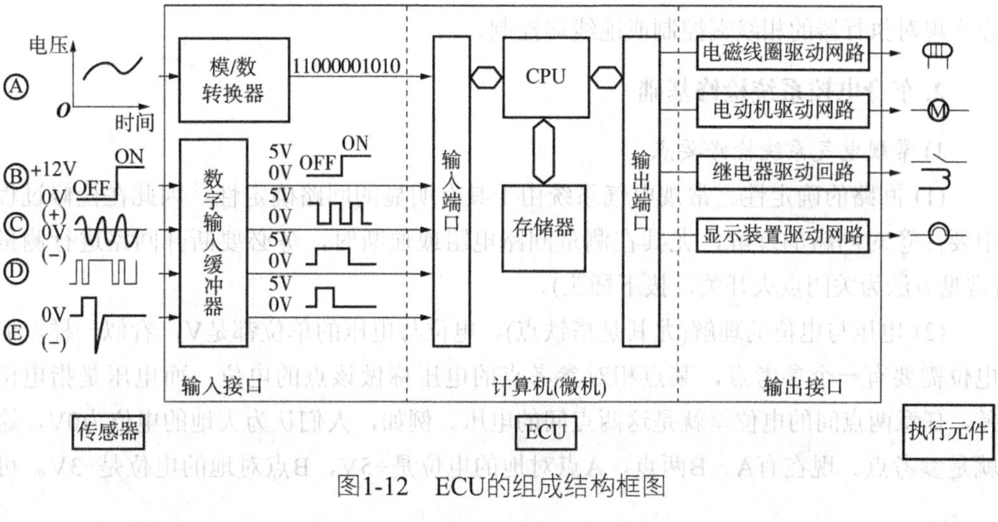

图1-12 ECU的组成结构框图

ECU的作用是按其内部存储的程序，对汽车电控系统各传感器输入的信号数据进行运算、处理、分析、判断，然后输出控制指令，并驱动有关执行器元件工作，达到快速、准确、自动控制汽车的目的。

ECU的硬件电路实现了最基本的控制功能和功能复用，而控制程序软件可实现一定约束条件下的最优，如前馈、自寻最优等自适应控制及人工智能控制的核心功能。

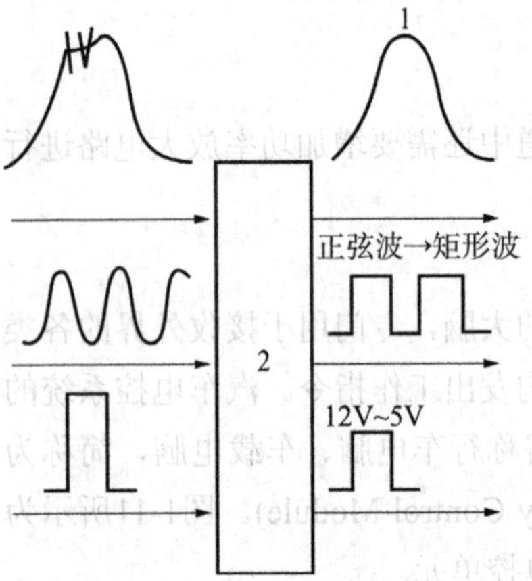

图1-13　输入回路的作用

1-去除杂波　2-输入回路

ECU的输入接口(回路)将传感器的输入信号，在除去杂波和把正弦波转变为矩形波后，再转换成输入电平，如图1-13所示。由于传感器产生的信号有模拟信号和数字信号两种，在输入ECU后，首先通过输入回路，其中数字信号直接进入输入接口，模拟信号则经输入回路滤波放大后，由A/D模数转换器转换成数字信号，再进入输入接口。

ECU内部微机的结构由中央处理器(CPU)、存储器、输入/输出端口等组成。CPU的作用是读出命令并执行数据处理任务。存储器的作用是记忆存储程序和数据，一般由几个只读存储器ROM和随机存取存储器RAM组成，ROM作为读出专用存储器，存储内容可一次性写入，且不会随电源断电而改变，只能读出使用，适用于长期保存电控单元的核心控制程序及数据。随机存取存储器RAM既能读出数据也能写入数据，但电压切断，存储的数据就会丢失，只适用于暂时保留工作过程中的处理数据。输入/输出端口的作用是根据CPU的命令，在外部传感器和执行器间执行数据传送任务，也俗称为输入/输出接口(I/O接口)。

ECU的输出接口(回路)的作用是将微机输出的数字信号转换成可以驱动执行元件的输出信号，由于微机输出的是低电压的数字信号，无法直接驱动执行元件，故输出回路多采用大功率三极管，接收微机输出信号，控制大功率三极管的导通与截止，从而实现对执行器的相线端控制或地线端控制。

2. 车身电控系统检修基础

1) 常规电气系统检修要点

(1) 回路的确定性。常规电气系统由于具有明显的回路确定性，因此在检修过程中要注意对回路的理解，尤其在测量回路电阻或通断时，务必要断开回路进行测量(常见方法为关闭点火开关，拔下插头)。

(2) 电压与电位的理解(尤其是搭铁点)。电位与电压的单位都是V，看似一样，但电位需要有一个参考点，某点相对参考点的电压称做该点的电位；而电压是指电位差，任意两点间的电位差就是这两点间的电压。例如，人们认为大地的电位为0V，这就是参考点。现在有A、B两点，A点对地的电位是+5V，B点对地的电位是-3V。可以说，A与地之间的电压是5V，B与地之间的电压是-3V，但A与B之间的“电位差”是8V，因此A、B两点之间的电压是8V。电位是一个点，而电压是两点的电位差。电位相对于参考点，数值是不会变的；而常见的用万用表测量的电压取决于两个点的电位差，只要任意一个点的电位不存在，用万用表测量得到的电压就有可能显示为数值“0”。

电压是电流在流经负载回到蓄电池负极过程中在负载上显示出来的，因此要注意电压和电流的区别。电压作为两点间的电位差，是一种态势，不一定在回路的流动中产生；而电流一定是在回路的流动中产生的，没有回路就没有电流。一般搭铁点与地线间的电压应当为0V，但要注意的是，某点与地线间的电压为0V并不能说明该点搭铁良好，也有可能是该点处于悬空状态。

(3) 万用表等仪器的选用、使用。在使用万用表等仪器时，一定要注意选用合适的万用表，如规定要使用高阻抗数字万用表时，就不能选用低阻抗指针式万用表。万用表的量程等选用要合适，挡位不能选错，如测量直流电压，不能选择交流挡等。

(4) 断路检查。检查回路中可能的断路主要有两种方法：检查导通法和电压测量判断法。

① 检查导通方法。如前所述，测量导通时，首先要注意断开回路电源，并选择合适的万用表量程，还要注意测量结果中电阻值的大小。有时用万用表通断挡测量线路是否导通时，万用表会发出蜂鸣声，这表明线路有可能是通的。如果万用表数字显示有较大的电阻值，那么线路可能存在高阻抗的情况。

② 检查电压方法。电阻导通测量方法虽然简单、直观，但由于汽车线路布置的交叉复杂性，实际检修中更多应用的是电压测量法。在一个完整的回路中，电流流经负载产生电压，电压随着负载自身的变化而改变，电压与整个回路工作状态相关。电压测量法的精要在于利用负载，在工作时切换不同的回路(负载)的工作状态，间接推断线路的物理状况：断路、短路、接触不良等。

2) 车身电控系统的电路特性

车身电控系统采用相对独立的控制方式，若干个子回路交叉、重用、组合构成车身电控系统的某个子系统，子系统再交叉组合形成完整的车身电控系统。故每个传感器、执行器、控制器既是整个车身电控系统的组成部分，又是独立的子系统回路。从整体上看，有输入必有控制与输出；从单个部件来看，每个部件都有其自身的子系统回路。

3) 输入信号的类型与检修基础

依据传感器的输入信号类型，切换不同的物理状态进行验证。如温度传感器，切换不同的温度，验证与温度对应的传感器电阻值或输入信号的电压；如开关信号，则切换不同的开关位置，验证开关对应位置的输入信号电压。

如图1-14所示，ECU在工作时，提供了一个5V基准电压向负热敏水温传感器输出，电流流经ECU内部电阻及水温传感器产生分压，水温传感器的电阻随温度变化产生不同的分压，这个分压被ECU取样，对应的电压值代表了对应的温度值。

以大众帕萨特轿车为例，正常情况下，水温0℃时，对应的电阻值为5～6.5kΩ，输入ECU的电压为3.2V左右；水温20℃时，对应的电阻值为2.2～2.75kΩ，输入ECU的电压为2.3V左右；水温92℃时，对应的电阻值为200～260Ω，输入ECU的电压为0.41V左右。电压测量时，可参考不同温度下的ECU输入电压值与标准电压值是否对应。在万用表选用正确及测量搭铁点可靠的情况下，若测量到的输入电压为0V，则根据回路特性推断可能情况：ECU无5V基准电压输出、回路对地短路、该点悬空；保持万用表测量点不变，拔下水温传感器插头，若电压变为5V，则说明ECU的5V基准电压输出及ECU端子2至水温传感器端子B间线路正常，判断水温传感器端子B后方对地短路，根据电路，可能为水温传感器不良；同理，可对断开不同线路位置的情况进行分析。在万用表选用正确及测量搭铁点可靠的情况下，若测量到的输入电压为5V，则根据回路特性推断可能情况：ECU的5V基准电压输出正常，ECU回路存在断路；保持万用表测量点不变，拔下水温传感器插头，如图1-14所示，短接水温传感器插头端子A与B，若电压变为0V，则说明ECU端子2至水温传感器端子B间线路正常，可判断水温传感器内部断路；同理，可对不同线路位置短路的情况进行分析。

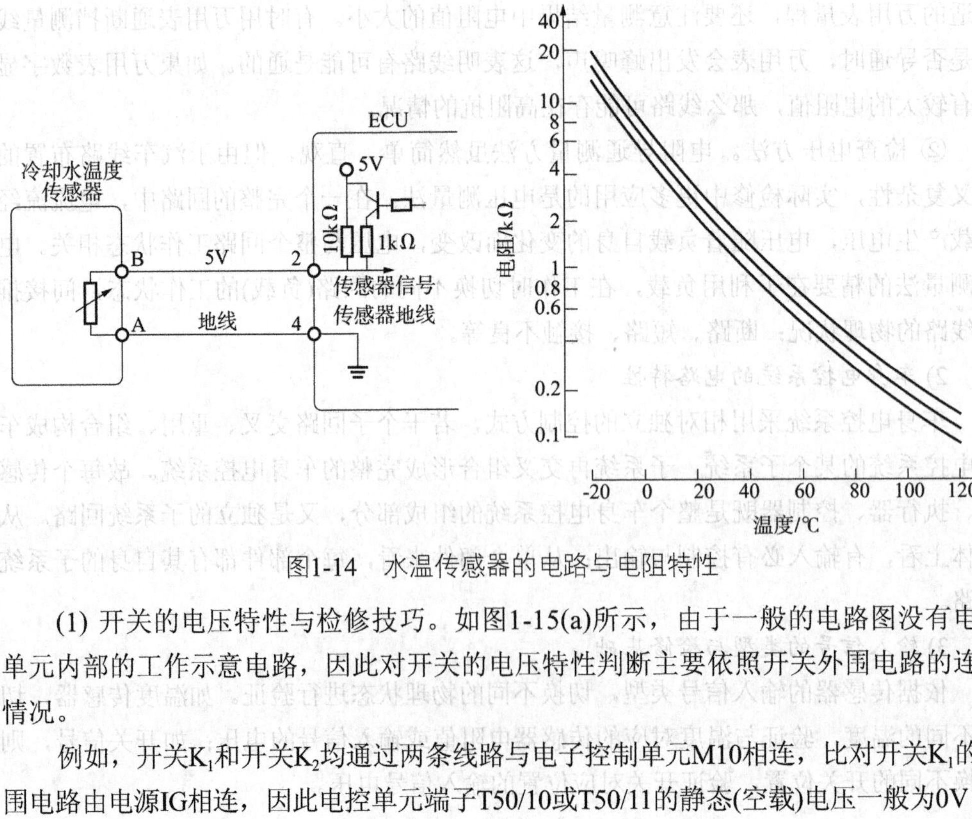

图1-14 水温传感器的电路与电阻特性

(1) 开关的电压特性与检修技巧。如图1-15(a)所示，由于一般的电路图没有电控单元内部的工作示意电路，因此对开关的电压特性判断主要依照开关外围电路的连接情况。

例如，开关K_1和开关K_2均通过两条线路与电子控制单元M10相连，比对开关K_1的外围电路由电源IG相连，因此电控单元端子T50/10或T50/11的静态(空载)电压一般为0V。

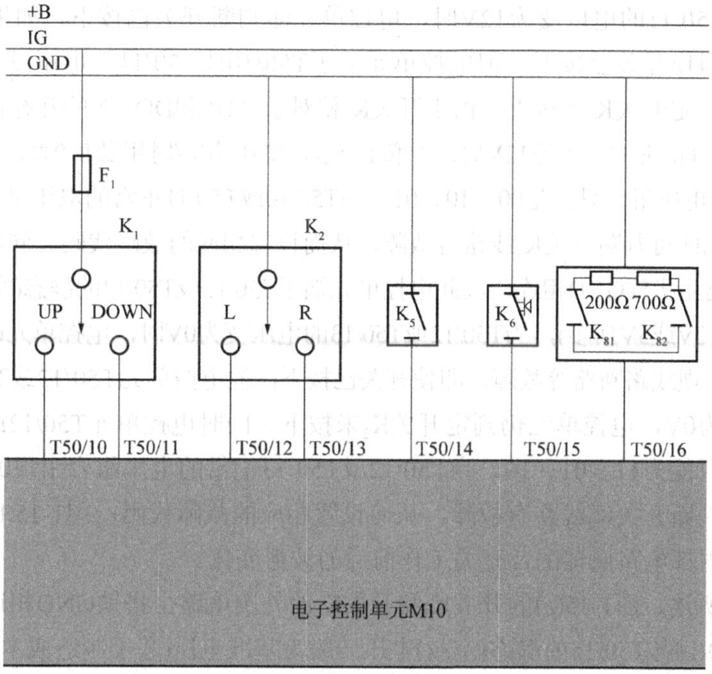

(a) 电控系统开关电路图

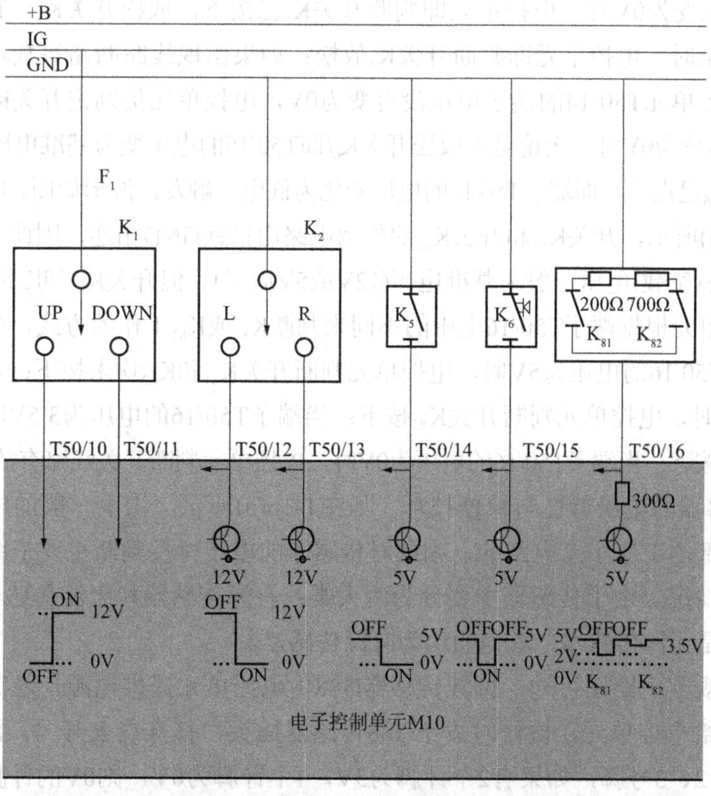

(b) 电控系统开关的电控单元内部电路原理图

图1-15　开关的电压特性示意图

当T50/10或T50/11的电压变为12V时，电控单元即判断开关已按下，如果出现线路断路等故障，即使开关已按下，但电控单元端子T50/10或T50/11的电压没有变为12V，电控单元仍判定开关K_1未按下。由于开关K_1相对于是UP和DOWN的互补体，定义端子T50/10或T50/11正常的电压为12V时用数值1表示，电压为0V时用数值0表示，则T50/10或T50/11正常的电压组合只能是00、10、01。当T50/10或T50/11正常的电压组合出现11情况时，控制单元即可判断开关K_1线路有故障，从而设置相应的故障代码。同理，比对开关K_2的外围电路由搭铁GND相连，因此电控单元端子T50/12或T50/13的静态(空载)电压一般为基准电压(12V或5V居多)，当T50/12或T50/13的电压变为0V时，电控单元即判断开关已按下，如果出现线路断路等故障，即使开关已按下，但电控单元T50/12或T50/13的端子电压没有变为0V，电控单元仍判定开关K_2未按下。同时电控单元T50/12或T50/13的端子电压组合只能为11、01、10。当T50/12或T50/13正常的电压组合出现00情况时，控制单元即可判断开关K_2线路有故障，从而设置相应的故障代码。图1-15(b)所示为开关的电控单元内部电路原理图及开关工作前后的波形变化。

如前文所述，图1-15(a)的开关K_5和开关K_6的外围电路由搭铁GND相连，因此电控单元端子T50/14与T50/15的静态(空载)电压一般为基准电压(基于制造成本考虑，以12V或5V居多)。开关K_5和K_6的区别在于开关K_5是按动式开关，而开关K_6是点动式开关。当T50/14的电压变为0V时，电控单元即判断开关K_5已按下，放松开关K_5，T50/14的电压变为基准电压时，电控单元即判断开关K_5放松；如果出现线路断路等故障，即使开关按下，但电控单元T50/14的端子电压没有变为0V，电控单元仍判定开关K_5未按下。当T50/15的电压变为0V时，无论是否放松开关K_6(即T50/15的电压变为基准电压)，电控单元即判断开关K_6已点动，即端子T50/15的电压变化为低电平触发，波形如图1-15(b)所示。

图1-15(a)所示，开关K_{81}和开关K_{82}的外围电路由搭铁GND相连，因此电控单元端子T50/16的静态(空载)电压一般为基准电压(12V或5V居多)。但开关K_{81}和K_{82}共用了一根信号线，电控单元根据端子T50/16电压的不同来判断K_{81}或K_{82}工作的方式，如图1-15(b)所示，当端子T50/16的电压为5V时，电控单元判断开关K_{81}和K_{82}均未按下；当端子T50/16的电压为2V时，电控单元判断开关K_{81}按下；当端子T50/16的电压为3.5V时，电控单元判断开关K_{82}按下；当端子T50/16的电压为0V时，电控单元判断开关线路有故障。

(2) 传感器的电压特性与检修技巧。如图1-16(a)所示，由于一般的电路图是没有电控单元内部的工作示意电路的，因此对传感器的电压特性判断主要依照传感器外围电路的连接情况。由于传感器主要分为两大类：有源传感器和无源传感器，其中G28转速传感器是无源传感器，其他的均为有源传感器。

因此，观察电路图可知，位置传感器G88由电控单元提供电源，通过电位计把电压信号反馈给电控单元，检修时拔下G88传感器插头，打开点火开关，测量G88传感器插头的1、2、3号脚，如果有2个针脚为5V，1个针脚为0V，则0V的针脚为接地脚。插回插头，用探针测量另外2个针脚，其中1针脚为5V，说明是传感器的电源脚，另一脚电压应该为0～5V。

同理，检修温度传感器G6时也可拔下插头，打开点火开关，测量传感器两个针脚，其中一个针脚为5V，则为温度传感器的信号输入脚；另一个针脚为0V，则为传感器的接地脚。

霍尔传感器G40同样有3个针脚，检修技巧同位置传感器，但要注意的是，霍尔传感器的信号电压分为5V(或12V)电源电压与0V两种，不像位置传感器的电压为0～5V。

转速传感器G28由于采用磁感应式传感器，因此不需要电控单元提供基准电源，而是直接提供两个针脚向电控单元输入正弦波信号；也有部分车型对其中的一根通过电控单元内部进行了搭铁。检修的技巧一是测量传感器端子的电阻值，二是使用探针测量运转时的交流电压或波形信号来进行比对。图1-16(b)为电控系统传感器的电控单元内部电路原理图。

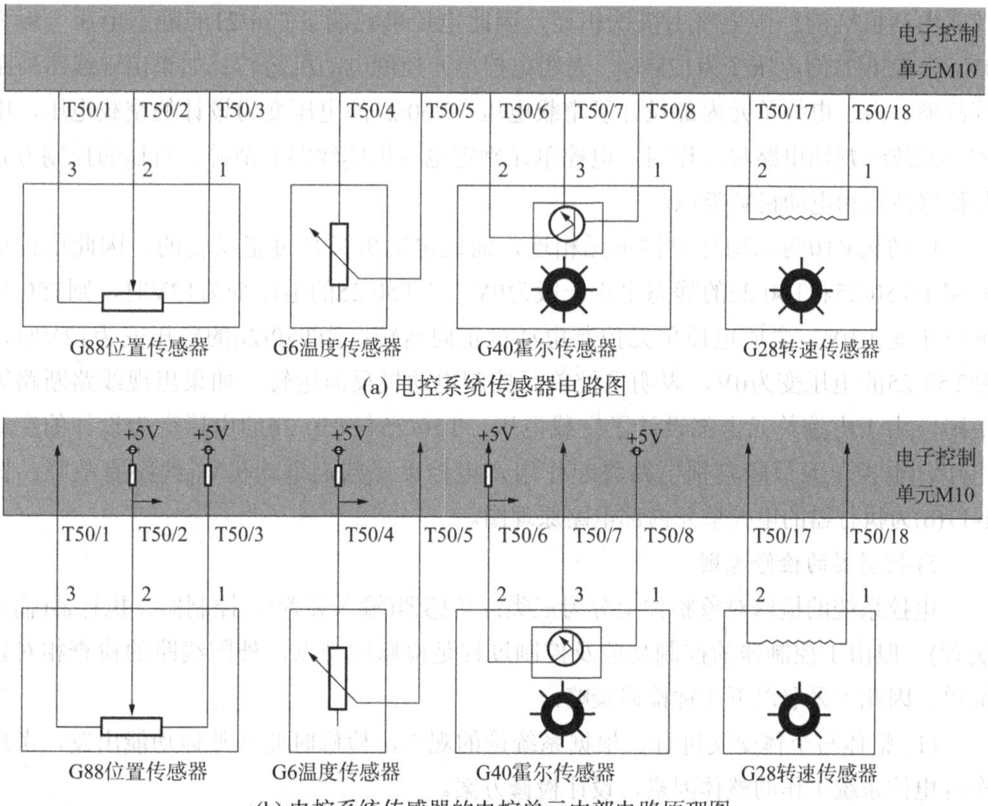

图1-16　传感器的电压特性示意图

4) 输出信号的类型与检修基础

车身电控系统常用的执行器有：继电器、电动机、灯(包括指示灯)、电磁阀、电磁离合器、功率晶体管、线圈。电控单元输出接口的输出信号为数字信号，需要把数字信号转换成模拟信号，才能实现执行器的机电、液压、气压等物理控制。因此，控制器的输出信号控制可归结为开关控制、线性电流控制、占空比控制，输出信号的控制方式为火线端控制与地线端控制。依据执行器的输出信号类型，执行器的检修方法主要是验证不同信号输出下的物理状态。方法一是利用输入信号，检测控制器的输出信号对执行器的控制(或直观地观察执行器的工作情况)；方法二是断开控制器端子，人工模拟信号对执行器进行模拟控制，观察执行器的工作情况，当然，现代检测设备如解码器已经具有执行器测试的功能，可方便地对执行器的功能进行测试。

如图1-17(a)所示，判断执行器特性的主要依据是执行器外围电路情况。

电动机V_1的外围电路由电源IG相连，因此电控单元端子T50/20的静态电压一般为12V，当T50/20的电压变为小于1V时，表明电控单元控制电动机运转。如果出现线路断路等故障，由于电控单元内部设计了空载电压(重要的执行器一般会这样设计)，T50/20的电压变为设计的空载电压，电控单元则判定电动机V_1线路故障，电控单元故障判别电路将起作用。灯L_1、电磁阀S_1的控制方式与检修技巧和电动机V_1类似。

电动机V_2的外围电路由搭铁相连，因此电控单元端子T50/21的静态电压一般为0V，当T50/21的电压变为12V时，表明电控单元控制电动机运转。如果出现线路断路等故障，由于电控单元内部设计了空载电压，T50/21的电压变为设计的空载电压，电控单元故障判别电路将起作用，电控单元判定电动机V_2线路有故障。灯L_2的控制方式与检修技巧和电动机V_2类似。

电动机V10两端均与电控单元相连，而此电动机又是可正反转的，因此电控单元端子T50/25和T50/26的静态电压一般为0V。当T50/25的电压变为12V时，则T50/26的电压变为0V，表明电控单元控制电动机正向运转；当T50/26的电压变为12V时，则T50/25的电压变为0V，表明电控单元控制电动机反向运转。如果出现线路断路等故障，由于电控单元内部设计了空载电压，T50/25与T50/26的电压变为设计的空载电压，电控单元故障判别电路将起作用，电控单元判定电动机V_{10}线路有故障。图1-17(b)为执行器的电控单元内部电路原理图。

5) 控制器的检修原则

电控系统的检修对象整体上分为三类：传感器(输入装置)、控制器、执行器(输出装置)。但由于控制器的控制功能及控制过程是检修的难点，外围线路的检查相对较简单，因此可采取以下几种检修策略。

(1) 整体与个体交叉进行。根据系统论的观点，检修时要从整体功能出发，考虑车身电控系统工作的整体因素，设计检修方案。

(2) 先简后难、先外围后控制的原则。先检查系统中简单、常见的部位与线路，针对电控系统的特点，重点检查外围传感器与执行器的子系统线路，再检查控制器的控制功能。控制器的控制功能一定是通过对应的执行器来实现的，控制功能的触发条件是传感器的信号输入。

(3) 巧妙运用推理法。电控系统的整体功能检修技巧是巧妙运用推理法，比较典型的推理方法有白盒法与黑盒法。所谓黑盒法是利用已知传感器的输入，观察执行器的工作情况，来推断控制器的控制功能是否正常；所谓白盒法是模拟传感器的输入电信号，沿输入电信号的传输，一直观察到电子控制器输出电信号到执行器工作为止，来观察电子控制器的控制工作是否正常。但由于电子控制器是集成电路，内部是不透明的，所以实际上很难判断电信号在电子控制器内部的处理过程。因此，实际中更多应用的是黑盒法，不断地用示例去试验、推理控制器的整体控制功能。

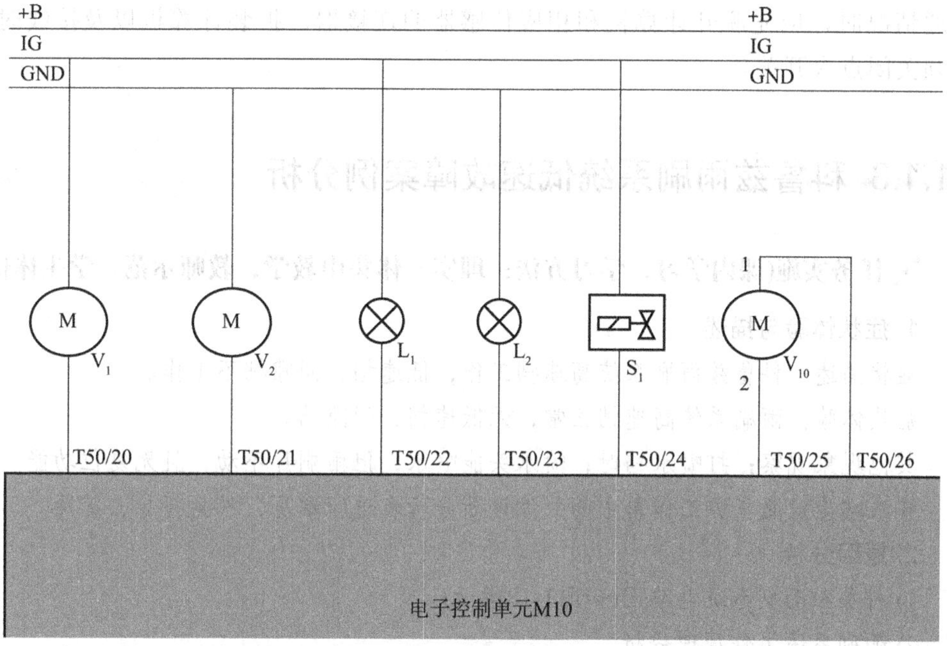

(a) 电控系统执行器电路图

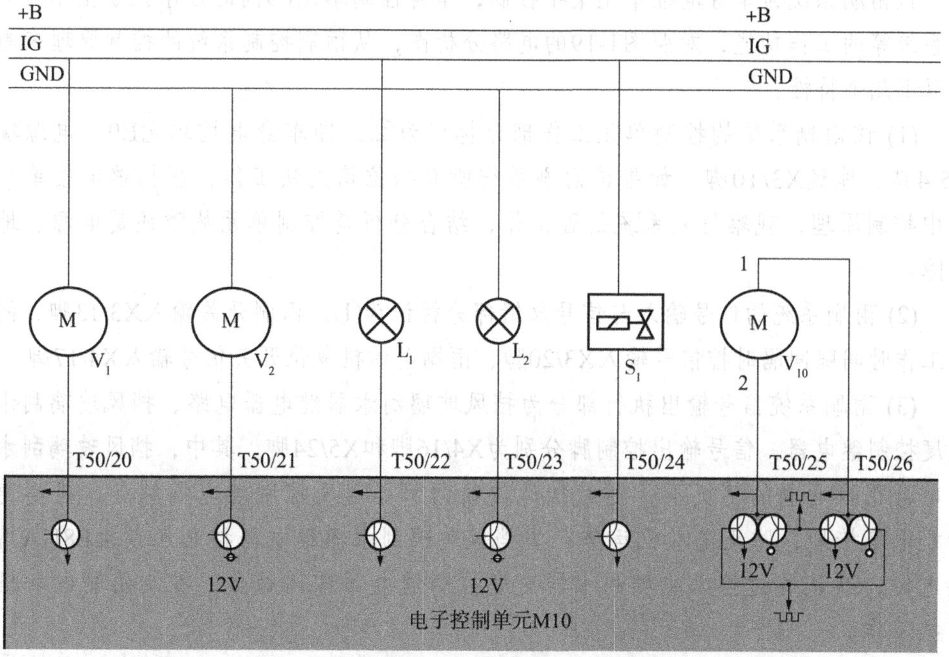

(b) 电控系统执行器的电控单元内部电路原理图

图1-17　执行器的电压特性示意图

车身电控系统部件的检修方法和常规电气系统检修方法类似，无非是把每个部件看成相对独立的子系统回路进行检修，可参考常规电气系统检修方法，实际检修中也需要巧妙地运用推理。

(4) 检查线路断路故障时，尽可能运用电压检查法进行推理。当需要测量电阻导通情况时，应先脱开计算机和相应传感器的连接器。拆装计算机以及接线时，必须关闭点火开关。

1.1.3 科鲁兹雨刷系统低速故障案例分析

任务实施(课内学习，学习方法：理实一体集中教学，教师示范，学生体悟)

1. 症状体验与描述

症状描述：科鲁兹雨刷系统高速挡工作，低速挡、间隙挡不工作。

症状体验：雨刷系统高速挡正常，无低速挡、间隙挡。

其他现象观察：打喷水挡时，喷水头能喷水，但雨刷片不动，且无复位功能。

要求学生对照任务工作单中的故障诊断分析表进行填写，教师指导、答疑。

2. 原因分析

1) 科鲁兹雨刷系统电路图(如图1-18所示)

2) 雨刷系统工作原理分析

该雨刷系统为车身电控单元集中控制，车身控制单元E9同时还承担了全车灯光照明系统等的工作功能，对照图1-19的电路分析图，从雨刷控制系统的控制原理来看，有以下几个特性。

(1) 该雨刷系统的控制单元工作部分标记为②，即车身电控单元E9、电源输入X5/4脚、地线X3/10脚。如果该雨刷系统所有挡位均无法工作，根据该电控单元的集中控制原理，观察灯光系统是否工作，结合分析是控制单元故障还是电源、地线故障。

(2) 雨刷系统的信号输入与信号反馈部分标记为①，雨刷开关输入X3/13脚、间隙挡工作时间隙间隔时控信号输入X3/20脚、雨刷电动机复位开关信号输入X4/17脚。

(3) 雨刷系统信号输出执行部分为挡风玻璃刮水器继电器电路、挡风玻璃刮水器速度控制继电器，信号输出控制脚分别为X4/16脚和X5/24脚。其中，挡风玻璃刮水器继电器在未通电的情况下，通过挡风玻璃刮水器速度控制继电器触点，将高速电动机电路接地，防止电动机运作；当挡风玻璃刮水器继电器控制触点由F8UA熔丝供电时，默认通过挡风玻璃刮水器速度控制继电器常闭触点，控制雨刷电动机高速挡工作。

(4) 雨刷开关的高速、低速、间隙挡信号均通过E9信号输入端X3/13脚输入，该脚为信号输入公共脚。

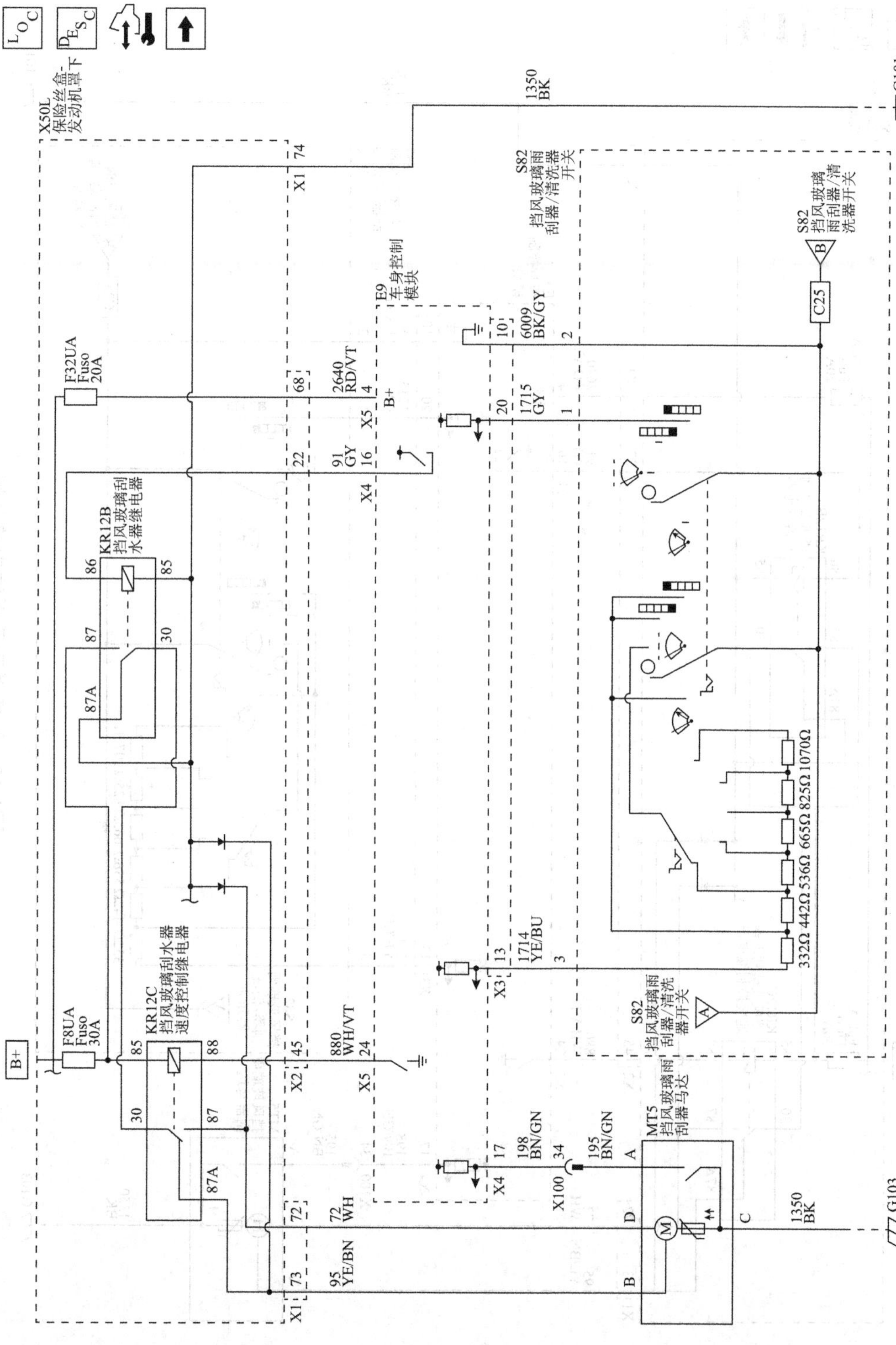

图1-18　科鲁兹雨刷系统电路图

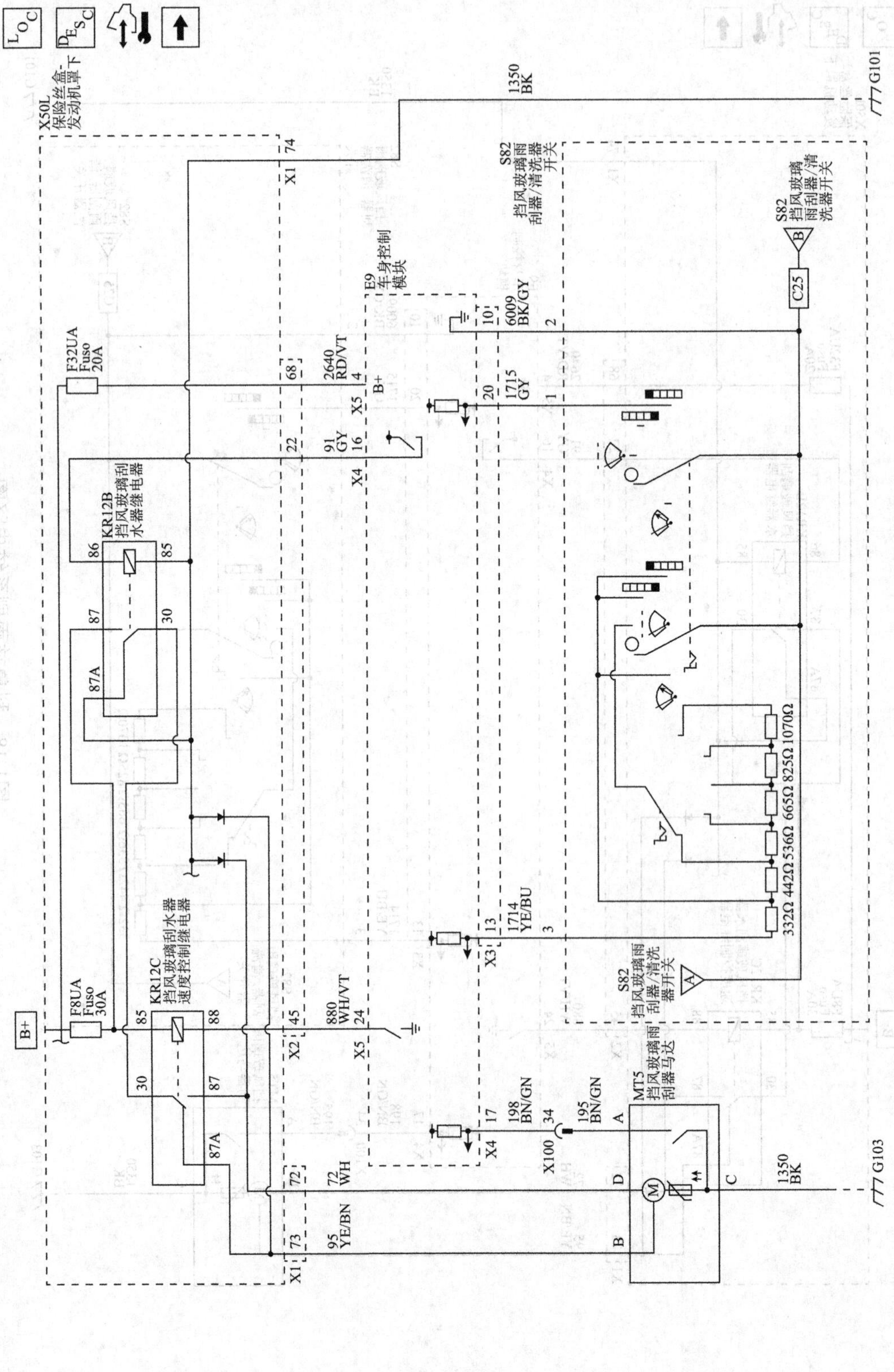

图1-19 科鲁兹雨刷系统电路分析

3. 故障诊断过程分析

1) 诊断过程分析

由于雨刷系统高速挡能正常工作，说明以下工作正常。

(1) 车身电控单元E9能正常接收到来自信号线路X3/13脚的高速开关信号输入，反过来也说明雨刷开关低速挡、间隙挡信号输入电路是正常的。

(2) 高速挡能正常工作，说明雨刷电动机高速挡电路正常、雨刷电动机接地正常、挡风玻璃刮水器速度控制继电器常闭触点正常、挡风玻璃刮水器继电器能正常工作、熔丝F8UA等正常。也只有E9接收到雨刷开关高速X3/13脚信号，E9才会控制X4/16脚接地，从而控制挡风玻璃刮水器继电器跳转工作。

由于雨刷系统的低速挡、间隙挡、喷水挡及复位功能均通过雨刷电动机低速回路工作，如果雨刷开关在低速挡、间隙挡、喷水挡时，低速电动机均不工作，则观察雨刷系统复位功能是否正常，如复位工作正常，则可能为雨刷开关故障(低速挡、间隙挡、喷水挡信号故障)；如复位工作也不正常，则一定是雨刷电动机的低速工作电路故障，结合高速挡正常工作、低速回路工作不正常的情况，说明低速电动机工作回路异常(低速电动机线圈故障、低速电动机至挡风玻璃刮水器速度控制继电器线路故障、挡风玻璃刮水器继电器内部触点故障、挡风玻璃刮水器速度控制继电器控制线路故障、E9控制挡风玻璃刮水器速度控制继电器部分故障)。

2) 诊断过程操作示范与记录(教师示范，学生观察记录)

故障诊断分析记录表见表1-1。

表1-1 科鲁兹雨刷无低速挡故障诊断分析表

(空白任务工单详见学生任务工作单手册)

<table>
<tr><td>班级</td><td></td><td>学号</td><td></td><td>姓名</td><td></td><td>得分</td><td></td></tr>
<tr><td rowspan="2">故障症状确认</td><td colspan="7">1. 症状描述：科鲁兹雨刷系统高速挡工作，低速挡、间隙挡不工作。
2. 其他现象描述：打喷水挡时，喷水头能喷水，但雨刷片不动，且无复位功能</td></tr>
<tr><td colspan="7">初步可能原因分析：①信号输入电路故障(雨刷开关的高速挡、低速挡、间隙挡信号均通过E9信号输入端X3/13脚输入)；②控制单元E9故障；③挡风玻璃刮水器继电器电路、挡风玻璃刮水器速度控制继电器、信号输出控制(X4/16脚和X5/24脚)故障</td></tr>
<tr><td rowspan="3">检修步骤、结果分析与判断</td><td colspan="3">检修步骤描述</td><td colspan="2">测试结果记录</td><td colspan="2">结果分析判断</td></tr>
<tr><td colspan="3">打开点火开关，检查雨刷系统高速挡工作情况</td><td colspan="2">高速挡能正常工作，但无复位功能</td><td colspan="2">①E9能正常接收到来自X3/13脚的高速开关信号输入，反过来也说明雨刷开关低速、间隙挡信号输入电路是正常的。
②雨刷马达高速挡电路正常</td></tr>
<tr><td colspan="3">拆卸挡风玻璃刮水器低速控制继电器，直接短接继电器座30和87端子</td><td colspan="2">低速电动机能工作</td><td colspan="2">①低速电动机工作线路正常。
②低速控制继电器不工作</td></tr>
</table>

(续表)

班级		学号		姓名		得分	
检修步骤、结果分析与判断	测量继电器85脚和86脚间的线圈电阻			80Ω左右	继电器线圈正常		
	动态测试继电器性能：电源连接继电器85脚和86脚，测量30脚和87脚是否导通			继电器30脚和87脚不通	继电器低速触点30和87故障		
	综合原因分析：继电器低速触点30和87故障，导致车身控制单元E9无法控制挡风玻璃刮水器低速控制继电器工作，故而低速回路不能接通，导致低速挡、间隙挡等均不能正常工作						
故障点排除确认	更换继电器后故障排除，雨刷系统完全正常工作，故障排除						

4. 故障部位确认与排除

根据上述高速挡雨刷电动机正常工作，而低速挡、间隙挡、喷水挡、复位时低速电动机均不工作的特性，分析得出，低速电动机工作回路异常。拆卸挡风玻璃刮水器低速控制继电器，直接短接继电器座30端子和87端子，低速电动机能工作，说明低速电动机工作线路正常；动态测试继电器性能，发现继电器低速触点30和87故障，更换继电器后故障排除，雨刷系统完全正常工作。

5. 总结

事实上，根据该车车身电控系统的控制原理，还可以用解码器直接进入车身电控单元，观察雨刷开关信号输入数据流、高速挡及低速挡输出信号等进行综合判断；也可以利用解码器的工作测试，控制E9做低速电动机、高速电动机的测试试验，根据试验结果再进行综合判断。

以上诊断分析过程恰恰反映了如何利用该系统的电控工作原理解码器等技术来分析优化故障诊断策略的过程，可见在学习汽车车身电控技术中掌握系统结构、原理的重要性。

任务评价

目的：培养交流合作能力、表达能力、演讲能力及总结概括能力。

方法：分组上台总结、演讲，组间、组内评价。各小组按顺序推荐组内同学上台总结，其他组派代表对其进行提问、评价、打分。根据得分，组内再评价得分(参与提问、答题等工作的要加分)，最后统计各人的过程成绩。

拓展提高

原则：汽车车身电控系统基本电控原理的故障检修练习(拓展性故障检修练习，课外学习4学时，自愿练习，但所有课外学时不得少于总课外学时数)。

措施：落实课外开放式实训管理制度，安排值班教师(学生)，学生课外自愿到实训室进行汽车车身电控系统基础故障的检修练习。

思考题

1. 思考如何利用传感器的特性快速检验传感器的工作性能情况，以发动机水温传感器为例。

2. 思考为什么当传感器出现故障时，ECU能够检测到；而当开关出现故障时，ECU反而检测不到。

3. 某电控系统的水温传感器在20℃时正常输入电压应为1.5V，但实际检测值为0V，试分析可能的原因。

4. 车载电控系统常见的传感器信号有哪几类？试对比分析其不同的应用场合。

5. 车载电控系统常见的执行器有哪几类？试对比分析其不同的应用场合。

6. 当电控系统的传感器输入信号线路只有一路，但有多个开关信号类型输入时，电控单元是如何区分的？试分析多路信号输入的原理与具体可实现的方法。

任务1.2　自动座椅系统认识与检修

学习目标(注：带*的部分，根据教学计划如果已在“汽车电气系统检修”课程中讲授，则本课程可不作要求)

(1) 知识点：*电动座椅的结构组成；自动座椅的结构组成；典型座椅系统部件认识(传感器——座椅开关、位置传感器；控制器——自动座椅控制器、伸缩倾斜控制器等；执行器——前后滑动电动机、前垂直电动机、后垂直电动机、倾斜电动机、腰垫电动机、头枕电动机等；机械传动机构)。

(2) 技能点：*电动座椅开关的熟练操作；*电动座椅部件识别。自动座椅存储与复位操作；自动座椅部件识别。座椅的操作与部件识别(方法能力——观察能力、学习能力、写作能力；社会能力——团队合作能力、交流能力、演讲能力；专业能力——动手能力、分析问题的能力)。

(3) 训练点：电动(自动)座椅操作训练与强化；电动(自动)座椅部件识别练习。

(4) 评价点：考勤与加分项，任务处理过程考核，任务验收考核(任务工作单的填写、上台演讲表达、提问与解答)，知识识记考核，操作过程考核与期考。

任务导入

客户反映丰田凌志LS400轿车座椅系统有故障，驾驶员不能控制座椅前后滑动，作为业务接待人员及维修作业人员，需要熟悉该车座椅系统的结构与部件，并能操作座椅开关进行故障验证，填写相关单据，记录该车座椅前后不能滑动的故障症状，最终下达车辆的维修任务。

任务分析

1.了解自动(电动)座椅的结构组成

(1) 了解典型自动(电动)座椅的结构组成；

(2) 识别典型自动(电动)座椅部件的名称、作用与安装位置。

2. 掌握自动(电动)座椅开关的操作

(1) 识别自动(电动)座椅各操作开关的含义与操作位置；

(2) 熟练操作自动(电动)座椅。

3. 典型自动(电动)座椅部件的性能检测

(1) 典型自动(电动)座椅部件的性能检测；

(2) 部件故障分析。

任务实施

1. 教学条件(师资、设备、场地、资源)

(1) 师资要求。具有中级职称以上、双师资格的教师2名以上。

(2) 设备要求。丰田凌志LS400自动(电动)座椅的台架各4个，帕萨特轿车(带自动座椅系统)1辆或2辆，其他材料。

(3) 场地要求。理实一体化的教室，投影仪，黑板5～9块。

(4) 学习资源。教师教学手册、学生学习手册、任务工作单、维修手册等教学资源。

2. 教学实施

*(1) 电动座椅开关操作示范(课内集中示范、学生观察)。

教师现场操作电动座椅开关并适当解释，学生现场观察思考，注意现场操作安全。

*(2) 电动座椅部件识别(课内集中授课)。

集中讲授电动座椅的结构组成；电动座椅主要部件的名称、作用与安装位置等。

*(3) 电动座椅操作与部件识别练习、体悟(课内学生分组体悟)。

学生分组练习电动座椅的操作与主要部件的识别，记录相关数据，完成任务工作单的内容，注意现场操作安全。

*(4) 电动座椅部件性能检测练习(课内集中示范，学生分组练习体悟)。

教师现场授课示范某个部件(如头枕开关)的性能检测方法，学生分组练习电动座椅部件的性能检测，记录相关数据，完成任务工作单的内容，教师随时跟踪学生的学习情况，并进行适当解释。

*(5) 电动座椅故障诊断练习(课内集中示范，学生分组练习体悟)。

教师现场授课示范电动座椅典型故障的诊断方法，学生分组进行电动座椅故障诊断练习，记录相关数据，完成任务工作单的内容，教师随时跟踪学生的学习情况，并进行适当解释。

*(6) 学习评价(学生上台总结、演讲、评价)。

分组上台总结、演讲，组间、组内评价，最后统计各人过程考核成绩。

(7) 自动座椅开关操作示范(课内集中示范、学生观察)。

教师现场操作自动座椅开关并适当解释，学生现场观察思考，注意现场操作安全。

(8) 自动座椅部件识别(课内集中授课)。

集中讲授自动座椅的结构原理、部件名称、作用与安装位置等。

(9) 自动座椅操作与部件识别练习、体悟(课内学生分组体悟)。

学生分组进行自动座椅的操作与主要部件的识别练习，记录相关数据，完成任务工作单的内容，注意现场操作安全。

(10) 自动座椅部件性能检测练习(课内集中示范，学生分组练习体悟)。

教师现场授课示范某个部件(如位置传感器) 的性能检测方法，学生分组进行自动座椅部件的性能检测练习，记录相关数据，完成任务工作单的内容，教师随时跟踪学生的学习情况，并进行适当解释。

(11) 自动座椅故障诊断练习(课内集中示范，学生分组练习体悟)。

教师现场授课示范自动座椅典型故障的诊断方法，学生分组进行自动座椅故障诊断练习，记录相关数据，完成任务工作单的内容，教师随时跟踪学生的学习情况，并进行适当解释。

(12) 学习评价(学生上台总结、演讲、评价)。

学生分组上台总结、演讲，组间、组内评价，最后统计每个学生的过程考核成绩。

相关知识

1.2.1 电动座椅的认识与操作

1. 电动座椅的结构组成

1) 电动座椅的组成

与普通座椅相比，电动座椅能为驾驶员提供便于操作、舒适而又安全的驾驶位置，还能为乘员提供不易疲劳、舒适又安全的乘坐环境。

座椅空间位置的调整通过双向座椅电动机来实现，如前后滑动、前垂直、后垂直、倾斜以及头枕和腰垫等位置变化。如图1-20所示，电动座椅由双向座椅电动机、传动机构(包括高度调整机构、纵向调整机构、靠背倾斜调整机构、腰部支撑调节机构、头枕高度调节机构)、座椅开关等组成。

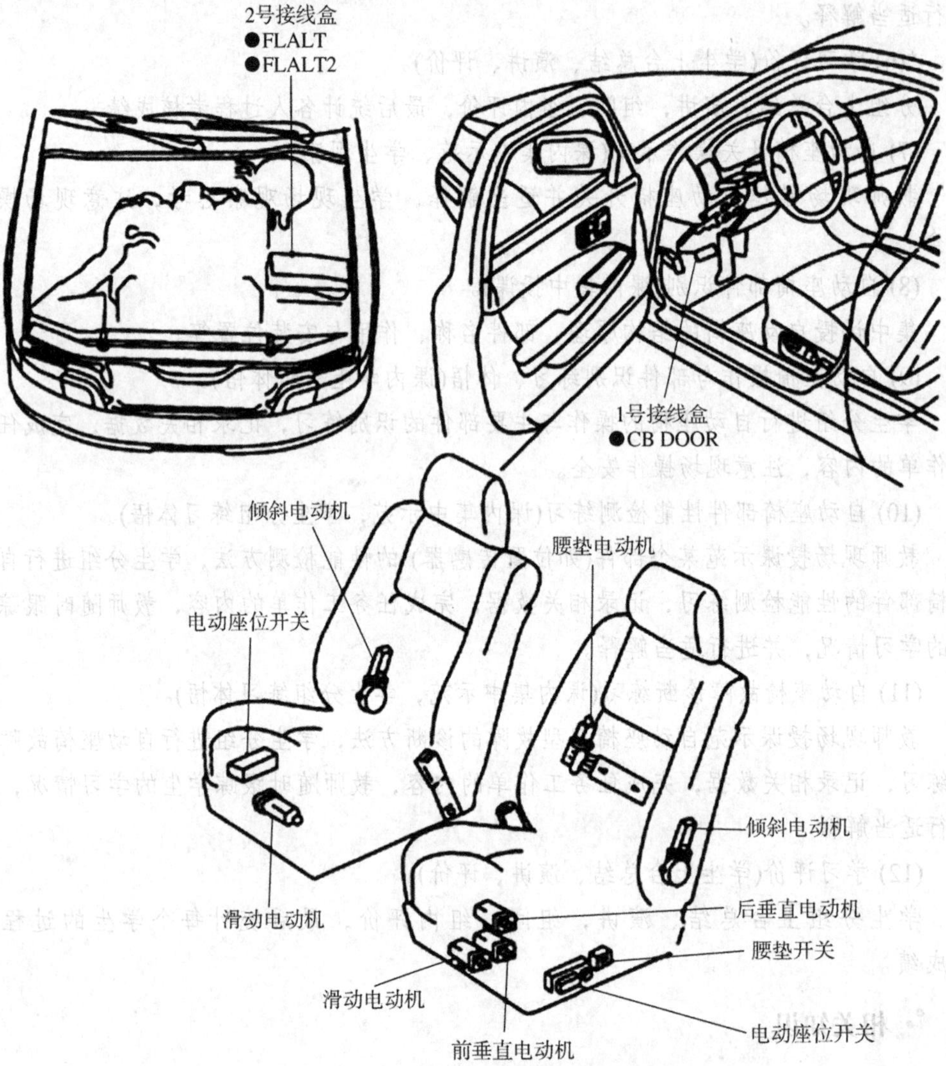

图1-20　电动座椅结构示意图

2) 电动座椅的部件认识

电动座椅主要由座椅调节器(座椅开关)、双向座椅电动机和机械传动机构三部分组成，其中机械传动机构和调节电动机安装在一起组成完整的调节机构。驾驶员侧座椅的部件在车内的布置如图1-21所示，丰田轿车电动座椅系统电气部件位置见表1-2。

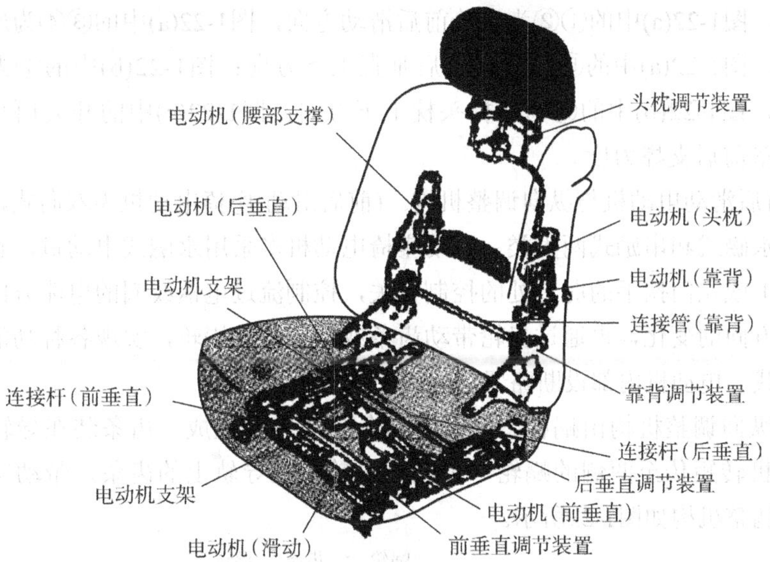

图1-21　驾驶员侧座椅的部件车内布置图

表1-2　丰田凌志LS400轿车电动座椅系统部件位置

部件名称	安装位置
座椅(总)开关	驾驶员座椅左侧
前垂直调节电动机	与前垂直位置传感器一体
后垂直调节电动机	与后垂直位置传感器一体
前后滑动调节电动机	与前后滑动位置传感器一体
倾斜调节电动机	与倾斜位置传感器一体
头枕调节电动机	与头枕位置传感器一体
腰垫调节电动机	腰垫调节机构上

(1) 座椅(总)开关。座椅总开关如图1-22所示，开关集成了由前后滑动、前垂直、后垂直、头枕上下、倾斜、腰垫共12个方向组成的3个开关(滑动与垂直调节开关、靠背与头枕调节开关、腰部支撑调节开关)。驾驶员通过操作电动座椅开关最多可对座椅的12个方向进行调节。

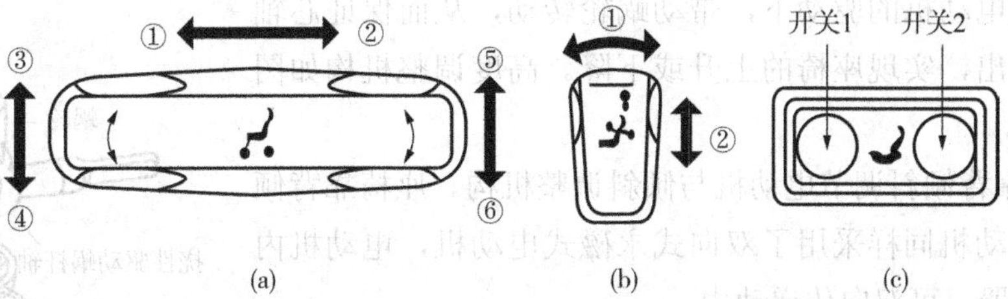

图1-22　电动座椅(总)开关

其中，图1-22(a)中的①②为座椅前后滑动方向，图1-22(a)中的③④为座椅前垂直上下方向，图1-22(a)中的⑤⑥为座椅后垂直上下方向；图1-22(b)中的①为座椅倾斜前后方向，图1-22(b)中的②为座椅头枕上下方向；图1-22(c)中的开关1和开关2可调节座椅腰垫前后支撑力度。

(2) 前后滑动电动机与纵向调整机构。(前后滑动)座椅电动机为双向式，可实现正反转，有永磁式和串励式两大类。电动座椅电动机多采用永磁式电动机，它通过装在左座侧板上或左门扶手的肘节处的控制开关，控制流过电枢线圈的电流方向，实现电动机旋转方向的变化，再通过齿轮带动齿条或蜗杆带动蜗轮，实现各种功能。为防止电动机过载，电动机内部设断路器，可双向传递动力。

座椅纵向调整机构由蜗杆、蜗轮、齿条、导轨等组成。齿条装在导轨上，调整时，电动机转矩传至两侧的蜗轮，再通过齿轮，经导轨上的齿条，带动座椅前后移动，纵向调整机构如图1-23所示。

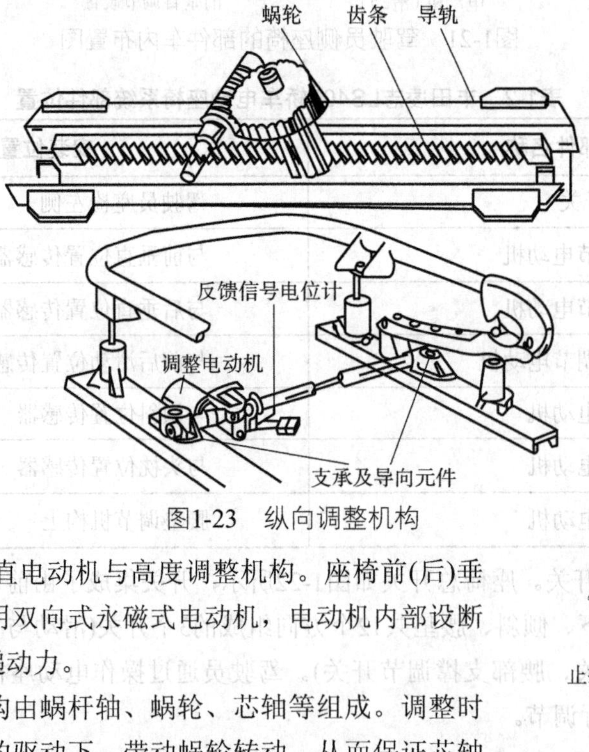

图1-23　纵向调整机构

(3) 前(后)垂直电动机与高度调整机构。座椅前(后)垂直电动机同样采用双向式永磁式电动机，电动机内部设断路器，可双向传递动力。

高度调整机构由蜗杆轴、蜗轮、芯轴等组成。调整时蜗杆轴在电动机的驱动下，带动蜗轮转动，从而保证芯轴旋进或旋出，实现座椅的上升或下降。高度调整机构如图1-24所示。

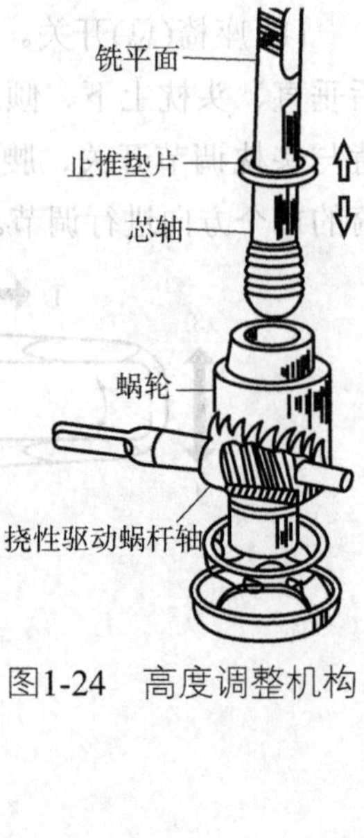

图1-24　高度调整机构

(4) 靠背倾斜调节电动机与倾斜调整机构。座椅靠背倾斜调节电动机同样采用了双向式永磁式电动机，电动机内部设断路器，可双向传递动力。

倾斜调整机构由铰链销钉、链轮、内齿轮、外齿轮、电动机等组成。铰链销钉有一个偏心凸轮，凸轮中间轴A与安装在坐垫侧的外齿轮同轴；铰链销钉的中间轴B与安装在座椅靠背侧的链轮同轴，并与内齿轮同轴转动。靠背倾斜调整机构如图1-25所示，靠背倾斜调整情况如图1-26所示。

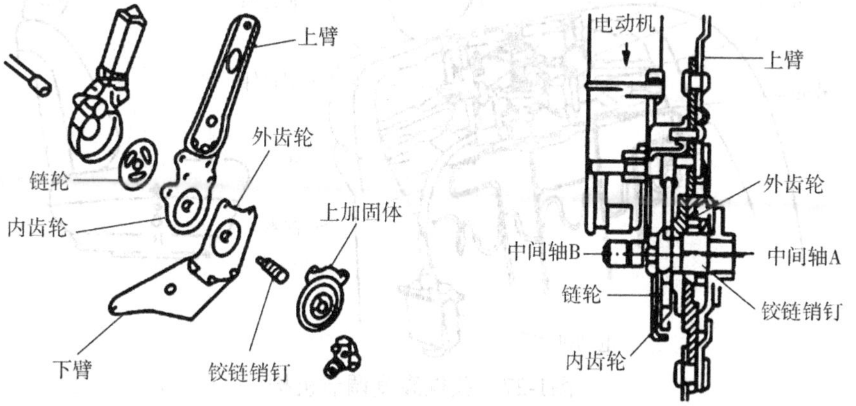

图1-25 靠背倾斜调整机构

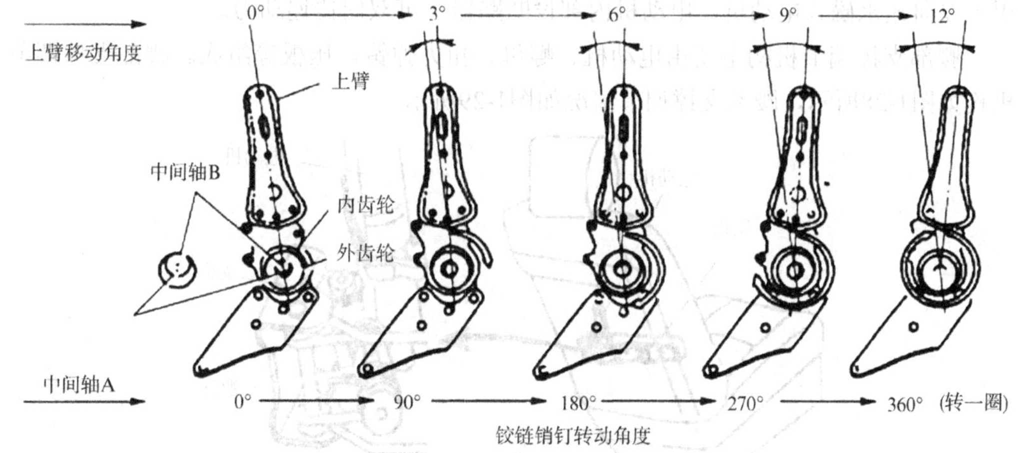

图1-26 靠背倾斜调整情况示意图

(5) 头枕机构调节电动机与头枕高度调节机构。座椅头枕调节电动机同样采用了双向式永磁式电动机，电动机内部设断路器，可双向传递动力。

头枕高度调节机构主要由电动机、外壳、螺杆及固装在靠背框架上的轴等组成。头枕高度调节机构如图1-27所示。

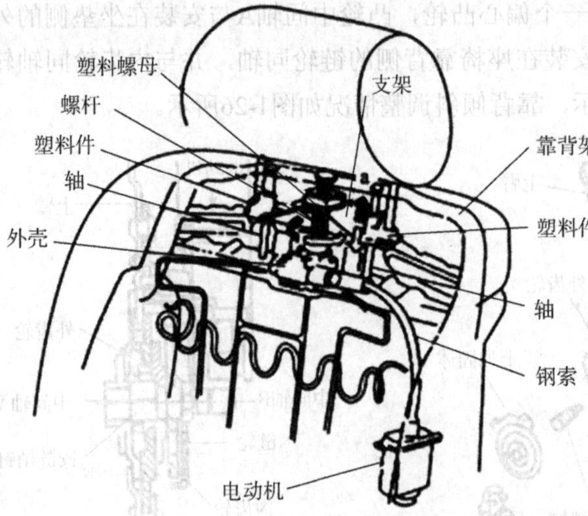

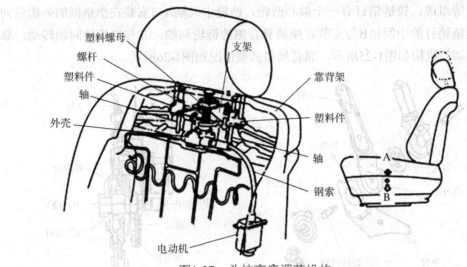

图1-27　头枕高度调节机构

(6) 腰部支撑调节电动机与腰部支撑调节机构。座椅腰部支撑调节电动机同样采用了双向式永磁式电动机，电动机内部设断路器，可双向传递动力。

腰部支撑调节机构主要由电动机、螺母、扭力弹簧、压板等组成。腰部支撑调节机构如图1-28所示，腰部支撑调节情况如图1-29所示。

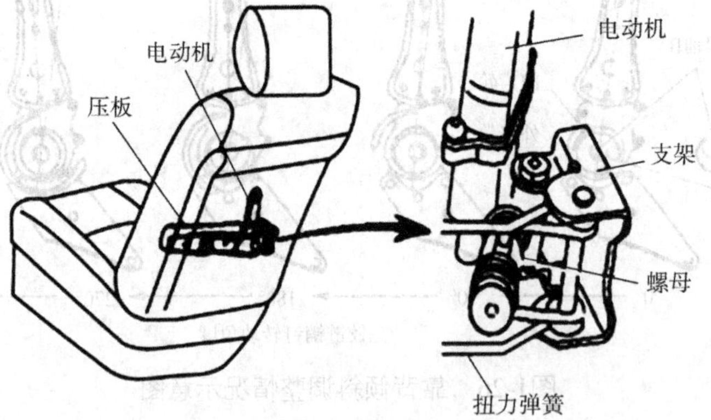

图1-28　腰部支撑调节机构

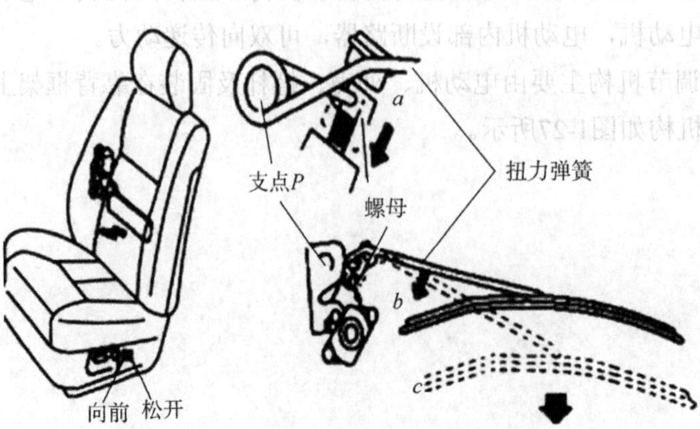

图1-29　腰部支撑调节情况示意图

2. 电动座椅的操作与电路分析

电动座椅的动力传递路线如图1-30所示。

图1-30 电动座椅的动力传递路线示意图

座椅开关接通时，调节器达到行程终点，软轴停转，若此时电动机仍运转，动力被橡胶联轴节吸收，可防止座椅卡位时电动机过载。座椅开关断开时，电动机停转，电动座椅停止移动，动力传递停止。

如图1-22所示，典型的丰田电动座椅控制开关主要由滑动与垂直调节开关、靠背与头枕调节开关和腰部支撑调节开关3种开关组成。由于电动座椅采用双向电动机，因此，电路分析时应当注意开关与电动机的双向性。典型丰田LS400电动座椅电路图如图1-31所示。

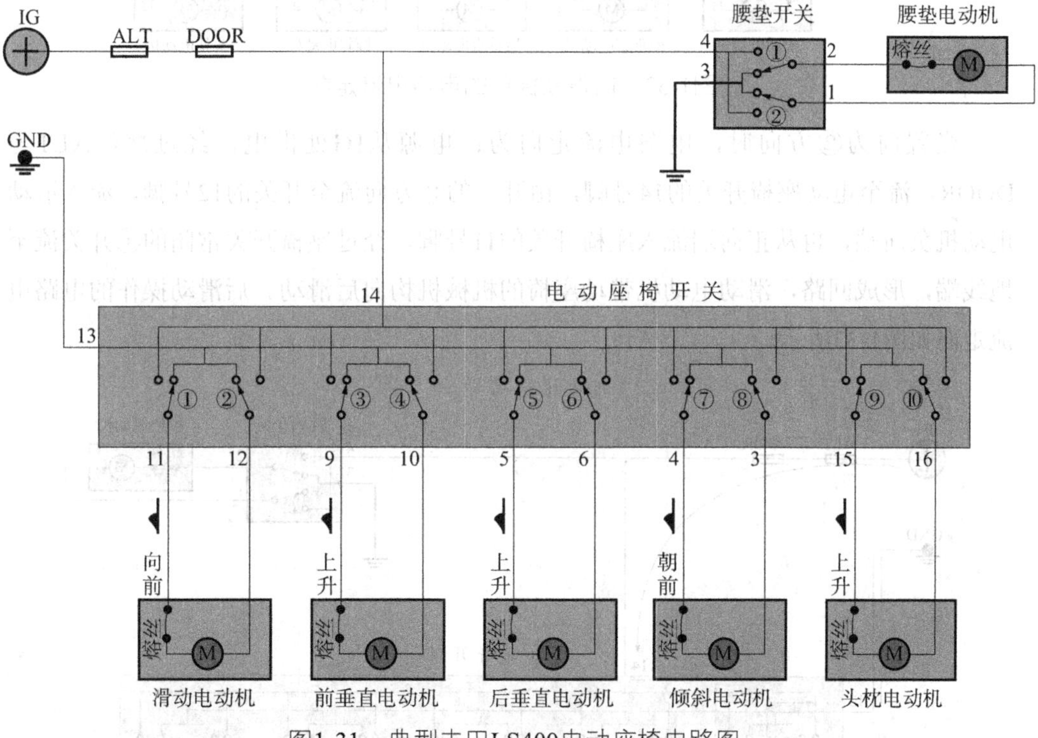

图1-31 典型丰田LS400电动座椅电路图

1) 前后滑动操作与电路分析

按图1-22(a)所示的滑动与垂直调节开关，当置向为①方向时，电路电流走向为：电源从IG处供电，经过熔丝ALT与DOOR，流至电动座椅开关的14号脚，由开关的①方向流至开关的11号脚，流入滑动电动机正向端，再从负向端流入座椅开关的12号脚，经过座椅开关常闭的②开关流至地线端，形成回路，滑动电动机带动座椅的机械机构向前滑动。前滑动操作的电路电流走向如图1-32所示。

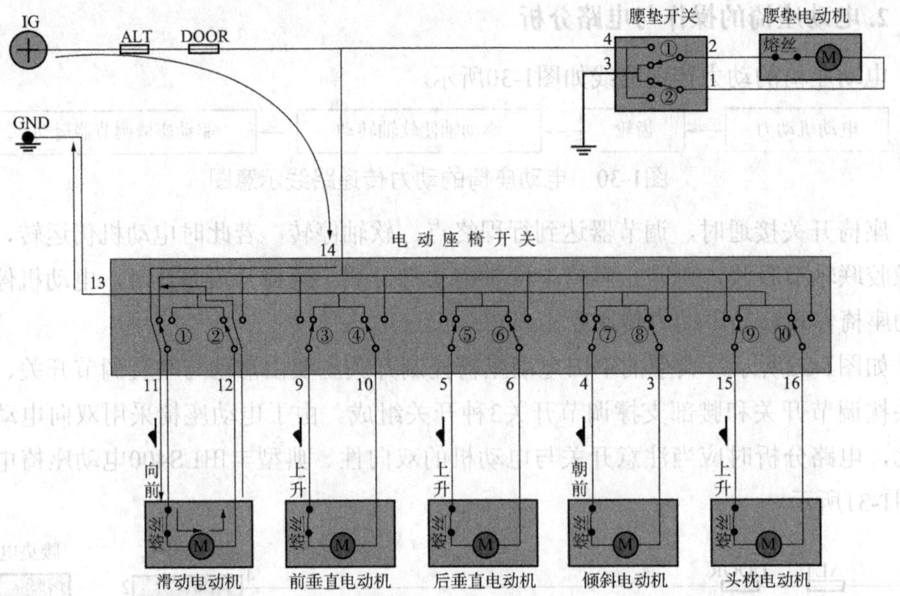

图1-32　前滑动操作的电路电流走向

当置向为②方向时，电路电流走向为：电源从IG处供电，经过熔丝ALT与DOOR，流至电动座椅开关的14号脚，由开关的②方向流至开关的12号脚，流入滑动电动机负向端，再从正向端流入座椅开关的11号脚，经过座椅开关常闭的①开关流至地线端，形成回路，滑动电动机带动座椅的机械机构向后滑动。后滑动操作的电路电流走向如图1-33所示。

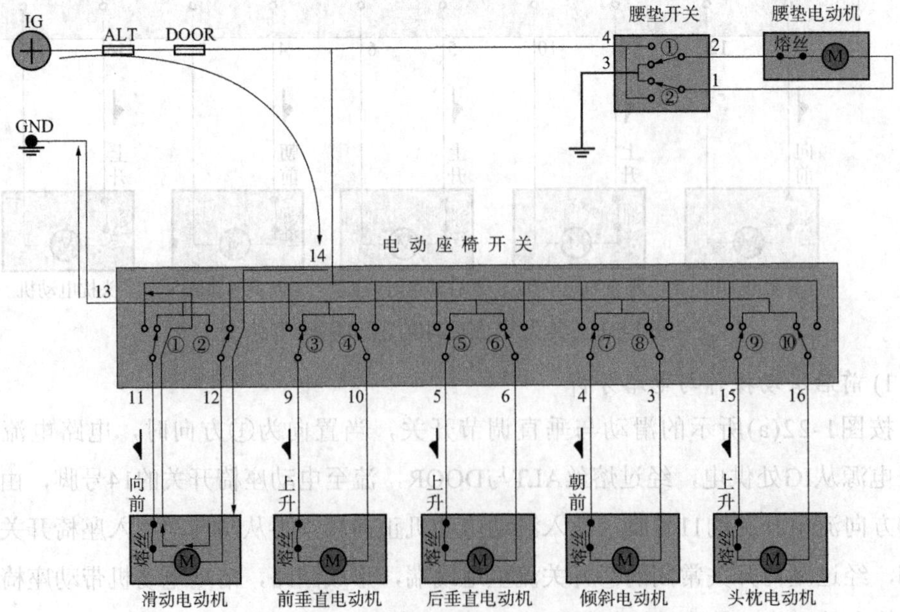

图1-33　后滑动操作的电路电流走向

2) 前垂直上下操作与电路分析

按图1-22(a)所示的滑动与垂直调节开关，当置向为③方向时，电路电流走向为：电源从IG处供电，经过熔丝ALT与DOOR，流至电动座椅开关的14号脚，由开关的③方向流至开关的9号脚，流入前垂直电动机正向端，再从负向端流入座椅开关的10号脚，经过座椅开关常闭的④开关流至地线端，形成回路，前垂直电动机带动座椅的前垂直机械机构向上移动。

当置向为④方向时，电路电流走向为：电源从IG处供电，经过熔丝ALT与DOOR，流至电动座椅开关的14号脚，由开关的④方向流至开关的10号脚，流入前垂直电动机负向端，再从正向端流入座椅开关的9号脚，经过座椅开关常闭的③开关流至地线端，形成回路，前垂直电动机带动座椅的前垂直机械机构向下移动。

3) 后垂直上下操作与电路分析

按图1-22(a)所示的滑动与垂直调节开关，当置向为⑤方向时，电路电流走向为：电源从IG处供电，经过熔丝ALT与DOOR，流至电动座椅开关的14号脚，由开关的⑤方向流至开关的5号脚，流入后垂直电动机正向端，再从负向端流入座椅开关的6号脚，经过座椅开关常闭的⑥开关流至地线端，形成回路，后垂直电动机带动座椅的后垂直机械机构向上移动。

当置向为⑥方向时，电路电流走向为：电源从IG处供电，经过熔丝ALT与DOOR，流至电动座椅开关的14号脚，由开关的⑥方向流至开关的6号脚，流入后垂直电动机负向端，再从正向端流入座椅开关的5号脚，经过座椅开关常闭的⑤开关流至地线端，形成回路，后垂直电动机带动座椅的后垂直机械机构向下移动。

4) 靠背倾斜前后操作与电路分析

按图1-22(b)所示的靠背与头枕调节开关，当置向为⑦方向时，电路电流走向为：电源从IG处供电，经过熔丝ALT与DOOR，流至电动座椅开关的14号脚，由开关的⑦方向流至开关的4号脚，流入倾斜电动机正向端，再从负向端流入座椅开关的3号脚，经过座椅开关常闭的⑧开关流至地线端，形成回路，倾斜电动机带动座椅的倾斜机械机构向前移动。

当置向为⑧方向时，电路电流走向为：电源从IG处供电，经过熔丝ALT与DOOR，流至电动座椅开关的14号脚，由开关的⑧方向流至开关的3号脚，流入倾斜电动机负向端，再从正向端流入座椅开关的4号脚，经过座椅开关常闭的⑦开关流至地线端，形成回路，倾斜电动机带动座椅的倾斜机械机构向后移动。

5) 头枕上下操作与电路分析

按图1-22(b)所示的靠背与头枕调节开关，当置向为⑨方向时，电路电流走向为：电源从IG处供电，经过熔丝ALT与DOOR，流至电动座椅开关的14号脚，由开关的⑨方向流至开关的15号脚，流入头枕电动机正向端，再从负向端流入座椅开关的16号脚，经过座椅开关常闭的⑩开关流至地线端，形成回路，头枕电动机带动座椅的上下机械机构向上移动。

当置向为⑩方向时，电路电流走向为：电源从IG处供电，经过熔丝ALT与DOOR，流至电动座椅开关的14号脚，由开关的⑩方向流至开关的16号脚，流入头枕电动机负向端，再从正向端流入座椅开关的15号脚，经过座椅开关常闭的⑨开关流至地线端，形成回路，头枕电动机带动座椅的上下机械机构向下移动。

6) 腰垫前后操作与电路分析

按图1-22(c)所示的腰部支撑调节开关①，电路电流走向为：电源从IG处供电，经过熔丝ALT与DOOR，流至腰垫开关的4号脚，由开关的①方向流至开关的2号脚，流入头枕电动机正向端，再从负向端流入座椅开关的1号脚，经过座椅开关常闭的②开关流至3号脚地线端，形成回路，腰垫电动机带动座椅的腰垫机械机构增加腰部的支撑力(仅限驾驶员座椅)。

按图1-22(c)所示的腰部支撑调节开关②，电路电流走向为：电源从IG处供电，经过熔丝ALT与DOOR，流至腰垫开关的4号脚，由开关②的方向流至开关的1号脚，流入头枕电动机负向端，再从正向端流入座椅开关的2号脚，经过座椅开关常闭的①开关流至3号脚地线端，形成回路，腰垫电动机带动座椅的腰垫机械机构减小腰部的支撑力(仅限驾驶员座椅)。

3. 电动座椅部件性能检测

1) 电动座椅开关的检测

(1) 卸下3个紧固螺钉，并拔出调节开关钮，然后拆下调节开关罩。再断开调节开关的16芯插头，并卸下两个紧固螺钉，最后从罩上拆下开关。

(2) 在开关处于不同的位置时，检查开关各端子的通路情况，应符合表1-3的要求，否则应更换电动座椅调节开关。

2) 腰垫开关的检测

断开调节开关的4芯插头，在开关处于不同的位置时，检查开关各端子的通路情况，应符合表1-4的要求，否则应更换腰垫开关。

表1-3　座椅调节开关端子的通路检查

开关位置		3	4	5	6	9	10	11	12	13	14	15	16
滑动开关	向前(FRONT)							○			○		
									○	○			
	关断(OFF)							○		○			
									○	○			
	向后(BACK)							○		○			
									○		○		
前垂直开关	向上(UP)					○					○		
							○			○			
	关断(OFF)					○				○			
							○			○			
	向下(DOWN)					○				○			
							○				○		
后垂直开关	向上(UP)			○							○		
					○					○			
	关断(OFF)			○						○			
					○					○			
	向下(DOWN)			○						○			
					○						○		
倾斜开关	向前(FORWARD RECLINING)		○								○		
		○								○			
	关断(OFF)		○							○			
		○								○			
	向后(REAR RECLIN-ING)		○							○			
		○									○		
头枕开关	向上(UP)										○	○	
										○			○
	关断(OFF)									○		○	
										○			○
	向下(DOWN)									○		○	
											○		○

图例

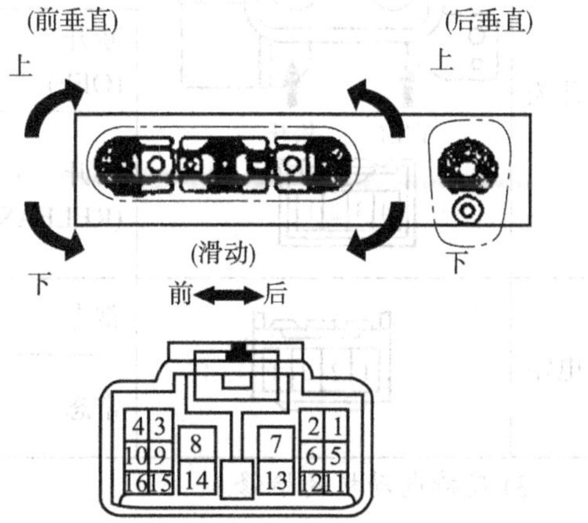

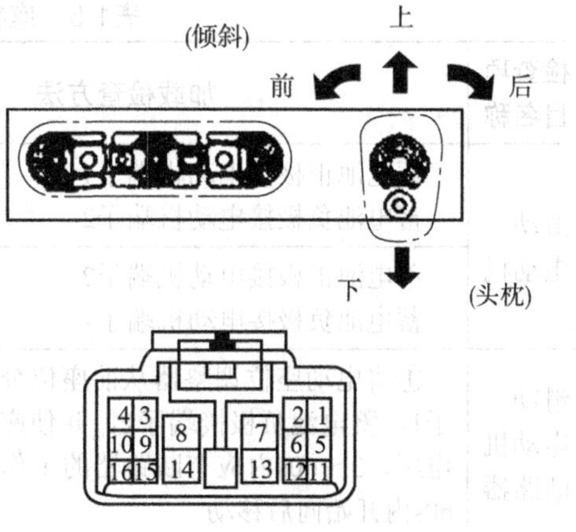

表1-4　腰垫开关端子的通路检查

检测项目	图例	开关位置或检测条件	检测针脚		规定值
			UCF10系列	UCF20系列	
开关	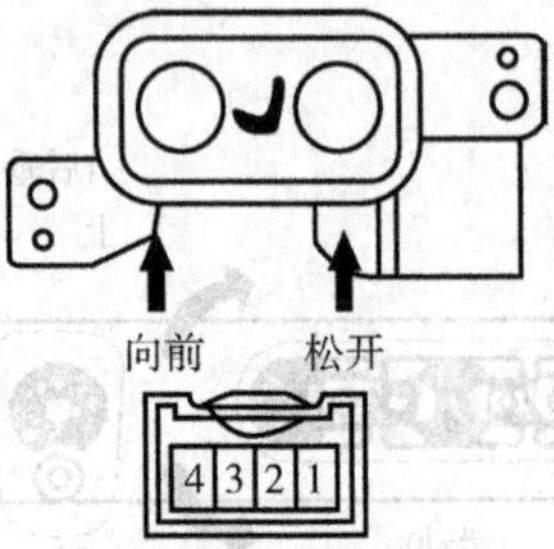	向前 (FORWARD)	2-4 1-3	1(1)-4(4) 2(2)-3(3)	导通
		断开 (OFF)	1-3 2-3	1(2)-3(3) 2(2)-3(4)	导通
		松开 (RELEASE)	1-4 2-3	1(1)-3(3) 2(2)-4(4)	导通
电路		常态	3-地	3(2)-地	导通
		常态	4-地	4(1)-地	蓄电池电压

3) 座椅电动机的检修

(1) 拆下驾驶员侧座椅，并断开各调节电动机的2芯插头。

(2) 将各电动机端子加上电源电压，检查电动机的工作情况，应符合表1-5的要求，否则应更换相应电动机。

表1-5　座椅电动机的检测

检查项目名称	加载检查方法	检查结果要求描述	
滑动电动机	蓄电池正极接电动机端子1 蓄电池负极接电动机端子2	逆时针转动	否则应更换滑动电动机
	蓄电池正极接电动机端子2 蓄电池负极接电动机端子1	顺时针转动	
滑动电动机断路器	①将电动座位调整器从前座位分开；②蓄电池正极接滑动电动机端子1，蓄电池负极接端子2，并使座位移动到最前端位置；③继续施加电压，3～60s内应有断路器的工作噪声；④调换正负极，座位应在约60s内开始向后移动		
前垂直电动机	蓄电池正极接电动机端子2 蓄电池负极接电动机端子1	逆时针转动	
	蓄电池正极接电动机端子1 蓄电池负极接电动机端子2	顺时针转动	否则应更换前垂直电动机
前垂直电动机断路器	①将电动座位调整器从前座位分开；②蓄电池正极接前垂直电动机端子1，蓄电池负极接端子2，并将坐垫的前边缘移到最高位置；③继续施加电压，4～60s内应有断路器的工作噪声；④调换正负极，坐垫应在约60s内开始下降		

(续表)

<table>
<tr><th>检查项目名称</th><th>加载检查方法</th><th colspan="2">检查结果要求描述</th></tr>
<tr><td rowspan="2">后垂直电动机</td><td>蓄电池正极接电动机端子2
蓄电池负极接电动机端子1</td><td>逆时针转动</td><td rowspan="3">否则应更换后垂直电动机</td></tr>
<tr><td>蓄电池正极接电动机端子1
蓄电池负极接电动机端子2</td><td>顺时针转动</td></tr>
<tr><td>后垂直电动机断路器</td><td colspan="2">①将电动座位调整器从前座位分开；②蓄电池正极接后垂直电动机端子2，蓄电池负极接端子1，并将坐垫的后缘移至最高位置；③继续施加电压，4～60s内应有断路器的工作噪声；④调换正负极，坐垫应在约60s内开始下降</td></tr>
<tr><td rowspan="2">倾斜电动机</td><td>蓄电池正极接电动机端子2
蓄电池负极接电动机端子1</td><td>逆时针转动</td><td rowspan="3">否则应更换倾斜电动机</td></tr>
<tr><td>蓄电池正极接电动机端子1
蓄电池负极接电动机端子2</td><td>顺时针转动</td></tr>
<tr><td>倾斜电动机断路器</td><td colspan="2">①脱开倾斜电动机连接器，拆开座位，直到电压能施加到电动机上；②蓄电池正极接倾斜电动机端子1，蓄电池负极接端子2，并使座位靠背倾斜到最前位置；③继续施加电压，4～60s内应有断路器的工作噪声；④调换正负极，座位靠背应在约60s内开始向后倾</td></tr>
<tr><td rowspan="2">头枕电动机</td><td>蓄电池正极接电动机端子2
蓄电池负极接电动机端子1</td><td>逆时针转动</td><td rowspan="3">否则应更换头枕电动机</td></tr>
<tr><td>蓄电池正极接电动机端子1
蓄电池负极接电动机端子2</td><td>顺时针转动</td></tr>
<tr><td>头枕电动机断路器</td><td colspan="2">①脱开头枕电动机连接器，拆开座位，直到电压能施加到电动机上；②蓄电池正极接头枕电动机端子1，蓄电池负极接端子2，并使头枕移向最高位置；③继续施加电压，4～60s内应有断路器的工作噪声；④调换正负极，头枕应在约60s内开始下降</td></tr>
<tr><td rowspan="2">腰垫电动机</td><td>蓄电池正极接电动机端子2
蓄电池负极接电动机端子1</td><td>电动机应向前移动</td><td rowspan="3">否则应更换腰垫电动机</td></tr>
<tr><td>蓄电池正极接电动机端子1
蓄电池负极接电动机端子2</td><td>电动机应向后移动</td></tr>
<tr><td>腰垫电动机断路器</td><td colspan="2">①脱开腰垫电动机连接器，拆开座位，直到电压能施加到电动机上；②蓄电池正极接腰垫电动机端子2，蓄电池负极接端子1，并使腰垫移向前端位置；③继续施加电压，4～60s内应有断路器的工作噪声；④调换正负极，腰垫应在约60s内开始向后侧移动</td></tr>
</table>

1.2.2 电动座椅故障诊断

任务实施(课内学习，学习方法：理实一体集中教学，教师示范，学生体悟)

1. 症状体验与描述

症状体验：在丰田电动座椅实验台上体验电动座椅工作不良时的症状。

症状描述：驾驶员反映座椅不能前后滑动调节。

其他现象观察：座椅其他方向均可正常调节。按动座椅开关的滑动调节按钮时，无电动机运转噪声。

要求学生对照任务工作单中的故障诊断分析表进行填写，教师指导、答疑。

2. 原因分析

1) 主症状可能原因分析

对照电动座椅电路原理图，分析座椅前后滑动调节的工作回路要素。

(1) 座椅开关电源与地线。座椅开关电源与地线为整个座椅的其他方向也提供了电源与地线回路。

(2) 座椅开关故障。由于座椅前后滑动不能调节，故座椅开关的滑动与垂直调节开关可能有故障。

(3) 滑动电动机与线路故障。可能是滑动电动机或滑动电动机内部断路器有故障，也可能是滑动电动机工作的电路与插头有故障等。

(4) 前后滑动机械调节机构故障。

2) 其他症状可能原因分析

座椅其他方向均可正常调节，说明座椅开关的供电电源与搭铁线应是正常的；同时按动座椅开关的滑动调节按钮时，无电动机运转噪声，说明滑动电动机没工作，滑动调节机械机构故障的可能性较小。

因此，根据主症状及其他症状综合分析得出，故障的主要可能原因缩小为：①座椅开关的滑动调节开关故障，②滑动电动机与相关线路故障。

3. 故障诊断过程分析

1) 诊断过程分析

(1) 首先体验症状，根据主症状及其他症状综合分析得出，故障的主要可能原因缩小为：①座椅开关的滑动调节开关故障，②滑动电动机与相关线路故障。

(2) 万用表系统电压测试分析。根据开关控制座椅电动机的回路特性，按动前后滑动开关时，重点对开关的输出电压与电动机端的输入电压进行比较推理。

(3) 根据以上原因分析，对线路进行逐步细查。

2) 诊断过程操作示范与记录(教师示范，学生观察记录)

诊断分析表的填写如表1-6所示。

表1-6　座椅不能前后调节故障诊断分析表

(空白任务工单详见学生任务工作单手册)

班级		学号		姓名		得分	
故障症状确认	1. 症状描述：驾驶员反映座椅不能前后滑动调节。 2. 其他现象描述：座椅其他方向均可正常调节。按动座椅开关的滑动调节按钮时，无电动机运转噪声						
	初步可能原因分析：①座椅开关的滑动调节开关故障；②滑动电动机与相关线路故障						
检修步骤、结果分析与判断	检修步骤描述			测试结果记录	结果分析判断		
	打开点火开关，找到驾驶员侧电动座椅插头，扳动座椅滑动开关(向前)，用探针测量端子11是否为电源电压			12V	座椅滑动开关(向前位置) 正常		
	扳动座椅滑动开关(向后)，用探针测量端子12是否为电源电压			12V	座椅滑动开关(向后位置) 正常		
	找到驾驶员侧电动座椅滑动电动机插头，扳动座椅滑动开关(向前)，用探针测量滑动电动机端子1是否为电源电压			12V	座椅开关11端子与滑动电动机1端子线路正常，没有断路		
	找到驾驶员侧电动座椅滑动电动机插头，扳动座椅滑动开关(向前)，用探针测量滑动电动机端子2是否为电源电压			12V	滑动电动机2端子与座椅开关12端子间可能存在断路		
	关闭点火开关，拔下滑动电动机插头与座椅开关插头，测量滑动电动机2端子与座椅开关12端子间的电阻			∞	滑动电动机2端子与座椅开关12端子间线路断路		
	综合原因分析： 滑动电动机2端子与座椅开关12端子间线路断路，按动滑动开关，电流无法流经滑动电动机，导致座椅前后双向不能调节						
故障点排除确认	修复滑动电动机2端子与座椅开关12端子间的线路，按动座椅滑动开关，座椅前后调节正常，故障排除						

任务评价

目的：培养学生的交流合作能力、表达能力、演讲能力及总结概括能力。

方法：学生分组上台总结、演讲，组间、组内评价。各小组按顺序推荐组内同学上台总结，其他组派代表对其进行提问、评价、打分；根据得分，组内再评价得分(参与提问、答题等工作的要加分)；最后统计每个学生的过程成绩。

拓展提高

原则：丰田电动座椅不能调节的故障诊断操作练习(变换故障点部位，逐步深入练习；课外学习4学时，自愿练习，但所有课外学时不得少于总课外学时数)。

措施：落实课外开放式实训管理制度，安排值班教师(学生)，学生课外自愿到实训室进行电动座椅不能调节故障诊断练习。

1.2.3 自动座椅的认识与操作

1. 自动座椅概述

普通电动座椅在一定程度上提高了驾驶员与乘客的方便性和乘坐的舒适性。但对于某些特殊情况的驾驶环境，如两个不同身材的驾驶员轮流使用车辆的情况，两个驾驶员就必须经常性地调整座椅的位置、方向盘的位置与高度、后视镜的位置等。自动座椅在传统电动座椅的基础上，装备存储记忆功能的控制器，即实现了电动座椅的记忆存储和恢复功能。驾驶员可以按照自身的意愿和实际需求进行相应的设定，之后将设定的信息存储在电动座椅控制ECU内，使得电动座椅具有记忆存储和恢复功能。在需要时驾驶员只需按动恢复按钮，就可以将座椅调整到已设定的最舒适、最方便的位置，即实现电动座椅的自动调整功能。

2. 自动座椅的结构组成

1) 自动座椅系统的总体结构

以丰田凌志LS400型轿车的自动座椅为例，自动座椅由座椅、座椅ECU、(方向盘) 伸缩与倾斜ECU、后视镜ECU、座椅(调整)开关、存储和复位开关、腰垫开关、位置传感器及驱动电动机、安全带扣环调整装置等组成。自动座椅部件的安装位置如图1-34所示。

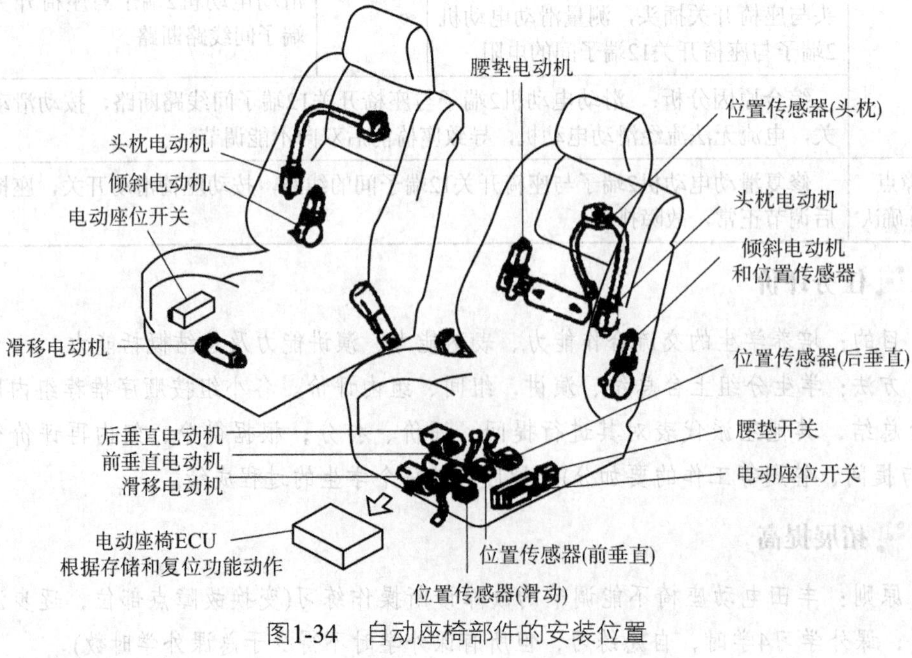

图1-34　自动座椅部件的安装位置

2) 自动座椅系统的部件认识(名称、作用、外观特征、安装位置、电路特性)

丰田凌志LS400自动座椅系统部件的安装位置见表1-7。

表1-7　丰田凌志LS400轿车自动座椅系统部件位置

部件名称		安装位置
传感器类	座椅开关	驾驶员座椅左侧
	腰垫开关	驾驶员座椅左侧
	记忆存储与复位开关	驾驶员座椅左侧或左侧门板上
	前垂直位置传感器	前垂直调节机构上
	后垂直位置传感器	后垂直调节机构上
	滑动位置传感器	滑动调节机构上
	倾斜位置传感器	倾斜调节机构上
	头枕位置传感器	头枕调节机构上
	安全带扣环传感器	安全带锁扣
	方向盘倾斜传感器	转向柱内
控制器	电动座椅ECU	电动座椅下方
	转向柱倾斜与伸缩ECU	仪表台
	后视镜ECU	仪表台
执行器类	前垂直调节电动机	与前垂直位置传感器一体
	后垂直调节电动机	与后垂直位置传感器一体
	前后滑动调节电动机	与前后滑动位置传感器一体
	倾斜调节电动机	与倾斜位置传感器一体
	头枕调节电动机	与头枕位置传感器一体
	腰垫调节电动机	腰垫调节机构上
	转向柱倾斜与伸缩调节电动机	转向柱上
	后视镜调节电动机	后视镜上

(1) 座椅开关。自动座椅的座椅开关与腰垫开关可参考图1-22，与电动座椅的座椅开关和腰垫开关在外观上是类似的。

(2) 驾驶位置存储与复位开关。驾驶位置存储与复位开关位于驾驶员左侧门板上，有2个记忆位置按钮与1个设定按钮，如图1-35所示。

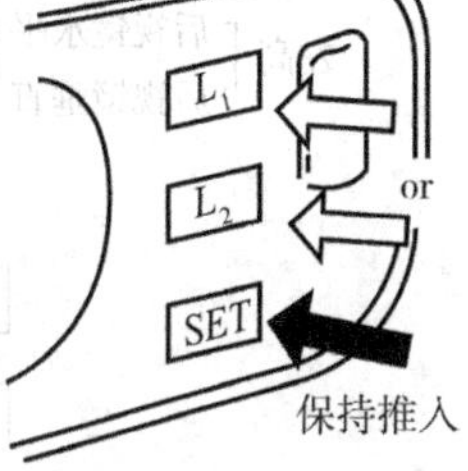

图1-35　驾驶位置存储与复位开关

(3) 座椅电动机与位置传感器。自动座椅电动机与电动座椅电动机在形式上是一致的，自动座椅电动机与同款丰田车型不带记忆存储功能的电动座椅电动机一样，为双向永磁式电动机，电动机内部设断路器，其纵向调整机构也完全一致。但由于需要对座椅的位置进行定位，因此与电动机集成在一起的座椅位置传感器采用了霍尔器件，可产生各类位置的脉冲信号，用于电动座椅ECU存储和复位。

(4) 电动座椅ECU。座椅ECU控制整个驾驶员侧座椅的电源通断、座椅位置记忆存储和复位动作。当接收到来自电动座椅开关的输入信号后，它就能控制ECU内部继电器的动作以及座椅电动机的电流流向。座椅ECU通过与倾斜和伸缩ECU间的信息交换，实现对座椅的存储与复位控制。

1.2.4 自动座椅的控制功能与电路分析

1. 自动座椅的控制功能与工作原理

丰田凌志LS400自动座椅电子控制系统由输入信号电路(座椅开关、位置传感器)、电动座椅ECU和执行机构的驱动电动机三大部分组成，自动座椅电子控制系统原理如图1-36所示。该系统能完成方向盘倾斜及伸缩调整、后视镜调整、座椅调整、安全带锁扣位置调整等功能，自动座椅的控制功能如图1-37所示。

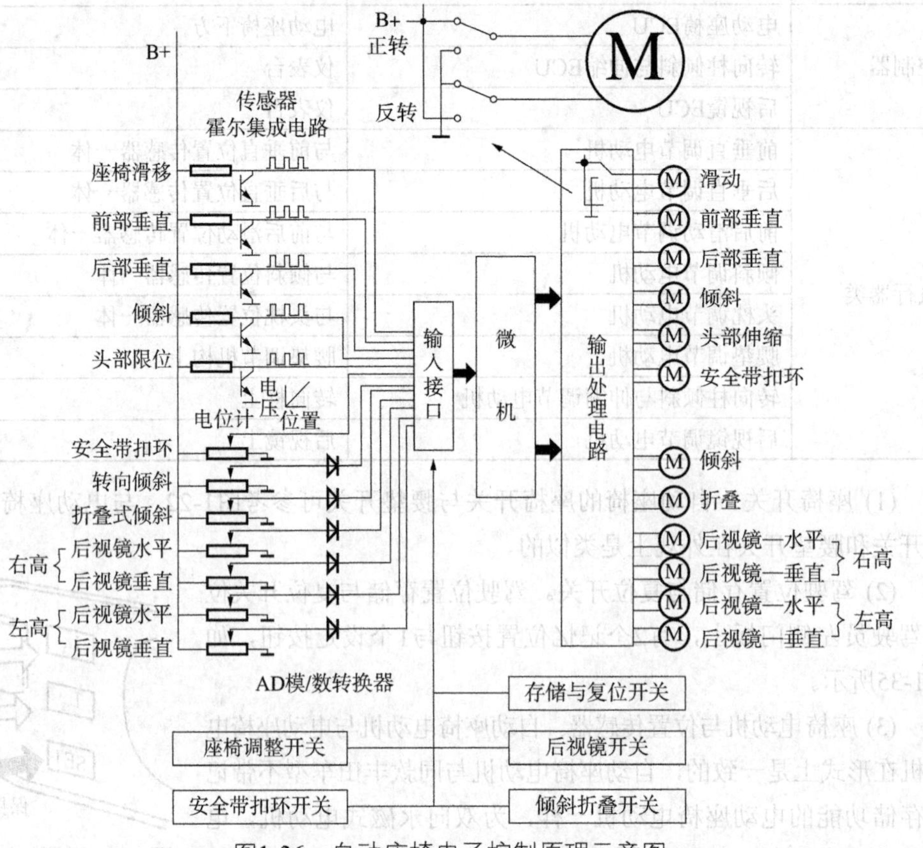

图1-36 自动座椅电子控制原理示意图

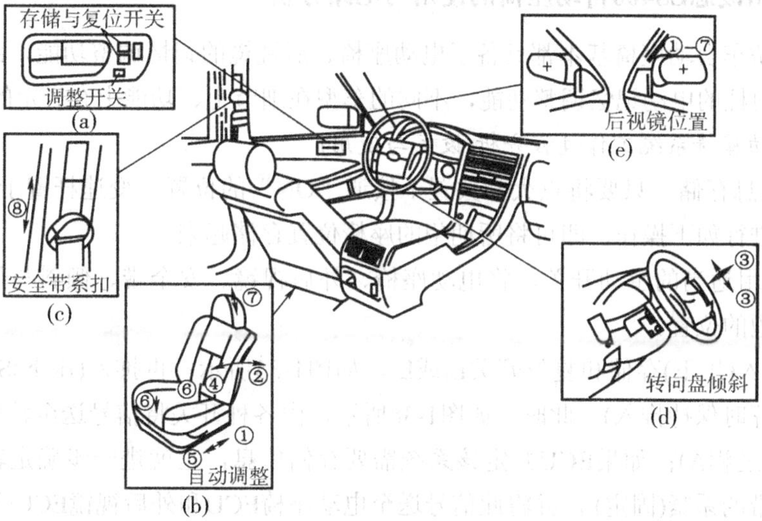

图1-37　自动座椅的控制功能

1) 输入信号电路工作过程

座椅(调整)开关接通时，向ECU输入滑移、前垂直、后垂直、倾斜或头枕位置信号。

存储开关的功能是可使座椅的滑移、前垂直、后垂直、倾斜和头枕调节位置存储在存储器中并复位。

位置传感器部分包括座椅位置传感器、后视镜位置传感器、安全带扣环传感器以及方向盘倾斜传感器等。位置传感器会在驱动电动机工作时将相应的位置信号输入ECU。

2) ECU工作过程

ECU包括输入接口、微机CPU和输出处理电路等。CPU接到输入信号后，对信号进行相应的处理(计算、逻辑判断等)，并且按照既定的程序对执行器进行控制，最终使执行器工作，直至将相应元件送达目标为止。

ECU主要用来控制靠手动开关的座椅调节装置，也能根据从转向柱倾斜与伸缩ECU、位置传感器等送来的信号存储座椅位置。考虑到驾驶员的体形以及喜好的驾驶姿势不同，自动调节系统能在该ECU中存储两种不同的座椅位置(供选择)，靠一个“单触”开关的点动，ECU即可将座椅调节到驾驶员所期望的位置。

3) 驱动电动机电路工作过程

执行机构主要包括执行座椅调整、后视镜调整、安全带扣环以及方向盘倾斜调整等微电动机，而且这些电动机均可灵活地进行正、反转动，以执行各种装置的调整功能。另外，该系统还备有手动开关，当手动操作此开关时，各驱动电动机电路也可接通，输出转矩，从而进行各种调整。

2. 丰田凌志LS400自动座椅的使用与电路分析

现代轿车自动座椅基本都具备了电动座椅、后视镜的记忆调整功能，部分高档车还具有转向柱的电动记忆调整功能，不同的车型在细节上、功能上有一定的差异。

1) 自动座椅系统工作过程分析(设定与使用)

(1) 信息存储。只要将点火开关置于接通“ON”的位置，变速杆置于停车“P”位置，并进行如下操作，即可将所期望的座椅位置存储起来。

① 利用适当的手动开关，将电动座椅、外后视镜、安全带、倾斜与伸缩转向柱置于所期望的位置。

② 推入(压下)存储和复位开关L_1或L_2，如图1-35所示；再推入(压下)SET开关(在进行该步骤时保持推入)。此时，如图1-38所示，由各种开关将信号送至转向柱倾斜与伸缩ECU(过程A)；如果ECU判定该系统需要存储信息，它就进一步确定转向柱的位置和安全带的系紧(固定)，并将此信号送至电动座椅ECU和外后视镜ECU(过程B)；当电动座椅ECU收到信号后，就将座椅位置存储于该ECU的存储器中，然后又将储存完成的信号送回转向柱倾斜与伸缩ECU(过程C)。与此类似，外后视镜ECU存储外后视镜的位置，但没有存储完成的信号返回。

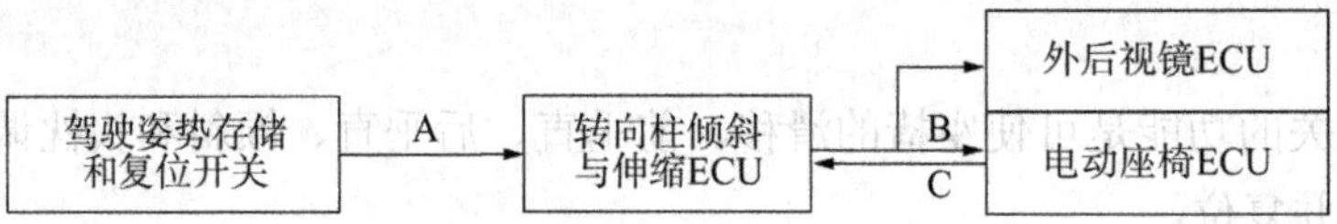

图1-38 信息存储过程示意图

(2) 选择已存储的座椅位置。如图1-35所示，压下存储和复位开关L_1或L_2(可听到约0.1s的蜂鸣声)，即可选择所期望的已存储的座椅位置。从安全的角度考虑，在踩制动踏板时和车辆行驶过程中，禁止选择。

(3) 点火钥匙插入时的位置控制。当点火钥匙插入点火开关的钥匙孔内，且将点火开关接通(置于“ON”的位置)，变速杆置于停车“P”位置时，其工作过程如图1-38所示，座椅便能按表1-8和图1-39所示的顺序自动调节至最舒适的位置。

表1-8 电动座椅自动调节顺序表

序号	工作情况
①	滑移调节至后部
②	靠背调节至后部
③	靠背调节至前部
④	滑移调节至前部
⑤	前、后垂直调节
⑥	头枕位置调节

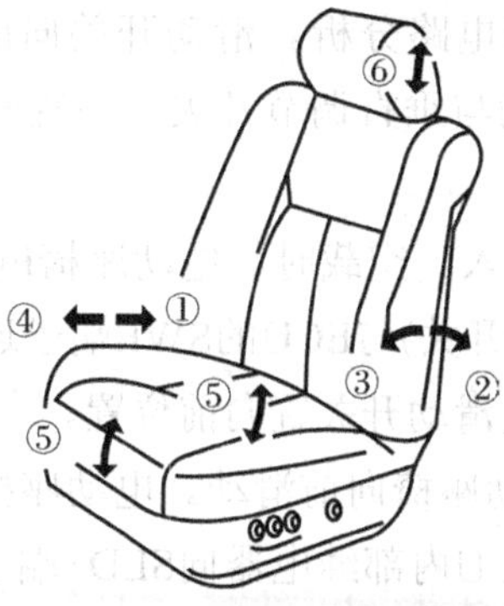

图1-39　电动座椅自动调节顺序

(4) 点火钥匙拔出时的位置控制。当点火钥匙从点火开关内拔出时，座椅位置的自动控制即会停止，且在驾驶员侧门被打开和保持打开之后30s内停止。这一工作过程与点火钥匙插入时基本相同，但直到点火钥匙再次插入时，转向柱倾斜与伸缩系统才能正常工作。

2) 自动座椅系统的电路分析

自动座椅开关的操作与普通电动座椅一样，但由于设置了电控单元，因此开关对电动机的控制方式发生了变化。电路分析时，要注意对照自动座椅开关的操作电路与普通电动座椅操作电路的区别。LS400自动座椅的线路图如图1-40所示。

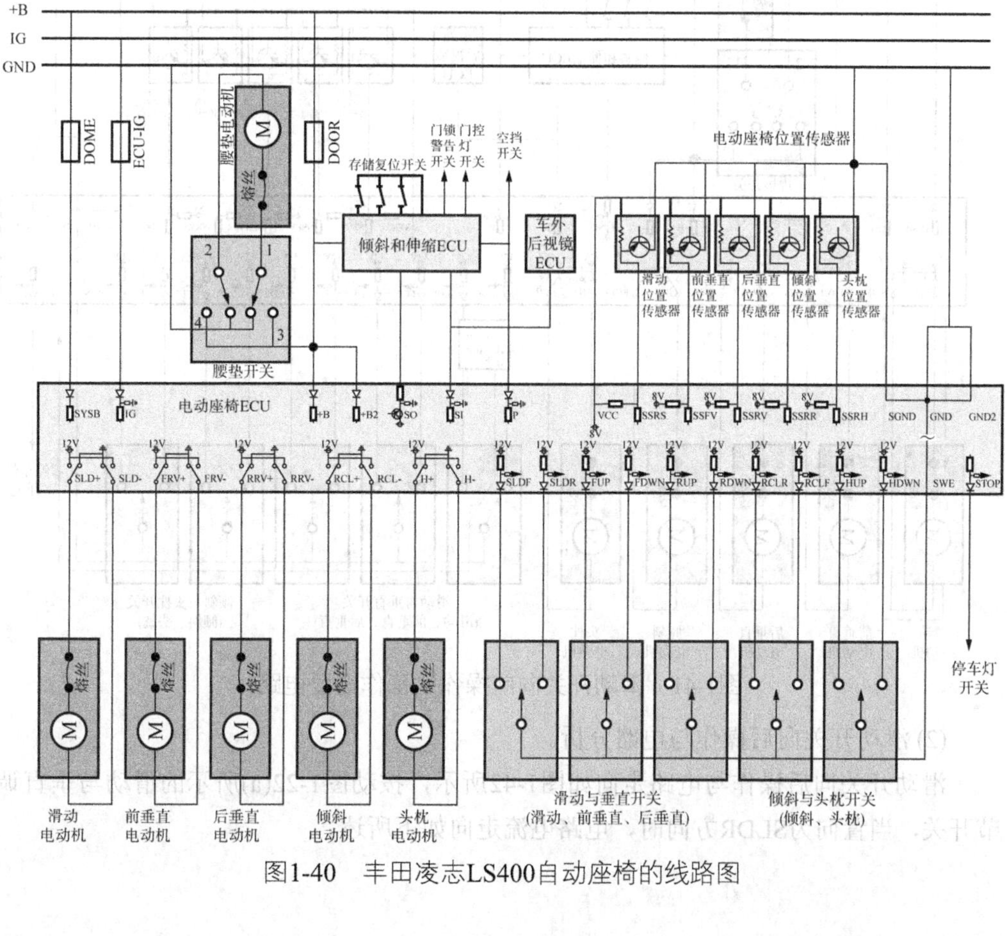

图1-40　丰田凌志LS400自动座椅的线路图

(1) 滑动开关向前操作与电路分析。滑动开关向前操作与电路走向如图1-41所示，按动图1-22(a)所示的滑动与垂直调节开关，当置向为SLDF方向时，电路电流走向如下所述。

① SLDF前滑动信号的输入。空载时，电动座椅ECU内部提供的12V传感器基准电压，通过前滑动开关(SLDF开关)与ECU的SWE端子连通，ECU的SLDF端子电压变为0V，由此电动座椅ECU判定滑动开关置向前位置。

② 滑动电动机运转，带动座椅向前滑动。电动座椅ECU根据SLDF的输入信号，结合自身的工作情况，控制ECU内部继电器向SLD+端子供电，SLD-端子不变，电源电压通过ECU的SLD+端子供向滑动电动机1号端子，电流流经滑动电动机2号端子，回流到ECU的SLD-，再通过ECU的GND端子搭铁，滑动电动机运转，带动座椅向前滑动；同时通过滑动电动机内的滑动位置传感器向ECU的SSRS端子提供座椅前后位置信号。

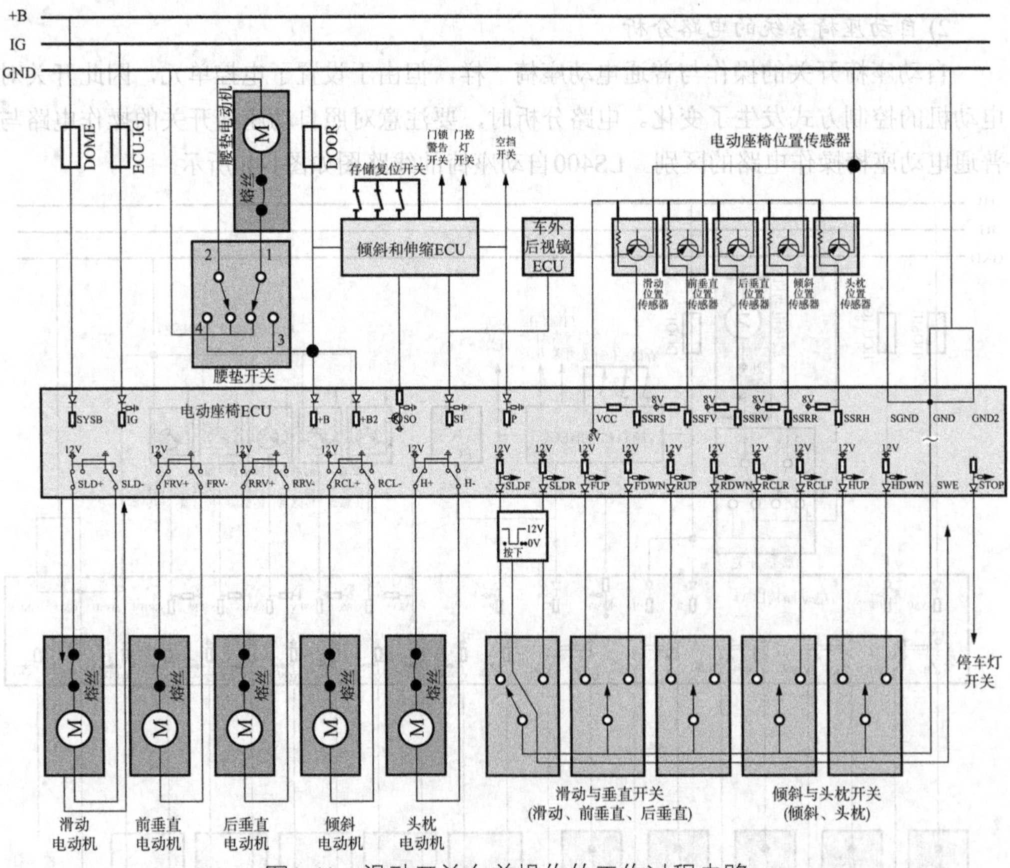

图1-41 滑动开关向前操作的工作过程电路

(2) 滑动开关向后操作与电路分析。

滑动开关向后操作与电路走向如图1-42所示，按动图1-22(a)所示的滑动与垂直调节开关，当置向为SLDR方向时，电路电流走向如下所述。

① SLDR前滑动信号的输入。空载时，电动座椅ECU内部提供的12V传感器基准电压，通过前滑动开关(SLDR开关)与ECU的SWE端子连通，ECU的SLDR端子电压变为0V，由此电动座椅ECU判定滑动开关置向后位置。

② 滑动电动机运转，带动座椅向前滑动。电动座椅ECU根据SLDR的输入信号，结合自身的工作情况，控制ECU内部继电器向SLD-端子供电，SLD+端子不变，电源电压通过ECU的SLD-端子供向滑动电动机2号端子，电流流经滑动电动机1号端子，回流到ECU的SLD+，再通过ECU的GND端子搭铁，滑动电动机运转，带动座椅向后滑动；同时通过滑动电动机内的滑动位置传感器向ECU的SSRS端子提供座椅前后位置信号。

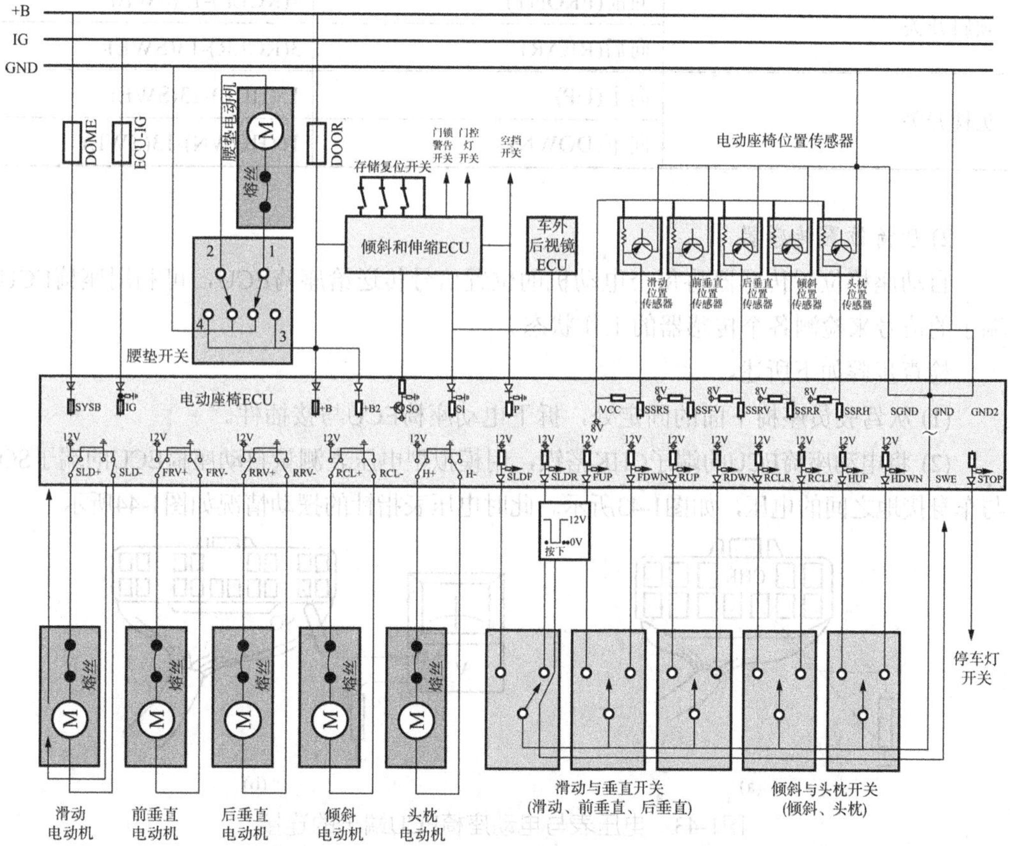

图1-42　滑动开关向后操作的工作过程电路

(3) 其他位置开关的操作与电路分析。前垂直、后垂直、倾斜与头枕位置的调整，其工作过程电路与滑动调整基本类似；腰垫的调整工作过程电路与普通电动座椅的工作回路一致。

3. 自动座椅系统的部件性能检测(对照电路图、操作及内部原理图分析)

1) 座椅开关

自动座椅开关与腰垫开关的电阻性能检测参考表1-9。

表1-9 自动座椅开关与腰垫开关的电阻特性

开关名称	开关位置	电阻导通端子
滑动开关	向前(FRONT)	11(SLDF)-13(SWE)
	向后(BACK)	12(SLDR)-13(SWE)
前垂直开关	向上(UP)	9(FUP)-13(SWE)
	向下(DOWN)	10(FDWN)-13(SWE)
后垂直开关	向上(UP)	5(RUP)-13(SWE)
	向下(DOWN)	6(RDWN)-13(SWE)
倾斜开关	向前(FRONT)	4(RCLF)-13(SWE)
	向后(REAR)	3(RCLR)-13(SWE)
头枕开关	向上(UP)	15(HUP)-13(SWE)
	向下(DOWN)	16(HDWN)-13(SWE)

2) 座椅位置传感器

自动座椅位置传感器将每个电动机的位置信号传送给座椅ECU，可利用座椅ECU端子的信号来检测各个传感器的工作状态。

检查步骤如下所述。

(1) 从驾驶员座椅下面的固定处，拆下电动座椅ECU与接插件。

(2) 将电动座椅ECU的端子CHK搭铁，用模拟型电压表测量自动座椅ECU的端子SO与车身接地之间的电压，如图1-43所示。此时电压表指针的摆动情况如图1-44所示。

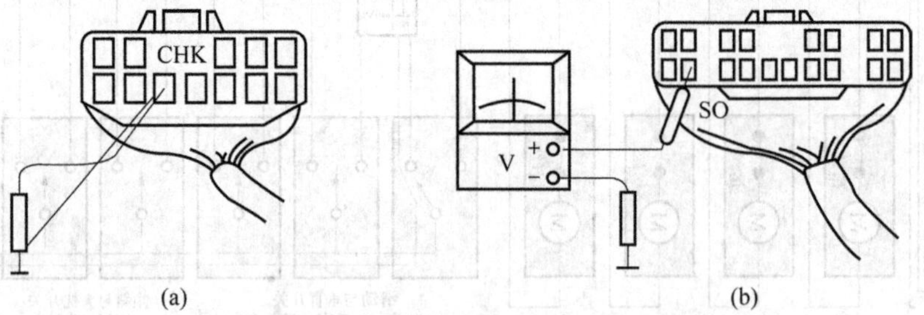

图1-43 电压表与电动座椅ECU端子的连接

(3) 打开电动座椅手动开关(注意：腰垫没有位置传感器，故无须进行传感器检测)，参照图1-45进行，将开关分别打到前垂直、后垂直、滑动、倾斜和头枕等挡位，逐项检测传感器的输入信号，此时将电压表指针的摆动情况与图1-46和图1-47所示的摆动情况对比，就可知道哪一个挡位的位置传感器有故障(注：当座椅移到极限位置时，电压表将显示不正常代码)。

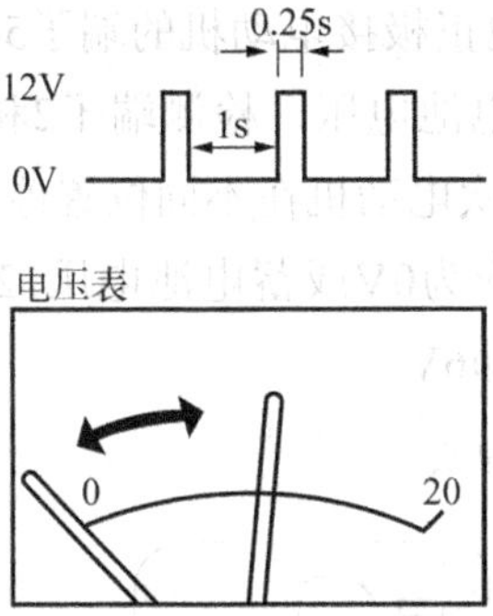

图1-44　检测前电压表指针的摆动情况

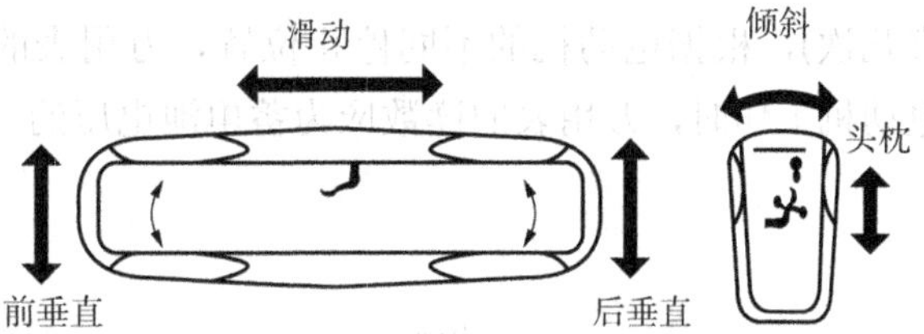

图1-45　电动座椅手动开关

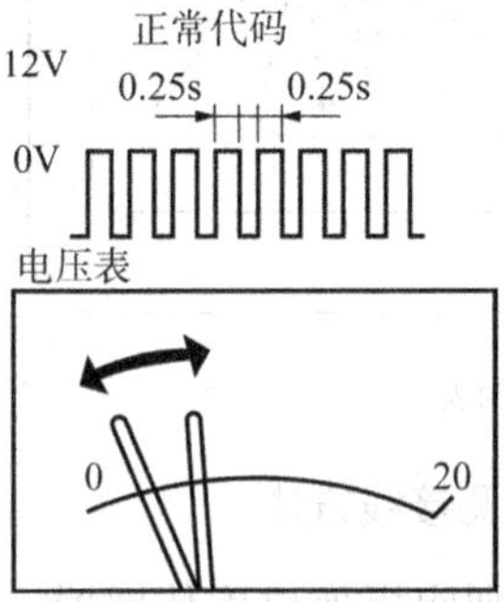

图1-46　检查位置传感器时电压表的“正常码”

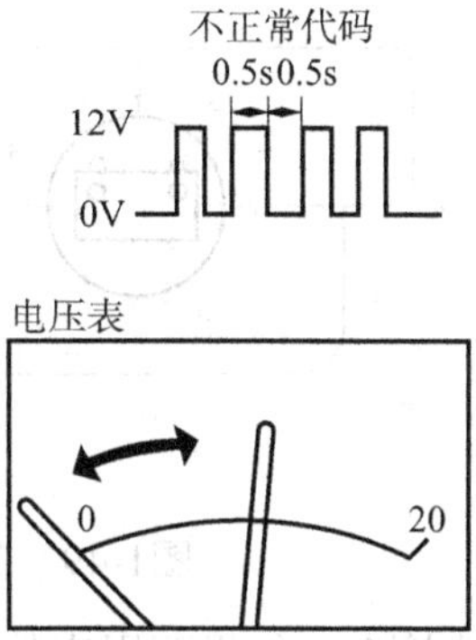

图1-47　“不正常码”

3) 座椅位置传感器电路

丰田凌志轿车UCF10和UCF20系列的自动座椅位置传感器与电动机检测略有不同，以UCF20为例，头枕电动机与传感器的检测和其他电动机与传感器的检测又有所不同。

(1) 头枕电动机与位置传感器的检测。将蓄电池正极接头枕位置传感器的针脚3，负极接传感器端子2和电动机端子2，在施加电压至电动机端子1时，检测传感器针脚1和传感器端子2间的电压。接线方法如图1-48所示。

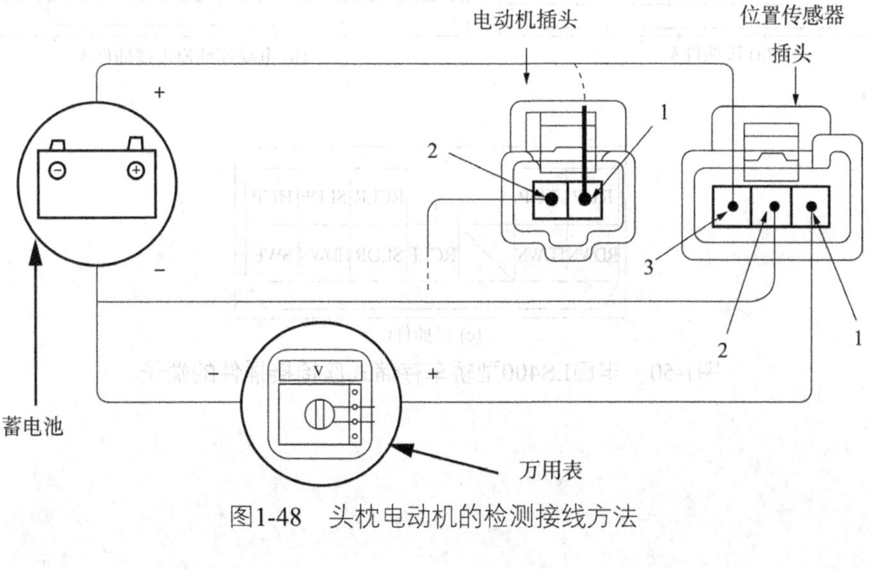

图1-48　头枕电动机的检测接线方法

(2) 其他座椅电动机与位置传感器的检测。将蓄电池正极接电动机的端子5，负极接电动机端子3，然后再向电动机端子4和端子6施加蓄电池电压，检测端子2和端子3间的电压。接线方法如图1-49所示。当电动机停止时(每次电动机在不同位置停止时检查几次)，根据电动机的不同停止位置，万用表的读数应为0V或蓄电池电压12V；当电动机工作时，万用表的读数应为蓄电池电压的一半，即6V。

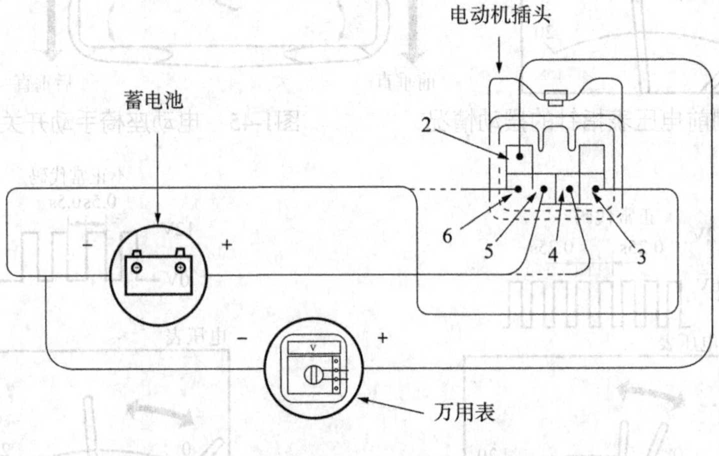

图1-49　其他座椅电动机的检测接线方法

经上述检查，如果万用表的读数不符合要求，则应更换位置传感器；如果万用表的读数符合要求，则检查座椅ECU与位置传感器间的配线和连接器；如果配线和连接器良好，则可能为座椅ECU不良。

4) 自动座椅ECU接插件的检测

(1) 接插件的端子如图1-50所示，端子名称及代号见表1-10。

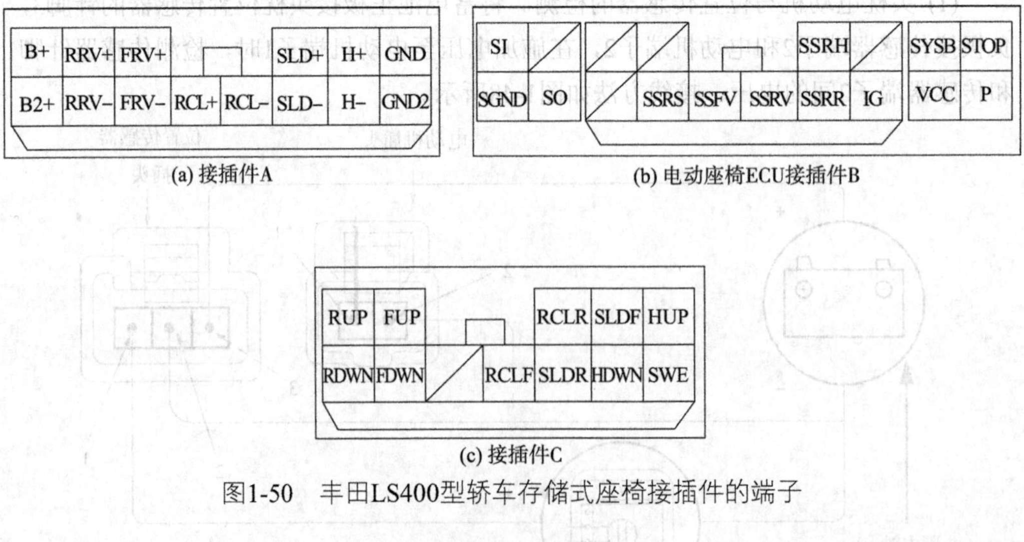

(a) 接插件A　(b) 电动座椅ECU接插件B　(c) 接插件C

图1-50　丰田LS400型轿车存储式座椅接插件的端子

表1-10 接插件的端子名称及代号

编号	代号	端子名称	编号	代号	端子名称	编号	代号	端子名称
A1	GND	搭铁	B2	SYSB	电源	B17	SO	串行通信
A2	H+	头枕电动机(向上)	B3			B18	SGND	传感器搭铁
A3	SLD+	滑移电动机(向前)	B4	SSRH	头枕传感器	C1	HUP	头枕开关(向上)
A4	FRV+	前垂直电动机(向上)	B5			C2	SLDF	滑移开关(向前)
A5	RRV+	后垂直电动机(向前)	B6			C3	RCLR	倾斜开关(向后)
A6	B+	电源	B7			C4	FUP	前垂直开关(向上)
A7	GND2	接地	B8	SI	串行通信	C5	RUP	后垂直开关(向上)
A8	H−	头枕电动机(向下)	B9	P	空挡起动开关	C6	SWE	手动开关搭铁
A9	SLD−	滑移电动机(向后)	B10	VCC	位置传感器电源	C7	HDWN	头枕开关(向下)
A10	RCL−	倾斜电动机(向下)	B11	IG	点火开关	C8	SLDR	滑移开关(向后)
A11	RCL+	倾斜电动机(向上)	B12	SSRR	倾斜传感器	C9	RCLF	倾斜开关(向前)
A12	FRV−	前垂直电动机(向下)	B13	SSRV	后垂直传感器	C10		
A13	RRV−	后垂直电动机(向后)	B14	SSFV	前垂直传感器	C11	FDWN	前垂直开关(向下)
A14	B2+	电源	B15	SSRS	滑移传感器	C12	RDWN	后垂直开关(向下)
B1	STOP	停车灯	B16					

1.2.5 自动座椅故障诊断

任务实施(课内学习，学习方法：理实一体集中教学，教师示范，学生体悟)

1. 症状体验与描述

症状体验：在丰田自动座椅实验台上体验座椅工作不良时的症状。

症状描述：驾驶员反映座椅不能向前滑动调节，但可向后调节。

其他现象观察：座椅其他方向均可正常调节。按动座椅开关的向前滑动调节按钮时，无电动机运转噪声。

要求学生对照任务工作单中的故障诊断分析表进行填写，教师指导、答疑。

2. 原因分析

1) 主症状可能原因分析

对照自动座椅电路原理图，分析座椅前后滑动调节的工作回路要素。

(1) 座椅滑动调节开关信号输入回路。开关无操作时，座椅ECU端子SLDF电压应为12V；座椅滑动开关向前时，座椅ECU端子SLDF电压应为0V。

(2) 座椅ECU故障。座椅ECU本身工作不良，ECU供电电源或搭铁不良。

(3) 滑动电动机与线路故障。可能为滑动电动机或内部断路器有故障，也可能为滑动电动机工作的电路与插头有故障等。

(4) 座椅滑动机械调节机构故障。

2) 其他症状可能原因分析

其他方向均可正常调节，说明座椅开关的公共搭铁地线与座椅ECU的端子SWE工作正常；同时按动座椅开关的向后滑动调节按钮时，座椅可以向后平顺滑动，说明滑动电动机与滑动调节机械机构工作正常。

因此，根据主症状及其他症状综合分析得出，故障的主要可能原因缩小为：①座椅开关的滑动向前调节开关或局部信号输入故障；②座椅ECU内部向前滑动局部信号故障。

3. 故障诊断过程分析

1) 诊断过程分析

(1) 首先体验症状，根据主症状及其他症状综合分析得出，故障的主要可能原因缩小为：①座椅开关的滑动向前调节开关或局部信号输入故障；②座椅ECU内部向前滑动局部信号故障。

(2) 万用表系统电压测试分析。根据控制器接收输入信号的方式，重点测量座椅ECU的端子SLDF在向前滑动开关操作前后的电压变化。如有变化，说明向前滑动开关信号输入正常，说明座椅ECU内部控制电动机输出继电器或控制功能局部出现故障。

(3) 根据以上原因分析，逐步进行线路细查。

2) 诊断过程操作示范与记录(教师示范，学生观察记录)

诊断分析表的填写如表1-11所示。

表1-11 自动座椅不能向前调节故障诊断分析表

(空白任务工单详见学生任务工作单手册)

班级		学号		姓名		得分	
故障症状确认	1. 症状描述：驾驶员反映座椅不能向前滑动调节，但可向后调节。 2. 其他现象描述：座椅其他方向均可正常调节；按动座椅开关的向前滑动调节按钮时，无电动机运转噪声						
	初步可能原因分析：①座椅开关的滑动向前调节开关或局部信号输入故障；②座椅ECU内部向前滑动局部信号故障						
检修步骤、结果分析与判断	检修步骤描述		测试结果记录		结果分析判断		
	打开点火开关，找到驾驶员侧自动座椅ECU插头，用探针测量端子11(SLDF) 是否为电源电压		12V		座椅ECU向端子SLDF输出12V基准电压正常		
	打开点火开关，找到驾驶员侧自动座椅ECU插头，扳动座椅滑动开关(向前)，用探针测量端子11(SLDF)是否为0V		12V		座椅滑动开关(向前位置) 工作不良		
	关闭点火开关，拔下自动座椅开关插头，扳动座椅滑动开关(向前)，测量座椅开关端子11(SLDF) 与端子13(SWE) 间电阻		∞		座椅开关端子11(SLDF)内部触点不良，开关向前时与端子13(SWE) 不能导通		
	综合原因分析：座椅开关端子11(SLDF)内部触点不良，开关向前时与端子13(SWE)不能导通。导致按动滑动向前开关，座椅ECU无法正常接收开关工作信号，座椅不能向前调节						
故障点排除确认	更换座椅开关总成，按动座椅滑动开关，座椅前后调节正常，故障排除						

任务评价

目的：培养学生的交流合作能力、表达能力、演讲能力及总结概括能力。

方法：学生分组上台总结、演讲，组间、组内评价。各小组按顺序推荐组内同学上台总结，其他组派代表对其进行提问、评价、打分；根据得分，组内再评价得分(参与提问、答题等工作的要加分)；最后统计每个人的过程成绩。

拓展提高

原则：丰田自动座椅工作不良的故障诊断操作练习(变换故障点部位，逐步深入练习；课外学习4学时，自愿练习，但所有课外学时不得少于总课外学时数)。

措施：落实课外开放式实训管理制度，安排值班教师(学生)，学生课外自愿到实训室进行自动座椅工作不良故障诊断练习。

思考题

1. 常见的自动座椅控制功能有哪些？为什么要对转向柱、后视镜和安全带锁扣位置进行控制？

2. 查找资料，比较帕萨特轿车的自动座椅记忆设置过程与丰田轿车的自动座椅记忆设置的差异。

3. 比较普通电动座椅与自动座椅的异同点。

4. 根据典型车型的自动座椅线路图绘制工作原理电路图，并简述其工作原理。

5. 在倒车时，帕萨特领驭轿车自动座椅系统是如何对后视镜进行控制的？正常驾驶时如何控制？

任务1.3 安全气囊系统认识与检修

学习目标

(1) 知识点：主动安全与被动安全概述；安全带的结构组成；安全气囊的结构组成；典型安全气囊系统部件认识(传感器——安全传感器；控制器——安全气囊控制器等；执行器——螺旋电缆、安全气囊总成)。

(2) 技能点：安全气囊系统部件识别；安全气囊系统的检修(方法能力——观察能力、学习能力、写作能力；社会能力——团队合作能力、交流能力、演讲能力；专业能力——动手能力、分析问题的能力)。

(3) 训练点：安全气囊系统部件识别练习；安全气囊系统检修训练与强化。

(4) 评价点：考勤与加分项，任务处理过程考核，任务验收考核(任务工作单的填写、上台演讲表达、提问与解答)，知识识记考核，操作过程考核与期考。

任务导入

客户反映，大众帕萨特轿车的安全气囊系统灯常亮，作为业务接待人员及维修作业人员，需要了解该车安全气囊系统的结构与部件，并进行故障验证，填写相关单据，记录该车安全气囊灯常亮的故障症状，最终下达车辆的维修任务。

任务分析

1.了解主动安全与被动安全概念

2.了解安全带的结构组成

3.了解安全气囊系统的结构组成

(1) 典型安全气囊系统的结构组成；

(2) 识别典型安全气囊系统部件的名称、作用与安装位置。

4. 掌握典型安全气囊系统部件性能检测

(1) 典型安全气囊部件性能检测；

(2) 部件故障分析。

任务实施

1. 教学条件(师资、设备、场地、资源)

(1) 师资要求。具有中级职称以上、双师资格的教师2名以上。

(2) 设备要求。大众帕萨特轿车安全气囊台架2台，帕萨特轿车1辆或2辆，其他材料。

(3) 场地要求。理实一体化的教室，投影仪，黑板5～9块。

(4) 学习资源。教师教学手册、学生学习手册、任务工作单、维修手册等教学资源。

2. 教学实施

(1) 安全系统概述与安全带的结构组成(课内集中示范、学生观察)。

教师现场集中授课，讲解主动安全与被动安全知识以及安全带的结构组成，学生现场观察思考，注意现场操作安全。

(2) 碰撞安全气囊系统工作演示(课内集中授课、学生观察)。在台架上集中演示碰撞时安全气囊系统的工作过程，学生观察，注意现场操作安全。

(3) 安全气囊系统部件识别(课内集中授课)。现场台架上集中讲授安全气囊的结构组成、主要部件名称、作用与安装位置等。

(4) 安全气囊系统部件性能检测与工作过程演练(课内集中示范，学生分组练习体悟)。教师现场授课示范螺旋电缆的性能检测方法，学生分组进行安全气囊部件的性能检测练习，分组练习安全气囊的碰撞过程演示，记录相关数据，完成任务工作单的内容，教师随时跟踪学生的学习情况，并进行适当讲解。

(5) 安全气囊系统故障诊断练习(课内集中示范，学生分组练习体悟)。教师现场授课示范安全气囊典型故障的诊断方法，学生分组进行安全气囊故障诊断练习，记录相关数据，完成任务工作单的内容，教师随时跟踪学生的学习情况，并进行适当讲解。

(6) 学习评价(学生上台总结、演讲、评价)。分组上台总结、演讲，进行组间、组内评价，最后统计每个学生的过程考核成绩。

相关知识

1.3.1 安全气囊系统检修基础知识

1. 汽车安全控制系统概述

随着现代汽车技术的飞速发展，现代汽车的安全性成为汽车设计、制造与使用的一个重要课题。汽车的安全性分为主动安全和被动安全。主动安全是指通过事先防范，使汽车具有主动防止事故发生的能力，主要有操纵的稳定性，制动的可靠性、平顺性等，如ESP、ABS、ASR、主动防撞控制系统、ADAS等；被动安全是指在交通事故发生的情况下，使汽车具有减少损伤、保护乘员的能力(包括具有在车辆事故发生时大幅减低碰撞强度的功能)，主要有防撞式车身、安全带和辅助乘员的保护系统SRS(Supplemental inflatable Restraint System，安全气囊)等。

汽车事故难以避免，因此被动安全显得非常重要。安全带和安全气囊作为被动安全的重要研究成果，由于其使用方便、效果显著、造价不高，近年来得到迅速发展和普及。

2. 安全带

1) 安全带的作用

汽车安全带是一种被动安全装置，它能在汽车正面低速碰撞事故中有效地保护乘员，在发达国家早已普及，欧洲许多国家法规规定汽车乘员必须使用安全带，我国也规定行车必须使用安全带。使用安全带是安全气囊有效发挥作用的前提条件。

2) 安全带的类型

安全带按控制方式可分为主动式安全带与被动式安全带，主动式安全带又称预紧式安全带。根据安装方式又可分为两点式(腰肩带)、斜挂式、三点式(腰肩联合带)、四点式，如图1-51所示。

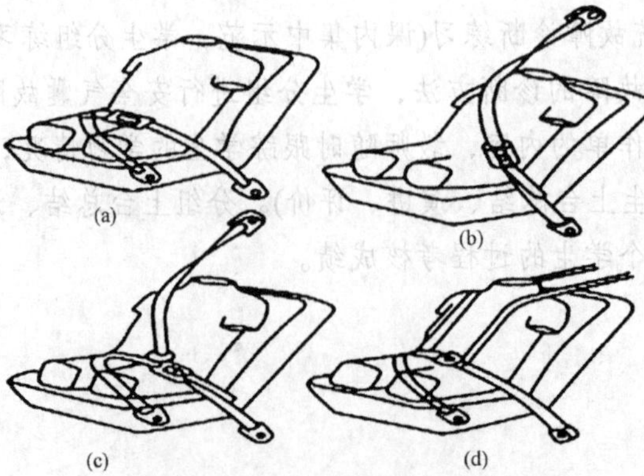

图1-51　安全带的安装方式分类

(a) 两点式　(b) 斜挂式　(c) 三点式　(d) 四点式

(1) 两点式。它又称腰带式，是安全带的基本型。仅限制乘员腰部使用的称腰带；仅限制乘员上半身使用的称肩带。飞机乘员一般使用的就是这种安全带。使用时，软带从腰的两侧挂在腹部上。优点是使用方便，容易逃出车外；缺点是腹部负荷很大，在撞车时，上身容易前倾，前座乘员头部会碰到仪表板或风窗玻璃，比较适合后座乘员使用。

(2) 斜挂式。它又称安全肩带，使用时，软带经乘员胸前斜挂在肩部，可防止上身转动。它的缺点是，撞车时乘员受力不均匀，下身容易向前挤出；若安装不当，身体会从软带中脱出或头部被撞。这种安全带欧洲采用较多，但日本、加拿大、澳大利亚等国在标准中排除了这种安全带。国际标准中虽通过了这种安全带，但不推荐使用。由于最近开发了膝部保护装置与这种安全带并用，从而消除了这一缺点，美国已认可使用。

(3) 三点式。三点式安全带有两种，一种是两点式和斜挂式合二为一的复合式，又称连续三点式；另一种是将防止上身前倾的肩带连在两点式安全带上的任意点，称为分离三点式。三点式兼有两点式和斜挂式的长处，并且消除了短处，对乘客保护效果良好，实用性高，是现在最通用的一种安全带。

(4) 四点式。它又称马甲式安全带，由两点式安全带上再连两条肩带组合而成。效果最好，也是最完善的一种，但使用不便，一般用于特殊用途车或赛车上。

3) 安全带的结构

安全带的基本结构一般包括软带、带扣、长度调整机构、卷带装置和固定部分。

软带是安全带的本体，一般用尼龙织物、聚酯、维尼纶等合成纤维原丝编织成宽约50mm、厚约1.5mm的带子。软带要求具有足够的强度、延伸性和能量吸收性，以便在撞车时起到缓冲作用，可用做腰带和肩带。各国对软带的性能和试验要求都有标准规定。软带必须经过强度、伸长率、收缩率、耐磨、耐寒、耐热、耐水和耐光等考核试验，符合规定后才能使用。安全带主要靠软带的拉伸变形来吸收能量，减缓二次碰撞的强度，其中肩带的拉伸变形量可达40%。

带扣用来扣合或脱开安全带，分为有舌和无舌两类。有舌带扣又分为包围型按钮式和开放型按钮式两种。

长度调整机构是为了适应乘员的体形来调整软带长度的机构。

卷带装置是在不用安全带时，自动将软带收卷的装置，以防止损伤带扣和软带。在使用时，还具有调整软带长度的功能。卷带装置按卷带方式可分为，无锁紧式卷带装置(不能在软带拉出的位置自动锁紧软带)、自动锁紧式卷带装置(可在软带拉出的任何位置自动锁紧软带)、手动无锁紧式卷带装置(能用手拉出软带但不能锁紧的卷带装置)、紧急锁紧式卷带装置(可将安全带自由拉出或收回，但当拉出带子的速度超过某限值时，则立即锁住)4种。

安全带的区别在于卷收装置的不同。根据卷收装置的不同，又可分为无锁式、手调式、自锁式、急锁止式(目前我国使用最广泛的一种安全带。在0.7g加速度下，安全带织带拉出25mm内锁止；在2g加速度下，安全带织带应在拉出50mm内锁止。卷收装置倾斜在12°以下时不锁止，在27°以上时锁止)、预紧式(正常情况下，安全带与人体保持一定间隙，碰撞达到一定强度时，主动收紧安全带，有效消除间隙，提高安全带的作用)、限力式(发生碰撞时，安全带施加很大的拉力，限制乘员的运动，但拉力达到一定值后，允许卷收锁扣等部位移动，防止拉力过大造成伤害)。

4) 安全带的工作原理

在事故发生的瞬间，当安全带软带从棘轮轴拉出的加速度超过设计值时，棘轮轴两端的棘爪盘就会卡死软带，限制软带拉出，从而将乘员固定在座椅上。在碰撞结束时，加速度为零，棘爪盘放松，织带可自由拉出。

现代轿车大量装备了预收紧式安全带与限力装置。它是在普通安全带的基础上增加预紧器构成的。预紧器可以与锁扣结合在一起(锁扣预紧器)，也可以与卷收器结合在一起(卷收器预紧器)。预收紧装置可最大限度消除安全带的多余张紧余量，避免乘员被爆炸的安全气囊伤害头部。和安全气囊的工作原理一样，由于汽车碰撞的形式不同，强度不同，准确点爆是收紧式主动安全带预紧器的工作基本要求。现代预紧器多采用电子控制器触发。如汽车配备了气囊且使用了智能控制器，则预紧式安全带的控制一般由气囊控制器完成。气囊控制器分两级控制：当碰撞强度达到第一级但未达到第二级时，点爆预紧式安全带；当达到第二级时，点爆安全气囊。

5) 安全带的使用

在发生交通事故时，安全带能降低驾乘车人员的受伤程度，但前提是正确使用，否则就会大大降低其作用。要经常检查安全带的技术状态，如有损坏，应立即更换。在使用过程中，安全带应尽量系在髋部和胸前，即应该横跨在骨盆和胸腔之上，形成一个水平放置的V字。安全带只能供一个人使用，严禁双人共用，也不要将安全带扭曲使用。使用安全带时，不要让其压在坚硬易碎的物体上，如口袋里的手机、眼镜、钢笔等。座椅上无人时，要将安全带送回卷收器中，将扣舌置于收藏位置，以免在紧急制动时扣舌撞击在其他物体上。不要让座椅背过于倾斜，否则会影响使用效果。安全带的扣带一定要扣好，防止其受外力时脱落，而不能起到保护作用。

3. 安全气囊系统结构与工作原理

1) 安全气囊概述

安全气囊(Supplemental inflatable Restraint System)也称辅助乘员保护系统或乘员约束系统，简称SRS。它是一种被动安全装置，是一种在汽车遭到冲撞而急剧减速时，能很快膨胀的缓冲垫。

(1) 安全气囊的作用。据统计，全球每年都有约120万人死于交通事故，其中约20%的死亡是由正面碰撞事故导致的，安全气囊的发明，大大减少了这类事故的发生。安全统计结果表明，当汽车发生正面碰撞时，由于巨大的惯性力对驾驶员造成的伤害，驾驶员胸部以上受伤的概率达75%以上。所以，安全气囊在设计时，主要是针对驾驶员的头部和颈部进行保护。使用安全气囊，可以吸收乘员在碰撞过程中的动能；减少破碎的玻璃和飞起的杂物对乘员的伤害；减少对乘员后颈部的冲击。根据实际使用效果对比可以发现：只使用安全带，交通事故中的死伤率下降45%；只使用气囊，交通事故中的死伤率下降14%；同时使用安全带和安全气囊，交通事故中的死伤率下降50%。故安全气囊SRS是座椅安全带的辅助装置，不是替代座椅安全带的装置，安全气囊与座椅安全带并用，才能对乘员发挥更大的保护作用。

(2) 安全气囊的类型。安全气囊可分为如下几类。

① 按照碰撞类型分类。根据碰撞类型的不同，安全气囊可分为正面防护安全气囊(与安全带配合使用)、侧面防护安全气囊和顶部碰撞防护安全气囊。正面碰撞安全气囊系统是目前应用最广泛的一种，而侧面碰撞安全气囊和顶部碰撞安全气囊现已逐渐普及。

② 按照安全气囊数目分类。按照安全气囊安装数目可分为单气囊系统(只安装在驾驶员侧)、双气囊系统(驾驶员侧和副驾驶员侧各有一个安全气囊)和多气囊系统。

③ 按照安全气囊触发机构分类。按照安全气囊触发机构可分为机械式(M型)、机电式(ME型)和电子式(E型)安全气囊，现代汽车大部分采用了电子控制式安全气囊系统。

(3) 汽车对安全气囊的要求。安全气囊是在汽车发生碰撞时才会工作的安全装置，所以它的可靠性就显得尤为重要。也就是说，汽车在发生碰撞时，根据不同车速，安全气囊需要自动判断是否起作用。但是，汽车在紧急制动或在高低不平的路面上行驶时，也会产生较大的减速度和激烈的振动，这时要保证安全气囊不工作。此外，由于现代汽车安全气囊大多是电子控制式的安全气囊，这就要求安全气囊系统在汽车发生碰撞、电源出现故障的短时间(20s)内，应能够正常工作。因此，一般情况下，安全气囊系统采用双电源，在电源断电的情况下，安全气囊控制系统电路中的备用电源，可引爆安全气囊。在技术上，对安全气囊的要求主要有以下几个方面。

① 可靠性高。在汽车未发生碰撞事故的情况下，安全气囊的使用年限为7～15年。若发生碰撞事故，安全气囊开启后，安全气囊系统需要全套更换。

② 安全可靠。安全气囊系统要能正确区分制动减速度和碰撞减速度。

③ 灵敏度高。当汽车发生碰撞时，安全气囊系统要在二次碰撞(指驾驶员或乘客与转向盘、仪表板或风挡玻璃发生碰撞)前，正确快速打开气囊，并能正确泄气，起到缓冲作用。

④ 有防误爆功能。安全气囊系统一般采用二级门限控制，减速度的控制门限要合理。过低，安全气囊就会提前引爆；过高，汽车发生碰撞时，安全气囊打不开，或者打开过晚。

⑤ 自诊断功能。安全气囊系统能及时发现故障，并以报警灯的形式报告驾驶员。

(4) 汽车安全气囊的发展趋势。近几年来，随着汽车技术的发展与普及，人们对汽车安全性能的要求越来越高，现代轿车大部分都配置了安全气囊系统。国外部分发达国家已经在交通法规中明确规定，轿车必须配置安全气囊装置。随着世界汽车市场的激烈竞争以及安全气囊制造成本的降低，安全气囊已经作为标准配置装配到所有家庭用的经济型轿车上。

随着科技的发展和人们对汽车安全重视程度的提高，汽车安全技术中的安全气囊技术近年来也发展得很快，窗帘(屏蔽)式、智能化、多安全气囊是今后整体安全气囊系统发展的必然趋势。新的技术可以更好地识别乘客类型，采取不同的保护措施。系统采用重量、红外技术、超声波等传感器来判断乘客与仪表板的距离以及乘客的重量、身高等因素，进而在发生碰撞时判断是否应点爆气囊、采用1级点火还是多级点火、点爆力多大，并与安全带形成总体控制。通过传感器，气囊系统还可以判断车辆当前经历的碰撞形式，是正面碰撞还是角度碰撞，侧面碰撞还是整车的翻滚运动，以便驱动车身不同位置的气囊，形成对乘客的最佳保护。

网络技术的应用也是安全气囊系统的发展方向。在汽车网络中，有一种应用面比较窄但是非常重要的网络，即Safe-By-Wire。Safe-By-Wire是专门用于汽车安全气囊系统的总线，Safe-By-Wire技术旨在通过综合运用多个传感器和控制器来实现安全气囊系统的细微控制。与整车系统常用的CAN、FlexRay等总线相比，Safe-By-Wire的优势在于它是专门面向安全气囊系统的汽车LAN接口标准。为了保证系统在汽车出事故时也不受破坏，Safe-By-Wire中嵌入多重保护功能。比如说，即使线路发生短路，安全气囊系统也不会因出错而启动。Safe-By-Wire技术将会在汽车安全气囊系统中获得广泛的应用。

2) 安全气囊的工作原理

(1) 安全气囊的工作原理与有效作用范围。具体内容如下所述。

① 安全气囊的基本设计思想。在汽车发生一次碰撞后(如图1-52(a)所示)，二次碰撞前(如图1-52(b)所示)，迅速在乘员和汽车内部结构之间打开一个充满气体的袋子，使乘员撞在气袋上，避免或减缓二次碰撞，从而达到保护乘员的目的(如图1-52(c)所示)。由于乘员和气囊相碰时容易因振荡而造成对乘员的伤害，所以在气囊的背面开两个直径25mm左右的圆孔。这样，当乘员和气囊相碰时，借助圆孔的放气可减轻振荡，放气过程同时也是一个释放能量的过程，因此可以很快地吸收乘员的动能，更有助于保护乘员。

(a) 一次碰撞　　(b) 二次碰撞　　(c) 一次碰撞后二次碰撞前

图1-52　安全气囊设计思想示意图

② 安全气囊的工作过程。德国博世公司在奥迪轿车上的试验研究表明：当汽车以50km/h的速度与前面的障碍物碰撞时，安全气囊系统SRS的工作时序如图1-53所示。图1-54为安全气囊的工作示意图。

a. 碰撞约10ms后，SRS达到引爆极限，点火器引爆点火剂并产生大量热量，使充气剂(叠氮化钠药片)受热分解，驾驶员尚未动作，如图1-53(a)所示。

b. 碰撞约40ms后，气囊完全充满，此时体积最大，驾驶员向前移动，斜系在驾驶员身上的安全带被拉紧，部分冲击能量已被吸收，如图1-53(b)所示。

c. 碰撞约60ms后，驾驶员头部及身体上部压向气囊，气囊的排气孔在气体和人体压力作用下排气节流，以吸收人体与气囊之间的弹性碰撞产生的动能，如图1-53(c)所示。

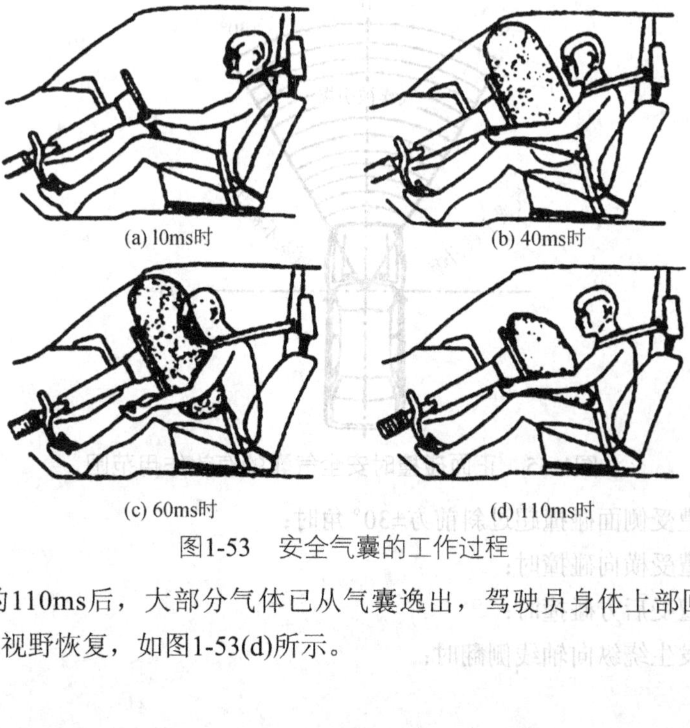

(a) 10ms时　　(b) 40ms时

(c) 60ms时　　(d) 110ms时

图1-53　安全气囊的工作过程

d. 碰撞约110ms后，大部分气体已从气囊逸出，驾驶员身体上部回到座椅靠背上，汽车前方视野恢复，如图1-53(d)所示。

e. 碰撞约120ms后，碰撞危害解除，车速降低直至为零。

由此可见，气囊在碰撞过程中的工作时间极短。从开始充气到完全充满约为30ms；从汽车遭受碰撞开始到气囊收缩为止，所用时间仅为120ms左右，而人的眼皮眨一下所用时间约为200ms。因此，气囊的工作状态和经历的时间无法用肉眼确定。

(2) 安全气囊有效作用范围。汽车安全气囊系统SRS并非在所有的碰撞情况下都能起作用。正面SRS只有在汽车正前方或斜前方±30°角范围内(如图1-55所示)发生碰撞，纵向减速度达到设定阈值，且安全传感器和任意一只前碰撞传感器接通时，才能引爆气囊充气。当出现下列情况之一时，SRS不会引爆气囊充气。

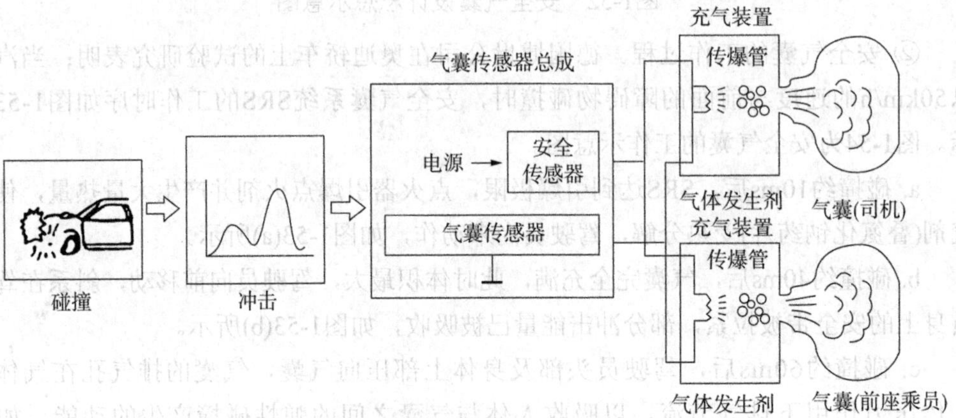

图1-54　安全气囊工作示意图

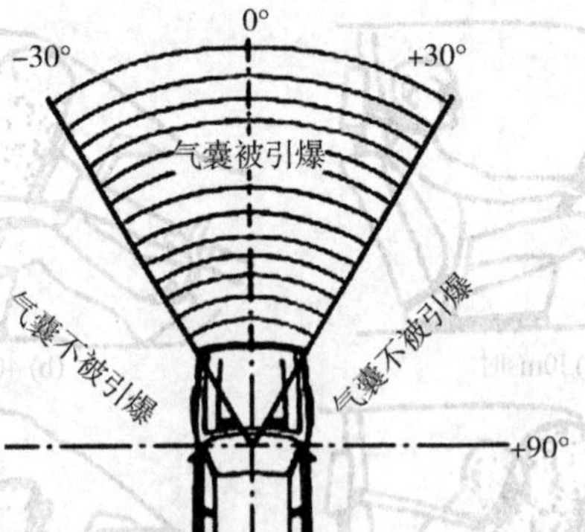

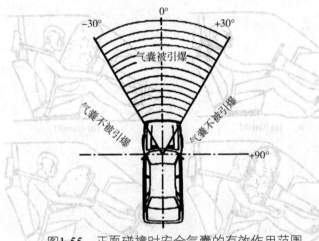

图1-55　正面碰撞时安全气囊的有效作用范围

① 汽车遭受侧面碰撞超过斜前方±30°角时；

② 汽车遭受横向碰撞时；

③ 汽车遭受后方碰撞时；

④ 汽车发生绕纵向轴线侧翻时；

⑤ 纵向减速度未达到设定阈值时；

⑥ 防护传感器未接通时或所有前碰撞传感器都未接通时；

⑦ 汽车正常行驶、正常制动或在路面不平的道路条件下行驶时。

减速度阈值根据SRS的性能设定，不同车型SRS的减速度阈值有所不同。在美国，因为SRS是按驾驶员不佩戴座椅安全带来设计的，气囊体积大、充气时间长，所以SRS应在较低的减速度阈值时引爆气囊，即汽车以较低车速(20km/h左右)行驶而发生碰撞时，SRS就应引爆。而在日本和欧洲，由于SRS是按驾驶员佩戴座椅安全带来设计的，气囊体积小、充气时间短，所以设定的减速度阈值较高，汽车以较高车速(30km/h左右) 行驶而发生碰撞时，SRS才能引爆气囊充气。

侧面气囊只有在汽车遭受侧面碰撞且横向加速度达到设定阈值时，才能引爆充气，且不会给正面气囊充气。

3) *安全气囊的结构组成*

安全气囊系统主要由安全气囊传感器、气囊组件及电子控制装置ECU(因其包含传感器，也称为气囊传感器总成或中央气囊传感器总成)等组成。有些车型还在这一系统上增加了电子式安全带预紧器，通常将充气装置和气囊做成一体。因车型和生产年份的不同，整个系统的组成也各有差异，这些差异主要表现在传感器和气囊的数量上。

现代轿车安全气囊传感器一般分别安装在驾驶室间隔板左、右侧及中部，中部的安全气囊传感器与安全气囊系统的电子控制装置安装在一起。驾驶员侧防撞安全气囊装置在方向盘中，乘员侧防撞安全气囊一般装置在乘员侧仪表台上，外层用一个塑料盖遮住，如图1-56所示。

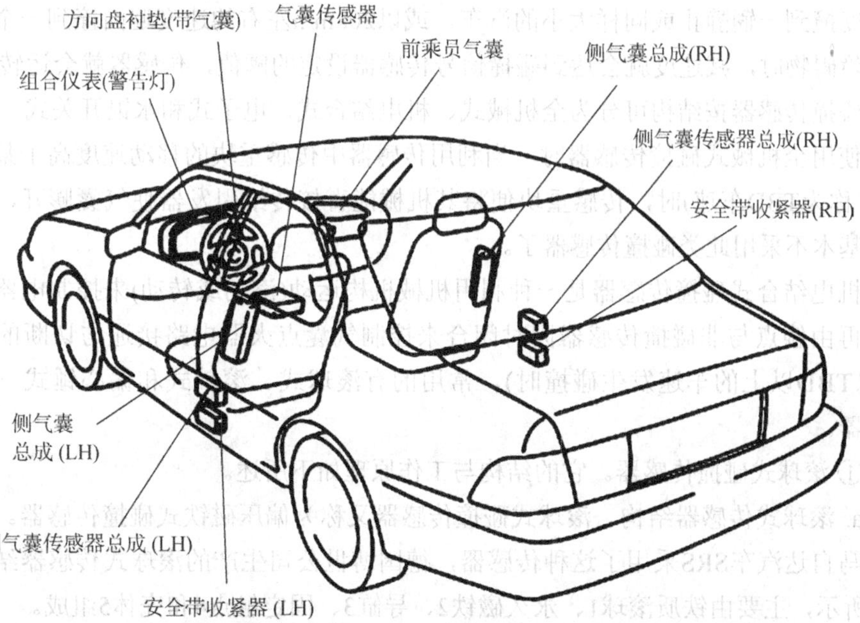

图1-56 1997年后产LS400 SRS系统的零件位置

(1) 安全气囊传感器。安全气囊传感器多为碰撞传感器，它的作用是判别撞车激烈程度，与电子控制器构成控制系统。碰撞传感器相当于一只控制开关，其工作状态取决于汽车碰撞时的减速度大小。

碰撞传感器按功用可分为碰撞信号传感器和碰撞防护传感器两类。碰撞信号传感器又称为碰撞烈度(激烈程度)传感器，安装在汽车左前、右前、前部中央和SRS ECU内部，分别称为左前、右前、中央和中心碰撞传感器，其功用是将汽车碰撞时的减速度数值输入SRS ECU，用以判定是否发生碰撞。碰撞防护传感器简称防护传感器，又称为安全传感器或保险传感器，一般都安装在SRS ECU内部，其功用是控制气囊点火器电源电路，防止误点火。

在安全气囊系统电路中，左前、右前、中央和中心碰撞传感器之间均为并联关系。只有当碰撞防护传感器与任意一只碰撞信号传感器同时接通时，点火引爆电路才能接通，气囊才能引爆充气。设置碰撞防护传感器的目的是防止前碰撞传感器意外短路而造成气囊误膨开。因为在不设置碰撞防护传感器的情况下，当检修前碰撞传感器时，如果不慎将其信号输出端子短路而使点火器电路接通，那么气囊就会引爆充气膨开，造成不必要的损失。设置防护传感器后，如果防护传感器电路不接通，那么点火器就没有电源，气囊回路始终断开，从而可以避免气囊误膨开。

碰撞防护传感器和碰撞信号传感器的结构原理完全相同，其唯一区别在于设定的减速度阈值有所不同。换句话说，一只碰撞传感器既可用做碰撞信号传感器，也可用做碰撞防护传感器，但是必须重新设定其减速度阈值。设定减速度阈值的原则是碰撞防护传感器的减速度阈值比碰撞信号传感器的减速度阈值稍小。当汽车以40km/h左右的速度撞到一辆静止或同样大小的汽车，或以20km/h左右的速度迎面撞到一个不可变形的障碍物时，减速度就会达到碰撞信号传感器设定的阈值，传感器就会运转。

碰撞传感器按结构可分为全机械式、机电结合式、电子式和水银开关式。

使用全机械式碰撞传感器时，当利用传感器中传感重块的移动速度高于某一特定车速(称为TBD车速)时，传感重块便将其机械能直接传给引发器使气囊膨开，现代轿车已基本不采用此类碰撞传感器了。

机电结合式碰撞传感器是一种利用机械机构运动(滚动或转动)来控制电器触点工作，再由触点与非碰撞传感器同时闭合来控制气囊点火器电路接通与切断的传感元件(以TBD以上的车速发生碰撞时)。常用的有滚球式、滚轴式和偏心锤式三种碰撞传感器。

① 滚球式碰撞传感器。它的结构与工作原理如下所述。

a. 滚球式传感器结构。滚球式碰撞传感器又称为偏压磁铁式碰撞传感器。日本尼桑和马自达汽车SRS采用了这种传感器，德国博世公司生产的滚球式传感器结构如图1-57所示，主要由铁质滚球1、永久磁铁2、导缸3、固定触点4和壳体5组成。

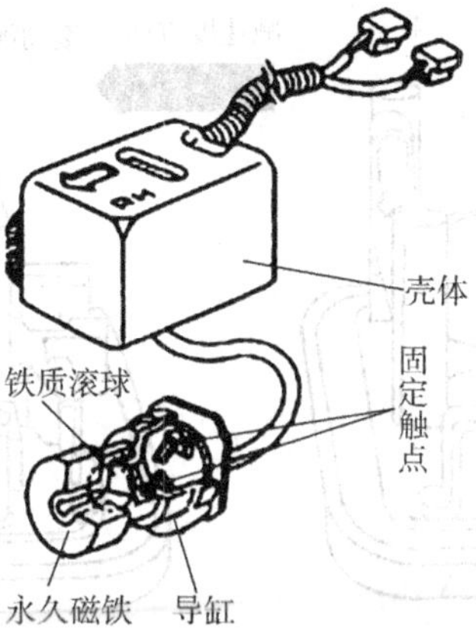

图1-57　滚球式传感器结构

两个触点分别与传感器引线端子连接。滚球用来感测减速度大小，在导缸内可移动或滚动。壳体上印制有箭头标记，方向与传感器结构有关，有的规定指向汽车前方(如丰田凌志LS400型轿车)，有的规定指向汽车后方，因此在安装传感器时，箭头方向必须符合使用说明书的规定。

b. 滚球式传感器工作原理。滚球式碰撞传感器的工作原理如图1-58所示。当传感器处于静止状态时，在永久磁铁磁力作用下，导缸内的滚球被吸向磁铁，两个触点与滚球分离，传感器电路处于断开状态，如图1-58(a)所示。

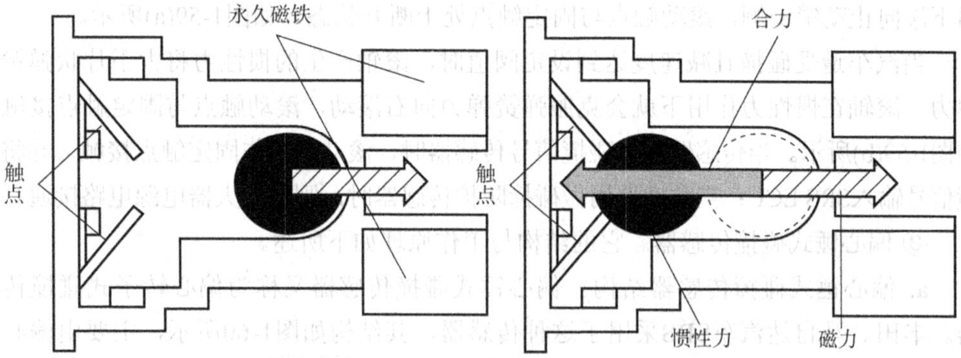

(a) 静止状态　　(b) 工作状态

图1-58　滚球式传感器的工作原理

当汽车遭受碰撞且减速度达到设定阈值时，滚球产生的惯性力将大于永久磁铁的电磁吸力。滚球在惯性力作用下，就会克服磁力沿导缸向两个固定触点运动，并将固定触点接通，如图1-56(b)所示。当传感器用做碰撞信号传感器时，固定触点的接通将碰撞信号输入SRS ECU；当传感器用做碰撞防护传感器时，则将点火器电源电路接通。

② 滚轴式碰撞传感器。它的结构和工作原理如下所述。

a. 滚轴式传感器结构。丰田、本田和三菱汽车安全气囊系统采用了滚轴式传感器，其结构如图1-59(a)所示，主要由止动销1、滚轴2、滚动触点3、固定触点4、底座5和片状弹簧6组成。

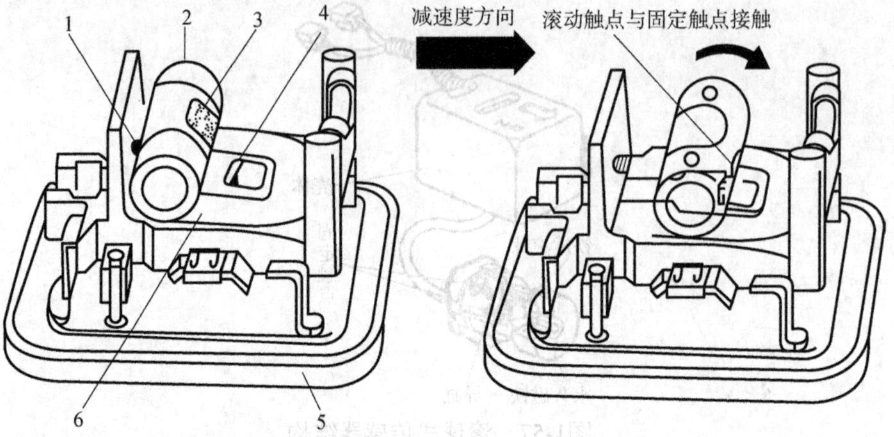

(a) 静止状态　　(b) 工作状态

图1-59　滚轴式传感器的结构原理

1–止动销　2–滚轴　3–滚动触点　4–固定触点　5–底座　6–片状弹簧

片状弹簧6一端固定在底座5上，并与传感器的一个引线端子连接，另一端绕在滚轴2上，滚动触点3固定在滚轴部分的片状弹簧上，并可随滚轴一起转动。固定触点4与片状弹簧6绝缘固定在底座5上，并与传感器的另一个引线端子连接。

b. 滚轴式传感器工作原理。当传感器处于静止状态时，滚轴在片状弹簧的弹力作用下滚向止动销一侧，滚动触点与固定触点处于断开状态，如图1-59(a)所示。

当汽车遭受碰撞且减速度达到设定阈值时，滚轴产生的惯性力将大于片状弹簧的弹力。滚轴在惯性力作用下就会克服弹簧弹力向右滚动，滚动触点与固定触点接触，如图1-59(b)所示。当传感器用做碰撞信号传感器时，滚动触点与固定触点接触，并将碰撞信号输入SRS ECU；当传感器用做碰撞防护传感器时，则将点火器电源电路接通。

③ 偏心锤式碰撞传感器。它的结构与工作原理如下所述。

a. 偏心锤式碰撞传感器结构。偏心锤式碰撞传感器又称为偏心转子式碰撞传感器。丰田、马自达汽车SRS采用了这种传感器，其结构如图1-60所示，主要由偏心锤1与8、锤臂2与15、转动触点臂3与11、转动触点6与13、固定触点10与16、复位弹簧19、挡块9、壳体4与12等组成。

转子总成由偏心锤1、转动触点臂3及转动触点6与13组成，安装在传感器轴18上。偏心锤偏心安装在偏心锤臂上。转动触点臂3与11两端固定有转动触点6与13，触点随触点臂一起转动。两个固定触点10与16绝缘固定在传感器壳体上，并用导线分别与传感器接线端子7、14连接。

b. 偏心锤式碰撞传感器工作原理。偏心锤式传感器的工作原理如图1-61所示。当传感器处于静止状态时，在复位弹簧弹力作用下，偏心锤与挡块保持接触，转子总成处于静止状态，转动触点与固定触点断开，如图1-61(a)所示，传感器电路处于断开状态。

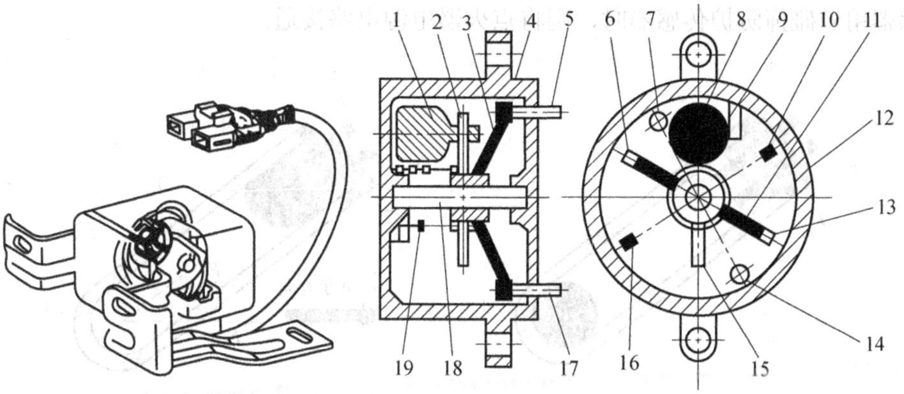

图1-60　偏心锤式碰撞传感器的结构

1、8–偏心锤　2、15–锤臂　3、11–转动触点臂　4、12–壳体　5、7、14、17–固定触点接线端子　6、13–转动触点　9–挡块　10、16–固定触点　18–传感器轴　19–复位弹簧

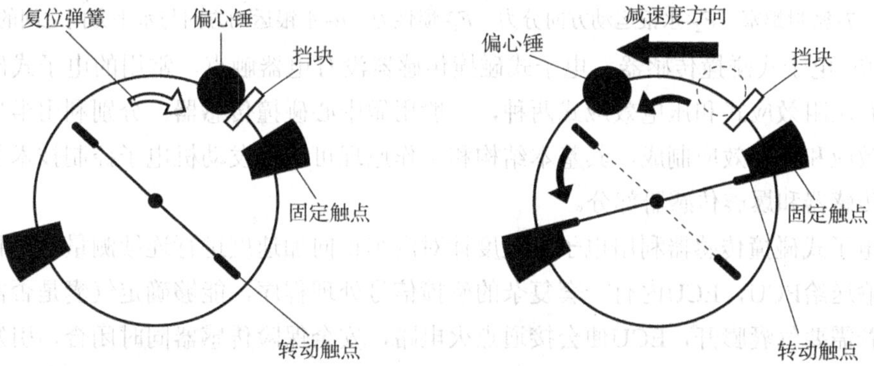

(a) 静止状态　　(b) 工作状态

图1-61　偏心锤式碰撞传感器的工作原理

当汽车遭受碰撞且减速度达到设定阈值时，偏心锤产生的惯性力矩将大于复位弹簧的弹力力矩，转子总成在惯性力矩作用下，克服弹簧力矩沿逆时针方向转动一定角度，同时带动转动触点臂转动，并使转动触点与固定触点接触，如图1-61(b)所示。当传感器用做碰撞信号传感器时，转动触点与固定触点接触，并将碰撞信号输入SRS ECU；当传感器用做碰撞防护传感器时，则将点火器电源电路接通。

④ 水银开关式碰撞传感器。水银开关式碰撞传感器利用水银具有良好的导电特性而制成，用来控制气囊点火器电路接通或切断，一般用做防护传感器。

水银开关式碰撞传感器的工作原理如图1-62所示，当传感器处于静止状态时，水银在其重力作用下处于图1-62(a)所示位置，传感器的两个接线端子处于断开状态。当汽车发生碰撞且减速度达到设定阈值时，水银产生的惯性力在其运动方向的分力将克服其重力的分力，而将水银抛向传感器电极，使两个电极接通，如图1-62(b)所示位置。当传感器用做碰撞信号传感器时，两个电极接通，将碰撞信号输入SRS ECU；当传感器用做碰撞防护传感器时，则将点火器电源电路接通。

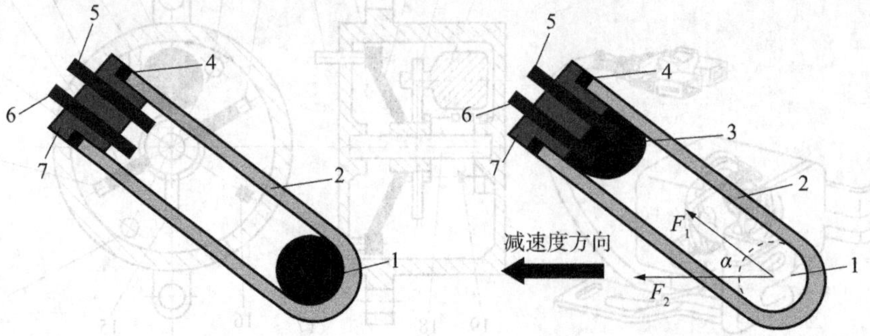

(a) 静止状态　　(b) 工作状态

图1-62　水银开关式传感器的工作原理

1–水银(静态位置)　2–壳体　3–水银(动态位置)　4–密封圈　5–电极(接点火器)　6–电极(接电源)　7–密封螺塞　F_2–水银运动方向分力　F_1–惯性力　α–水银运动方向与水平方向之间的夹角

⑤ 电子式碰撞传感器。电子式碰撞传感器没有电器触点，常用的电子式碰撞传感器有压阻效应式和压电效应式两种，一般用做中心碰撞传感器，分别利用半导体的压阻效应和压电效应制成，其基本结构和工作原理可参考发动机电子控制技术部分的压力传感器和爆震传感器部分。

电子式碰撞传感器利用电子加速度计对汽车正向加速度进行连续测量，并将测量结果输送给ECU，ECU内有一套复杂的碰撞信号处理程序，能够确定气囊是否需要膨开。若需要气囊膨开，ECU便会接通点火电路，安全保险传感器同时闭合，引发器接通，气囊膨开，如图1-63所示。

在压阻效应式碰撞传感器中，应变电阻受到碰撞压力作用就会变形，其阻值随之发生变化，经过信号处理电路处理后，输入SRS ECU的信号电压就会发生变化。当汽车遭受碰撞且减速度达到设定阈值时，传感器信号电压就会达到设定值，SRS ECU就会发出控制指令将气囊点火器电路接通，从而引爆气囊充气。

在压电效应式碰撞传感器中，压电晶体受到碰撞压力作用，其输出电压就会发生变化。作用力越大，晶体变形量越大，输出电压就越高。当汽车遭受碰撞且减速度达到设定阈值时，传感器输入SRS ECU的信号电压就会达到设定值，SRS ECU立即发出控制指令，使气囊点火器电路接通，从而引爆气囊充气，达到保护驾驶员和乘客的目的。

电子式碰撞传感器可检测出减速率，然后点火控制和驱动电路再根据此信号判断是否让气囊充气。机械式碰撞传感器也可测出减速率，并直接驱动气囊充气。

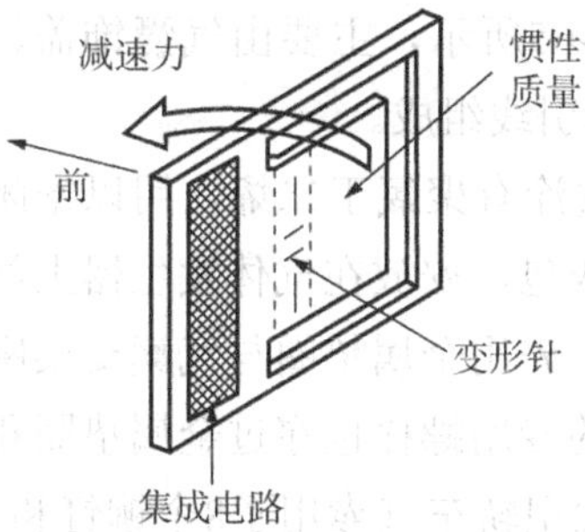

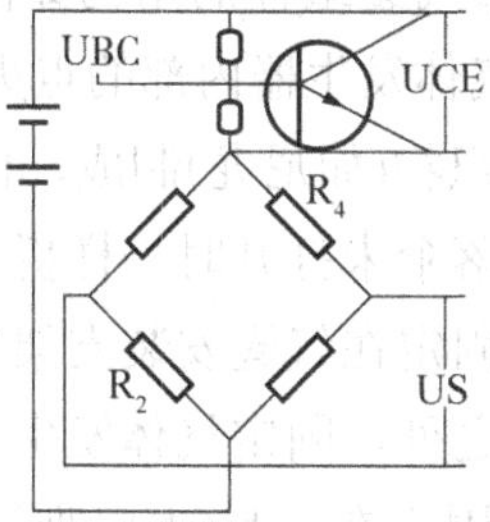

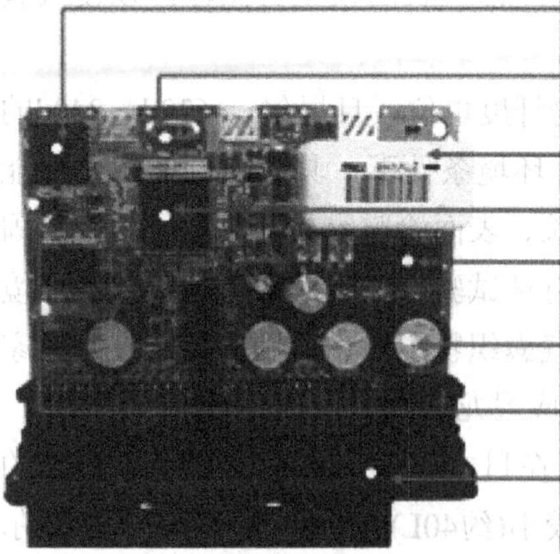

Accel Sensor	–1. 电子式碰撞传感器
Crystal Resonator	–2. 频率发生器
Safing Sensor	–3. 机械式碰撞传感器开关
Micro Processor	–4. 微处理器：计算、命令、诊断
ASIC	–5. 点火模块：监视气囊状态 信号输入/输出
Capacitor	–6. 电容：断路时提供辅助电源
EEPROM	–7. 存储单元：储存数据(记忆/删除)
Connector	–8. 集线器：ECU和线束电气连接
周边部件	–9. 保护及协调功能

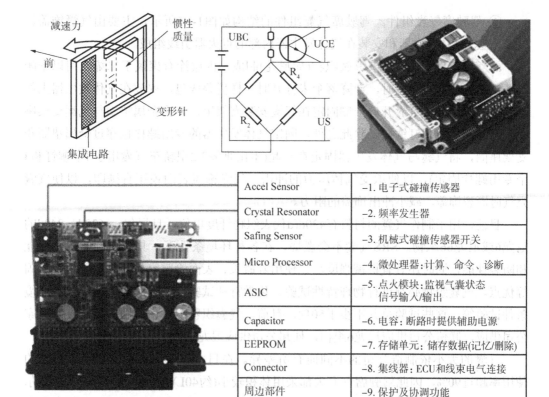

图1-63 电子式碰撞传感器结构

(2) 安全气囊组件。气囊组件按功能可分为正面气囊组件和侧面气囊组件两大类。按安装位置可分为驾驶席、前排乘客席(副驾驶席)、后排乘客席气囊组件和侧面气囊组件4种。

气囊组件由螺旋电缆、气囊、点火器和气体发生器等组成。驾驶席与乘客席气囊组件一般都用同一个SRS ECU控制，其组成部件和工作原理基本相同，但具体结构有所不同。

驾驶席气囊组件安装在转向盘的中央，前排乘客席气囊组件安装在副驾驶员座椅正前方的仪表台上，如图1-64所示。

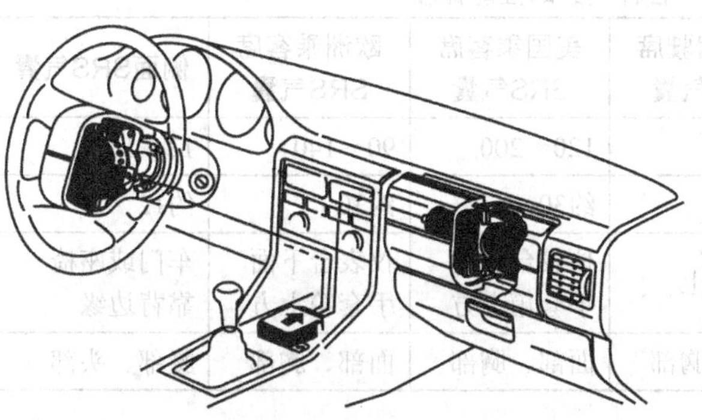

图1-64 BOSCH公司气囊组件安装位置

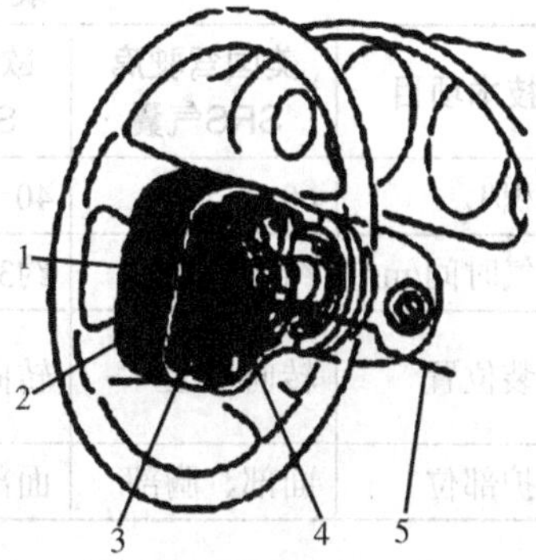

图1-65 BOSCH公司驾驶席气囊组件结构

1-饰盖撕印 2-气囊饰盖 3-SRS气囊
4-气体发生器 5-点火器引线

① 驾驶席气囊组件。驾驶席气囊组件的结构如图1-65所示，主要由气囊饰盖、SRS气囊、气体发生器和安装在气体发生器内部的点火器引线组成。

a. 气囊。SRS气囊用聚酰胺织物(如尼龙)制成，内层涂有聚氯丁二烯，用以密闭气体。气囊在静止状态时，像降落伞未打开时一样折叠成包，安放在气体发生器上部与气囊饰盖之间。气囊开口一侧固定在气囊安装支架上，先用金属垫圈与气囊支架座圈夹紧，然后用铆钉铆接。除此之外，固定气体发生器的专用螺栓也穿过金属垫圈和支架座圈，将气囊与气体发生器固定在一起(本田雅阁2.2型轿车气囊用了8个铆钉和4个专用螺栓固定)，以便承受气体压力的冲击。气囊饰盖表面模压有撕印，以便气囊充气时撕裂饰盖，减小冲出饰盖的阻力。

目前，用于制作气囊的材料有420d(d代表织物纤度单位：旦尼尔)、630d、840d的尼龙6或尼龙66织物。SRS气囊不会燃烧，在各种环境条件下，具有良好的耐磨性能和防裂性能，同时还具有机械强度高、使用寿命长、表面涂膜容易、与涂层结合牢固等优点。气囊织物必须进行物理特性试验、化学特性试验、织物等级测定试验和环境条件试验等，这些试验总共不少于50项。目前，气囊织物主要由美国联信和杜邦两家公司供应，联信公司供应尼龙6织物，杜邦公司供应尼龙66织物。

气囊的大小依制造公司的不同而有所差异。在日本和欧洲，由于座椅安全带的使用率超过90%，因此驾驶席气囊大都采用体积较小(约40L)的气囊(奔驰、绅宝和沃尔沃公司除外，这些公司采用的气囊的体积与美国采用的基本相同，约为60L)，通常称为“面部气囊”或“欧洲气囊”。模拟试验证明，如果驾驶员正确佩戴座椅安全带，这种成本较低的小气囊完全能够保护驾驶员的面部和胸部。在美国，由于有的州政府并未规定强制使用座椅安全带(使用率仅为50%左右)，因此美国制造和进口气囊的体积较大，约为60L。采用这种体积较大的气囊时，即使在驾驶员没有佩戴座椅安全带的情况下，气囊也可起到保护驾驶员面部和胸部的作用。各种气囊的性能如表1-12所示。

表1-12 各种气囊的性能比较

技术项目	美国驾驶席SRS气囊	欧洲驾驶席SRS气囊	美国乘客席SRS气囊	欧洲乘客席SRS气囊	侧面SRS气囊
体积/L	60～65	40～60	120～200	90～140	12～18
充气时间/ms	约30	约30	约30	约30	约12
安装位置	转向盘上	转向盘上	仪表台下面 手套箱上方	仪表台下面 手套箱上方	车门或座椅 靠背边缘
保护部位	面部、胸部	面部、胸部	面部、胸部	面部、胸部	腰部、头部

当汽车遭受碰撞时，气囊一般在一次碰撞后10ms内开始充气。从开始充气到气囊完全膨开的整个充气时间约为30ms。驾驶席气囊膨开时，是沿转向柱管偏挡风玻璃方向膨开，防止驾驶员面部与挡风玻璃、胸部与转向盘发生碰撞。

气囊背面(与驾驶员或乘客方向相反一面)或顶部制有2～4个排气孔。当驾驶员在惯性力的作用下压到气囊上时，气囊受压便从排气孔排气，持续时间不到1s，从而吸收驾驶员与气囊碰撞的动能，使人体不致受到伤害。排气孔最早设计在气囊背面，后来设计在气囊顶部。近年来，研制出一种能够“呼吸”的新型气囊，气囊上没有排气孔。有的气囊内部设置有拉绳，用以控制气囊膨开的形状。

b. 气体发生器。气体发生器又称为充气器，结构如图1-66所示，由上盖、下盖、充气剂(叠氮化钠固体药片) 和金属滤网等组成，其功用是在点火器引爆点火剂时，产生气体向SRS气囊充气，使气囊膨开。气体发生器按气体产生方式的不同可分为烟火式和压缩气体式，目前大部分轿车采用的是烟火式充气。

气体发生器用专用螺栓与螺母固定在转向盘上的气囊支架上。螺栓为圆形平头螺栓，螺母外形为圆形，上面压制有几条沟槽，由于没有六角对边，因此用扳手无法进行装配(其目的就是不允许拆卸)，只有使用专用工具才能进行装配。为了便于安装，驾驶席气体发生器一般都做成圆形。

气体发生器壳体由上盖和下盖两部分组成。上盖上制有若干个长方形或圆形充气孔；下盖上制有安装孔，以便将气体发生器安装到转向盘上的气囊支架上。上盖与下盖用冷压工艺压装成一体，壳体内装充气剂、滤网和点火器。金属滤网安放在气体发生器壳体的内表面，用以过滤充气剂和点火剂燃烧产生的渣粒。

a) 充气剂。充气剂普遍采用叠氮化钠片状合剂。叠氮化钠，是无色有剧毒的六方形晶体，溶于水和液氨，微溶于乙醇，不溶于乙醚，在约300℃时分解。可由氨基钠与一氧化二氮发生反应制得。

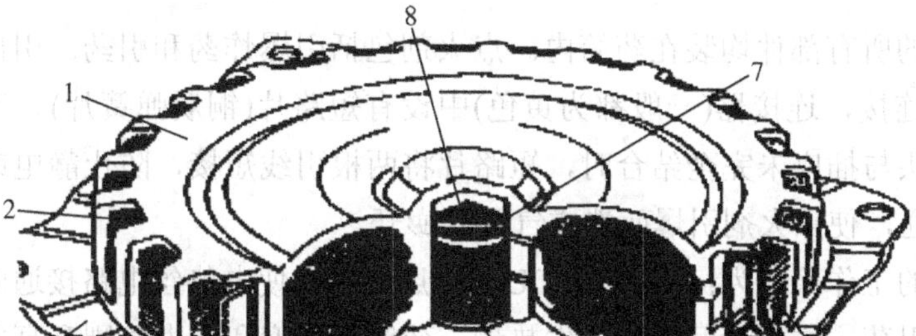

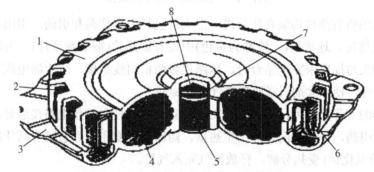

图1-66　安全气囊气体发生器的结构

1–上盖　2–充气孔　3–下盖　4–充气剂　5–点火器药筒　6–金属滤网　7–电热丝　8–引爆炸药

目前，大多数气体发生器都是利用热效反应产生惰性气体(以氮气居多)而充入气囊。在点火器引爆点火剂瞬间，点火剂会产生大量热量，叠氮化钠药片受热立即分解释放氮气，并从充气孔充入气囊。虽然氮气是无毒气体，但是叠氮化钠的副产品有少量的氢氧化钠和碳酸氢钠(白色粉末)。这些物质是有害的，因此在清洁气囊膨开后的车内空间时，应保证通风良好并采取防护措施。

b) 点火器。气囊点火器外包铝箔，安装在气体发生器内部的中央位置，其功用是根据SRS ECU的指令引爆点火剂，产生热量使充气剂分解。气囊点火器主要由引爆炸药、药筒、引药、电热丝、电极和引出导线等组成，如图1-67、图1-68所示。

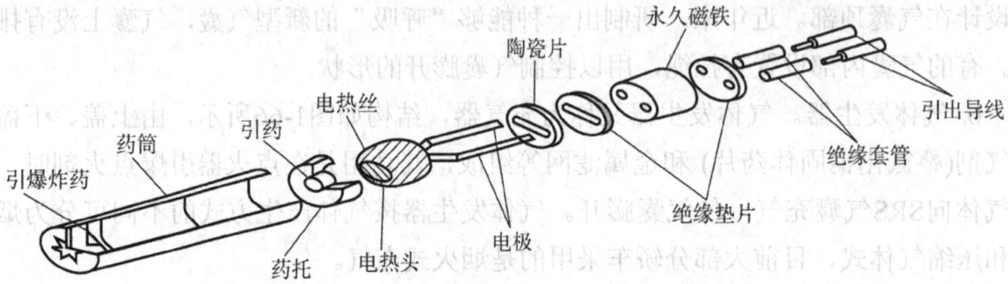

图1-67 气囊点火器结构

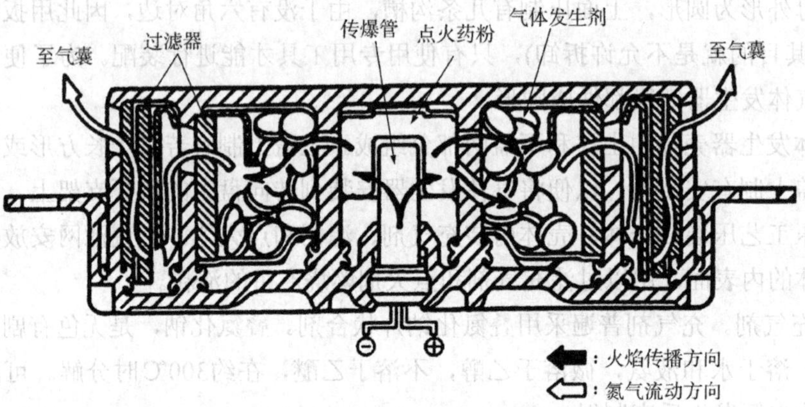

图1-68 气囊点火装置截面图

点火器的所有部件均装在药筒内。点火剂包括引爆炸药和引药。引出导线与气囊连接器插头连接，连接器(一般都为黄色)中设有短路片(铜质弹簧片)。当连接器插头被拔下或插头与插座未完全结合时，短路片将两根引线短接，防止静电或误通电将电热丝电路接通，使点火剂引爆而造成气囊误膨开。

点火器的工作原理为：当SRS ECU发出点火指令使电热丝电路接通时，电热丝迅速红热引爆引药，炸药瞬间爆炸产生热量，药筒内温度和压力急剧升高并冲破药筒，使充气剂(叠氮化钠) 受热分解，释放氮气充入气囊。

c) 螺旋电缆。螺旋电缆是连接车身与方向盘的电器接线。螺旋电缆由转子、壳体、电缆和解除凸轮等组成。转子与解除凸轮之间有连接凸缘和凹槽，方向盘转动时，两者互相触动，形成一个整体，一起随方向盘转动。电缆很薄很宽，大约4.8m长，螺旋状盘在壳体内。电缆的一端固定在壳体上，另一端固定在转子上。当方向盘向左或向右转动时，电缆在其裕量内转动而不会被拖曳，如图1-69所示。

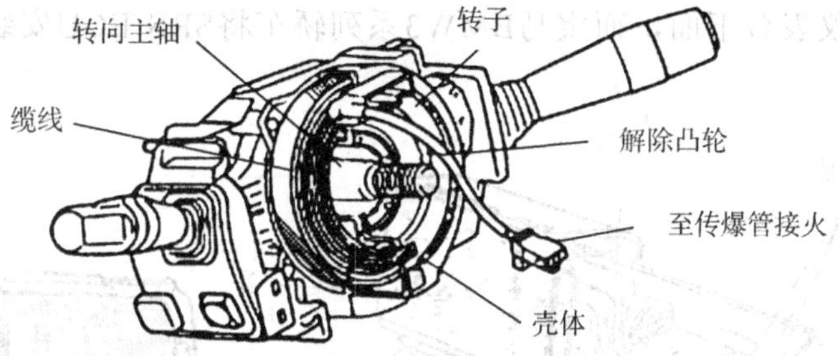

图1-69　螺旋电缆

车辆维修时，螺旋电缆必须正确地找到中间位置(有对中记号)，在车辆正直向前的状态下安装到转向柱上，否则容易造成电缆被扯断和其他故障。

② 乘客席气囊组件。前排乘客席气囊组件安装在副驾驶员座椅正前方的手套箱与仪表台之间，如图1-70所示，虽然气囊饰盖有的面向前排乘客(如BOSCH公司气囊)，有的设在仪表台上(如本田雅阁轿车)，但是气囊膨开时都是沿挡风玻璃偏向乘客面部和胸部方向。

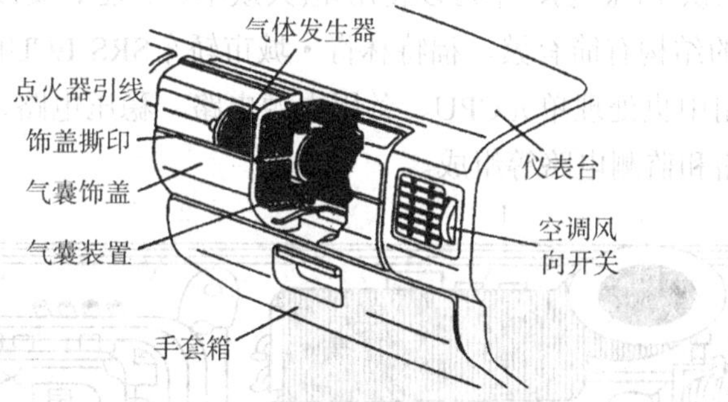

图1-70　乘客席气囊组件结构

乘客席气囊组件的组成和工作原理与驾驶席气囊组件基本相同，仅结构有所不同，下面介绍其结构特点。

乘客席气囊用专用螺栓安装在气囊组件支架上。由于乘客席气囊距离乘客的距离比驾驶席SRS气囊距离驾驶员的距离长，因此乘客席气囊的体积比驾驶席气囊的体积要大。乘客席气囊组件的气体发生器为长筒形，如图1-71所示。乘客席气体发生器用药质量一般为500g左右。

(3) 安全气囊ECU及附加装置。SRS控制组件的全称是辅助防护系统控制组件SRS CM(Supplemental Restraint System Control Module)，通常简称SRS ECU。

SRS ECU是安全气囊系统的核心部件，其安装位置依车型而异。当防护传感器与SRS ECU组装在一起时，SRS ECU应当安装在汽车纵向轴线上，如本田Civic和雅阁轿车，将SRS ECU安装在变速杆前面的装饰板下面，而丰田卡罗拉轿车将SRS ECU安装在变速杆后面的装饰板下面。当碰撞防护传感器与SRS ECU分开安装时，SRS ECU的安装位置则依车型而异，如马自达、宝马BMW5、BMW7系列轿车，将SRS ECU

安装在驾驶席仪表台下面，而宝马BMW3系列轿车将SRS ECU安装在前排乘客席仪表台下面。

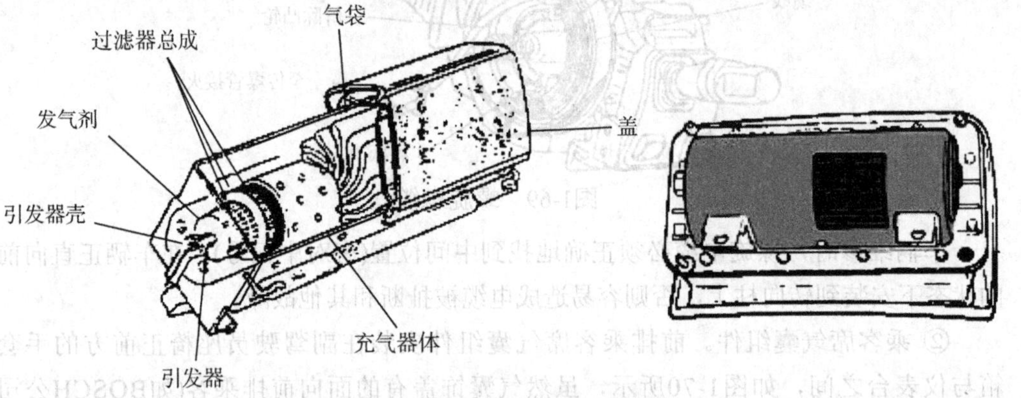

图1-71 乘客席气体发生器结构

按碰撞后是否可以使用，可以将SRS ECU分为三种，可以使用型(有些丰田车)、可以重复使用三次型(宝马)、不可以使用型(大众车、奔驰、赛欧等还要编程)。

SRS ECU的结构有简有繁，福特林肯·城市轿车SRS ECU的内部结构如图1-72所示，主要由专用中央处理单元CPU、备用电源电路、稳压电路、信号处理电路、保护电路、点火电路和监测电路等组成。

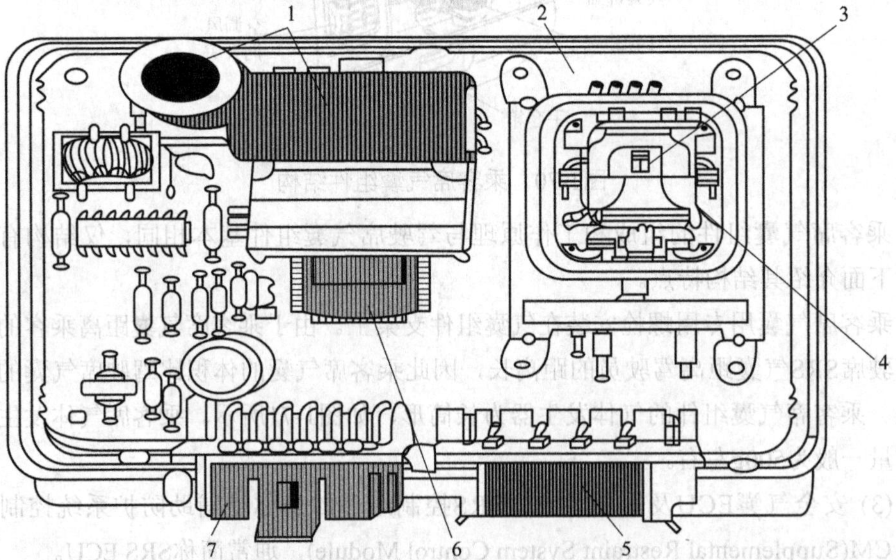

图1-72 林肯·城市轿车SRS ECU的结构

1–能量储存装置(电容器) 2–碰撞防护传感器总成 3–传感器触点 4–传感器滚轴
5–四端子插座 6–专用CPU 7–SRS ECU插座

① CPU。专用CPU由模/数(A/D)转换器、数/模(D/A)转换器、串行输入/输出(I/O)接口、只读存储器ROM、随机存储器RAM、电可擦除可编程只读存储器EEPROM和

定时器等组成，如图1-73所示。它的主要功用是监测汽车纵向减速度是否达到设定阈值，控制气囊点火器引爆电路。

在汽车行驶过程中，专用CPU不断监测前碰撞传感器检测的车速变化信号，判定是否发生碰撞。当判断结果为发生碰撞时，立即运行控制点火的软件程序，并向点火电路发出点火指令引爆点火剂，点火剂引爆时产生大量热量，使充气剂受热分解，释放气体给气囊充气。除此之外，专用CPU还要对控制组件中关键部件的电路(如传感器电路、备用电源电路、点火电路、SRS指示灯及其驱动电路)不断进行诊断测试，并通过SRS指示灯和存储故障代码来显示测试结果。仪表盘上的SRS指示灯可直接向驾驶员提供SRS的状态信息。存储器中的状态信息和故障代码可用专用仪器或通过特定方式从串行通信接口(诊断插座)调出，以供检修与设计参考。

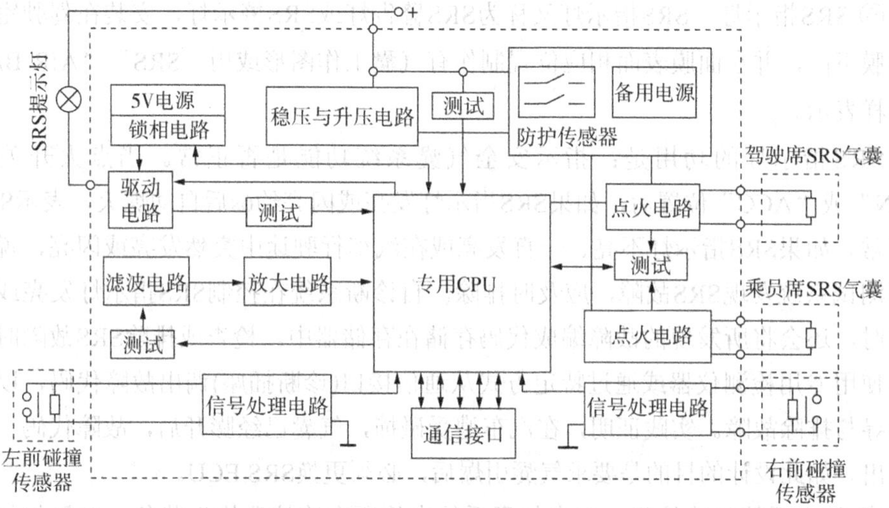

图1-73 SRS ECU电路框图

② 处理电路。信号处理电路主要由放大器和滤波器组成，其功用是对碰撞传感器检测的信号进行整形和滤波处理，以便SRS ECU能够接收与识别。

③ 电源电路。SRS有两个电源：一个是汽车电源(蓄电池和交流发电机)；另一个是备用电源(BACK UP POWER)。备用电源又称后备电源或紧急备用电源，其功用是：当汽车电源与SRS ECU之间的电路被切断时，在一定时间(一般为6s)内维持SRS供电，保持SRS的正常功能；当汽车遭受碰撞而导致蓄电池或交流发电机与SRS ECU之间的电路被切断时，备用电源能在6s之内向SRS ECU供给电能，保证SRS ECU测出碰撞、发出点火指令等正常功能；点火备用电源能在6s之内向点火器供给足够的点火能量引爆点火剂。时间超过6s之后，备用电源供电能力降低，SRS ECU备用电源不能保证SRS ECU测出碰撞和发出点火指令；点火备用电源不能供给最小点火能量，气囊将不能充气膨开。

备用电源电路由电源控制电路和若干个电容器组成。在单气囊控制组件中，设有一个SRS ECU备用电源和一个点火备用电源。在双气囊控制组件中，设有一个SRS ECU备用电源和两个点火备用电源，即两条点火电路各设置一个备用电源。点火开关接通10s之后，如果汽车电源电压高于SRS ECU的最低工作电压，所有备用电源即可完成储能任务。

④ 保护电路。在汽车电器系统中，许多电器部件带有电感线圈，电器开关品种繁多，电器负载变化频繁。当线圈电流接通或切断、开关接通或断开、负载电流突然变化时，都会产生瞬时脉冲电压，即过电压，这些过电压如果加到SRS电路上，系统中的电子元件就可能因电压过高而导致损坏。为了防止SRS元件遭受损害，SRS ECU中必须设置保护电路。同时，为保证汽车电源电压变化时SRS能正常工作，还必须设置稳压电路。

⑤ SRS指示灯。SRS指示灯又称为SRS警告灯或SRS警示灯，安装在驾驶室仪表盘面膜下面，并在面膜表面相应位置制作有气囊工作图形或用“SRS”“AIR BAG”等字样表示。

SRS指示灯的功用是：指示安全气囊系统功能是否正常。当点火开关拨到“ON”或“ACC”位置后，如果SRS指示灯发亮或闪亮约6s后自动熄灭，表示SRS功能正常。如果SRS指示灯不亮、一直发亮或在汽车行驶途中突然发亮或闪亮，说明自诊断测试系统发现SRS故障，应及时排除。自诊断系统在控制SRS指示灯发亮或闪亮的同时，还会将所发现的故障编成代码存储在存储器中。检查或排除SRS故障时，首先应使用专用检测仪器或通过特定方式从通信接口(诊断插座)调出故障代码，以便快速查寻与排除故障。实践证明，在汽车遭受碰撞，气囊已经膨开后，故障代码一般难以调出。如此设计的目的是要求气囊引爆后，必须更换SRS ECU。

⑥ 气囊系统的连接器。安全气囊系统中的所有连接器均为黄色，以便与其他系统的连接器相区别。这些连接器专为安全气囊系统而设，具有多种不同的特殊功能，而且连接器的端子均可能镀金，以保证高度的可靠性和耐久性。丰田凌志LS400轿车的安全气囊系统部件与线束连接器如图1-74所示，系统共有12个连接器，不同的连接器有不同的特殊机构，这些机构有4种：端子双锁机构、安全气囊防误动机构、电器连接检查机构和连接器双锁机构。一个连接器可有多种不同的机构，如表1-13所示。

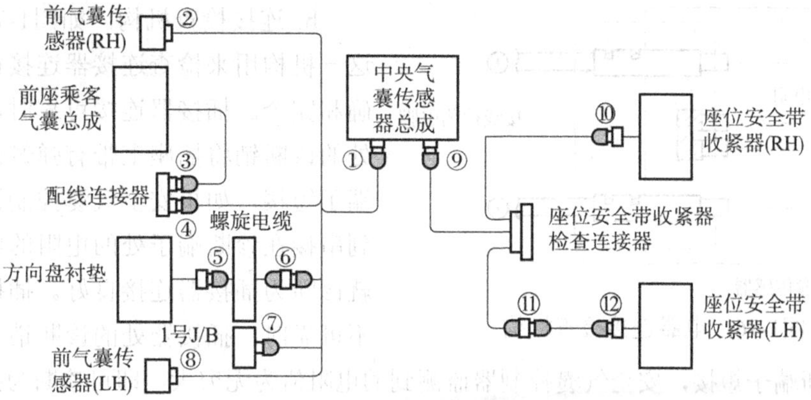

图1-74　凌志LS400轿车安全气囊系统线束连接器

表1-13　连接器中不同机构的类型

编号	名称	应用
1	端子双锁机构	连接器①、②、③、④、⑤、⑥、⑦、⑧、⑨、⑩
2	安全气囊防误动机构	连接器①、③、④、⑤、⑥、⑨、⑩
3	电器连接检查机构	连接器①、②、⑧、⑨
4	连接器双锁机构	连接器③、④、⑤、⑥、⑦、⑩

a. 气囊防误动机构。在连接点火器的各插接器上设有防止气囊误爆机构，其原理如图1-75所示，连接器上有一个短路簧片，用于在插接器拔开时将点火器侧的两端子短路，以防止静电或误通电而使点火器点燃点火剂，造成气囊误爆。

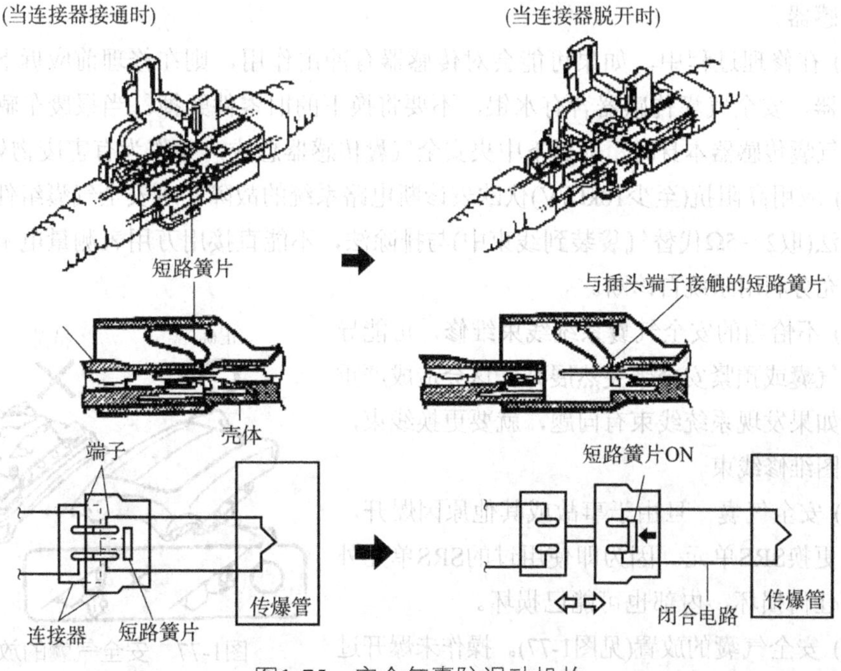

图1-75　安全气囊防误动机构

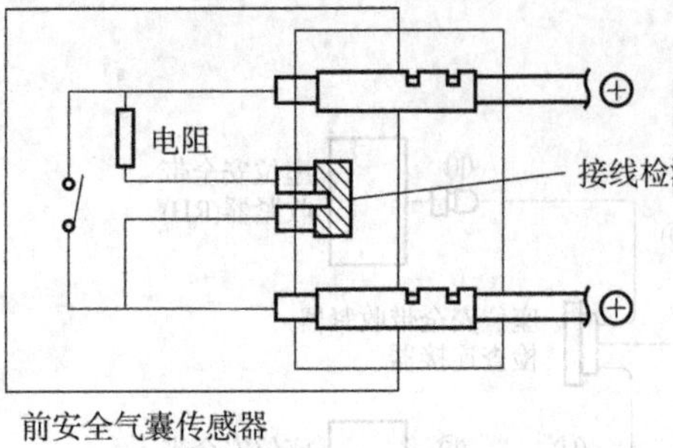

图1-76 电器连接检查机构

b. 连接检查机构。如图1-76所示，这一机构用来检查连接器连接得是否正确和完全。插接器连接可靠时，插接器处的诊断销将插座上带有弹簧片的诊断端子短接，如果安全气囊控制器可监测到串接在诊断端子处的电阻的电阻值，就诊断为插接器连接良好。插接器连接不可靠时，插接器处的诊断销未将插座上的诊断端子短接，安全气囊控制器监测到的电阻值为无穷大，即可诊断为插接器连接不良，通过控制SRS警示灯闪亮报警并储存相应的故障码。

1.3.2 安全气囊系统故障诊断

1. 气囊检修注意事项

(1) 必须在点火开关转到“LOCK”位置和从蓄电池负极(-)端子拆下电缆90s以后才能开始检修工作。这是因为辅助乘员保护系统配有备用电源，所以如从蓄电池上拆下负极(-)电缆后不到90s就开始维修工作，它可能会使安全气囊张开。在拆下蓄电池搭铁线之前，应将音响系统的设定内容记录下来。

(2) 应检查转向盘衬垫、前座乘客安全气囊总成、安全气囊传感器总成和前安全气囊传感器。

(3) 在修理过程中，如果可能会对传感器有冲击作用，则在修理前应拆下安全气囊传感器。安全气囊传感器含有水银，不要将换下的旧零件毁掉。当报废车辆或只更换安全气囊传感器本身时，应拆下中央安全气囊传感器总成，并作为有害废物处置。

(4) 应用高阻抗(至少10kΩ/V)伏欧表诊断电路系统的故障。对安全气囊组件只能使用模拟法(取2～5Ω代替气袋装到线束中)与排除法，不能直接用万用表测量电阻。基本原则：充分利用系统自诊断。

(5) 不恰当的安全气囊系统线束维修，可能导致安全气囊或预紧安全带突然展开，这会造成严重伤害。如果发现系统线束有问题，就要更换线束，不要试图维修线束。

(6) 安全气囊一旦由于事故或其他原因爆开，则必须更换SRS单元。因为即使用过的SRS单元外部没有任何损坏，内部也可能已损坏。

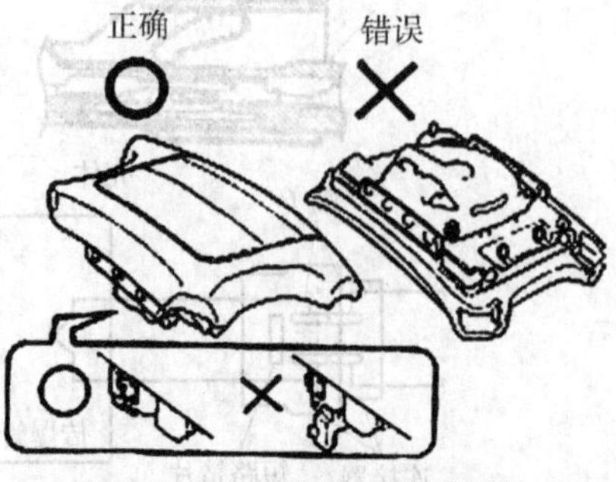

图1-77 安全气囊的放置

(7) 安全气囊的放置(见图1-77)。操作未爆开过的安全气囊组件时，气囊的前表面不要朝着人体，以避免气囊突然爆开对人体造成伤害，通常采用的方式是将正面朝上放置，这样便可以在安全气囊展开时减小组件的运动。

2. 丰田凌志LS400轿车安全气囊的故障自诊断

1) 自诊断功能

安全气囊系统具有自诊断功能，可诊断系统内的任何故障。中央气囊传感器总成(或气囊传感器总成)内设有专门的诊断电路。诊断电路分3个阶段，时刻监视着安全气囊系统的工作，如图1-78所示。

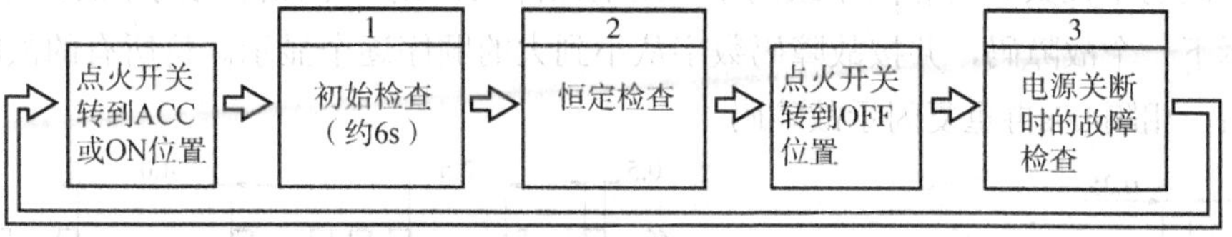

图1-78　安全气囊系统自诊断流程图

(1) 初始检查。当点火开关转到“ACC”位置或“ON”位置时，诊断电路点亮气囊警告灯 约6s，进行初始检查。此时，安全电路被触发，禁止传爆管点火。诊断电路检查中央 气囊传感器(或气囊传感器)以及点火与驱动电路功能是否正常。如果在初始检查中检 测出故障，气囊警告灯在6s后仍不会熄灭。

(2) 恒定检查。如果初始检查未检出故障，气囊警告灯大约在6s后熄灭，安全电路也不再被触发，以使传爆管可随时点火。此时诊断电路开始进行恒定检查，对气囊系统各元件、电源系统和线束的故障(如短路或开路等)连续不断地进行检查。如果测出故障，气囊警告灯亮起，以警告司机。当电源电压下降时，警告灯会亮；但在电压恢复到正常时，警告灯大约在10s后熄灭。

(3) 电源关断时的故障检查。当点火开关关上时，即对备用电容器进行诊断。如 果此时测出故障，气囊警告灯在点火开关转到“ACC”或“ON”位置时保持亮的状态。

2) 故障码的读取

安全气囊系统发生故障时，中央气囊传感器总成或气囊传感器总成会点亮气囊警告灯发出警告，同时会把故障以代码的形式储存起来。诊断代码可通过一定的程序，由警告灯闪烁的方式输出。

诊断代码的读取方法如下所述。

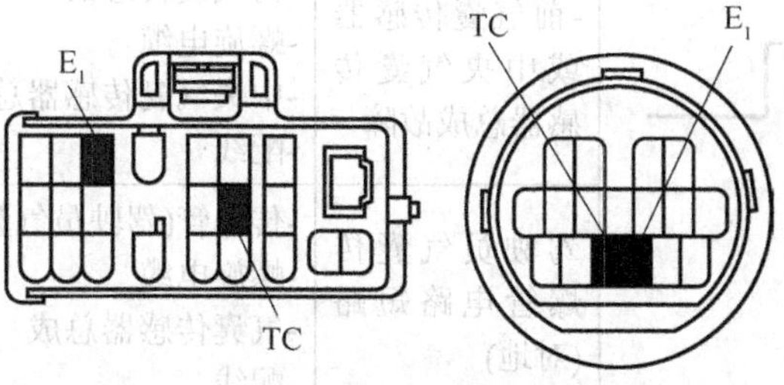

图1-79　安全气囊的放置

(1) 将点火开关转到“ACC”或“ON”位置，并等待20s以上。

(2) 连接TDCL(DLC2)或检查连接器(DLCl)上的端子TC和E_1(见图1-79)，这时气囊警告灯开始闪烁，显示诊断代码。

如果系统正常(无故障码储存)，则SRS警示灯将连续短闪烁(亮0.25s、灭0.25s)，如图1-80(a)所示 。

如果有故障码，则SRS警示灯按图1-80(b)的方式闪示两位数故障码，以第一次连续闪烁(亮0.5s、灭0.5s)的次数表示故障码的十位数，以相隔1.5s后的连续闪烁次数表示故障码的个位数。若有两个或两个以上的故障码，则一个故障码闪示后，相隔2.5s再闪示下一个故障码，并按故障码数字从小到大的顺序逐个显示。待所有的故障码显示完后，相隔4.0s再重复闪示故障码。

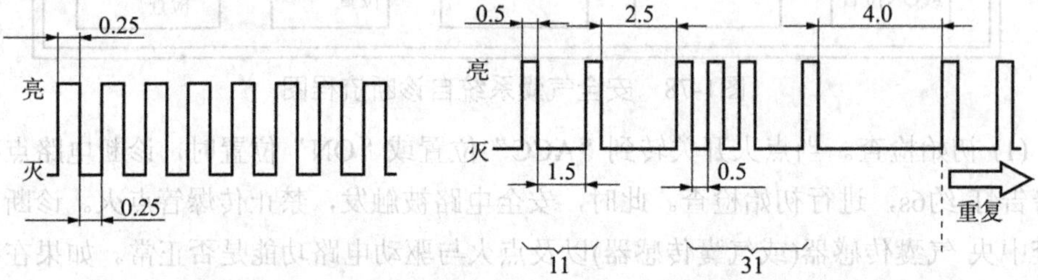

(a) 无故障码的闪示　　(b) 故障码11和31的闪示

图1-80　SRS警示灯闪示故障码的方式

各故障码所代表的故障及可能的故障部位如表1-14所示。

表1-14　丰田车系安全气囊系统故障代码说明

代码编号	闪烁方式	诊断	故障部位	SRS警告灯	备注
正常[①]		系统正常		不亮	所有车型
		电源电压降低	-蓄电池 -中央气囊传感器总成	亮	
11		-传爆管电路或前气囊传感器电路短路(对地) -前气囊传感器或中央气囊传感器总成故障	-传爆管(驾驶员气囊，前座乘员气囊和座位安全带收紧器) -前气囊传感器 -螺旋电缆 -中央气囊传感器总成 -配线	亮	1997年以前的车型
		驾驶员气囊传爆管电路短路(对地)	-传爆管(驾驶员气囊) -螺旋电缆 -气囊传感器总成 -配线		1997年以后的车型

(续表)

代码编号	闪烁方式	诊断	故障部位	SRS警告灯	备注
12		传爆管电路短路(对B⁺)	-传爆管(驾驶员气囊，前座乘员气囊和座位安全带收紧器) -前气囊传感器 -螺旋型电缆 -中央气囊传感器总成 -配线	亮	1997年以前的车型
		驾驶员气囊传爆管电路短路(对B⁺)	-传爆管(驾驶员气囊) -螺旋电缆 -气囊传感器总成 -配线		1997年以后的车型
13		驾驶员气囊传爆管电路短路	-方向盘衬垫(传爆管) -螺旋型电缆 -中央气囊传感器总成 -配线	亮	所有车型
14		驾驶员气囊传爆管电路开路	-方向盘衬垫(传爆管) -螺旋型电缆 -中央气囊传感器总成 -配线	亮	所有车型
15		-前气囊传感器电路开路 -前气囊传感器电路短路(对B⁺)	-前气囊传感器 -中央气囊传感器总成 -配线	亮	有前气囊传感器的车型
22[②]		SRS警告灯系统故障	-SRS警告灯 -中央气囊传感器总成 -配线	亮	1994年以前的车型，1994年以后取消此代码
31		中央气囊传感器总成故障	中央气囊传感器总成	亮	所有车型
32		右侧气囊传感器总成故障	-右侧气囊传感器总成 -配线	闪烁	1997年以后的车型
33		左侧气囊传感器总成故障	-左侧气囊传感器总成 -配线	闪烁	1997年以后的车型

(续表)

代码编号	闪烁方式	诊断	故障部位	SRS警告灯	备注
41		储存在储存器中的故障	中央气囊传感器总成	亮	1993年以前的车型
		右侧气囊传爆管电路短路(对地)	-右侧气囊总成(传爆管) -气囊传感器总成 -配线	闪烁	1997年以后的车型
42	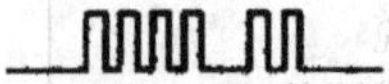	右侧气囊传爆管电路短路(对B⁺)	-右侧气囊总成(传爆管) -气囊传感器总成 -配线	闪烁	1997年以后的车型
43		右侧气囊传爆管电路短路	-右侧气囊总成(传爆管) -气囊传感器总成 -配线	闪烁	1997年以后的车型
44		右侧气囊传爆管电路开路	-右侧气囊总成(传爆管) -气囊传感器总成 -配线	闪烁	1997年以后的车型
45	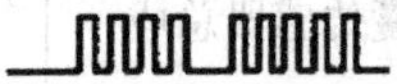	左侧气囊传爆管电路短路(对地)	-右侧气囊总成(传爆管) -气囊传感器总成 -配线	闪烁	1997年以后的车型
46		左侧气囊传爆管电路短路(对B⁺)	-右侧气囊总成(传爆管) -气囊传感器总成 -配线	闪烁	1997年以后的车型
47	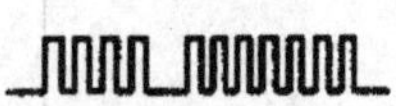	左侧气囊传爆管电路短路	-右侧气囊总部位(传爆管) -气囊传感器总成 -配线	闪烁	1997年以后的车型
48		左侧气囊传爆管电路开路	-右侧气囊总成(传爆管) -气囊传感器总成 -配线	闪烁	1997年以后的车型
51		前座乘员气囊传爆管电路短路(对地)	-前座乘员气囊总成(传爆管) -中央气囊传感器总成 -配线	亮	1997年以后的车型
52	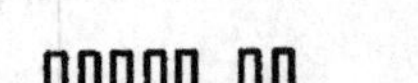	前座乘员气囊传爆管电路短路(对B⁺)	-前座乘员气囊总成(传爆管) -中央气囊传感器总成 -配线	亮	1997年以后的车型

(续表)

代码编号	闪烁方式	诊断	故障部位	SRS警告灯	备注
53		前座乘员气囊传爆管电路短路	-前座乘员气囊总成(传爆管) -中央气囊传感器总成 -配线	亮	所有车型
54		前座乘员气囊传爆管电路开路	-前座乘员气囊总成(传爆管) -中央气囊传感器总成 -配线	亮	所有车型
61		右座位安全带收紧器传爆管电路短路(对地)	-右座位安全带收紧器(传爆管) -中央气囊传感器总成 -配线	闪烁	1997年以后的车型
62		右座位安全带收紧器传爆管电路短路(对B^+)	-右座位安全带收紧器(传爆管) -中央气囊传感器总成 -配线	闪烁	1997年以后的车型
63		左座位安全带收紧器传爆管电路短路	-左座位安全带收紧器(传爆管) -中央气囊传感器总成 -配线	亮	1993年和1994年车型
		右座位安全带收紧器传爆管电路短路	-右座位安全带收紧器(传爆管) -中央气囊传感器总成 -配线	闪烁	1997年以后的车型
64		左座位安全带收紧器传爆管电路开路	-左座位安全带收紧器(传爆管) -中央气囊传感器总成 -配线	亮	1993年和1994年车型
		右座位安全带收紧器传爆管电路开路	-右座位安全带收紧器(传爆管) -中央气囊传感器总成 -配线	闪烁	1997年以后的车型
71		左座位安全带收紧器传爆管电路短路(对地)	-左座位安全带收紧器(传爆管) -中央气囊传感器总成 -配线	闪烁	1997年以后的车型

(续表)

代码编号	闪烁方式	诊断	故障部位	SRS警告灯	备注
72		左座位安全带收紧器传爆管电路短路(对B^+)	-左座位安全带收紧器(传爆管) -中央气囊传感器总成 -配线	闪烁	1997年以后的车型
73		右座位安全带收紧器传爆管电路短路	-右座位安全带收紧器(传爆管) -中央气囊传感器总成 -配线	亮	1993年和1994年车型
		左座位安全带收紧器传爆管电路短路	-左座位安全带收紧器(传爆管) -中央气囊传感器总成 -配线	闪烁	1997年以后的车型
74		右座位安全带收紧器传爆管电路开路	-右座位安全带收紧器(传爆管) -中央气囊传感器总成 -配线	亮	1993年和1994年车型
		左座位安全带收紧器传爆管电路开路	-左座位安全带收紧器(传爆管) -中央气囊传感器总成 -配线	闪烁	1997年以后的车型

注：①SRS警告灯一直亮着而故障代码又为正常代码时，表明电源电压降低。这种故障不储存进(中央)气囊传感器总成。一旦电源电压恢复正常，约在10s之后，SRS警告灯就会自动熄灭。②对于1994年以前的车型，当SRS警告灯系统出现故障时，就会记录到代码22中。如果SRS 警告灯系统出现开路故障，SRS警告灯则不亮，所以在该故障排除之前，包括代码22在内的诊断代码就无法确认。1994年以后的车型取消了此代码。

3) 故障码的清除

即使在故障被修复之后，故障代码仍保留在中央气囊传感器总成内。如果未清除 储存的故障代码，当点火开关转至“ACC”或“ON”位置时，气囊警告灯不会熄灭。清除故障代码的方法因记忆电路形式的不同而不同。对于常规的RAM(随机存取储存器)记忆电路，当其电源被切断时，记忆内容即被清除；而对于EEPROM(电子可擦可编程只读寄存器)记忆电路，即使其电源被切断，记忆内容也不会被清除。

丰田汽车在安全气囊系统中采用过三种记忆电路。

(1) 没有备用电源的常规RAM。这种形式的记忆电路在点火开关关上时，即可清除故障代码，不需做特别的处理。这种形式广泛应用在1995年以后的车型上，如凌志

LS400、GS300、ES300、丰田佳美、亚洲龙、皇冠和大霸王等。

(2) EEPROM。这种形式的记忆电路即使拆下蓄电池电源线，亦无法清除故障代码，必须输入特殊的信号到中央气囊传感器总成才能把故障代码清除掉。这种形式主要用于1993—1994年的车型上。清除的方法有两种：使用导线和仪器——丰田手持式测试器。

① 方法一：使用诊断导线。

a. 将诊断导线连接到TDCL或检查连接器的TC和AB端子。

b. 将点火开关转到“ACC”或“ON”位置，并等待大约6s。

c. 由TC端子开始，交替地将TC和AB端子接地两次，每次接地的时间为1.0s±0.5s，最后将TC端子接地。

在交替将TC和AB端子接地时，断开一个端子的接地并立即使另一个端子接地。这一动作必须在如图1-81所示的时间内完成。若动作不准确，则要重复进行，直至代码被清除。

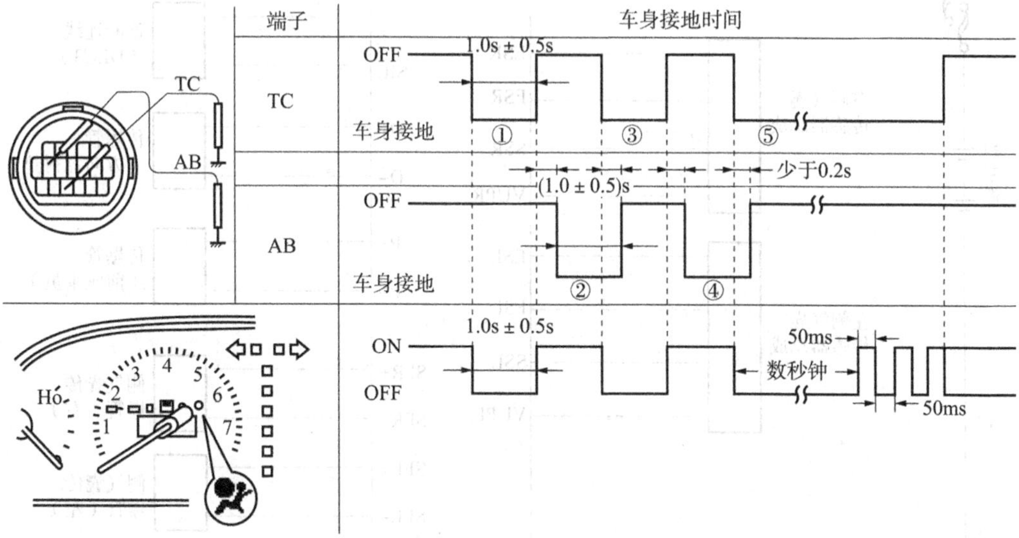

图1-81　清除故障代码的程序

d. 若操作程序正确，则在保持TC端子接地的情况下，气囊警告灯以50ms的周期闪烁，表明代码已经清除。

② 方法二：使用丰田手持式测试器(见图1-82)。

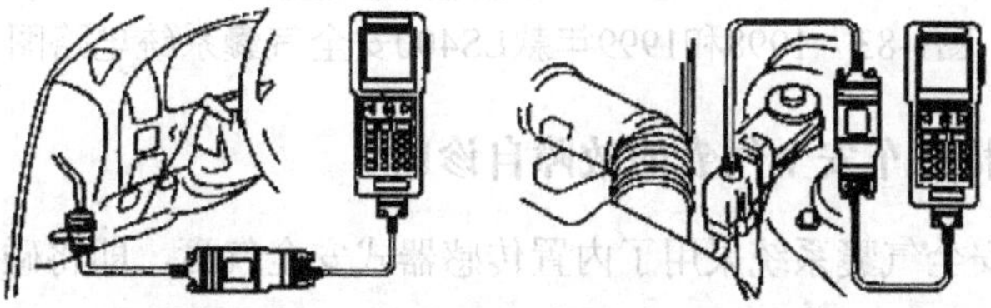

图1-82　丰田手持式测试器的连接

a. 将丰田手持式测试器连接至TDCL或检查连接器。

b. 按照测试器屏幕上的指示将故障代码清除。

c. 将备用电源的常规RAM和EEPROM故障码清除。

由于故障代码储存在常规RAM中，当蓄电池电源线从蓄电池脱开，即可清除故障代码。但此时故障代码41就储存到EEPROM中。于是当点火开关转至“ACC”或“ON”位置时，警告灯仍保持亮。要清除故障代码41，其方法与方法二相同。这种形式主要用于1993年以前的车型，现已不再使用。

4) 丰田LS400安全气囊系统电路图

丰田LS400安全气囊系统电路图如图1-83所示。

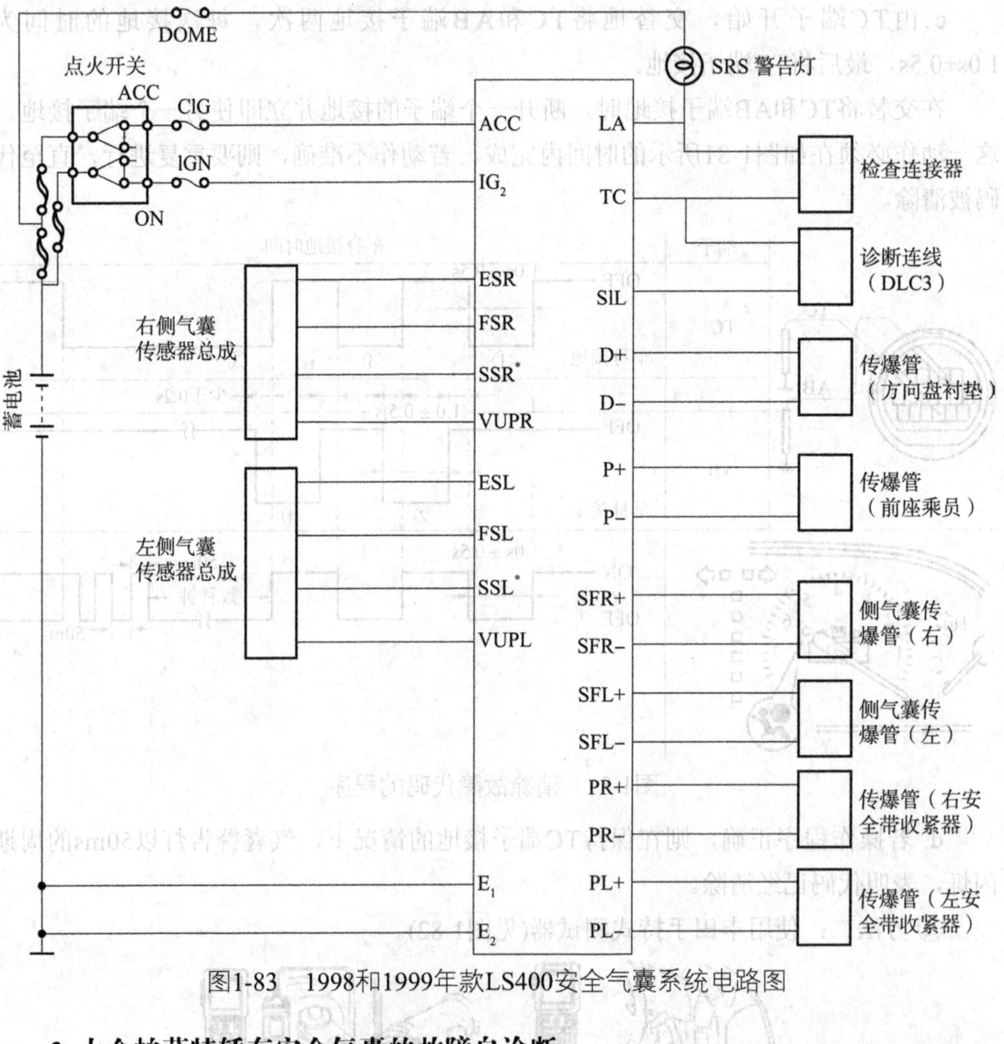

图1-83　1998和1999年款LS400安全气囊系统电路图

3. 大众帕萨特轿车安全气囊的故障自诊断

帕萨特轿车安全气囊系统采用了内置传感器式安全气囊，即将碰撞传感器置于安全气囊ECU内部，整体结构简化，元件个数少，线束少，使用安全可靠；采用了CAN-BUS技术；驾驶员正面气囊采用大容量结构，容积为65L；前乘客正面采用120L大容量。

帕萨特轿车安全气囊的系统组成如图1-84所示，图1-85为前乘客侧安全气囊的结构。

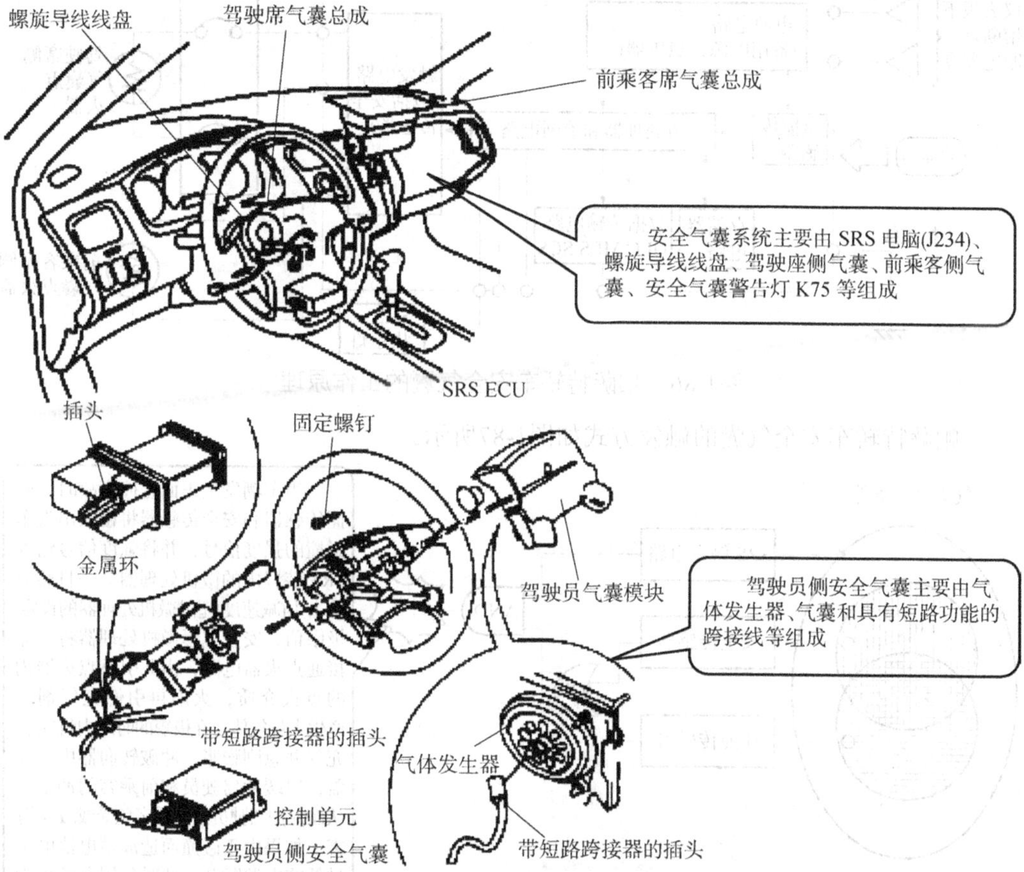

图1-84　帕萨特轿车安全气囊的结构组成

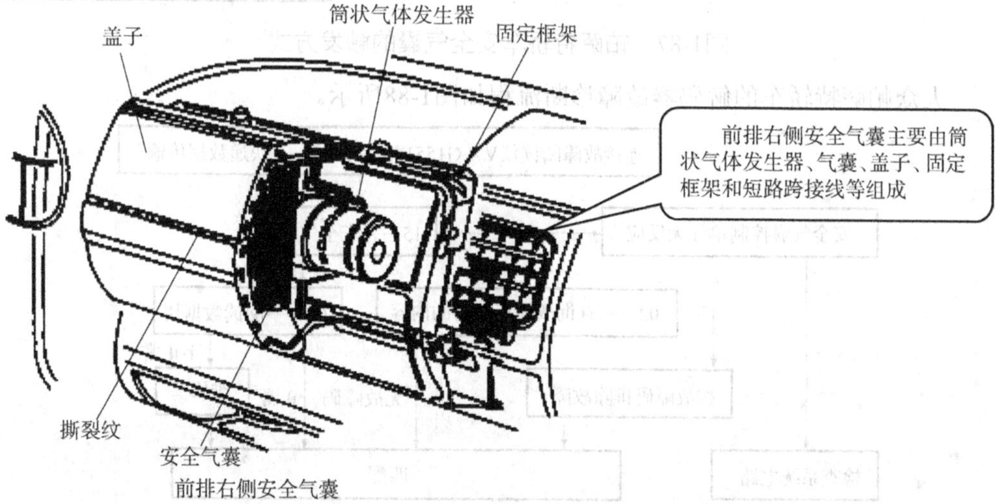

图1-85　前乘客侧安全气囊的结构组成

帕萨特轿车安全气囊的工作原理如图1-86所示。

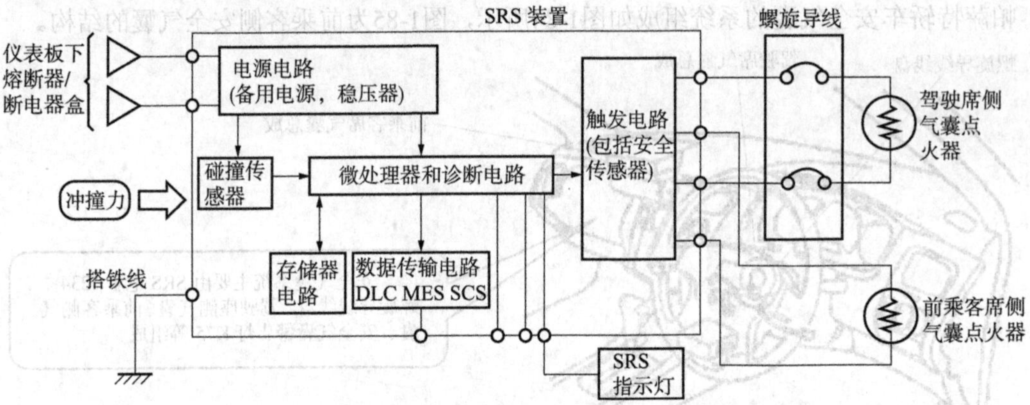

图1-86　帕萨特轿车安全气囊的工作原理

帕萨特轿车安全气囊的触发方式如图1-87所示。

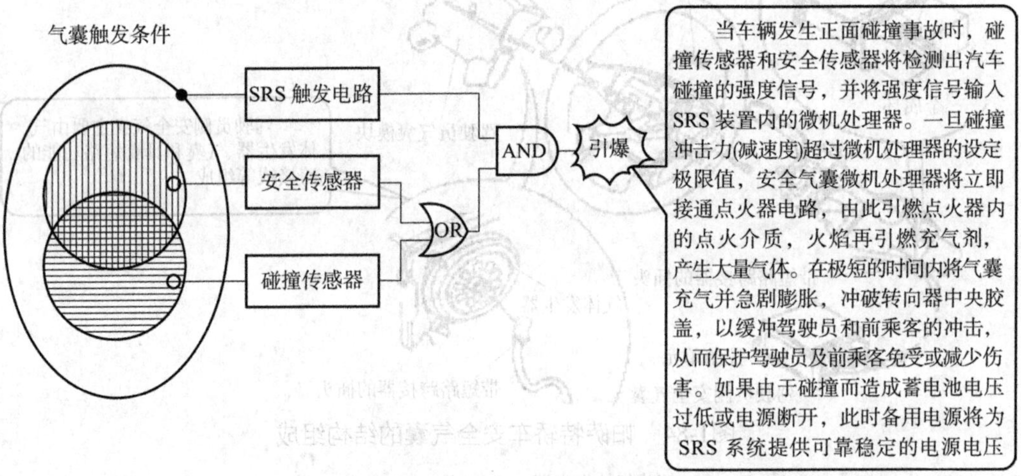
气囊触发条件
SRS 触发电路
安全传感器
碰撞传感器
AND
OR
引爆
当车辆发生正面碰撞事故时，碰撞传感器和安全传感器将检测出汽车碰撞的强度信号，并将强度信号输入SRS 装置内的微机处理器。一旦碰撞冲击力(减速度)超过微机处理器的设定极限值，安全气囊微机处理器将立即接通点火器电路，由此引燃点火器内的点火介质，火焰再引燃充气剂，产生大量气体。在极短的时间内将气囊充气并急剧膨胀，冲破转向器中央胶盖，以缓冲驾驶员和前乘客的冲击，从而保护驾驶员及前乘客免受或减少伤害。如果由于碰撞而造成蓄电池电压过低或电源断开，此时备用电源将为SRS 系统提供可靠稳定的电源电压

图1-87　帕萨特轿车安全气囊的触发方式

大众帕萨特轿车的解码器故障诊断流程如图1-88所示。

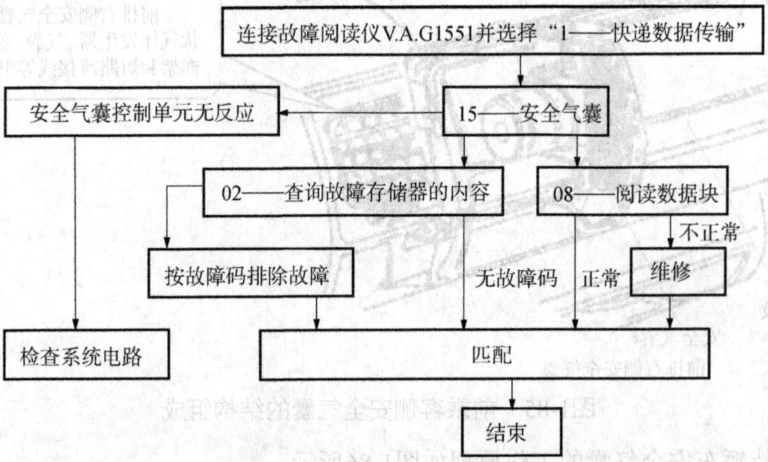

图1-88　大众帕萨特轿车的解码器故障诊断流程

1) 自我诊断功能

与其他系统相比，故障码对安全气囊的诊断更为重要，大众帕萨特安全气囊控制单元(J234)位于中央控制台的后部，内有故障存储器，自诊断接头位于手制动边上的中央通道上或仪表台左下方。控制单元可以自动检测到安全气囊系统的故障，并永久地存入故障存储器内，由于线路或接头暂时松动而导致接触不良的故障，也会被存储起来，但这些故障将作为暂时性故障并以“SP”显示。

根据撞车性质和强度，安全气囊控制单元向中央门锁控制单元发送一个“撞车信号”。该功能具有被动安全特点，即当一个安全气囊触发后，中央门锁机构将控制车门锁和行李箱锁开锁，并控制车内照明灯被接通。可用执行元件诊断来检查“撞车信号”。安全气囊触发后，控制单元将记录故障存入撞车数据，这时需更换控制单元。

使用新的安全气囊控制单元前，需先编码。安全气囊控制单元(J234)在司机或副司机安全气囊触发一次后、前座安全带张紧器和/或侧面安全气囊触发三次后，必须更换。

检查安全气囊只能对导线进行目测，不能对点火线路进行连续性测量，并只能在点火开关断开时进行检查，以免引爆安全气囊。

2) 故障码的读取与清除

如图1-89所示，打开点火开关后，安全气囊警告灯(K75)将闪烁约4s后熄灭，如果警告灯(K75)在4s后不熄灭，警告灯然后又闪烁15s，则表示前座乘客安全气囊失效。如果警告灯(K75)在4s后不熄灭，则通向安全气囊控制单元(J234)的电源有故障，应查询故障代码。

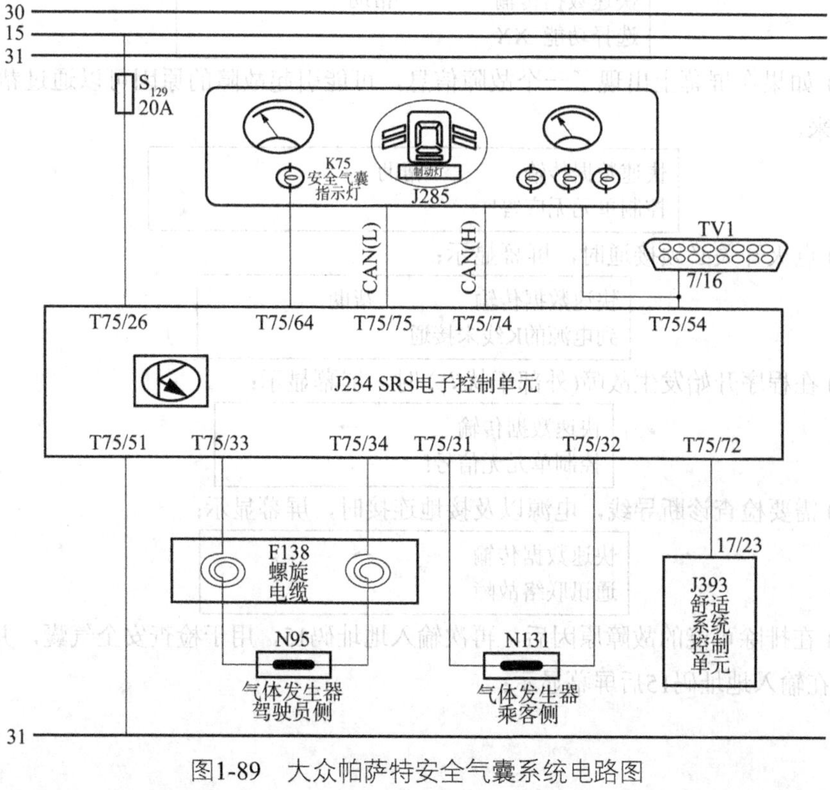

图1-89 大众帕萨特安全气囊系统电路图

如果警告灯(K75)再次点亮，则安全气囊存在故障，要查询故障代码并排除故障。如果警告灯(K75)连续点亮，则可能控制单元未编码，或所装控制单元型号不对或有故障。

进行安全气囊系统自诊断时应满足以下条件：①相关系统的供电及熔丝正常；②故障阅读器V.A.G1551已接好；③点火开关已打开。

短时出现的故障是偶然故障，在显示屏上用“/SP”提示。为了排除这些故障，修理前应清除故障代码。

(1) 连接故障阅读仪。接通点火开关。按下键1“快速数据传输”模式。屏幕显示：

快速数据传输	帮助
输入地址码 XX	

(2) 按下键1和5(车辆系统“安全气囊”的地址码为15)。屏幕显示：

快速数据传输	Q
15-安全气囊	

(3) 按下Q键确认输入。屏幕显示：

8L0 959 655B 安全气囊	VW3-S V00 →
编码22599 WSC12345	

其中：8L0 959 655B表示控制单元的配件号，由系统指定；安全气囊VW3-S V00为版本号；22599和WSC12345表示编码及经销商号(将自动存入控制单元内)。

(4) 按下→键。屏幕显示：

快速数据传输	帮助
选择功能 XX	

(5) 如果在屏幕上出现了一个故障信息，可能引起故障的原因可以通过帮助按钮打印出来。

快速数据传输	帮助
控制单元无应答!	

(6) 点火开关必须接通时，屏幕显示：

快速数据传输	帮助
到电源的K线未接通	

(7) 在程序开始发生故障(外部干扰？) 时，屏幕显示：

快速数据传输	→
控制单元无信号!	

(8) 需要检查诊断导线，电源以及接地连接时，屏幕显示：

快速数据传输	→
通讯联络故障	

(9) 在排除可能的故障原因后，再次输入地址码15，用于检查安全气囊，并用Q键确认。在输入地址码15后屏幕显示：

快速数据传输
测试传输地址码15

(10) 然后在屏幕上出现以下显示：

8L0 959 655B 安全气囊 VW3-S V00
编码 22599 WSC12345

可选择的功能，如表1-15所示。

表1-15　自诊断功能表

地址码	功能	地址码	功能
01	查询控制单元版本	06	结束输出
02	读取故障存储器	07	控制单元编码
03	执行元件诊断	08	读取测量数据块
05	清除故障存储器	10	匹配(自适应)

使用“02”功能即可进行“故障存储器”查询，读出故障码。表1-16列出了可由安全气囊控制单元J234识别的故障，这些故障按故障代码排列。只有接通打印机后才可打印出带5位故障代码的故障。

如果出现故障，安全气囊系统故障警报灯就会亮，排除故障并清除故障代码后该灯才会熄灭。如果查出某一部件有故障，必须按电路图检测该件的导线是否断路或短路。

表1-16　大众帕萨特安全气囊故障代码表

故障代码	故障原因	故障排除
00000 没有识别到故障	如果在进行维修之后出现：“未识别到故障”，则自诊断结束	
00532 电源 信号太小	-到安全气囊控制单元(J234)的导线的连接 -电池被放电或损坏	-根据电路图测试到控制单元的导线的连接 -对蓄电池充电或更换
00588 安全气囊点火器驾驶员侧(N95) 电阻太大 电阻太小 对正极短路 对地短路	-导线或连接故障 -驾驶员侧安全气囊(N95)故障 -带有滑动环的线圈接头(F138)故障	-更换损坏的导线或连接 -更换驾驶员侧的安全气囊(N95) -更换带有滑动环的线圈接头 -读取测量数据块
00589 前座乘客侧安全气囊点火器(N131) 电阻太大 电阻太小 对正极短路 对地短路	-导线或连接故障 -前座乘客侧安全气囊(N131)故障	-更换损坏的导线或连接 -更换前座乘客侧的安全气囊(N131) -读取测量数据块

(续表)

故障代码	故障原因	故障排除
00595 存储的撞击数据	-车辆发生碰撞，控制器已记录存储碰撞信号	-更换控制单元 -更换安全气囊单元和所有损坏的部件
01217 驾驶员侧安全气囊点火器(N199) 电阻太大 电阻太小 对正极短路 对地短路	-导线或连接故障 -驾驶员侧安全气囊(N199)故障	-更换损坏的导线或连接 -读取测量数据块 -更换驾驶员侧安全气囊(N199)
01218 前座乘客侧安全气囊点火器(N200) 电阻太大 电阻太小 对正极短路 对地短路	-导线或连接故障 -前座乘客侧安全气囊(N200)故障	-更换损坏的导线或连接 -更换前座乘客侧安全气囊(N200) -读取测量数据块
01221 驾驶员侧安全气囊撞击传感器(G179) 电阻太大 电阻太小 开路 短路 故障 未授权	-导线或连接故障 -撞击传感器故障 -控制单元故障 -撞击传感器和控制单元不匹配	-更换损坏的导线或连接 -更换损坏的部件 -更换撞击传感器或控制单元
01222 驾驶员侧安全气囊撞击传感器(G180) 电阻太大 电阻太小 开路 短路 故障 未授权	-导线或连接故障 -撞击传感器故障 -控制单元故障 -撞击传感器和控制单元不匹配	-更换损坏的导线或连接 -更换损坏的部件 -更换撞击传感器或控制单元
01280 前座乘客安全气囊未激活	-前座乘客安全气囊失去功能	-控制单元匹配
65535 控制单元故障	-外部的电子干扰，接地不良或与控制单元(J234)的正极连接不良 -控制单元故障	-根据电路图测试通向控制单元的导线和接头 -更换控制单元

在更换任意一个部件前，应先按电路图检测部件的导线有无短路、断路及搭铁情况，同时还应检查所有继电器有无安装松动的情况。

3) 控制单元的编码

只能在使用新的控制单元时才需要进行编码，使用“07”功能对控制单元进行重新编码。宝来轿车安全气囊控制单元编码见表1-17。帕萨特轿车安全气囊控制单元编码见表1-18。

表1-17 宝来轿车控制单元编码表

车辆装备	零件号	索引符号	编码
只有驾驶员气囊	1J0 909 603	AP	16720
只有驾驶员气囊	6Q0 909 601	0B	12345
驾驶员/前排乘客气囊	1J0 909 603	AN	16718
驾驶员/前排乘客气囊	6Q0 909 601	0C	12355
驾驶员/前排乘客气囊	6Q0 909 601	12	12594
驾驶员/前排乘客气囊 USA	6Q0 909 601	0D	12356
驾驶员/前排乘客气囊 USA(墨西哥制造)	6Q0 909 601	0M	12365
驾驶员/前排乘客气囊 USA(巴西制造)	6Q0 909 601	13	12595
驾驶员/侧面气囊	1J0 909 608	AS	16723
驾驶员/侧面气囊+电子式安全带传感器	1J0 909 609	B	00066
驾驶员/侧面气囊+电子式安全带传感器	6Q0 909 603	01	12337
驾驶员/侧面气囊+电子式安全带传感器	6Q0 909 605A	0E	12357
驾驶员/乘客和侧面气囊	1J0 909 608	AR	16722
驾驶员/乘客/侧面气囊+电子式安全带传感器	1J0 909 609	A	00065
驾驶员/前排乘客/侧面气囊+电子式安全带传感器	6Q0 909 605A	02	12338
驾驶员/前排乘客/侧面气囊+电子式安全带传感器(巴西制造)	6Q0 909 605A	13	12595
驾驶员/前排乘客气囊带护膝杆，侧面气囊+电子式安全带传感器USA	6Q0 909 605A	03	12339
驾驶员/前排乘客气囊带膝部支撑，侧面气囊+电子式安全带传感器 USA(墨西哥制造)	6Q0 909 605A	09	12345
驾驶员/前排乘客气囊带膝部支撑，侧面气囊+电子式安全带传感器USA	6Q0 909 605A	11	12593
驾驶员/前排乘客气囊带膝部支撑，侧面气囊+电子式安全带传感器 USA	6Q0 909 605A	12	12594
驾驶员/前排乘客气囊带膝部支撑，侧面气囊+电子式安全带传感器 USA(巴西制造)	6Q0 909 605A	14	12596

(续表)

车辆装备	零件号	索引符号	编码
驾驶员/前排乘客气囊带膝部支撑，侧面气囊+电子式安全带传感器(墨西哥制造)	6Q0 909 605F	15	12597
驾驶员/侧面/头部气囊+电子式安全带传感器	6Q0 909 605F	01	12337
驾驶员/前排乘客/侧面/头部气囊+电子式安全带传感器	6Q0 909 605F	02	12338
驾驶员/前排乘客气囊带膝部支撑，侧面头部气囊+电子式安全带传感器 USA	6Q0 909 605F	X3	22579
驾驶员/前排乘客气囊带膝部支撑，侧面头部气囊+电子式安全带传感器 USA(墨西哥制造)	6Q0 909 605F	X4	22580
驾驶员/前排乘客气囊带膝部支撑，侧面头部气囊+电子式安全带传感器 USA(墨西哥制造)	6Q0 909 605F	05	12341
驾驶员/前排乘客气囊带膝部支撑，侧面头部气囊+电子式安全带传感器 USA	6Q0 909 605F	06	12342

注：到目前为止，1.6L、1.8L、1.8T宝来车编码仅用以下两种：①编码12874，控制单元零件号1C0 909 601；②编码12875，控制单元零件号1C0 909 601 2K。

以后也可能用到表中的编码。

表1-18 帕萨特轿车控制单元编码表

控制单元版本号	对应的编码号
*********X	22599
*********O	12359
*********OL	12364

如果屏幕上显示以下内容，则编码正确。退出故障诊断仪设置后，安全气囊报警灯在4s后熄灭。

8L0 959 655B 安全气囊	VW3-S V00 →
编码22599 WSC12345	

如果控制单元编码不被接受，则屏幕显示以下内容。

8L0 959 655B 安全气囊	VW3-S V00 →
编码22599 WSC12345	

在这种情况下，安全气囊警告灯将不熄灭并保持闪亮，必须检查安全气囊控制单元是否安装正确(对比零件编号和索引字母)或检查输入的编码是否正确。

4) 读取测量数据流

大众不同车型的测量数据块不是每个车型都可读到，因控制单元版本型号不同而不同。使用“08”功能对帕萨特轿车读取测量数据块，数据流的各显示组见表1-19。

表1-19 大众帕萨特轿车安全气囊数据流的显示组

显示组	屏幕显示	参数	正常值
001	Read measuring Value block 1 1 2 3 4	1-驾驶员侧安全气囊点火器，N95 2-前排乘客侧安全气囊点火器，N131 3-驾驶员侧安全带张紧器 4-前排乘客侧安全带张紧器	正常 正常 — —
002	Read measuring Value block 2 1 2 3 4	不相关	
003	Read measuring Value block 3 1 2 3 4	1-电源电压 2-前排乘客侧座椅入座识别 3-驾驶员侧安全带锁扣开关 4-前排乘客侧安全带锁扣开关	10.0~15.0V — — —
004	忽略		
005	Read measuring Value block 5 1 2 3 4	1-驾驶员侧安全气囊点火器 2-前排乘客侧安全气囊点火器 3-后排远侧安全气囊点火器 4-后排近侧安全气囊点火器	正常 正常 — —

各显示组的数据块见表1-20、表1-21和表1-22。

表1-20 大众帕萨特轿车安全气囊数据流的显示组001数值

显示区域	标记	正常数值	不正常数值	说明
1	安全气囊点火器(驾驶员)(N95)	正确	太大 太小 对搭铁 对正极	①直观检查导线；②检查相关导线的连接是否正确到位，并观察显示内容，如果显示正确，则清除故障码；③更换带有滑环的线圈插头；④更换驾驶员侧安全气囊总成
2	安全气囊点火器，(前排乘客侧)(N131)	正确	太大 太小 对搭铁 对正极	①直观检查导线；②检查相关导线的连接是否正确到位，并观察显示内容，如果显示正确，则清除故障码；③更换前排乘客侧安全气囊总成
3	不相关		未使用	
4	不相关			

表1-21　大众帕萨特轿车安全气囊数据流的显示组003数值

显示区域	标记	正常数值	不正常数值	数值分析
1	电源电压	10.0～14.5V	＜10.0V	①发电机故障，蓄电池耗电太剧烈；②蓄电池启动后不久，大电流或用电设备负载太大；③发动机控制单元的电流供给和地线接触不良；④点火关闭时漏电
			＞14.5V	①发电机上的电压调节器故障；②由于突然启动或快充电设备而产生过电压
2	不相关			未使用
3	不相关			
4	不相关			

表1-22　大众帕萨特轿车安全气囊数据流的显示组005数值

显示区域	标记	正常数值	不正常数值	说明
1	安全气囊点火器(驾驶员)(N95)	正确	太大 太小 对搭铁 对正极	① 直观检查导线；②检查相关导线的连接是否正确到位，并观察显示内容，如果显示正确，则清除故障码；③更换带有滑环的线圈插头；④更换驾驶员侧安全气囊总成
			太大 太小 对搭铁 对正极	①直观检查导线；②检查相关导线的连接是否正确到位，并观察显示内容，如果显示正确，则清除故障码；③更换前排乘客侧安全气囊总成
2	安全气囊点火器(驾驶员)(N131)	正确		未使用
3	不相关			
4	不相关			

5) 控制单元匹配(自适应)

在匹配(自适应)模式下，可以关闭和打开气囊单元或安全带张紧点火器。例如，在前排乘客座上装有儿童座椅，儿童背向行驶方向，为防止高速张开的气囊击伤儿童头部，可以用钥匙开关或故障诊断仪关闭前排乘客侧安全气囊。一旦不用儿童座椅，应恢复此安全气囊的功能。当前排乘客安全气囊关闭后，电气插头必须断开，以确保控制系统软件的锁止，在通过控制单元软件再次打开前排乘客气囊前，必须先将气囊的电气插接器插好。

(1) 关闭气囊，具体的操作流程如下所述。

① 在地址码“15安全气囊”显示下选择：10-匹配(自适应)。

② 按屏幕提示按动按键，直至显示：匹配，输入通道号XX。

③ 按0和1键，选择通道01，按屏幕提示按动按键，直至显示：

通道1	匹配0
气囊打开 WSC01948(—13—)	

④ 按屏幕提示按动按键，直至显示：

通道1	匹配0	→
输入自适应值 XXXXX		

⑤ 输入00001并按屏幕提示按动按键，直至显示：

通道1	匹配1
气囊关闭 WSC01948(—13—)	

⑥ 按屏幕提示按动按键，直至显示：

通道1	匹配1
是否存储新值？	

如果要存储，按屏幕提示按动按键确认(如果新值不用存储，按屏幕提示按键消除输入)，屏幕显示：

通道1	匹配1
新值已被存储	

⑦ 按屏幕提示的按键，直至显示“选择功能”，用“06功能”结束输出，按屏幕提示的按键确认。关闭气囊完成后，气囊报警灯灭。

(2) 打开气囊。打开气囊的操作与上述操作基本相同，只是在输入匹配自适应值时，输入00000即可。

6) 执行元件诊断

执行元件诊断用来检测“碰撞输出”信号的功能。当安全气囊触发时，中央门锁切换到“开锁”状态，发动机关闭，车门灯点亮。在进行执行元件诊断前，通过车内开关将中央门锁设置到“锁止”位置，将车内灯开关设置到“车门接触”位置，启动发动机，进行执行元件诊断。执行元件诊断完成后，关闭点火开关，再打开点火开关，此时中央门锁才能恢复正常功能。

在屏幕处显示“选择功能XX”的状态下，按“03”功能选择“执行元件诊断”功能即可进行执行元件诊断，按屏幕提示的按键确认后，屏幕显示：

执行元件诊断	→
中央门锁开锁	

此时发动机应熄火，中央门锁必须设置到“开锁”，车内灯必须设定为“亮”，按屏幕提示的按键，显示操作结束。

在进行执行元件诊断时，其他控制单元可能记录一些故障，如插接器未插接，因此，执行元件诊断完成后，所有控制单元要进行故障码的查询和清除。

思考题

1. 汽车安全气囊有哪些保护作用？通常安装在哪些部位？

2. 汽车安全气囊系统的气囊组件由哪几部分构成？

3. 安全气囊系统指示灯在什么情况下表明系统出现故障？

4. 检修安全气囊时应注意哪些问题？

5. 如何处置安全气囊？

6. 在安全气囊检修过程中，为何要等蓄电池断电1min以上，才可拆卸安全气囊部件？

7. 某带安全气囊的车辆需要更换左右转向横拉杆，某维修工在更换后，发现方向盘不在正中央，故拆下方向盘将其放在正中央，结果车主在行驶一段时间后发现安全气囊指示灯常亮，试分析可能的原因及维修操作过程中有无不妥，为什么？

项目2

汽车巡航控制系统检修

任务2.1 巡航控制系统操作与认识

学习目标

(1) 知识点：巡航控制系统的类型及组成要素；典型巡航控制系统的结构组成；典型巡航系统部件认识(传感器——车速传感器、节气门位置传感器、摇臂位置传感器、转速传感器、制动开关、停车开关、离合器开关、巡航操作开关、巡航主开关等；控制器——巡航控制单元；执行器——巡航控制电机、故障指示灯等)。

(2) 技能点：巡航控制系统的熟练操作；巡航控制系统部件性能检测。巡航控制系统的操作与部件性能检测(方法能力——观察能力、学习能力、写作能力；社会能力——团队合作能力、交流能力、演讲能力；专业能力——动手能力、分析问题的能力)。

(3) 训练点：巡航控制系统操作训练与强化；巡航控制系统部件识别与性能检测练习。

(4) 评价点：考勤与加分项，任务处理过程考核，任务验收考核(任务工作单的填写、上台演讲表达、提问与解答)，知识识记考核，操作过程考核与期考。

任务导入

客户反映丰田凌志LS400轿车巡航控制系统有故障，作为业务接待人员及维修作业人员，需要识别巡航控制系统部件，操作巡航控制系统进行故障验证，并填写相关单据，记录该车巡航控制系统故障症状，最终下达车辆的维修任务。

任务分析

1. 识别车辆巡航控制系统类型，初步了解该车巡航控制系统的结构组成

(1) 巡航控制系统部件的类型；

(2) 典型巡航控制系统的结构组成；

(3) 识别典型巡航控制系统部件的名称、作用与安装位置。

2. 掌握巡航控制系统的操作

(1) 识别巡航控制系统各操作开关的含义与操作位置；

(2) 熟练操作巡航控制系统(加速、减速、取消、恢复巡航等)。

3. 典型巡航控制系统部件性能检测

(1) 典型巡航控制系统部件性能检测；

(2) 部件故障分析。

任务实施

1. 教学条件(师资、设备、场地、资源)

(1) 师资要求。具有中级职称以上、双师资格的教师2名以上。

(2) 设备要求。巡航控制系统的台架4～8个，带巡航控制功能的整车2辆，其他材料。

(3) 场地要求。理实一体化的教室，投影仪，黑板5～9块。

(4) 学习资源。教师教学手册、学生学习手册、任务工作单、维修手册等教学资源。

2. 教学实施

(1) 巡航控制系统操作示范(课内集中示范、学生观察)。

教师现场操作巡航控制系统并适当解释，学生现场观察思考，注意现场操作安全。

(2) 巡航控制系统部件识别(课内集中授课)。

集中讲授巡航控制系统的类型、结构组成；巡航控制系统部件名称、作用与安装位置等。

(3) 巡航控制系统操作练习，体悟(课内学生分组体悟)。

学生分组练习巡航控制系统的操作，记录相关数据，完成任务工作单的内容，注意现场操作安全。

(4) 学习评价(学生上台总结、演讲、评价)。

学生分组上台总结、演讲，组间、组内评价，最后统计每个人的过程考核成绩。

相关知识

2.1.1 巡航控制系统结构组成与操作

1. 汽车巡航控制系统概述

1) 汽车巡航控制系统的定义

汽车巡航控制系统实质上是汽车车速自动控制系统，即控制汽车自动以恒定速度行驶的系统，故汽车巡航控制系统也称为汽车恒速控制系统或自动驾驶系统，英文全称Cruise Control System，简称CCS。也有部分车型用“Cruise”表示巡航系统，部分欧系车则用“GRA”表示巡航系统(General Rate Application)。

2) 使用巡航控制系统的目的

使用巡航控制系统的目的是通过自动调节节气门开度，控制汽车在驾驶员设定的车速下稳定行驶，以减轻驾驶员在高速公路上驾驶的劳动强度，提高行驶舒适性，并可使发动机在理想的转速范围内运转。

(1) 提高汽车行驶的稳定性和舒适性。巡航控制系统可保证汽车在有利的车速下等速行驶，大大提高了行车稳定性和舒适性。

(2) 提高行车的安全性。巡航控制系统实现了部分自动驾驶，尤其是在上坡、下坡或平路行驶，驾驶员只需掌握好方向盘，不用脚踩加速踏板和换挡，减轻了驾驶员的劳动强度，可使驾驶员精力集中，从而提高行车安全性。

(3) 降低油耗和排气污染。巡航控制系统选择在最有利的车速和发动机转速下运行，有助于发动机燃烧完全，热效率提高，可使油耗降低，排气中的CO、NO_x、HC大量减少，有利于节能和环保。

(4) 延长车辆的使用寿命。稳定的等速行驶可减少额外惯性力及机件损伤，从而减少汽车故障，延长使用寿命。

巡航控制系统最早在飞机上应用，显示出它无可比拟的优点。自20世纪50年代末开始在汽车上使用后很快就受到青睐。目前，在美、日、德、法、意等汽车大国发展普及很快，尤其是近几年来，世界各国高速公路的通车里程增多，扩大了汽车巡航控制系统大显身手的空间，因此，巡航控制系统在汽车上的应用也越来越多。

3) 巡航控制系统是如何实现的

电子巡航控制系统主要根据车速和节气门位置传感器的反馈信号实现车速稳定控制。巡航控制系统的基本控制原理如图2-1所示，驾驶员通过控制开关设定车速后，巡航控制ECU存储设定的车速，同时将车速传感器输入的实际车速与设定车速进行比较。当两车速有误差时，ECU就会输出控制信号，通过驱动电路使执行器工作，使节气门开度增大或减小，以控制汽车在设定的车速下稳定行驶。

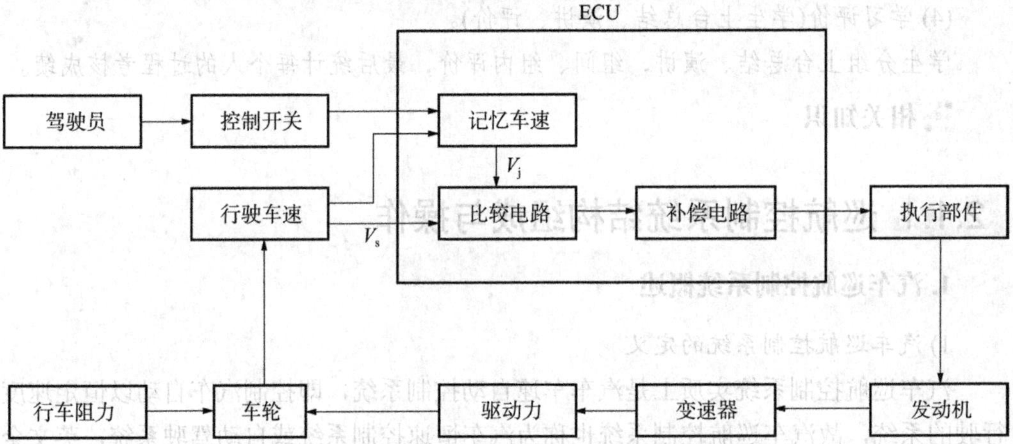

图2-1　巡航控制系统基本控制原理

V_s–实际车速　V_j–设定(记忆)车速

4) 巡航控制系统的分类

汽车巡航控制系统经历了30多年的发展，出现过多种类型的巡航控制装置，现以不同的分类方法予以概括。

(1) 按巡航控制装置的组成与控制方式，可分为以下两类。

① 机电式巡航控制系统。实现车速设定、车速稳定和消除等巡航控制功能的是一个机械与电气混合装置，通常由控制开关、电释放开关、真空调节器、真空度控制的弹簧式伺服机构、真空释放阀、线束及真空管路等组成。汽车上早期使用的就是这种机电式巡航控制系统。

② 电子式巡航控制系统。由电子控制器根据控制开关、各传感器和开关信号进行车速的设定、稳定和消除等自动控制。随着电子技术的迅速发展和对巡航控制功能要求的进一步提高，电子式巡航控制系统已逐渐取代了机电式巡航控制系统。

(2) 按巡航控制系统电子控制器结构原理，可分为以下两类。

① 模拟式电子巡航控制系统。由模拟电子电路构成电子控制器，控制器内部对输入信号的处理过程均为模拟电参量。模拟式巡航电子控制器经历了从晶体管分立元件到集成电路的发展过程。

② 数字式电子巡航控制系统。数字式巡航控制系统电子控制器的核心是微处理器，数字式电子巡航控制系统在1981年开始用于汽车，现代轿车上的巡航控制系统基本上都采用这种微机控制系统。

(3) 按巡航控制装置执行机构的结构原理，可分为以下两类。

① 真空驱动型巡航控制系统。用于车速稳定、升速和减速控制的执行器为真空式节气门驱动装置，其驱动力来自进气歧管的真空度或由真空泵产生的真空度，控制器通过调节节气门驱动装置的真空度来实现节气门开度的控制。

② 电机驱动型巡航控制系统。节气门驱动装置的动力来自电动机，控制器通过控制电动机的转动来调节节气门的开度，以实现车速稳定、增速和减速控制。根据电机的驱动方式又可分为电磁电机驱动式和电子油门控制驱动式。

如图2-2所示，早期的CCS主要采用真空驱动型执行器，但目前已较多采用电磁电机驱动型，以便更精确地控制车速。

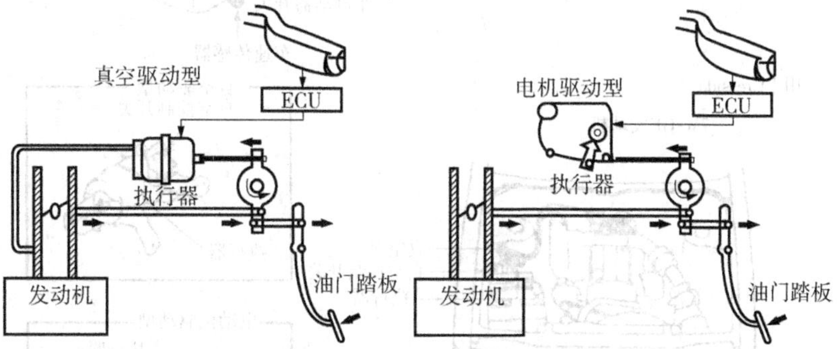

图2-2 真空驱动型与电磁电机驱动型巡航控制系统执行器比较

2. 汽车巡航控制系统的结构组成

1) 巡航控制系统的总体结构

巡航控制系统主要由传感器(开关)、执行器和巡航控制ECU组成。传感器和开关将信号传送至巡航控制ECU，根据这些信号，巡航控制ECU计算出节气门的适当开度，根据这些计算将驱动信号传送至执行器，执行器则据此调节节气门开度。典型的巡航控制系统组成及在车上的布置如图2-3、图2-4所示。

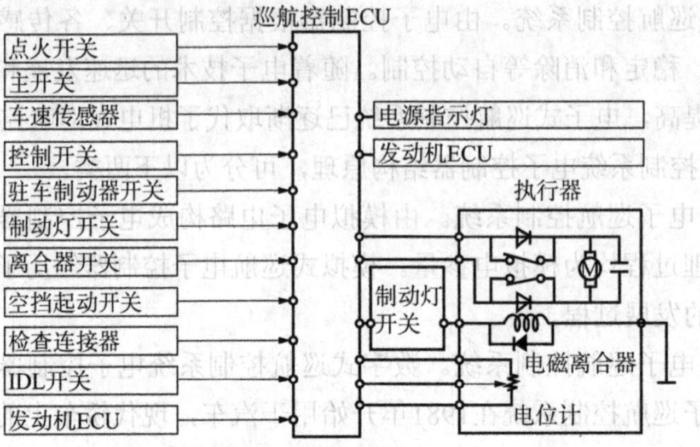

方框图(用于“陆地巡洋舰”)

图2-3　典型巡航控制系统的组成

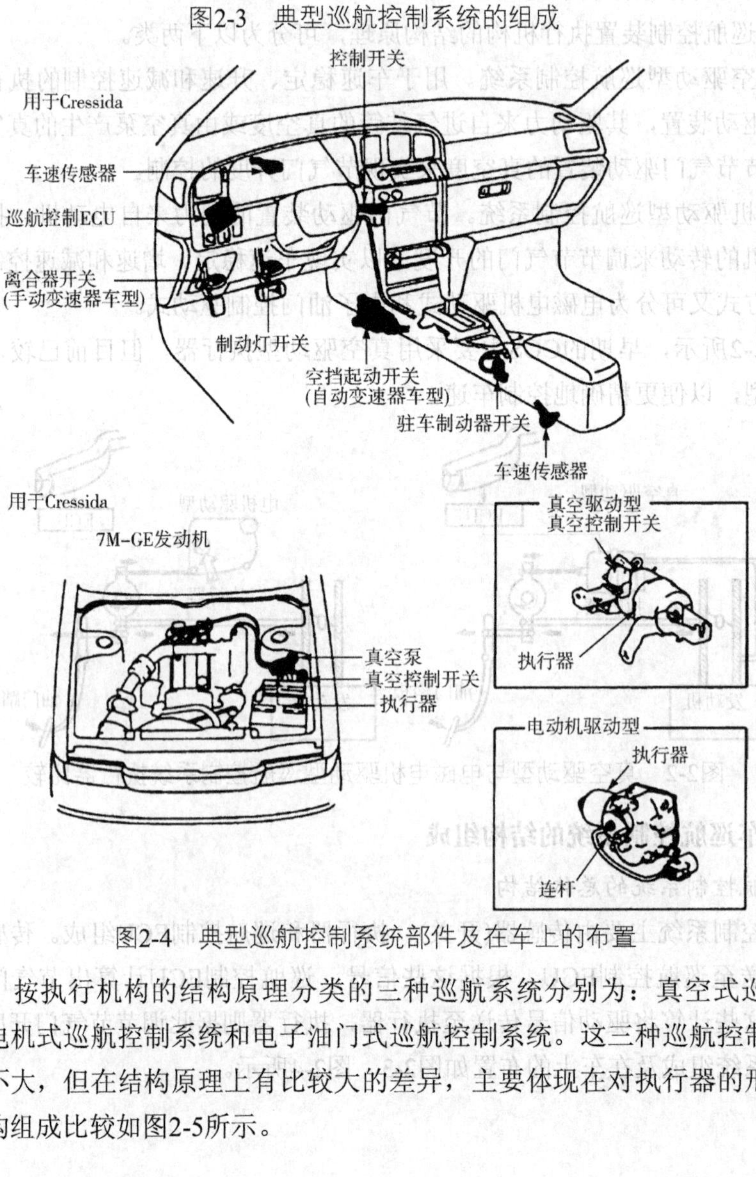

图2-4　典型巡航控制系统部件及在车上的布置

目前，按执行机构的结构原理分类的三种巡航系统分别为：真空式巡航控制系统、电磁电机式巡航控制系统和电子油门式巡航控制系统。这三种巡航控制系统在操作上差异不大，但在结构原理上有比较大的差异，主要体现在对执行器的形式及控制上，其结构组成比较如图2-5所示。

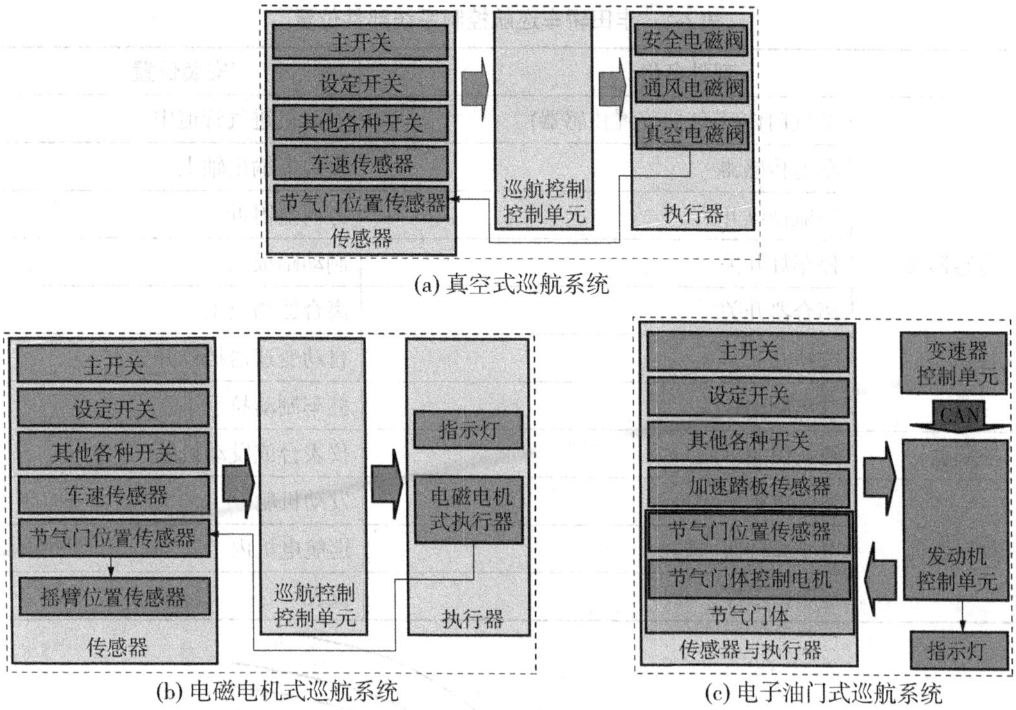

图2-5　三种巡航控制系统的结构组成比较

真空式巡航控制系统主要通过控制电磁阀执行器实现真空度对节气门的开度控制，故需要三个电磁阀分别实现对节气门的“拉”“放”及“安全保护”动作。

电磁电机式巡航控制系统主要通过控制电磁电机执行器实现电机对节气门开度的直接控制，由电机拉索实现对节气门的“拉”“放”动作，由于电机的动作位置需要反馈，故设计了一个摇臂位置传感器进行反馈，“安全保护”动作则由安全电磁离合器实现。

电子油门式巡航系统由于采用了一体化的节气门直动式电机，油门踏板与节气门体间不存在拉索，故巡航系统作为一个功能模块集合在发动机控制单元中，大大简化了系统的结构，发动机控制单元通过节气门体电机直接控制节气门的开度。

2) 巡航控制系统部件认识(名称、作用、外观特征、安装位置、电路特性)

丰田轿车的巡航控制系统部件位置见表2-1，部件在车内布置如图2-6所示。

表2-1 丰田轿车巡航控制系统部件位置

部件名称		安装位置
传感器类	节气门体(节气门位置传感器)	发动机进气管道中
	车速传感器	变速器输出轴上
	巡航操纵开关	方向盘附近
	停车灯开关	制动踏板上
	离合器开关	离合器踏板上
	空挡开关	自动变速器挡位开关上
	驻车制动开关	驻车制动拉手下
控制器	巡航控制单元	仪表台或发动机舱
执行器类	巡航电机	发动机舱
	电磁离合器	巡航电机内
	巡航指示灯	仪表

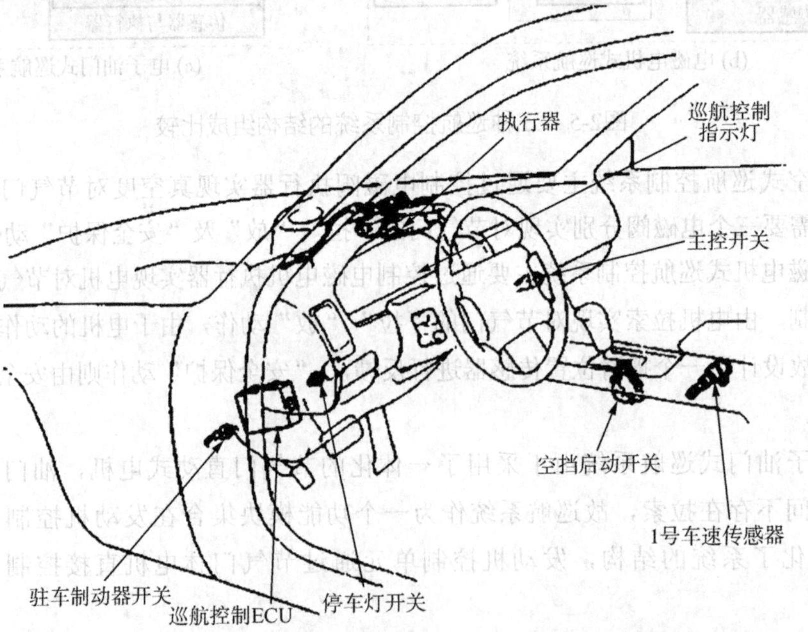

图2-6 丰田轿车巡航控制系统部件在车内布置示意图

(1) 节气门体(节气门位置传感器)。节气门位置传感器安装在节气门体上，如图2-7所示为节气门体的外形结构。

节气门位置传感器的作用是将节气门开度大小转变成电压信号输入发动机控制单元，发动机控制单元根据此信号判别发动机的工况(即发动机负荷)，实现对发动机各工况下的负荷控制。节气门位置传感器同时向巡航控制ECU提供节气门开度信号，以便进行巡航控制。通常与自动变速器电控系统、发动机电控系统共用节气门位置传感器，有的车型巡航控制系统则由发动机ECU提供节气门位置信号。

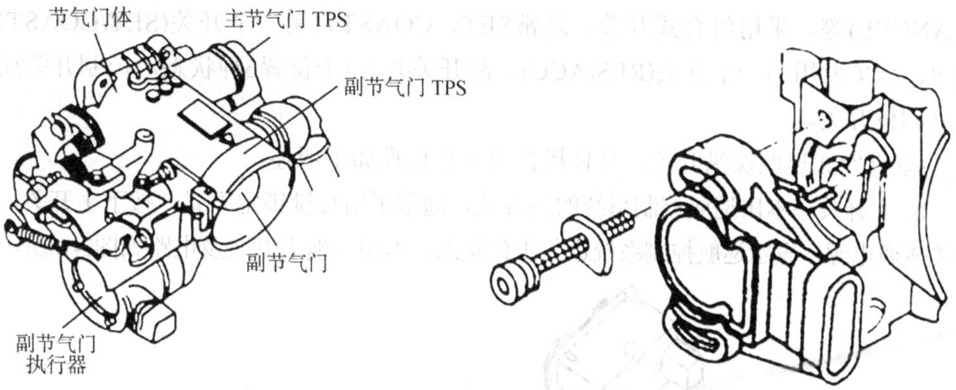

图2-7　丰田轿车节气门体外形结构

根据输出信号类型的不同，节气门位置传感器可分为线性量输出型和开关量输出型两种。

(2) 加速踏板(位置传感器)。电子油门式巡航控制系统由于没有拉索，油门踏板的开度主要通过加速踏板位置传感器进行检测。典型的大众帕萨特轿车的加速踏板及位置传感器如图2-8所示。

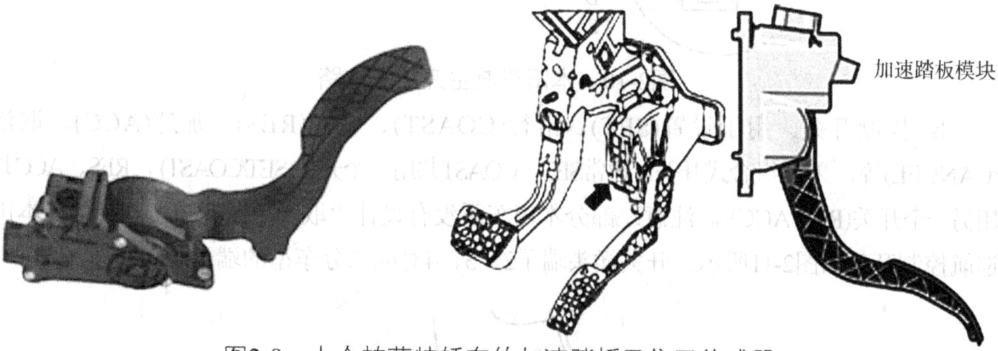

图2-8　大众帕萨特轿车的加速踏板及位置传感器

加速踏板位置传感器向发动机控制单元提供油门踏板开度信号，主要进行电控发动机的综合控制。

(3) 巡航操纵开关，具体包括以下几种。

① 电磁电机式巡航操纵开关。如图2-9所示，驾驶员通过巡航操控开关进行巡航系统的开闭、巡航车速的设定，巡航操控开关一般可分为主开关和(巡航操纵)控制开关两部分。

a. 主开关。即“MAIN”开关，是巡航控制系统的主电源开关，通常采用点动按键方式，每按下一次，开关接通或关断。在主开关接通状态下关断点火开关，主开关也关断，再接通点火开关时，主开关仍保持关闭状态，需再按一下主开关才能接通巡航控制系统电源。

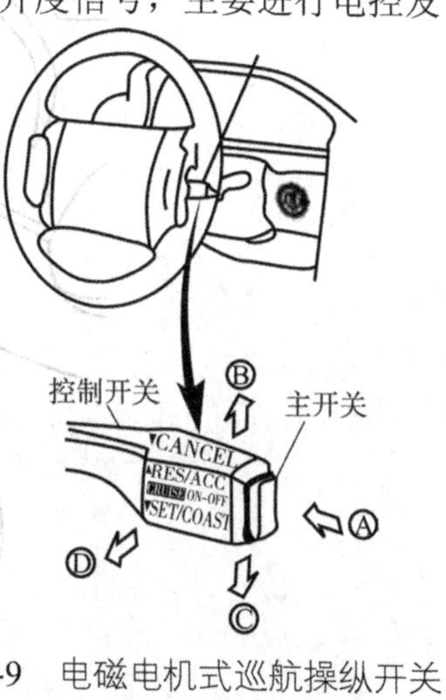

图2-9　电磁电机式巡航操纵开关

b. 控制开关。用于设置(SET)、滑行(COAST)、恢复(RES)、加速(ACC)、取消(CANCEL)等，采用组合式开关，通常SET、COAST共用一个开关(SET/COAST)，RES、ACC共用另一个开关(RES/ACC)。故开关共有4个位置6种状态，控制开关属于自动回位开关。

② 真空式巡航操纵开关。具体操作及工作原理如下所述。

a. 主开关。本田巡航控制系统的主开关，通常采用按键锁定方式，按下主开关，主开关接通电源，表示巡航控制系统进入工作状态。本田巡航主开关及电路如图2-10所示。

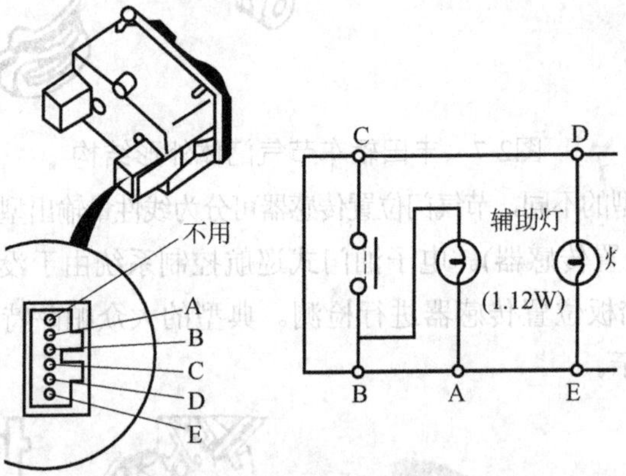

图2-10　本田巡航主开关及电路

b. 控制开关。用于设置(SET)、滑行(COAST)、恢复(RES)、加速(ACC)、取消(CANCEL)等，采用组合式开关，通常SET、COAST共用一个开关(SET/COAST)，RES、ACC共用另一个开关(RES/ACC)。注意：部分本田车系没有设计“取消(CANCEL)”按键，本田巡航控制开关如图2-11所示。开关插头端子2、3、4对应部分车型的端子A、B、C。

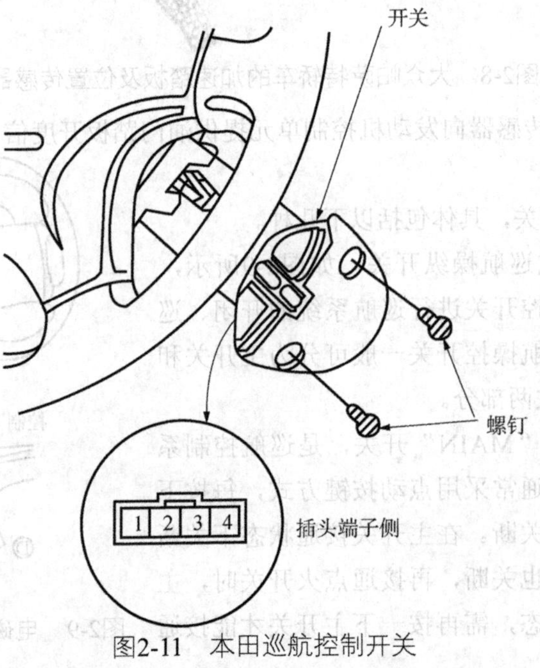

图2-11　本田巡航控制开关

③ 电子油门式巡航开关。具体操作及工作原理如下所述。

a. 主开关。帕萨特领驭轿车的巡航操作开关主要安装在多功能方向盘上，如图2-12所示。电子油门巡航控制系统的主开关，通常采用按键推拉锁定方式，推动主开关至ON，主开关接通电源，此时如巡航控制系统已激活，则仪表中符号“ ”将点亮，表示巡航控制系统进入工作状态。

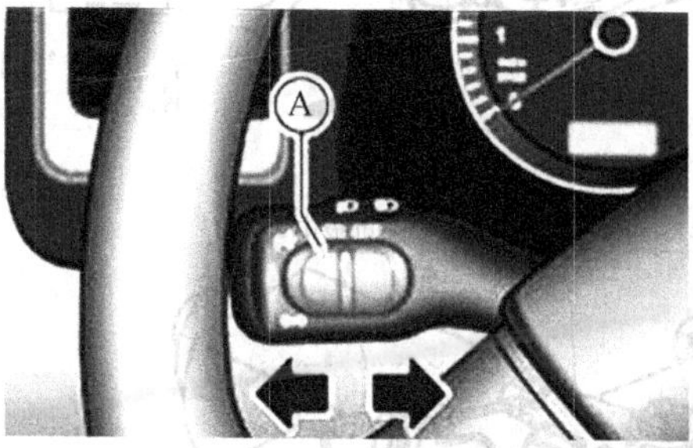

图2-12　电子油门巡航控制系统的主开关(老款)

b. 控制开关。将左操纵杆上的GRA开关推至ON/OFF位置可启动/关闭巡航控制系统。按下巡航操作开关“SET-”键可设定或降低巡航车速；按下“RES+”键可恢复或增加巡航车速。通过按下“CANCEL”键或踩制动踏板可暂时关闭巡航控制系统。松开制动踏板后，按下“RES+”键可恢复巡航车速稳定行驶。如果恢复暂时关闭的巡航控制系统时存储器内无设定的巡航速度，则可通过：在车速达到期望车速时按下“SET-”键；按下“RES+”键直至达到期望的巡航车速时松开。完全关闭巡航控制系统可通过把GRA开关推至OFF位置或关闭点火开关清除存储的车速，从而完全退出巡航控制系统。如果通过油门加速使车速超过设定车速10km/h的时间多于5分钟时，原先设定的速度失效，巡航速度必须重新设定。帕萨特巡航控制开关如图2-13所示。

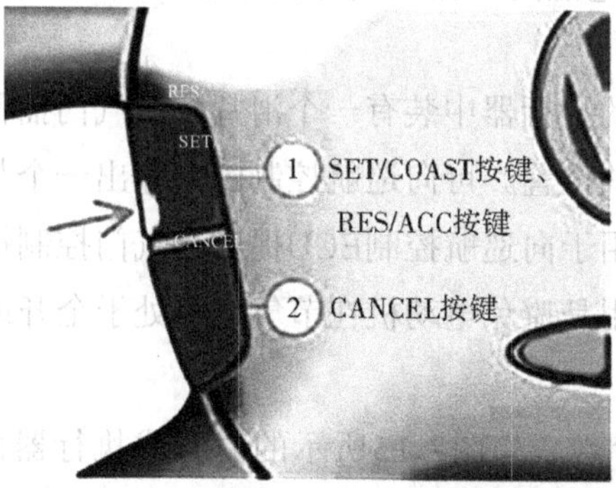

图2-13　电子油门巡航控制系统的控制开关(新款)

(4) 执行器，包括以下三种。

① 电磁电机式巡航执行器。如图2-14所示的电磁电机式执行器由电磁离合器、直流电动机、传动机构(摇臂)、电位器(摇臂位置传感器)等组成。

巡航控制ECU输出增加或减小节气门开度的控制信号时，通过驱动电路使电动机顺时针转动或逆时针转动，经蜗轮(电磁离合器壳外面)蜗杆(电动机输出轴)、主减速器传动使控制臂转动，再通过拉索带动节气门。

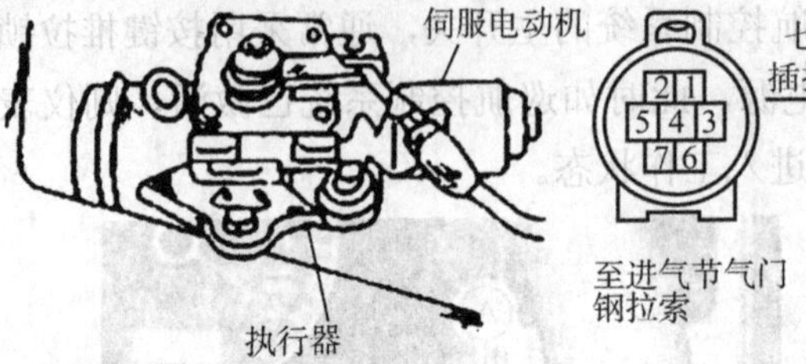

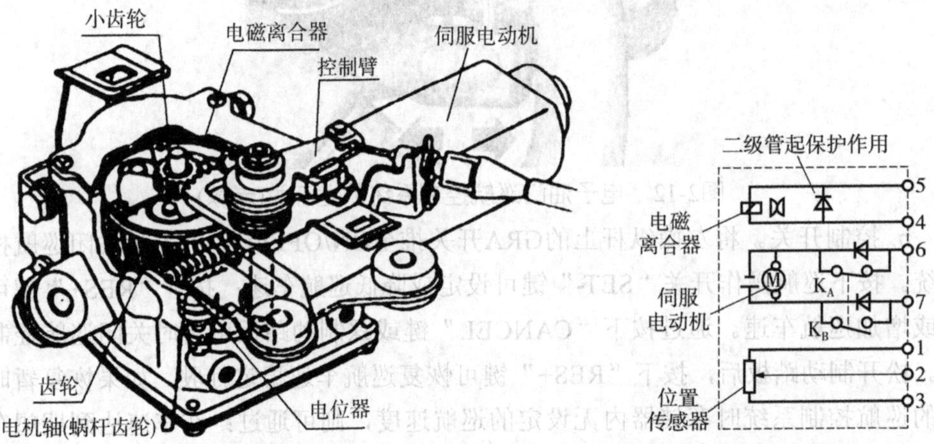

(a) 结构示意　　　　(b) 内部电路

图2-14　电磁电机式巡航执行器

电磁离合器用于电动机与节气门拉索之间的结合与分离。在巡航控制起作用时，电磁离合器通电接合，使电动机通过传动机构和拉索驱动节气门；在未设定巡航控制或巡航控制取消时，电磁离合器断电分离，以避免电动机成为驾驶员操纵节气门的阻力。

一些巡航控制系统的执行器中装有一个滑片随节气门摇臂一起转动的电位计，用于检测节气门控制摇臂的位置。可向巡航控制ECU输出一个与节气门摇臂位置成比例且连续变化的电信号，用于向巡航控制ECU提供节气门控制摇臂位置信号。执行器内设置了限位开关，其作用是避免电动机在节气门已处于全开或全关位置时继续转动而损坏。

② 真空式巡航执行器。如图2-15所示的真空式执行器由3个电磁阀、真空启动器、传动机构(拉索)、真空罐等组成。

巡航控制ECU通过真空电磁阀控制增加真空启动器内真空度，从而达到增加节气门开度的目的，通过通风电磁阀控制减少启动器内真空度，达到减少节气门开度的目的。

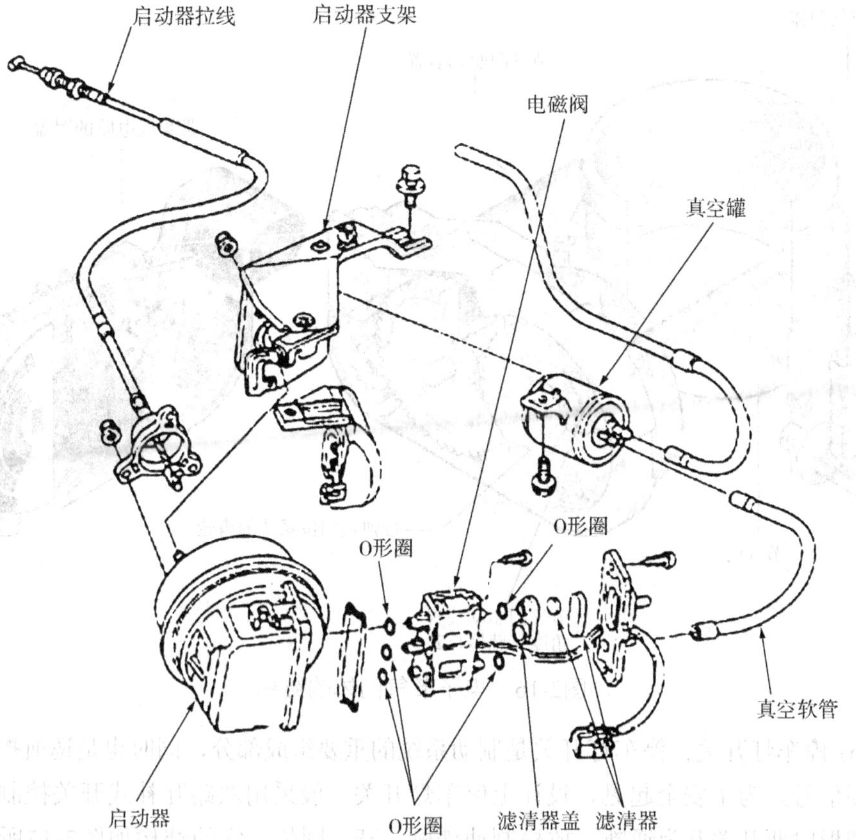

图2-15　本田巡航真空执行器内部结构示意

③ 电子油门式巡航执行器。如图2-16所示的电子油门式执行器实质上就是一个节气门体，和图2-8所示的油门踏板传感器联合使用。由于采用了电子油门系统，故省略了节气门拉索，巡航系统的功能被集成到发动机管理系统中，发动机控制ECU输出增加或减小节气门开度控制信号时，即实现了对巡航的相应控制。

电子油门式巡航系统工作时，巡航控制信号通过发动机控制单元来驱动节气门体电机，作为巡航系统工作的执行器。

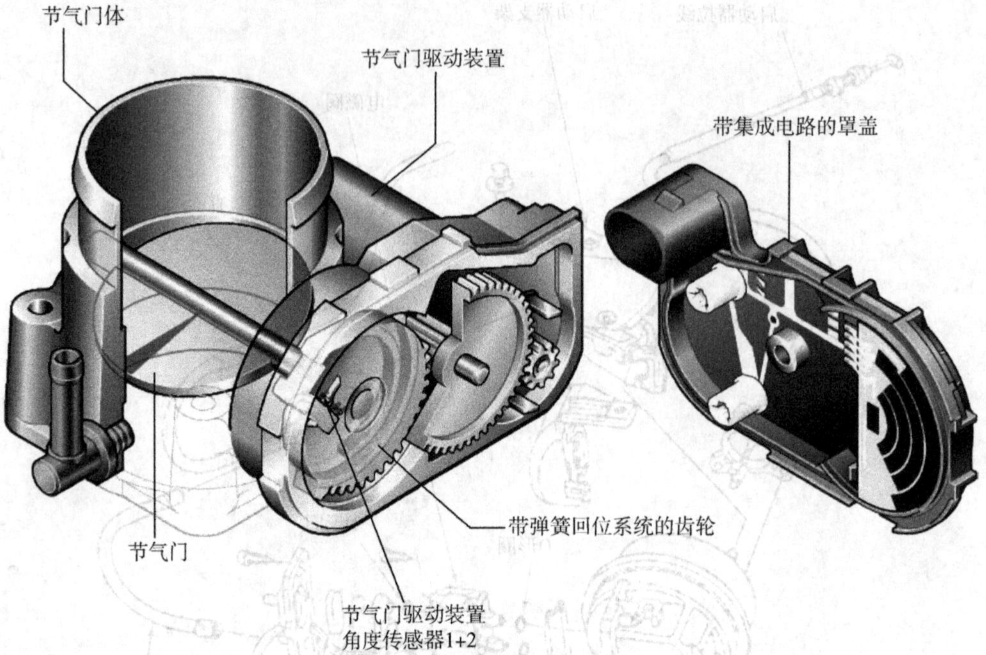

图2-16 电子节气门体的结构

(5) 停车灯开关。停车灯开关是制动系统的重要组成部分，同时也是巡航控制的一个重要信号，为了安全起见，设计上停车灯开关一般采用双路互补式开关控制，踩下制动踏板时两开关互为通断，放松制动踏板，开关回位。它的结构如图2-17所示，驾驶员踩制动踏板时此开关接通，将汽车制动信号送入巡航控制ECU，ECU根据此信号中止巡航控制程序。

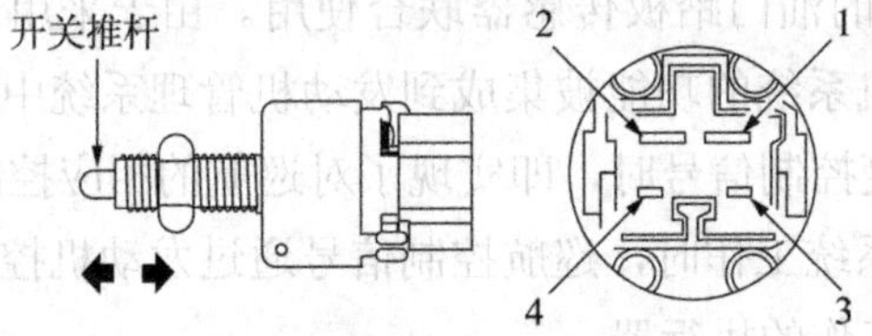

图2-17 停车灯开关

(6) 驻车制动开关。拉起驻车制动器时此开关接通，此信号送入巡航控制ECU时，巡航控制ECU也将取消巡航控制。

(7) 离合器开关。手动变速器车型使用，驾驶员踩下离合器踏板时此开关接通，将信号送入巡航控制ECU，巡航控制ECU得到此信号便会取消巡航控制。

(8) 空挡开关。自动变速器车型使用，自动变速器操纵手柄置于P或N挡位时，此开关接通，将信号送入巡航控制ECU，ECU得到此信号便会取消巡航控制。

(9) 车速传感器。向巡航控制ECU提供车速信号，以便进行巡航控制。通常与自动变速器电控系统、发动机电控系统共用车速传感器。车速传感器有光电式、霍尔感应式、磁感应式等。

(10) 巡航控制单元ECU。巡航控制单元ECU主要由微处理器、输入输出电路、执行器驱动电路及保护电路等组成。一种以单片机为核心的巡航控制ECU如图2-18所示。

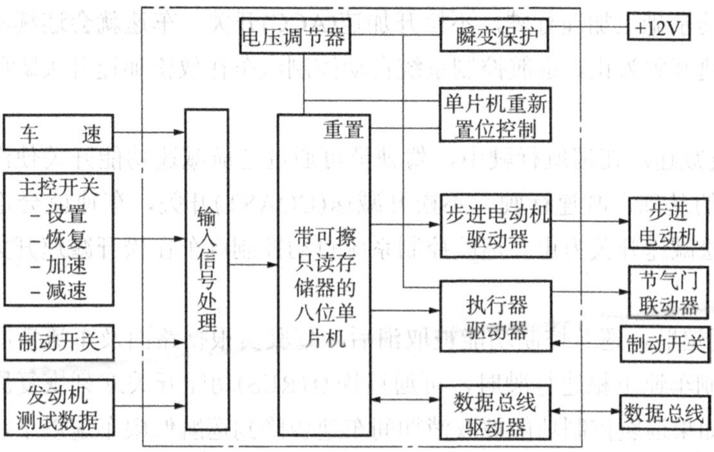

图2-18　巡航控制单元ECU

① 输入信号处理模块。它的作用是将输入的传感器及开关信号进行预处理，把它们都转换为计算机可以接收的数字信号。

② 单片微型计算机。该芯片集成了中央微处理器(CPU)、带可擦只读存储器(EPROM)、随机存储器(RAM)、输入/输出接口(I/O)等计算机的基本部件，可按储存在只读存储器中的控制程序对输入信号进行处理，并产生相应的输出信号，控制步进电动机转动，以改变节气门开度，实现对车速的稳定控制。

③ 电动机驱动模块。根据计算机输出的控制信号产生能驱动电动机的控制脉冲，使步进电动机按计算机的指令转动相应的角度。

④ 执行器驱动模块。根据计算机的指令使节气门联动器通电接合，步进电动机与节气门连接，汽车进入巡航控制状态。与执行器驱动模块连接的制动开关为常闭触点，在汽车制动、巡航控制ECU停止巡航控制程序的同时，此制动开关断开，将执行器驱动电源切断，以确保节气门完全关闭。

3. 汽车巡航控制系统的操作知识

1) 巡航控制系统的操作(控制)功能

现代轿车巡航控制系统通常都设有如下几项功能。

(1) 巡航定速。当行驶在高速公路上，路面质量好，没有人流，分道行车，无逆向车流，适宜较长时间稳定行驶时，可通过巡航操控开关设定一个稳定行驶的车速，巡航控制系统就会自动控制汽车在设定车速下稳定运行。

(2) 巡航取消。当驾驶员根据汽车运行情况需要踩下制动踏板时，巡航控制系统可立即取消巡航功能，由驾驶员操控车辆行驶速度，以确保行车安全。巡航控制功能消除后，如果行驶速度未低于巡航低限车速(40km/h)，原设定的车速仍将保留于巡航控制系统中，可随时恢复原巡航车速。

(3) 巡航加速。在巡航行驶中，驾驶员可通过巡航加速功能开关使汽车在原设定的巡航车速的基础上加速行驶，不松开加速(ACC)开关，车速就会连续不断地增加，直到放松加速开关为止。巡航控制系统自动控制汽车在放松加速开关瞬间的车速下稳定行驶。

(4) 巡航减速。在巡航行驶中，驾驶员可通过巡航减速功能开关使汽车在原设定的巡航车速的基础上减速行驶，不松开减速(COAST)开关，车速就会连续不断地降低，直到放松减速开关为止。巡航控制系统自动控制汽车在松开减速开关瞬间的车速下稳定行驶。

(5) 恢复巡航。巡航控制功能被取消后，驾驶员根据路面及车流情况又要求汽车在原巡航控制车速下稳速行驶时，可通过恢复(RES)功能开关立刻恢复原设定车速的巡航控制。如果巡航控制功能被取消期间车速曾降到巡航低限车速以下，则需通过巡航控制系统操控开关重新设定巡航车速。

(6) 低速自动取消。当车速低于巡航控制车速低限时(40km/h)，巡航控制功能自动取消，并不再保留设定的车速信息。

(7) 手动(开关)取消。除了踩制动踏板有自动取消巡航功能外，巡航控制系统还接收驻车制动开关、离合器开关(手动变速器)、空挡启动开关(自动变速器)等信号，当驾驶员拉停车制动器、踩离合器踏板或置变速器于空挡位时，也立即自动取消巡航控制功能。

2) 设定操作

(1) 设定操作前准备。使用巡航控制系统前应当确保车辆的动力系统(发动机与变速器、制动控制系统)等无故障，检查制动灯、停车灯等均正常，才可使用巡航控制系统。打开点火开关，启动发动机，车辆运行车速为40km/h以上(本次操作以丰田凌志LS400，车速为70km/h为例)。

(2) 打开主开关。打开位于仪表台或转向柱或方向盘上的巡航主开关，观察仪表板上巡航指示灯“Cruise”点亮，车速达到需要设定的车速(注：不同车型的具体操作详见学生学习手册)。

(3) 操作设定键设定。如图2-9所示，按下巡航操纵开关的“SET/COAST”键，正常情况下，巡航设定完毕，巡航电机工作，等待1～2s后，松开油门踏板。

(4) 设定操作后观察。松开油门踏板后，可观察到仪表车速在设定车速附近变化。

3) 加速操作

(1) 加速操作方法。加速方法有两种：加油门加速与开关加速。加油门加速后需要重新设定需要的车速，这种加速方法适合于快速、幅度比较大的加速操作。开关加速又可分为慢速开关加速法与快速开关加速法。

(2) 操作加速键。短按巡航操纵开关的“RES/ACC”键，巡航车速将加速1km/h；

长按巡航操纵开关的“RES/ACC”键5s，巡航车速将加速5km/h。

(3) 加速操作后观察。

4) 减速操作

(1) 减速操作方法。减速方法有两种：制动减速与开关减速。制动减速后需要重新设定需要的车速，这种减速方法适合于快速、幅度比较大的减速操作。开关减速又可分为慢速开关减速法与快速开关减速法。

(2) 操作减速键。短按巡航操纵开关的“SET/COAST”键，巡航车速将减速1km/h；长按巡航操纵开关的“SET/COAST”键5s，巡航车速将减速5km/h。

(3) 减速操作后观察。按减速按键，观察仪表车速的变化幅度。

5) 取消操作

(1) 取消操作方法。巡航取消主要有两大类：取消后可恢复与取消后不可恢复。

(2) 操作取消键。取消后可恢复的情况：①踩下制动踏板；②踩下离合器踏板(M/T)或挂入空挡(A/T)；③驻车制动开关接通；④按下巡航操纵开关的“CANCEL”键；⑤巡航车速与实际车速相差超过15km/h时。以上5种情况操作复原后，车速仍高于40km/h，即可进行巡航恢复操作。取消后不可恢复的情况：①车速低于40km/h；②按下巡航主开关的“MAIN”键(仪表巡航指示灯相应熄灭)。

(3) 取消操作后观察。取消操作后，可听到电磁电机式执行器电磁离合器跳开的声音，同时车速变化随路面状况而变化。

6) 恢复操作

(1) 恢复操作的前提条件。只有当巡航控制单元存储对应的记忆车速V_j时，才可能进行恢复操作，下列两种情况巡航控制单元将清除记忆车速：①车速低于40km/h时；②按下巡航主开关的“MAIN”键(仪表巡航指示灯相应熄灭)。

(2) 操作恢复键。在取消操作且满足恢复操作的条件下，按下巡航操纵开关的“RES/ACC”键，巡航即可恢复。

(3) 恢复操作后观察。恢复操作后，巡航执行器工作，拉索拉动节气门工作，可观察到仪表车速恢复到原先设定(记忆)的车速。

7) 超车

当仅仅需要超车，超车后仍需要按原车速巡航时，可用此方法：直接加油门超车，超车完成后，放松油门踏板，巡航控制系统即工作，继续以设定的巡航车速行驶。

2.1.2 巡航控制系统的操作练习与部件识别

任务实施(课内学习，学习方法：理实一体集中教学，教师示范，学生体悟)

1. 操作体验与描述

操作体验：在装有巡航控制系统的台架或整车上操作巡航系统，体验巡航控制系统的工作过程，为巡航系统的故障诊断创造必要的检修条件。

操作要点：设定、加速、减速、取消与恢复操作。

相关现象观察与记录：对操作中的车速、节气门等工作情况进行观察，并做好相应的数据记录。

要求学生对照任务工作单中的内容进行填写，教师指导、答疑。

2. 部件识别

(1) 部件识别示范(教师示范讲解，学生记录)。不同类型巡航控制系统认识，典型部件的识别示范，学生记录。

(2) 部件识别练习(教师布置任务，学生练习)。典型车型的巡航控制系统部件识别练习。

任务评价

目的：培养学生的交流合作能力、表达能力、演讲能力及总结概括能力。

方法：学生分组上台总结、演讲，组间、组内评价。各小组按顺序推荐组内同学上台总结，其他组派代表对其进行提问、评价、打分；根据得分，组内再评价得分(参与提问、答题等工作的要加分)；最后统计每个人的过程成绩。

拓展提高

原则：3款典型巡航控制系统的操作练习；3款典型巡航控制系统部件识别练习(拓展为性能的检测练习；课外学习4学时，自愿练习，但所有课外学时不得少于总课外学时数)。

措施：落实课外开放式实训管理制度，安排值班教师(学生)，学生课外自愿到实训室进行巡航控制系统操作与部件识别练习，加深对巡航控制系统的感性认识。

思考题

1. 巡航操纵开关共用“ACC/RES”键，控制单元如何判断按下“ACC”还是“RES”键？

2. 电磁离合器的作用是什么？电磁离合器如果常闭合，处于结合状态，会怎样？

3. 在巡航状态下，紧急制动时，试分析巡航系统的工作流程。此外，停车灯开关(脚制动) 为什么要设置两路信号输入控制单元？

任务2.2 电磁电机式巡航系统故障诊断

学习目标

(1) 知识点：电磁电机式巡航控制系统的结构原理；巡航控制系统的功能分析；典型巡航系统电路原理图识记。

(2) 技能点：巡航控制系统的电路分析；巡航控制系统部件性能检测。巡航控制系统的操作与部件性能检测(方法能力——观察能力、学习能力、写作能力；社会能力——团队合作能力、交流能力、演讲能力；专业能力——动手能力、分析问题的能力)。

(3) 训练点：巡航系统电路分析训练与强化；巡航控制系统部件识别与性能检测练习。

(4) 评价点：考勤与加分项，任务处理过程考核，任务验收考核(任务工作单的填写、上台演讲表达、提问与解答)，知识识记考核，操作过程考核与期考。

任务导入

客户反映丰田凌志LS400轿车巡航控制系统有故障，业务接待人员操作巡航控制系统进行故障验证后，填写相关单据交维修作业人员，分析该车巡航控制系统电路并对部分部件进行了性能检测，最终完成了维修任务。

任务分析

1. 电机式巡航控制系统结构与工作原理的深入学习

(1) 电机式巡航控制系统结构组成；

(2) 电机式巡航控制系统控制功能分析。

2. 掌握电机式巡航控制系统的典型操作电路分析方法

(1) 设定操作电路分析；

(2) 加速/减速操作电路分析；

(3) 取消/恢复操作电路分析。

3. 典型巡航控制系统部件性能检测

(1) 典型巡航控制系统部件性能检测；

(2) 部件故障分析。

4. 电机式巡航控制系统的故障诊断基础

(1) 检修方法；

(2) 检修技巧分析。

任务实施

1. 教学条件(师资、设备、场地、资源)

(1) 师资要求。具有中级职称以上、双师资格的教师2名以上。

(2) 设备要求。巡航控制系统的台架4～8个，其他材料。

(3) 场地要求。理实一体化的教室，投影仪，黑板5～9块。

(4) 学习资源。教师教学手册、学生学习手册、任务工作单、维修手册等教学资源。

2. 教学实施

(1) 巡航控制系统典型操作电路分析示范(课内集中示范、学生观察)。

教师现场操作巡航控制系统并进行对应的电路分析，学生现场观察思考，注意现场操作安全。

(2) 巡航控制系统操作练习，体悟(课内学生分组体悟)。

学生分组练习巡航控制系统的操作并进行电路分析，记录相关数据，完成任务工作单的内容，注意现场操作安全。

(3) 巡航控制系统部件性能检测操作示范(课内集中示范、学生观察)。

教师现场对巡航控制系统典型部件进行分析与性能检测，学生现场观察思考，注意现场操作安全。

(4) 巡航控制系统部件性能检测练习，体悟(课内学生分组体悟)。

学生分组练习巡航控制系统部件性能检测练习，记录相关数据，完成任务工作单的内容，注意现场操作安全。

(5) 学习评价(学生上台总结、演讲、评价)。

学生分组上台总结、演讲，组间、组内评价，最后统计每个人的过程考核成绩。

相关知识

2.2.1 电机式巡航系统检修基础知识

1. 电机式巡航控制系统结构与工作原理

1) 电机式巡航控制系统结构组成

丰田凌志LS400轿车为电磁电机驱动型电子巡航控制系统，其主要组成部件的布置如图2-19所示。安装在发动机右侧的执行器主要由永磁式电动机、安全电磁离合器、电位计、控制摇臂及齿轮传动机构等组成。电位计用于检测控制摇臂的位置，执行器与节气门通过钢索连接。

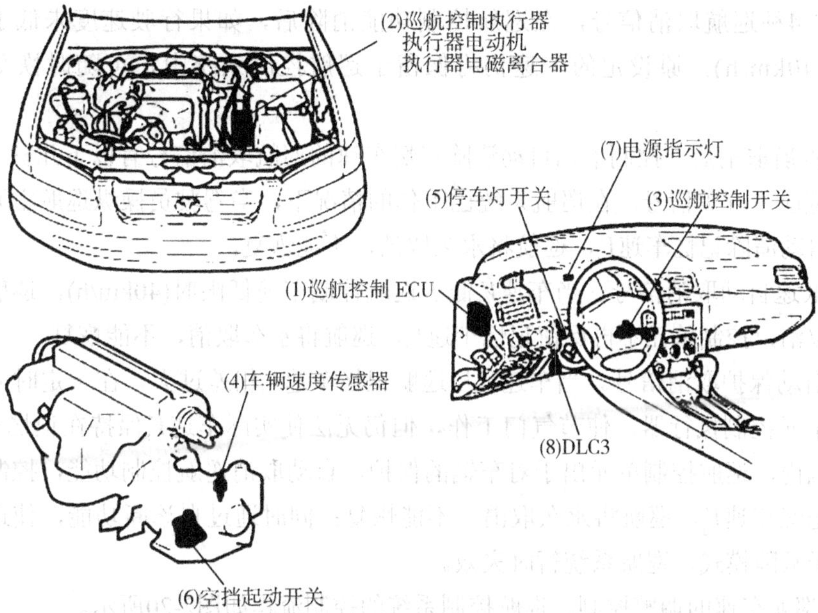

图2-19　凌志LS400轿车巡航控制系统的组成与布置

2) 电机式巡航控制系统控制功能分析

现代轿车的巡航控制系统通常设有如下几项功能。

(1) 巡航速度的锁定控制。当行驶在高速公路上，路面质量好，没有人流，分道行车，无逆向车流，适宜较长时间稳定行驶时，在达到想要的车速情况下，可通过接通巡航主开关后，操纵巡航操控开关给巡航控制单元一个设定信号，巡航控制单元记忆该车速V_j，此时驾驶员的脚可以从加速踏板处移开，巡航控制单元自动控制巡航执行器，不断修正车辆实际行驶速度V_s，保持V_s在设定的车速V_j附近恒速行驶。

若驾驶员需要加速，只需再踩下加速踏板，汽车便加速行驶；再松开加速踏板，汽车便又进入已设定的巡航系统，按锁定的车速恒速行驶。

(2) 巡航速度的取消控制。当驾驶员需要恢复车辆的自然状态，暂时取消巡航控制时，可通过以下几种操作方式，向控制单元发送指令，巡航控制单元会停止向执行器供电，并断开电磁离合器，使节气门不受执行器控制。

① 车速高于40km/h，控制单元保持记忆设定车速V_j的巡航暂时取消信号有以下几种。

a. 制动开关(停车灯开关)信号。根据汽车运行情况需要踩下制动踏板时，巡航控制系统可立即取消巡航功能，由驾驶员操控车辆行驶速度，以确保行车安全。

b. 驻车制动开关。当驾驶员拉停车制动器时，立即自动取消巡航控制功能。

c. 离合器开关(手动变速器)或空挡启动开关(自动变速器)信号。当驾驶员拉停车制动器、踩离合器踏板或置变速器于空挡位时，立即自动取消巡航控制功能。

d. 手动(CANCEL开关)取消。驾驶员直接操纵巡航控制开关的(CANCEL)开关，可立即自动取消巡航控制功能。

以上4种巡航取消信号，在巡航控制功能消除后，如果行驶速度未低于巡航低限车速(40km/h)，原设定的车速仍将保留于巡航控制系统中，可随时恢复原巡航车速。

② 巡航取消后，控制单元自动清除记忆车速的巡航取消信号有以下几种。

a. 巡航主开关信号。在巡航系统已工作的情况下，当驾驶员操纵巡航主开关，控制单元自动清除记忆车速V_j，巡航将永久取消，不能恢复。

b. 低速自动取消信号。当车速V_s低于巡航控制车速低限时(40km/h)，巡航控制功能自动取消，控制单元不再保留记忆车速V_j，巡航将永久取消，不能恢复。

c. 自动保护取消信号。当车速V_s与巡航记忆车速V_j相差过大，在一定时间内，巡航控制单元控制执行器，使节气门工作，但仍无法使实际车速V_s保持在记忆车速V_j的合理范围内，巡航控制单元出于对车辆的保护，自动取消巡航控制功能，控制单元不再保留记忆车速V_j，巡航将永久取消，不能恢复；同时通过自诊断功能，使巡航控制系统处于故障模式，巡航系统暂时失效。

(3) 巡航车速的调整控制。巡航控制系统的控制流程如图2-20所示。

① 巡航加速。在巡航行驶中，驾驶员可通过巡航加速功能开关使汽车在原设定的巡航车速的基础上加速行驶，不松开加速(ACC)开关，车速就会连续不断地增加，直到放松加速开关为止。巡航控制系统自动控制汽车在放松加速开关瞬间的车速下稳定行驶。

② 巡航减速。在巡航行驶中，驾驶员可通过巡航减速功能开关使汽车在原设定的巡航车速的基础上减速行驶，不松开减速(COAST)开关，车速就会连续不断地降低，直到放松减速开关为止。巡航控制系统在松开减速开关瞬间重新记忆车速V_j，同时自动控制汽车在该车速下稳定行驶。如果巡航减速降到巡航低限车速以下，巡航控制系统将清除所有记忆车速。

(4) 巡航车速的恢复控制。巡航控制功能被取消后，驾驶员根据路面及车流情况又要求汽车在原巡航

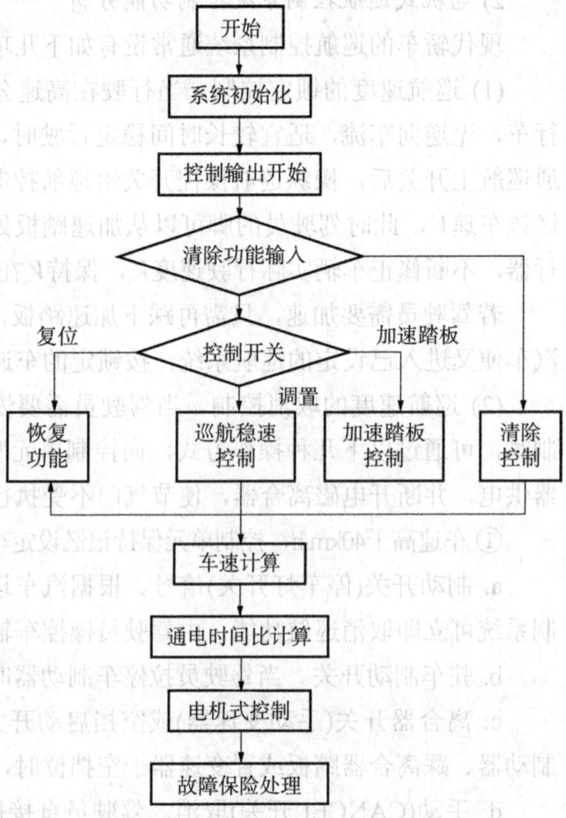

图2-20　巡航控制系统的控制流程图

控制车速下稳速行驶时，可通过恢复(RES)功能开关输入控制单元恢复信号，控制单元查找记忆车速，通过控制执行器立刻恢复原设定车速(记忆车速)的巡航控制。

2. 电机式巡航控制系统的电路分析

凌志LS400轿车巡航控制系统总体电路原理图如图2-21所示。发动机/ECT ECU与巡航控制ECU通过E/G、OD、ECT端子连接，并在工作中进行信息交流，以协调汽车巡航与发动机的控制。凌志LS400轿车巡航控制ECU端子排列如图2-22所示，各端子连接说明见表2-2。

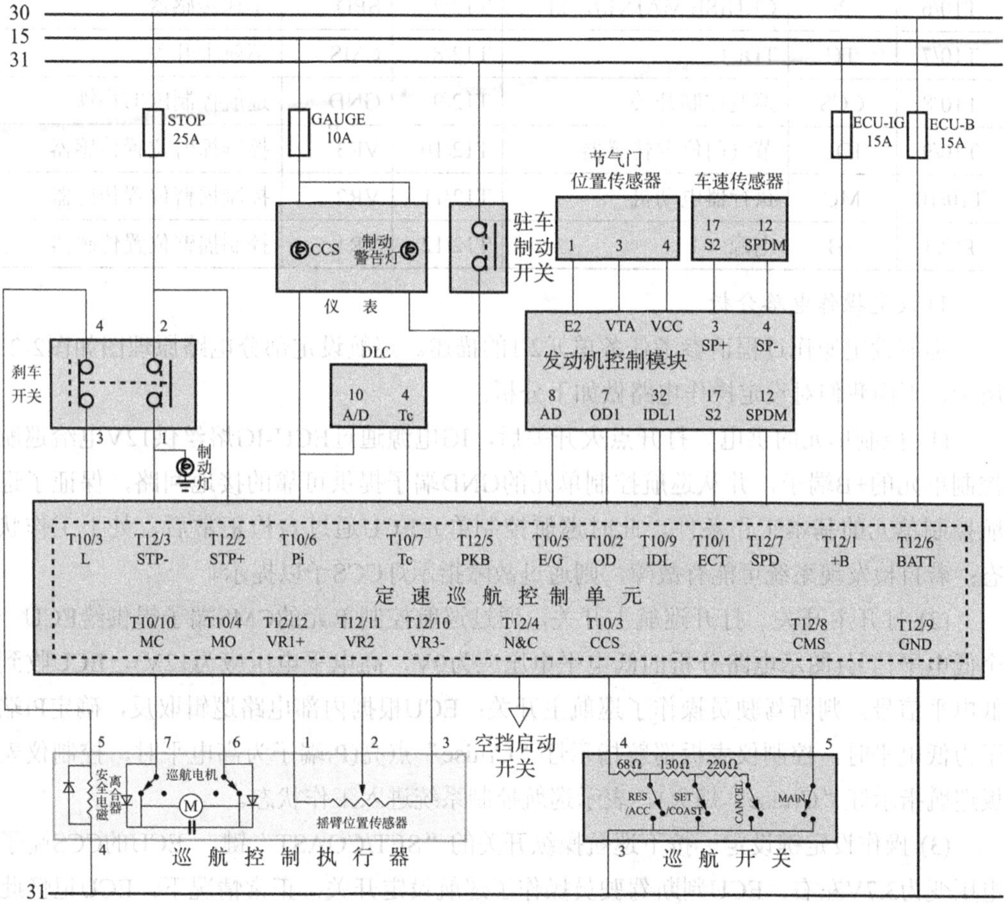

图2-21　凌志LS400轿车巡航控制系统电路

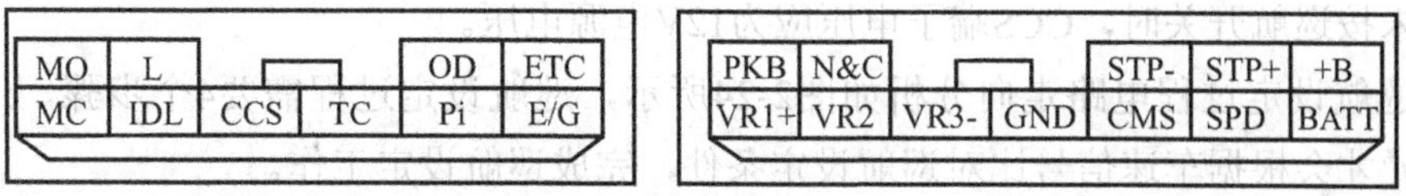

图2-22　凌志LS400轿车巡航控制ECU端子排列

表2-2 凌志LS400轿车巡航控制系统ECU插接器端子说明

端脚号	端代号	连接的部件	端脚号	端代号	连接的部件
T10/1	ETC	发动机/ECT ECU	T12/2	STP+	制动灯开关
T10/2	OD	发动机/ECT ECU	T12/3	STP-	制动灯开关
T10/3	L	安全电磁离合器	T12/4	N&C	空挡启动开关
T10/4	MO	执行器电动机	T12/5	PKB	驻车制动开关
T10/5	E/G	发动机/ECT ECU	T12/6	BATT	备用电源
T10/6	Pi	CRUISE MAIN指示灯	T12/7	SPD	车速传感器
T10/7	TC	TDCL	T12/8	CMS	巡航主开关
T10/8	CCS	巡航控制开关	T12/9	GND	巡航控制ECU搭铁
T10/9	IDL	节气门位置传感器	T12/10	VR3	控制摇臂位置传感器
T10/10	MC	执行器电动机	T12/11	VR2	控制摇臂位置传感器
T12/1	+B	电源	T12/12	VR1	控制摇臂位置传感器

1) 设定操作电路分析

巡航设定操作过程请参考任务单元2.1的描述。巡航设定部分电路原理图如图2-23所示，下面我们对设定操作电路做如下分析。

(1) 控制单元的供电。打开点火开关后，IG电源通过ECU-IG熔丝供12V电给巡航控制单元的+B端子，并从巡航控制单元的GND端子提供可靠的接地回路，保证了巡航控制单元的基本工作条件，此时巡航控制单元ECU通过自检正常后，处于工作状态；若自检发现系统可能有故障，则通过故障指示灯CCS予以提示。

(2) 打开主开关。打开巡航主开关，通过巡航控制单元的CMS端子提供给ECU一个低电平信号(图示电路分析的低电平电压应为0V，高电平电压应为12V)，ECU收到低电平信号，判断驾驶员操作了巡航主开关；ECU根据内部电路逻辑取反，确定Pi端子为低电平时，控制仪表板巡航指示灯“Cruise”点亮(Pi端子为高电平时，控制仪表板巡航指示灯“Cruise”熄灭)，表示巡航控制系统进入工作状态。

(3) 操作设定键设定。按下巡航操纵开关的“SET/COAST”键， ECU的CCS端子电压变为3.7V左右，ECU判断驾驶员操作了巡航设定开关，正常情况下，ECU记忆此时的车速为巡航设定车速V_j，并控制巡航电机工作。注：通过设定开关前后的电阻，静态未按巡航开关时，CCS端子电压应为12V电源电压。

巡航设定过程电路走向分析如图2-24所示，巡航设定过程需要4个步骤，巡航控制单元才会根据车速信号比对巡航设定条件，完成巡航设定工作。

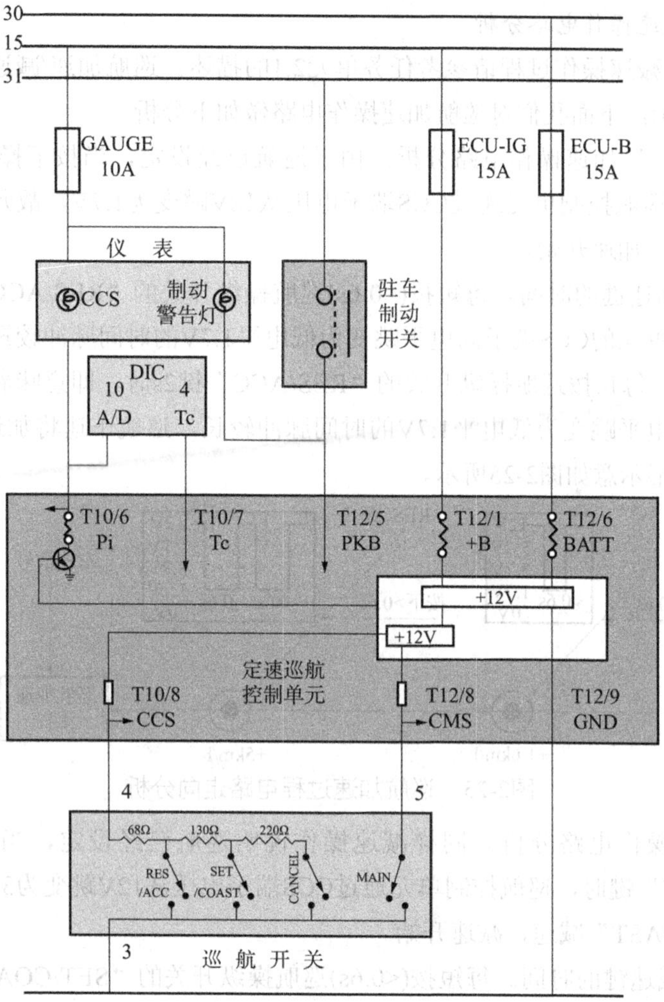

图2-23 巡航设定部分电路

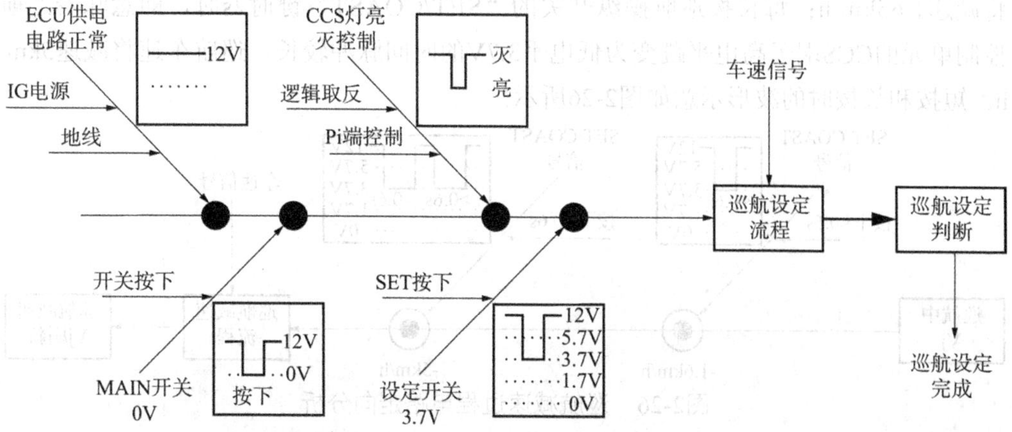

图2-24 巡航设定过程电路走向分析

2) 加速/减速操作电路分析

巡航加速/减速操作过程请参考任务单元2.1的描述。巡航加速/减速部分电路原理图如图2-23所示，下面我们对巡航加速操作电路做如下分析。

(1) “ACC”加速操作电路分析。由于巡航已经设定，当按下操作开关“RES/ACC”键时，巡航控制单元通过CCS端子电压从12V跳变为1.7V，故判断开关操作为“ACC”加速，加速开始。

(2) 操作加速键的时间。每短按(<0.6s)巡航操纵开关的“RES/ACC”键时，即意味着巡航控制单元的CCS端子高电平跳变为低电平1.7V的时间脉冲较短，巡航车速将加速1.65km/h；每长按巡航操纵开关的“RES/ACC”键2s时，即意味着巡航控制单元的CCS端子高电平跳变为低电平1.7V的时间脉冲较长，巡航车速将加速5km/h。短按和长按时的波形示意如图2-25所示。

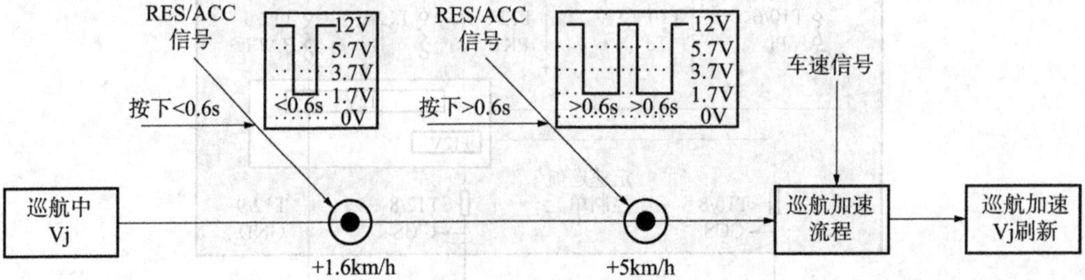

图2-25　巡航加速过程电路走向分析

(3) 减速操作电路分析。同样减速操作说明巡航已经设定，当按下操作开关“SET/COAST”键时，巡航控制单元通过CCS端子电压从12V跳变为3.7V，故判断开关操作为“COAST”减速，减速开始。

(4) 操作减速键的时间。每短按(<0.6s)巡航操纵开关的“SET/COAST”键时，即意味着巡航控制单元的CCS端子高电平跳变为低电平3.7V的时间脉冲较短，巡航车速将减速1.65km/h；每长按巡航操纵开关的“SET/COAST”键时2s时，即意味着巡航控制单元的CCS端子高电平跳变为低电平3.7V的时间脉冲较长，巡航车速将减速5km/h。短按和长按时的波形示意如图2-26所示。

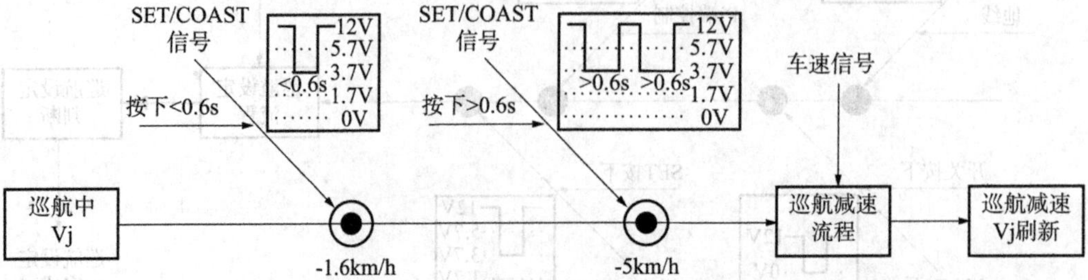

图2-26　巡航减速过程电路走向分析

3) 恢复操作电路分析

恢复“RES”操作的前提条件是，巡航已经取消且巡航控制单元仍保持记忆车速V_j。当按下操作开关“RES/ACC”键时，巡航控制单元通过CCS端子电压从12V跳变为1.7V，故判断开关操作为“RES”恢复，恢复操作开始，此时巡航控制单元根据记忆车速V_j，操作巡航执行器工作，使实际行驶车速V_s达到V_j。恢复操作时波形可参考图2-27所示的波形示意。

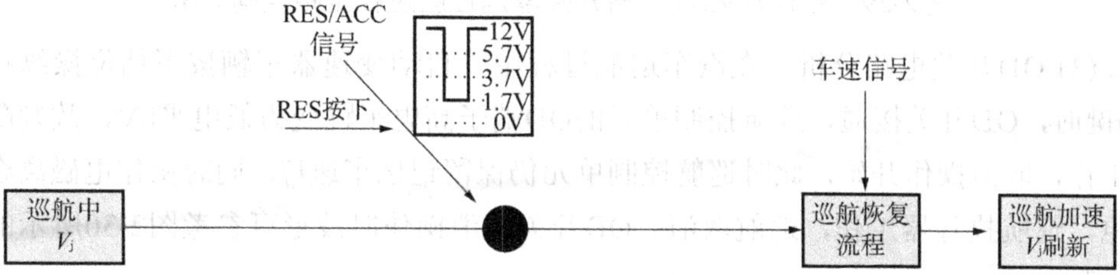

图2-27 巡航恢复过程电路走向分析

4) 取消操作电路分析

取消的方式较多，其中开关取消的方式有：“CANCEL”键取消、空挡开关/离合器开关取消、OD信号取消、停车灯开关(制动)取消、驻车制动开关取消。

(1) “CANCEL”键取消电路分析。在汽车巡航过程中，按下“CANCEL”取消键，巡航控制单元的CCS端子高电平跳变为低电平5.7V，故判断开关操作为“CANCEL”取消，取消操作开始，此时巡航控制单元仍保留记忆车速V_j，同时操作电磁离合器断电，巡航执行器工作，巡航取消。取消操作时波形可参考图2-28所示的波形示意。

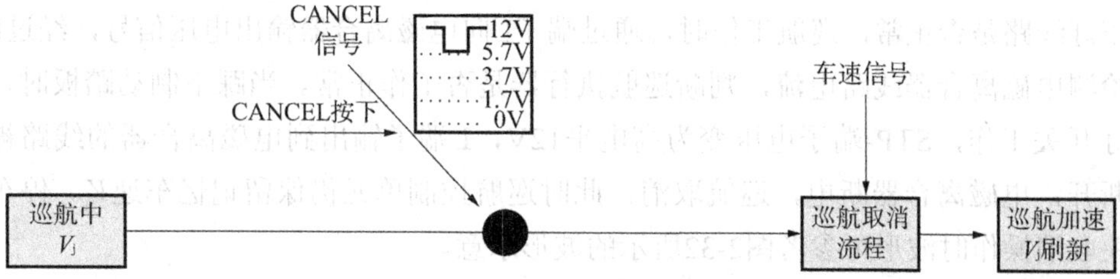

图2-28 巡航取消过程电路走向分析

(2) 空挡开关/离合器开关电路分析。在汽车巡航过程中，推到空挡或踩下离合器踏板时，空挡开关/离合器开关接通，巡航控制单元的N&C端子高电平跳变为低电平0V，故判断开关工作，取消操作开始，此时巡航控制单元仍保留记忆车速V_j，同时操作电磁离合器断电，巡航执行器工作，巡航取消。空挡开关/离合器开关取消操作时波形可参考图2-29所示的波形示意。

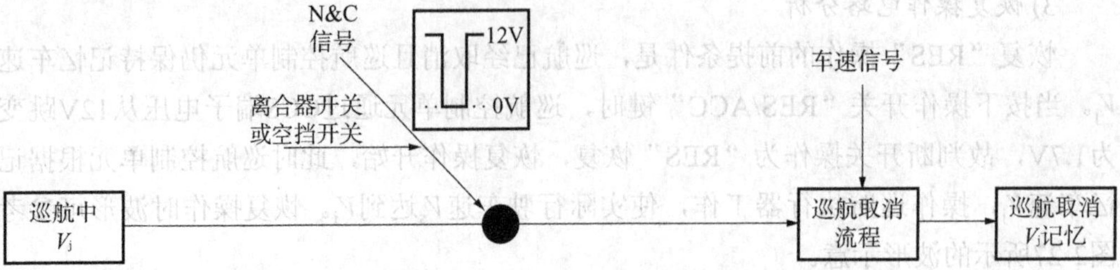

图2-29　空挡开关/离合器开关取消巡航过程电路走向分析

(3) OD开关电路分析。在汽车巡航过程中，自动变速器车辆按下挡位操纵杆的OD键时，OD开关接通，巡航控制单元的OD端子高电平跳变为低电平0V，故判断开关工作，取消操作开始，此时巡航控制单元仍保留记忆车速V_j，同时操作电磁离合器断电，巡航执行器工作，巡航取消。OD开关取消操作时波形可参考图2-30所示的波形示意。

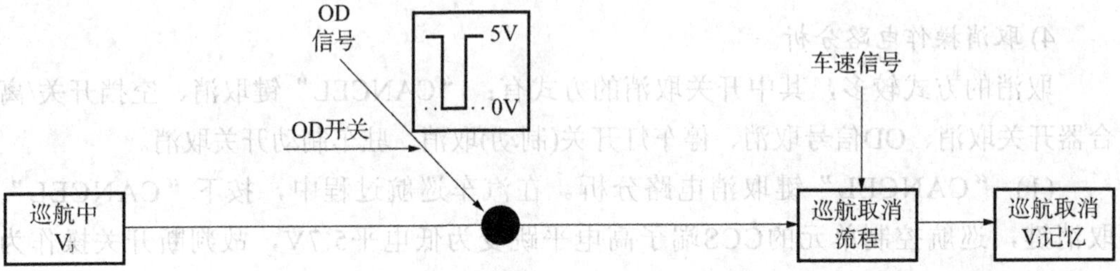

图2-30　OD开关取消巡航过程电路走向分析

(4) 停车灯开关电路分析。停车灯开关电路如图2-31所示，巡航控制单元通过STP+(恒为高电平)和STP-端子(开关断开时应为低电平)监控停车灯开关的接通情况及停车灯线路是否正常，巡航工作时，通过端子L向电磁离合器输出电压信号，经过L端子检测电磁离合器线路电流，判断巡航执行器是否工作正常。当踩下制动踏板时，停车灯开关工作，STP-端子电压变为高电平12V，L端子输出到电磁离合器的线路被强制断开，电磁离合器断电，巡航取消，此时巡航控制单元仍保留记忆车速V_j。停车灯开关取消操作时波形可参考图2-32所示的波形示意。

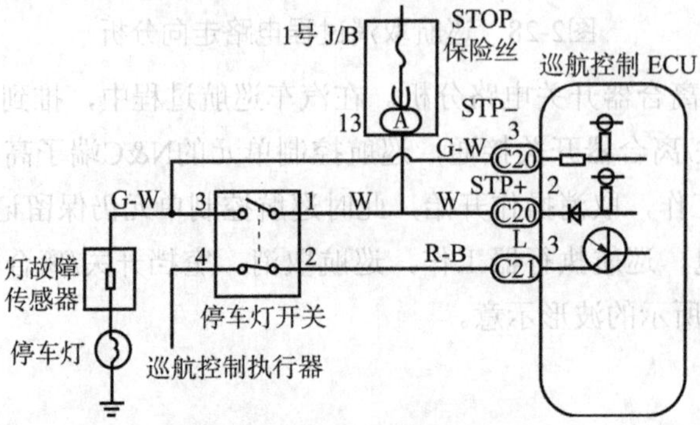

图2-31　停车灯开关电路

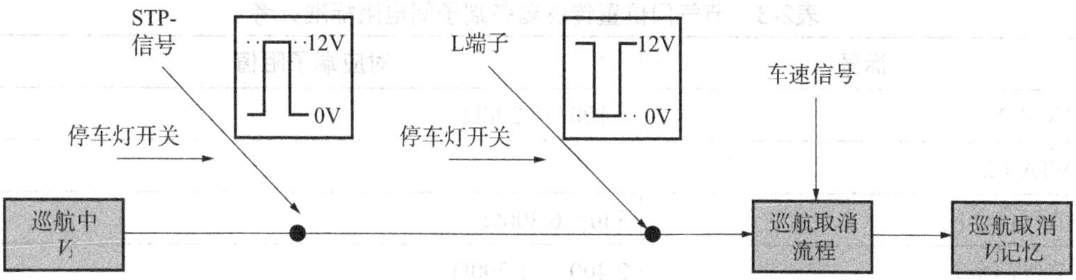

图2-32 停车灯开关取消巡航过程电路走向分析

(5) 驻车制动开关电路分析。驻车制动开关电路如图2-21所示，巡航控制单元通过PKB端子(开关断开时应为高电平)监控驻车制动开关的接通情况。当驻车制动开关接通，巡航控制单元的PKB端子高电平跳变为低电平0V，故判断开关工作，取消操作开始，此时巡航控制单元仍保留记忆车速V_j，同时操作电磁离合器断电，巡航执行器工作，巡航取消。驻车制动开关取消操作时波形可参考图2-33所示的波形示意。

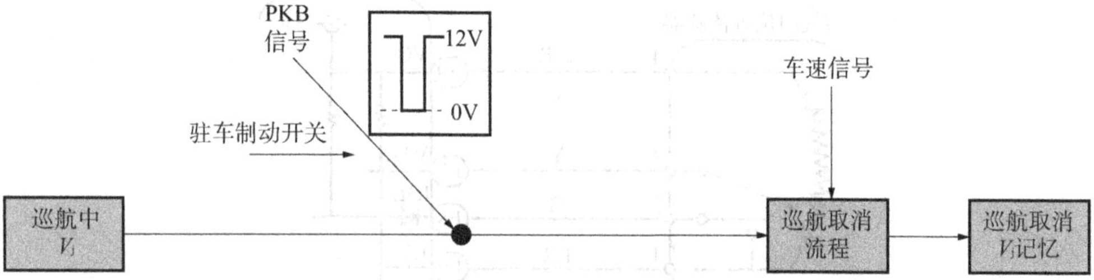

图2-33 驻车制动开关取消巡航过程电路走向分析

3. 电机式巡航控制系统的部件性能检测(对照电路图、操作及内部原理图分析)

1) 节气门体(节气门位置传感器)

节气门位置传感器性能的检测方法主要有：单部件性能检测(以万用表电阻测量为主)和系统中部件性能检测(根据情况分为万用表电压测量法和解码器数据流分析法两种)。

(1) 节气门位置传感器的电阻性能检测。丰田节气门位置传感器的电阻性能检测方法如图2-34所示，其各个端子间正常情况下的电阻标准见表2-3。

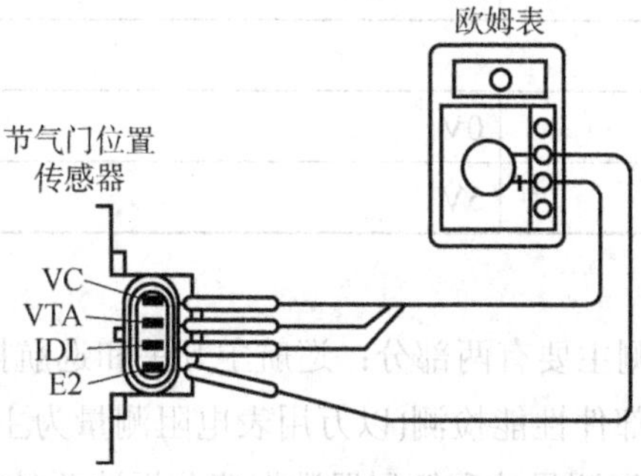

图2-34 丰田节气门位置传感器的电阻检测

表2-3 节气门位置传感器各端子间电阻标准参考

标号	对应端子阻值
VC-E2	3 100～7 200Ω
VTA-E2	
节气门全闭	340～6 300Ω
节气门全开	2 400～11 200Ω
IDL-E2	
节气门全闭	<500Ω
节气门打开	∞

(2) 节气门位置传感器的电压特性检测。丰田节气门位置传感器的电压性能检测方法如图2-35所示，其各个端子间正常情况下的系统电压标准见表2-4。

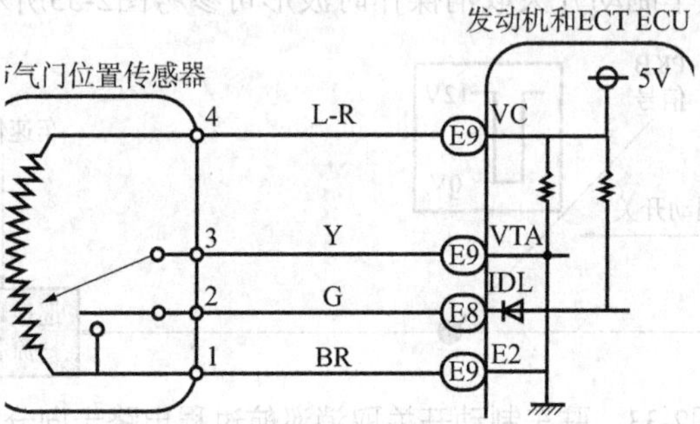

图2-35 丰田节气门位置传感器的电压检测

表2-4 节气门位置传感器各端子间电压标准参考

标号	对应端子电压
VC-E2	5V
VTA-E2	
节气门全闭	0.4～1V
节气门全开	3.5～4.5V
IDL-E2	
节气门全闭	0V
节气门打开	5V

2) 巡航开关

巡航开关的性能检测主要有两部分：巡航主开关和巡航操作开关。巡航开关性能的检测方法主要有：单部件性能检测(以万用表电阻测量为主)和系统中部件性能检测(根据情况分为万用表电压测量法和解码器数据流分析法两种)。

(1) 巡航主开关的电阻性能检测。测量巡航开关的端子5和端子3，按下巡航主开关，两端子间正常情况下的电阻标准为：<1Ω；松开巡航主开关，两端子间正常情况下的电阻标准为：无穷大。

(2) 巡航主开关的电压特性检测。正常情况下，万用表测量巡航开关的端子5系统电压，松开巡航主开关时，巡航开关端子5(或测量巡航ECU端子CMS)系统电压标准为：12V；按下巡航主开关，端子电压应当变为0V，否则应检查系统电路或部件性能。

(3) 巡航操作开关的电阻性能检测。测量巡航开关的端子4和端子3，按下巡航操作开关的不同位置，两端子间正常情况下的电阻标准见表2-5。

表2-5 不同巡航操作下巡航操作开关端子间电阻标准参考

操作	对应端子4和端子3之间的阻值
不操作(中间位置)	>1MΩ
RES/ACC位	60～80Ω
SET/COAST位	180～220Ω
CANCEL位	400～440Ω

(4) 巡航操作开关的电压特性检测。在巡航系统正常的情况下，万用表测量巡航开关的端子4(或巡航ECU的CCS端子)系统电压，按下巡航操作开关的不同位置，巡航开关端子4(或巡航ECU的CCS端子)的电压标准见表2-6，否则应检查系统电路或部件性能。

表2-6 不同巡航操作下巡航开关端子4(或巡航ECU的CCS端子) 电压标准参考

操作	巡航开关端子4(或巡航ECU的CCS端子) 电压
不操作(中间位置)	10～14V
RES/ACC位	0.8～3.6V
SET/COAST位	2.5～6.2V
CANCEL位	4.2～8.7V

3) 电磁电机式执行器

电磁电机式执行器的性能检测比较特殊，由于电磁电机的旋转力靠电磁离合器进行传递，故对电磁电机性能的检测需要电磁离合器的协同配合操作。对执行器的性能检测主要由两部分组成：万用表电阻检测和通电加载检测。对于电磁离合器和电磁电机是否断路，可用万用表测量绕组是否断路，但实际性能好坏的判定则以通电加载检测为主，部分车型还可以利用解码器对工作测试进行验证。如图2-36所示为电磁电机式巡航执行器的部件内部结构示意。

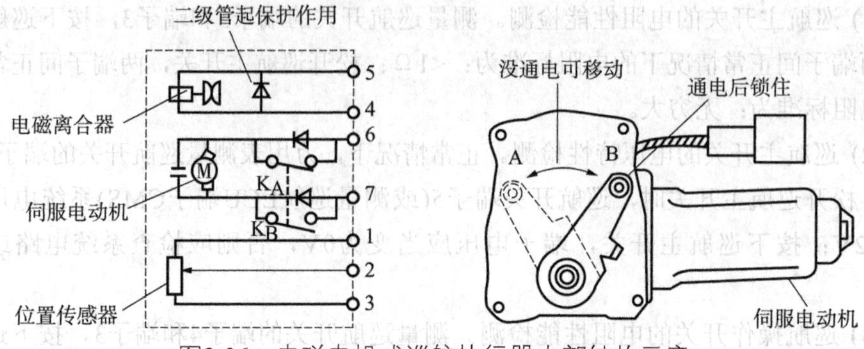

图2-36　电磁电机式巡航执行器内部结构示意

(1) 电磁离合器的通电加载检测。电磁离合器的电压性能检测方法如图2-37所示。通过执行器连接器插头，连接蓄电池正极到执行器连接器插头的5号端子，蓄电池负极连接插头的4号端子，观察电磁离合器工作的声音，电磁离合器传动板由“OFF”位转向“ON”位，电磁离合器处于锁定工作位置。电磁离合器的通电加载方法如图2-38所示。

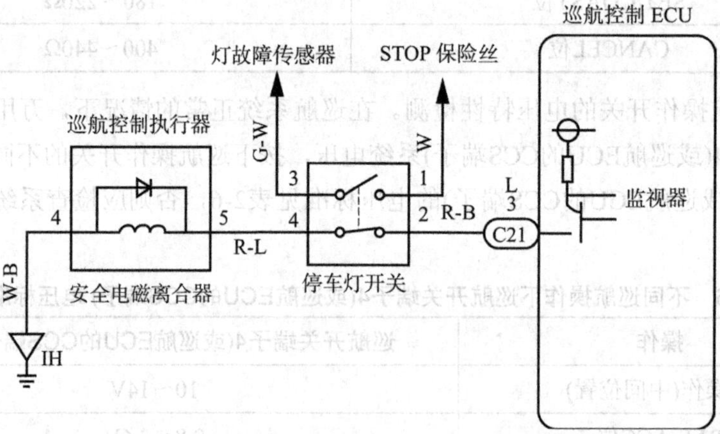

图2-37　电磁离合器的电压性能检测方法

(2) 电磁电机的通电加载检测。电磁电机的电压性能检测方法如图2-39所示。由于电磁电机的旋转是通过电磁离合器向外传递，因此，加载测试电磁电机时，需先对电磁离合器通电，使之处于工作状态，并通过执行器连接器插头，连接蓄电池正极到执行器连接器插头的5号端子，蓄电池负极连接插头的4号端子，观察电磁离合器处于锁定工作位置。连接电池正极到执行器连接器插头的6号端子，蓄电池负极连接插头的7号端子，电磁电机工作，观察电磁电机带动传动板向加速方向动作；连接电池正极到执行器连接器插头的7号端子，蓄电池负极连接插头的6号端子，电磁电机工作，观察电磁电机带动传动板向减速方向动作，通电加载检测方法如图2-40所示。

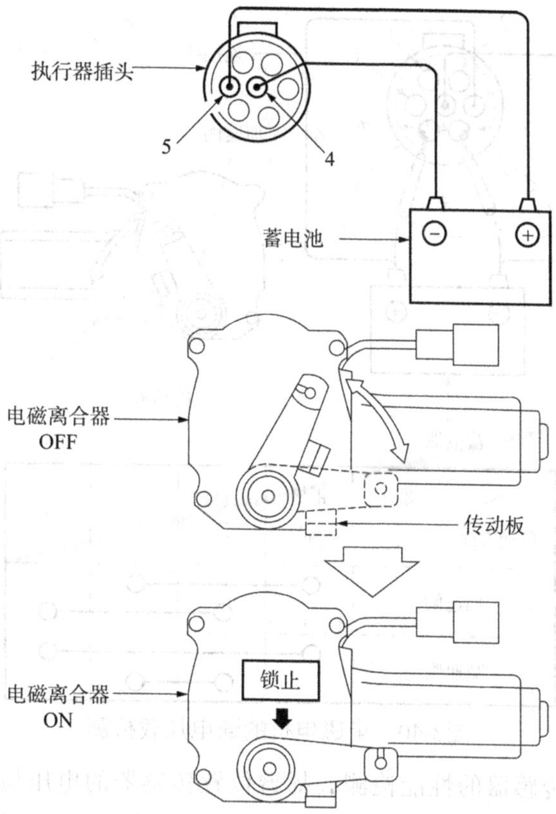

图2-38 电磁离合器的通电加载检测

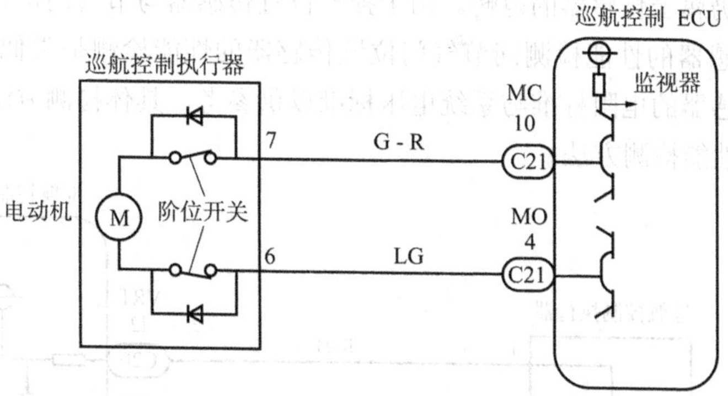

图2-39 电磁电机的电压性能检测方法

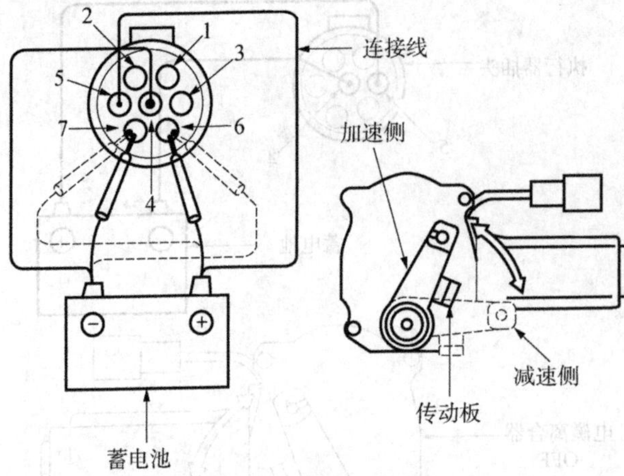

移动方向 \ 端子	正极 ⊕	负极 ⊖	6	7
加速侧	○———		———○	
		○———		———○
减速侧	○———			———○
		○———	———○	

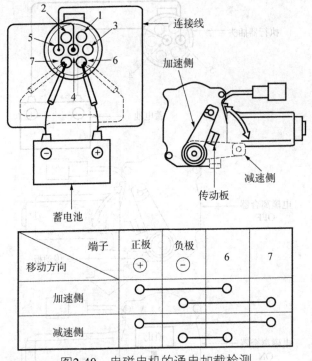

图2-40 电磁电机的通电加载检测

(3) 摇臂位置传感器的性能检测。摇臂位置传感器的电压检测方法如图2-41所示。摇臂位置传感器作为电磁电机式执行器的组成部分，主要对电磁电机的工作位置进行反馈，但仍属于传感器的范畴。由于摇臂位置传感器与节气门位置传感器类似，故摇臂位置传感器的性能检测同节气门位置传感器的性能检测是类似的。表2-7列出了摇臂位置传感器的电阻标准与系统电压标准以供参考，具体检测方法可参考节气门位置传感器的性能检测方法。

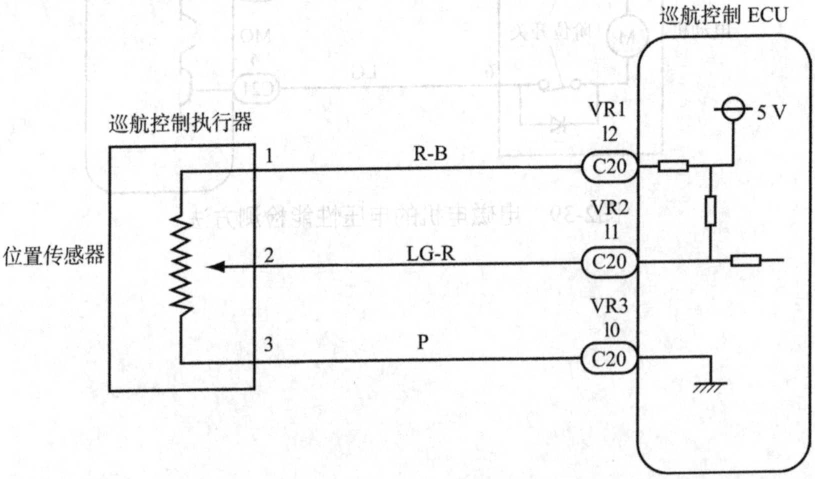

图2-41 摇臂位置传感器的电压检测方法

表2-7　摇臂位置传感器的电阻与系统电压标准参考

端子	电阻阻值标准	系统电压标准
1-3	1 600～2 400Ω	5V
2-3		
全减速位置	200～800Ω	0.75V
全加速位置	1 200～2 400Ω	3.5～5V

4) 停车灯开关

当踩下制动踏板时，停车灯开关向ECU输出信号。ECU接到该信号后即消除巡航控制。由于设置了失效保护功能，即使停车灯信号电路发生故障，消除功能仍然正常，消除条件为：①端子STP-处为蓄电池电压；②端子STP+处为0V。

如图2-42所示为停车灯开关的端子。制动时，蓄电池电压通过停车灯熔丝和停车灯开关加到ECU的端子STP-上，ECU关断巡航控制。若连接至端子STP-的线路断路，端子STP-仍为蓄电池电压，巡航控制会取消。若停车灯熔丝熔断，则当制动时，停车灯开关接通，端子STP+电压接近0V，于是ECU正常执行取消功能。同理，当停车灯开关接通时，安全电磁离合器电路被停车灯开关以机械方式切断，从而使巡航控制强制关闭。

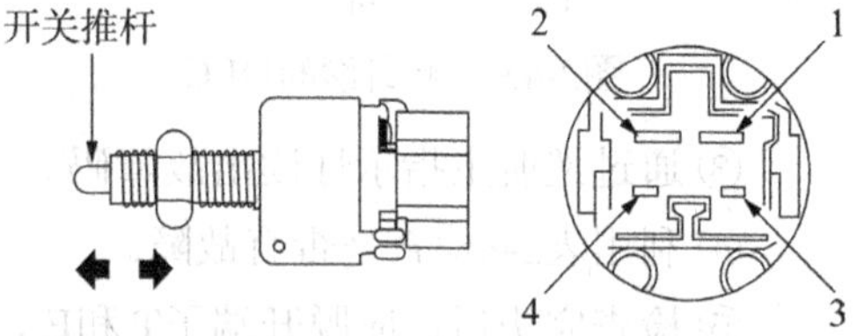

图2-42　停车灯开关及端子示意

4. 丰田凌志LS400轿车电机式巡航控制系统的故障诊断基础

丰田凌志LS400轿车电磁电机式巡航控制系统的电子控制单元具有故障自诊断功能。在巡航行驶过程中，如果ECU在预定时间内没有收到车速信号，或由于控制开关、巡航执行器故障自动取消巡航，控制单元ECU即会使仪表板上的巡航指示灯“CRUISE”闪烁5次，表示巡航控制系统有故障并将故障代码存储到控制单元ECU中。

1) 巡航主指示灯的检查

(1) 将点火开关扭至“ON”(通)。

(2) 检查巡航主指示灯，应在巡航控制主开关接通时亮，而在巡航控制主开关断开时熄灭。如指示灯检查结果不正常，则应对组合仪表进行故障分析和排除。

2) 故障码读取

(1) 使用诊断检查导线，具体操作流程如下所述。

① 将点火开关扭至“ON”(通)。

② 用SST连接丰田诊断通信链路的端子Tc和E1，如图2-43所示。如诊断码不能输出，则应检查诊断电路。作为示例，如图2-44所示是故障码11号码和21号码的闪

烁方式。

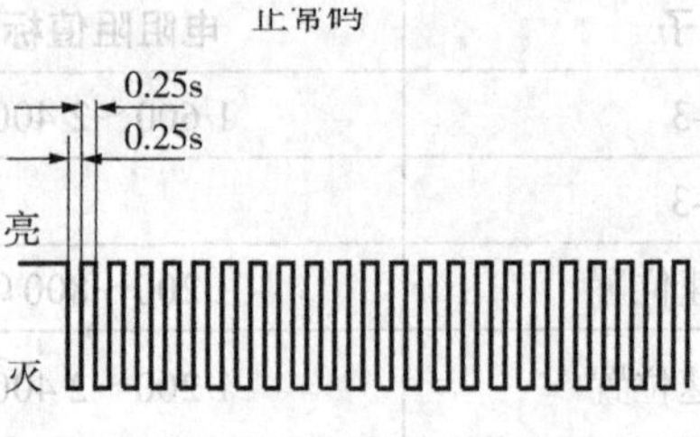

故障码11和21

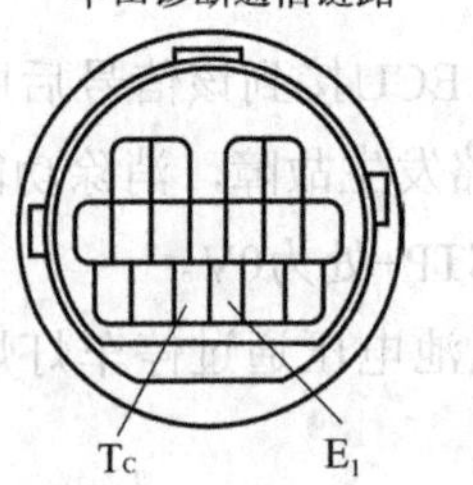

图2-43　丰田诊断DLC

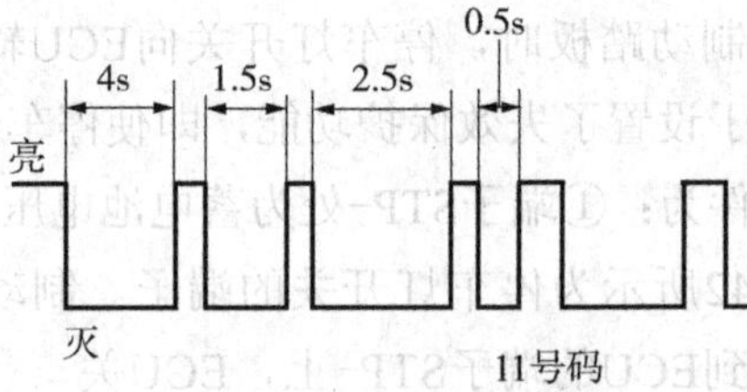

图2-44　故障码示例

③ 通过巡航主指示灯读出故障码。

④ 利用表2-8检查是否有故障。

⑤ 检查完毕后，应脱开端子T_c和E_1，关断显示。

备注：车辆在巡航控制状态下行驶时，如1号车速传感器或执行器等发生故障，ECU则会启动巡航控制的“自动取消”功能，同时使巡航主指示灯闪烁，以通知驾驶员发生了故障。与此同时，存储器也会存储下该故障码。

(2) 用手持式测试器检查，操作流程如下所述。

① 将手持式测试器与TDCL(丰田诊断通信链路)连接起来。

② 根据测试器显示屏上的提示符读出故障码(请参阅手持式测试器的操作员手册)。

表2-8　诊断码

故障代码	巡航主指示灯闪烁方式	故障部件
—	亮 灭	正常
11	亮 灭	电机电路短路
12	亮 灭	-电磁离合器电路短路 -电磁离合器电路开路达0.8s
13	亮 灭	位置传感器检测到不正常电压

(续表)

故障代码	巡航主指示灯闪烁方式	故障部件
14	亮 灭 	-执行器电机电路开路 -电机运转时，位置传感信号值不改变
21	亮 灭 	设定巡航控制时，车速信号未输至ECU
23[①]	亮 灭 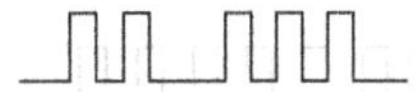	-实际车速低于设定的车速6km/h，或低于设定车速20%或以上 -车速传感器脉冲不正常
32	亮 灭 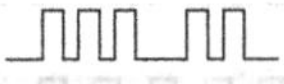	控制开关电路短路
34	亮 灭 	控制开关电压不正常
41	亮 灭 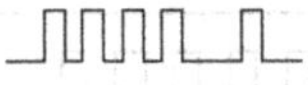	100%的负载比输出至电机加速端
42	亮 灭 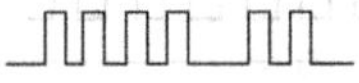	电源电压下降

注：①上坡路车速在减慢时(非故障)。

说明：如显示2个或更多的故障码时，号码最小的一个最先显示。

3) 诊断码的清除

(1) 修理工作完毕后，断开点火开关，将ECU-B熔丝拔出不短于10s，便可清除保存在存储器中的故障码。

(2) 接好熔丝，检查显示正常码。

4) 巡航输入信号检查功能

利用巡航控制单元的输入巡航检查功能(自诊断功能的一部分)，可检测部分巡航输入信号是否正常传送至巡航控制单元ECU，操作时，先打开点火开关，在采用表2-9所列的操作方法时，同时断开巡航主开关，检查巡航指示灯的闪烁与表中所列是否对应。当巡航主开关闭合或自诊断插头DLC的T_c和E_2短接时，显示结束。

表2-9 巡航输入信号检查功能的使用方法与结果

系统	编号	操作方法	自诊断码	巡航指示灯闪烁类型	诊断
巡航控制开关系统	1	按下CANCEL开关，同时断开巡航主开关	1	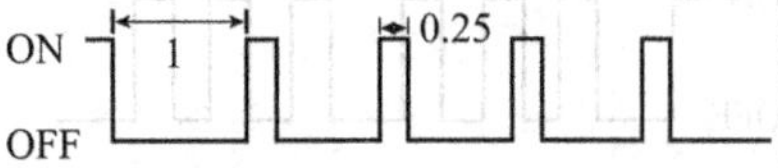	CANCEL开关电路正常
	2	按下SET/COAST开关，同时断开巡航主开关	2	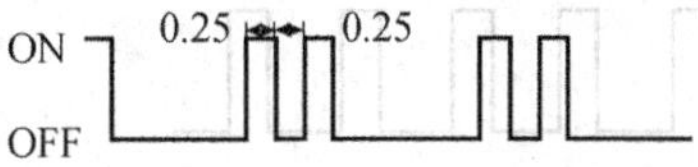	SET/COAST开关电路正常
	3	按下RES/ACC开关，同时断开巡航主开关	3		RES/ACC开关电路正常

(续表)

系统	编号	操作方法	自诊断码	巡航指示灯闪烁类型	诊断
取消开关系统	4	停车灯开关ON(踩下制动踏板)，同时断开巡航主开关	6	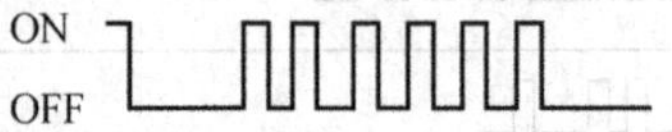	停车灯开关电路正常
	5	驻车制动开关ON(拉驻车制动)，同时断开巡航主开关	7		驻车制动开关电路正常
	6	空挡开关ON(挡位开关至P或N位)，同时断开巡航主开关	8		空挡开关电路正常
车速信号系统	7	以40km/h或以上车速行驶	闪烁		车速传感器电路正常
	8	以40km/h或以下车速行驶	常亮	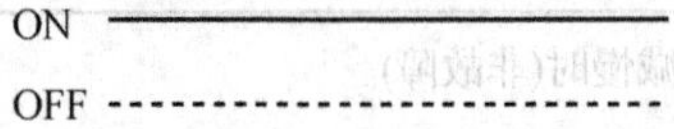	

5) 取消信号检查功能

巡航控制单元ECU存储了最后一次巡航控制的取消信号，也可通过巡航指示灯闪烁显示出来。当巡航系统发生故障时，巡航控制立刻被自动取消，此时可通过检查存储器中的取消信号找到故障原因。取消巡航检查功能的操作方法如下所述。

先打开点火开关ON，同时接通巡航操作开关“CANCEL”键和巡航主开关“MAIN”键。当巡航主开关闭合，连接自诊断插头的T_c和E_1(或车速超过16km/h时)，巡航指示灯应停止闪烁，具体见表2-10，检查巡航指示灯的闪烁与表中所列是否对应。

表2-10　巡航取消信号检查功能的使用方法与结果

编号	巡航指示灯闪烁类型	诊断
1	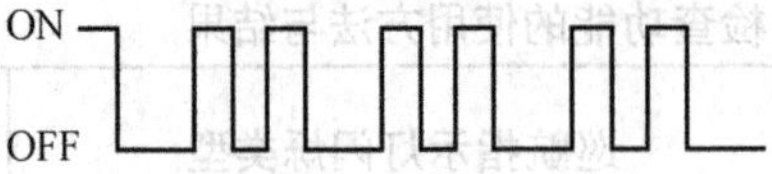	故障代码11、12、13、21、31、32或34
2		由于诊断代码23自动取消
3	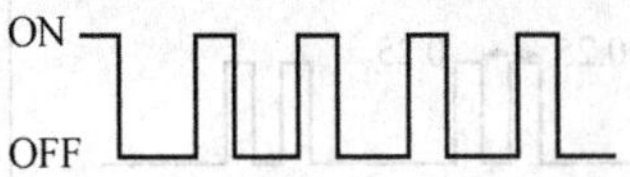	收到CANCEL开关信号
4	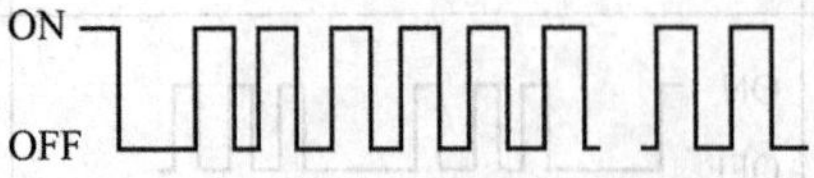	收到停车灯开关信号

(续表)

编号	巡航指示灯闪烁类型	诊断
5		收到空挡开关信号
6		收到驻车制动开关信号
7	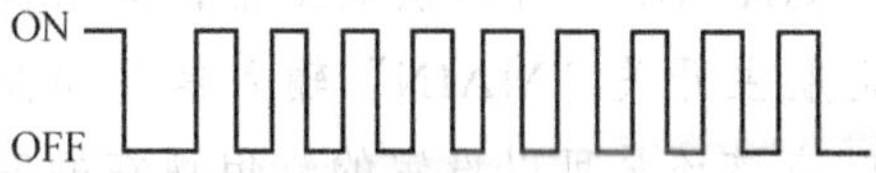	车速传感器信号低于速度下限
8		其他故障(电源瞬时断开等)

2.2.2 电磁电机式巡航控制系统故障诊断

任务实施(课内学习，学习方法：理实一体集中教学，教师示范，学生体悟)

1. 症状体验与描述

症状体验：在丰田电磁电机式巡航实验台上体验巡航控制系统不能设定时的症状。

症状描述：打开点火开关，加速车辆车速至70km/h；点按巡航主开关(MAIN开关)，观察到仪表板上巡航指示灯“CRUISE”不能点亮，再次点按也不能点亮；反复按巡航操作开关“SET”键，巡航不能设定。

其他现象观察：多次按巡航主开关，仪表板巡航指示灯均不能点亮；拉驻车制动，驻车制动灯能点亮；按巡航设定开关键，无任何电磁电机工作的声音。

要求学生对照任务工作单中的故障诊断分析表进行填写，教师指导、答疑。

2. 原因分析

1) 症状分析

(1) 主症状可能原因分析。由于该车在车速70km/h；点按巡航主开关(MAIN开关)，观察仪表板上巡航指示灯“CRUISE”不能点亮。再次点按也不能点亮。因此根据巡航设定部分电路原理图(如图2-21所示)，分析巡航指示灯“CRUISE”的工作三要素。

① 信号输入故障。巡航主开关信号没有正确输入巡航控制器“CMS”端子，或巡航控制器没收到主开关接通的信号。

② 控制器控制功能故障。巡航控制器由于低电源供电电压，如IG电源没有供给控制器“+B”端子、控制器地线“GND”端子接地不良，使巡航控制器没有处于工作状态；巡航控制器本身存在功能性故障，如巡航主开关输入信号处理或巡航指示灯输出信号控制异常(“Pi”端子)，导致控制器工作异常。

③ 信号输出故障。控制巡航指示灯“CRUISE”点亮的指示灯回路有故障，如线路断路、指示灯损坏、GAUGE熔丝熔断、仪表故障等。

(2) 其他症状可能原因分析。注意到拉驻车制动时，驻车制动灯能点亮，说明仪表驻车指示灯和巡航指示灯通过“GAUGE”熔丝供电正常；如果仅是巡航指示灯“CRUISE”控制回路异常，而巡航主开关“MAIN”输入信号和控制器控制功能正常，操作巡航设定开关时，巡航应该还是可以设定的，但现在的实际症状是按巡航主开关，巡航指示灯不能点亮，同时巡航不能设定。据此推理，巡航指示灯“CRUISE”控制回路异常的故障可能性不大，具体可通过测量端子“Pi”是否为电源电压，并人为搭铁观察巡航指示灯能否点亮来辅助判断。

因此，根据主症状及其他症状综合分析得出，故障的主要可能原因缩小为：①信号输入故障；②控制器控制功能故障。

2) 仪器选用分析(解码器或自诊断法)

由于车型较早，这里选用自诊断法进行分析，与解码器选用分析方法类似。找到自诊断插头DLC，在点火钥匙ON时，用短接线连接端子T_c与E_1或搭铁，观察仪表巡航指示灯“CRUISE”的跳码情况。

(1) 自诊断时巡航指示灯不亮，也不闪烁。可能原因有：自诊断端子T_c与搭铁信号没有输入到巡航控制器，或巡航控制器没有收到自诊断的请求；巡航控制器控制功能故障；巡航指示灯输出控制回路异常。如使用解码器，则会出现不能进入巡航系统的现象，但进入其他系统，如发动机控制系统则正常。

(2) 自诊断时巡航指示灯能显示故障码。自诊断时巡航指示灯能闪码，说明巡航控制器自诊断功能正常，即自诊断信号输入控制器正常、控制器自诊断功能正常、巡航指示灯输出控制回路正常。

3. 故障诊断过程分析与记录

1) 诊断过程分析

(1) 首先体验症状，根据症状分析，确定巡航指示灯输出控制回路发生故障的可能性较小。打开点火开关，测量端子“Pi”是否为电源电压，如是，则人为搭铁端子“Pi”，通过观察巡航指示灯能否点亮来辅助判断。如静态测量有电源，人为搭铁后，巡航指示灯能点亮，说明巡航指示灯输出控制回路正常。

(2) 自诊断(解码器)故障码的读取与原因分析。通过自诊断，发现自诊断时巡航指示灯仍不能点亮或闪烁。单纯通过自诊断分析，故障原因可能为：自诊断端子T_c与搭铁信号没有输入到巡航控制器，或巡航控制器没有收到自诊断的请求；巡航控制器控制功能故障；巡航指示灯输出控制回路异常。

(3) 综合原因分析。结合症状原因分析与自诊断原因分析，可发现共同原因：巡航控制器控制功能故障。

(4) 万用表系统电压测试分析。系统电源电压的测量方法有直接测量法和间接测量推理法。直接测量巡航控制单元的“+B”端子，观察是否为电源电压；测量控制单元“GND”端子搭铁状况，观察端子搭铁是否可靠。由于直接测量控制单元端子有时不方便，即使直接测量均正常，也不能判定控制器供电是否正常(可能控制器插头接触不良或控制器内部有断路)。由于巡航控制单元的输入信号基准电压由控制单元电源转换供给，如巡航控制开关“CMS”端子和“CCS”端子的12V基准电压，摇臂位置传感器的5V基准电压，故测量上述端子电压，如果均无电压，可间接推理可能巡航控制器供电异常。

(5) 根据以上原因分析，逐步进行线路细查。

2) 诊断过程操作示范与记录(教师示范，学生观察记录)

诊断分析表的填写如表2-11所示。

表2-11 巡航不能设定故障诊断分析表

(空白任务工单详见学生任务工作单手册)

班级		学号		姓名		得分	
故障症状确认	1. 症状描述：打开点火开关，加速车辆车速至70km/h；点按巡航主开关(MAIN开关)，观察仪表板上巡航指示灯“CRUISE”不能点亮，再次点按也不能点亮；反复按巡航操作开关“SET”键，巡航不能设定。 2. 其他现象描述：多次按巡航主开关，仪表板巡航指示灯均不能点亮；拉驻车制动，驻车制动灯能点亮；按巡航设定开关键，无任何电磁电机工作的声音						
	初步可能原因分析：①信号输入故障；②控制器控制功能故障						
解码器检测	故障码记录	自诊断时巡航指示灯不亮，也不闪烁					
	异常数据流记录	无					
	初步可能原因分析： ①自诊断端子T_c与搭铁信号没有输入到巡航控制器，或巡航控制器没有收到自诊断的请求；②巡航控制器控制功能故障；③巡航指示灯输出控制回路异常						
综合分析可能原因	观察症状，根据检测结果，结合维修手册，分析所有可能原因，初步确定检修步骤						
	巡航控制器控制功能故障						
检修步骤、结果分析与判断	检修步骤描述	测试结果记录	结果分析判断				
	打开点火开关，测量端子“Pi”是否为电源电压	12V	巡航指示灯供电电路正常				

(续表)

班级	学号	姓名	得分
检修步骤、结果分析与判断	人为搭铁端子“Pi”	巡航指示灯能点亮	巡航指示灯输出控制外部回路正常
	打开点火开关，用短接线连接端子“T_c”与“E_2”或搭铁，观察仪表巡航指示灯“CRUISE”的跳码情况	自诊断时巡航指示灯不亮，也不闪烁	自诊断的请求信号异常；巡航控制器控制功能故障；巡航指示灯输出控制回路异常
	综合原因分析：结合症状原因分析与自诊断原因分析，发现共同原因：巡航控制器控制功能故障		
	打开点火开关，测量巡航控制开关“CMS”端子电压	无电压	巡航控制器供电异常
	打开点火开关，测量巡航控制开关“CCS”端子电压	无电压	
	打开点火开关，测量摇臂位置传感器的5V基准电压	无电压	
	打开点火开关，测量控制器“+B”端子电源输入电压	无电压	控制器供电输入异常
	打开点火开关，测量熔丝“ECU-IG”两端电压	一端有电源电压，另一端无电压	“ECU-IG”熔丝熔断
故障点排除确认	更换熔丝“ECU-IG”，重新打开点火开关，车辆加速至70km/h，按下巡航主开关，观察仪表板巡航指示灯“CRUISE”点亮，按下巡航设定开关“SET”键，巡航系统工作，巡航设定完成，故障排除		

4. 故障点拓展

导致巡航不能设定的故障原因很多，如何针对不同的故障有针对性地进行诊断分析是难点。学习时可重点比较类似症状下不同原因的分析，以起到举一反三的效果。巡航不能设定的常见故障点见表2-12。

表2-12 巡航不能设定的常见故障点

序号	故障点部位		主症状	其他症状	自诊断	备注
1	巡航控制器IG电源电压不足	熔丝ECU-IG	巡航不能设定，无设定反应	巡航指示灯不能点亮	指示灯不亮，无法自诊断	
		供电线路断路				
		ECU插头+B端子不良				
		控制器电源输入转换模块故障				

(续表)

序号	故障点部位		主症状	其他症状	自诊断	备注
2	巡航控制器GND搭铁不良	搭铁点不良	巡航设定不良	有时有设定反应，有时无任何反应		
		ECU插头GND端子不良				
3	巡航主开关信号无输入	巡航主开关不良	巡航不能设定，无设定反应	巡航指示灯不能点亮	自诊断显示系统正常	
		CMS线路故障				
		控制器内部不良				
4	巡航操作开关信号无输入	巡航主开关不良	巡航不能设定，无设定反应	巡航指示灯能点亮	自诊断显示系统正常	
		CMS线路故障				
		控制器内部不良				
5	巡航取消信号处于常输入状态	驻车制动信号不良	巡航不能设定，无设定反应	巡航指示灯能点亮	自诊断显示系统正常	
		OD信号不良				
		离合器或空挡信号不良				
6	巡航取消信号处于常输入状态	停车灯开关不良	巡航不能设定，无设定反应	巡航指示灯能点亮，制动灯可能点亮	自诊断显示系统正常	
7	巡航输出控制不良或反馈异常	电磁离合器或相关线路不良	巡航设定不良	巡航指示灯能点亮	自诊断显示有故障码	
		电磁电机或相关线路不良				
		摇臂位置传感器或相关线路不良	有设定动作反应			

任务评价

目的：培养学生的交流合作能力、表达能力、演讲能力及总结概括能力。

方法：学生分组上台总结、演讲，组间、组内评价。各小组按顺序推荐组内同学上台总结，其他组派代表对其进行提问、评价、打分；根据得分，组内再评价得分(参与提问、答题等工作的要加分)；最后统计每个人的过程成绩。

拓展提高

原则：丰田电磁电机式巡航控制系统的故障诊断操作练习(变换故障点部位，逐步深入练习；课外学习4学时，自愿练习，但所有课外学时不得少于总课外学时数)。

措施：落实课外开放式实训管理制度，安排值班教师(学生)，学生课外自愿到实训室进行巡航控制系统故障诊断练习。

思考题

1. 在不清楚线脚的情况下，如何使用已有知识，找出节气门位置传感器、摇臂位置传感器的针脚排列？

2. 现代轿车巡航系统的功能有哪些？结合巡航操作体会进行描述。

3. 在举升机上顶起车辆，能否正常使用巡航系统的各项功能？为什么？

4. 当丰田轿车(电磁电机式巡航系统)的节气门位置传感器出现故障时，巡航系统还能否正常使用？为什么？

任务2.3 其他类型巡航系统检修

学习目标

(1) 知识点：真空式巡航控制系统的结构原理；真空式巡航控制系统的功能分析；本田雅阁2.3真空巡航系统电路原理图识记。电子油门式巡航控制系统的结构原理；电子油门式巡航控制系统的功能分析；大众帕萨特电子油门巡航系统电路原理图识记。

(2) 技能点：真空式巡航控制系统的电路分析，真空式巡航控制系统故障诊断；电子油门式巡航控制系统的电路分析，电子油门式巡航控制系统故障诊断。巡航控制系统的故障诊断(方法能力——观察能力、学习能力、写作能力；社会能力——团队合作能力、交流能力、演讲能力；专业能力——动手能力、分析问题的能力)。

(3) 训练点：真空式巡航系统故障诊断训练与强化；电子油门式巡航系统故障诊断训练与强化。

(4) 评价点：考勤与加分项，任务处理过程考核，任务验收考核(任务工作单的填写、上台演讲表达、提问与解答)，知识识记考核，操作过程考核与期考。

任务导入

客户反映本田雅阁2.3轿车和大众帕萨特B5轿车的巡航控制系统有故障，作为业务接待人员需要了解两车巡航控制系统的异同点，操作巡航控制系统进行故障验证后，填写相关单据交维修作业人员，分析两车的巡航控制系统电路，完成两车的巡航故障诊断任务。

任务分析

1. 真空式巡航控制系统结构与工作原理的深入学习

(1) 真空式巡航控制系统的结构组成；

(2) 真空式巡航控制系统控制功能分析。

2. 真空式巡航控制系统的故障诊断基础

(1) 检修方法；

(2) 检修技巧分析。

3. 电子油门式巡航控制系统结构与工作原理的深入学习

(1) 电子油门式巡航控制系统的结构组成；

(2) 电子油门式巡航控制系统控制功能分析。

4. 电子油门式巡航控制系统的故障诊断基础

(1) 检修方法；

(2) 检修技巧分析。

任务实施

1. 教学条件(师资、设备、场地、资源)

(1) 师资要求。具有中级职称以上、双师资格的教师2名以上。

(2) 设备要求。真空式及电子油门巡航控制系统的台架各4～8个，其他材料。

(3) 场地要求。理实一体化的教室，投影仪，黑板5～9块。

(4) 学习资源。教师教学手册、学生学习手册、任务工作单、维修手册等教学资源。

2. 教学实施

(1) 巡航控制系统典型操作电路分析示范(课内集中示范、学生观察)。

教师现场操作巡航控制系统并进行对应的电路分析，学生现场观察思考，注意现场操作安全。

(2) 巡航控制系统操作练习，体悟(课内学生分组体悟)。

学生分组练习巡航控制系统的操作并进行电路分析，记录相关数据，完成任务工作单的内容，注意现场操作安全。

(3) 巡航控制系统故障诊断操作示范(课内集中示范、学生观察)。

教师现场对巡航控制系统进行故障诊断分析，学生现场观察思考，注意现场操作安全。

(4) 巡航控制系统故障诊断练习，体悟(课内学生分组体悟)。

学生分组进行巡航控制系统故障诊断练习，记录相关数据，完成任务工作单的内容，注意现场操作安全。

(5) 学习评价(学生上台总结、演讲、评价)。

学生分组上台总结、演讲，组间、组内评价，最后统计每个人的过程考核成绩。

相关知识

2.3.1 真空式巡航系统检修基础知识

1. 广本雅阁真空式巡航控制系统结构与工作原理

1) 广本雅阁真空式巡航控制系统结构组成

广本雅阁轿车配备的是真空驱动型电子控制式巡航控制系统，巡航控制系统主要由巡航控制ECU、主开关、设置/复位/清除开关、巡航控制动作器、巡航控制指示灯及为安全所用的各种安全解除开关(制动开关、复位/清除开关、空挡开关及手驻车开关)等组成，雅阁轿车的真空式执行器位置如图2-45所示，主要组成部件的布置如图2-46所示(装备V6发动机的广州本田雅阁车型的巡航控制动作器位于发动机的左侧，自动变速器空挡开关则位于前端的右侧)。

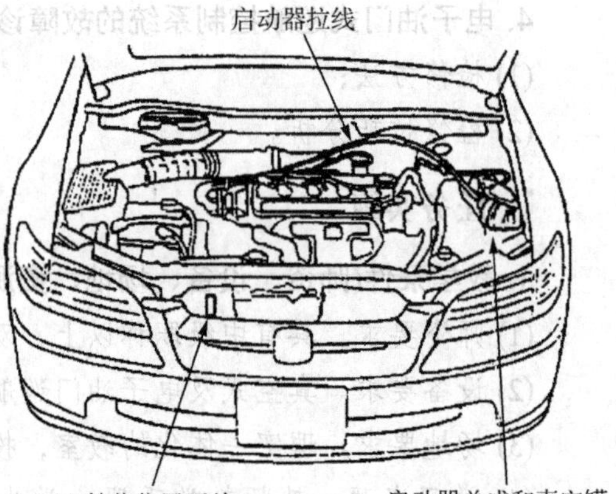

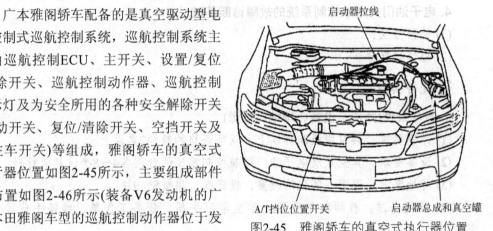

图2-45 雅阁轿车的真空式执行器位置

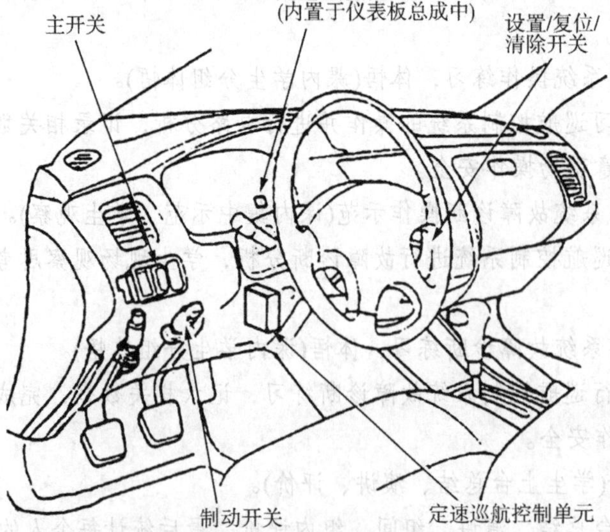

图2-46 本田雅阁轿车巡航控制系统组成部件及布置

广本雅阁轿车巡航控制动作器的动力源由发动机运转产生的真空提供，并通过真空管路输入真空罐。动作器内部有真空电磁阀和通气电磁阀，巡航控制ECU通过对两电磁阀输出控制信号而使动作器工作，并通过节气门拉线驱动节气门。

2) *真空式巡航控制系统的电路分析*

广州本田雅阁轿车巡航控制系统电路如图2-47所示，本田雅阁轿车巡航控制ECU端子连接说明见表2-13。主开关用于接通巡航控制ECU电源，设置/复位开关用来设置巡航车速。巡航控制ECU接收制动开关、车速传感器、自动变速器挡位开关的信号，并向巡航控制动作器(电磁阀)输出控制信号。动作器通过控制执行器内的真空度调节节气门的开度，使发动机的输出功率与设定的车速相匹配。

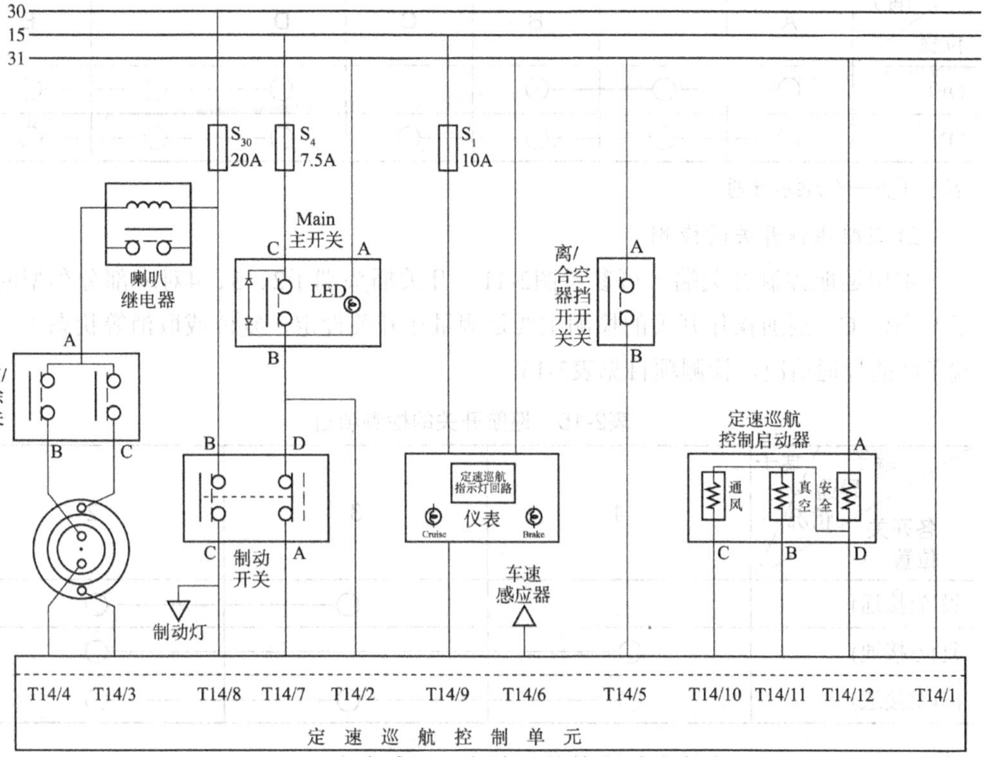

图2-47　广本雅阁2.3轿车巡航控制系统电路

表2-13　广本雅阁轿车巡航控制系统ECU插接器端子说明

端脚号	端代号	连接的部件	端脚号	端代号	连接的部件
T14/1	GND	搭铁	T14/7	STP+	制动灯开关
T14/2	+B	主开关电源	T14/8	STP−	制动灯开关
T14/3	ACC/RES	巡航操作开关	T14/9	CCS	巡航指示灯
T14/4	SET/COAST	巡航操作开关	T14/10	C	通风电磁阀
T14/5	NSW	空挡开关/离合器开关	T14/11	B	真空电磁阀
T14/6	SPD	车速信号	T14/12	D	安全电磁阀

2. 广本雅阁真空式巡航控制系统检修

1) 巡航主开关的检修

本田巡航控制系统的主开关通常采用按键锁定方式，按下主开关，主开关接通电源，表示巡航控制系统进入工作状态。本田巡航主开关可参考图2-10。巡航主开关的检测主要是测量在开关接通和断开状态下，各端子间的导通情况，检测项目见表2-14。

表2-14　巡航主开关的检测项目

位置＼端子	A		B	C	D		E
OFF	○—	—○—	—○		○—	—○—	—○
ON	○—	—○—	—○—	—○	○—	—○—	—○

说明：○—○表示导通。

2) 巡航操作开关的检测

本田巡航控制开关端子可参考图2-11，开关插头端子2、3、4对应部分车型的端子A、B、C。巡航操作开关的检测主要是测量在开关设定、复位或取消等状态下，各端子间的导通情况，检测项目见表2-15。

表2-15　巡航开关的检测项目

各开关位置＼导通情况＼端子	4	3	2
设置(接通)		○—	—○
复位(接通)	○—	—	—○
清除(接通)	○—	—○—	—○

3) 离合器开关、挡位开关、制动灯开关的检测

(1) 离合器开关的检测。离合器开关插头如图2-48所示，在踩下和放松离合器踏板的状态下测量开关端子的导通情况。如有需要，则更换离合器开关或调整离合器踏板的高度。离合器开关的检测见表2-16。

表2-16　离合器开关的检测项目

离合器踏板＼端子	A	B
放松	○—	—○
踩下	○—	—○

(2) 挡位开关的检测。挡位开关的位置及插头如图2-49所示，换挡杆处于2、D_3或D_4挡位时，检查端子5和8间的导通情况，应为导通。如有需要，则更换挡位开关或调

整挡位开关的位置。挡位开关的检测见表2-17。

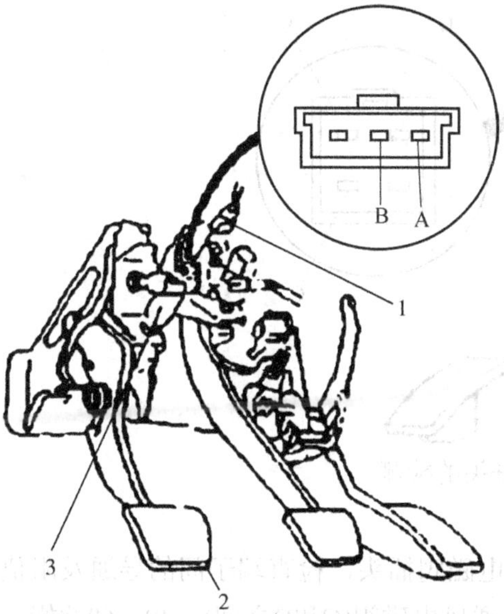

图2-48　离合器开关的检测

图2-49　挡位开关的检测

表2-17　挡位开关的检测项目

位置＼端子	5	8
1		
2	○	○
D3	○	○
D4	○	○
N		
R		
P		

(3) 制动灯开关的检测。制动灯开关的位置及插头如图2-50所示，在踩下和放松制动踏板的状态下测量开关端子的导通情况。如有需要，则更换制动开关或调整制动踏板的高度。制动灯开关的检测见表2-18。

表2-18　制动灯开关的检测项目

刹车踏板＼接头	A	B	C	D
踩下	○	○		
放松			○	○

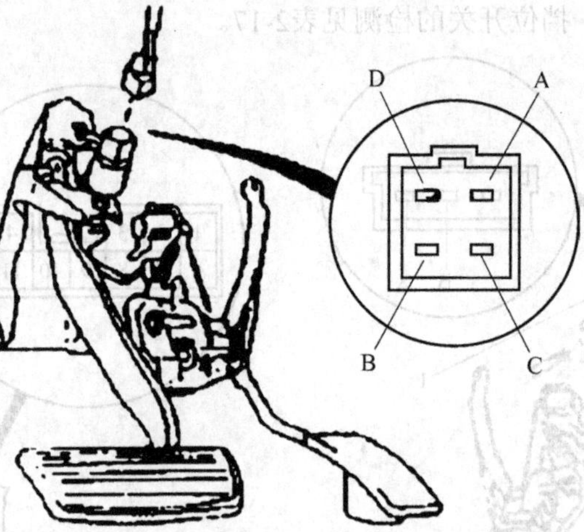

图2-50　制动灯开关的检测

4) 真空执行器的检测

(1) 电磁阀的检测。如图2-51所示，拔下电磁阀插头，检查端子间的导通及阻值情况。真空电磁阀(B和D之间)：30～50欧姆；通风电磁阀(C和D之间)：40～60欧姆；安全电磁阀(A和D之间)：40～60欧姆。因电阻值随温度不同而有所变化，规格电阻温度为20℃，若检测到阻值不正常，则应更换电磁阀总成。

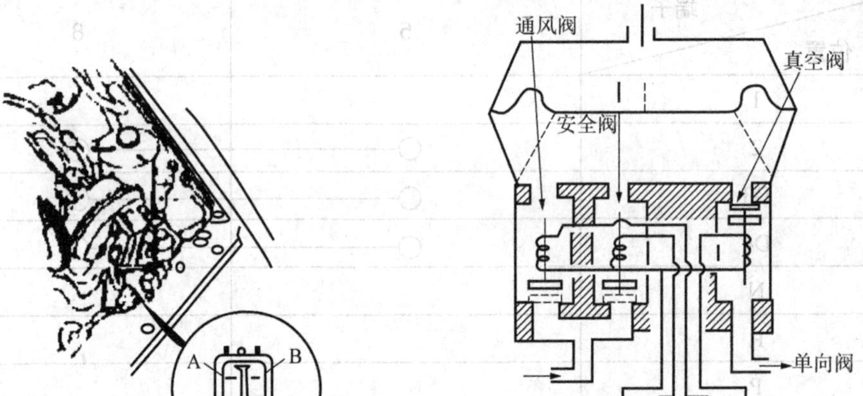

图2-51　电磁阀的检测

(2) 真空伺服器的检测。真空伺服器的检测需要电磁阀通电及真空配合检测，具体步骤如下所述。

① 拆下真空执行器的电磁阀插头。

② 连接蓄电池正极至D端，负极至A、B、C端。

③ 连接真空吸力表至单向阀，然后抽真空，此时真空伺服器拉杆应拉到底，如图2-52所示。

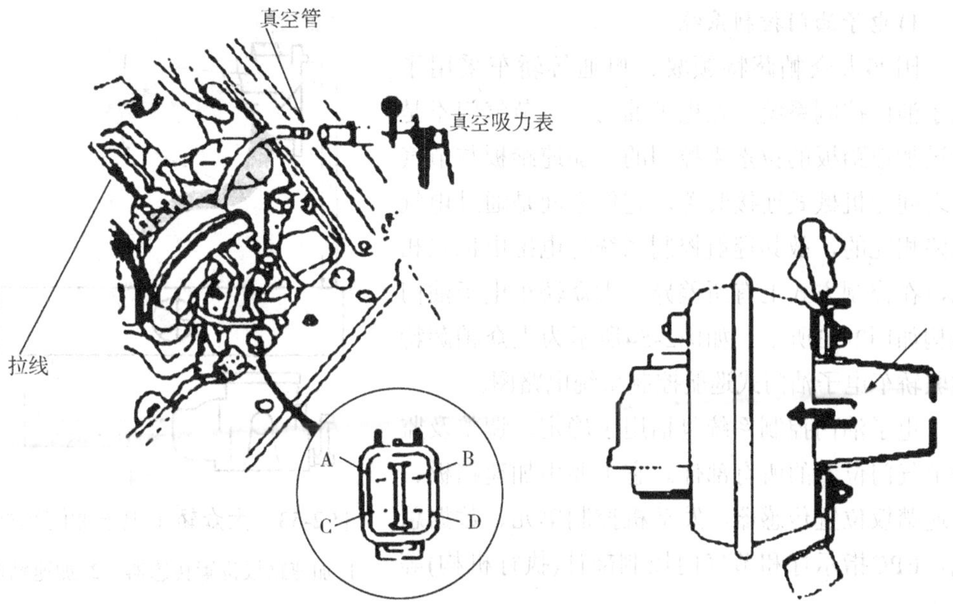

图2-52　真空伺服器及拉杆的检测

④ 若伺服器拉杆工作不正常，则检测真空管是否泄漏或真空电磁阀是否损坏。

⑤ 保持真空度及电磁阀通电，试用手将伺服器拉出。

⑥ 从C端拆下蓄电池负极，伺服器拉杆应回到原位，若无法回到原位，且滤清器都没装上，则可确定为通风电磁阀损坏。

⑦ 重复步骤②～③，但此次拆下A的蓄电池负极。伺服器拉杆应回到原位，若无法回到原位，且通气管及滤清器都没装上，则可确定为安全电磁阀损坏。

⑧ 若电磁阀损坏须更换，务必使用新的O形环。

伺服器拉线的更换与调整请参考相关维修手册。

2.3.2 电子油门式巡航系统检修基础知识

1. 大众帕萨特电子油门式巡航控制系统

国产大众帕萨特领驭、奥迪、宝来等轿车采用了电子油门式巡航系统(大众维修手册简称为GRA)，它是集成在发动机电子控制单元中的一个子系统，在电子油门控制系统的基础上，增加了巡航操作开关和巡航指示灯，巡航系统执行器与电子油门控制系统的节气门控制部件共用，极大地简化了巡航控制系统的结构。以帕萨特领驭轿车为例，电子油门式巡航控制系统主要由电子油门控制系统(加速踏板位置传感器、节气门控制部件、发动机控制单元等)、巡航操作开关、车速传感器、制动灯开关、制动踏板开关及巡航指示灯等组成。

1) 电子油门控制系统

国产大众帕萨特领驭、奥迪等轿车采用了电子油门控制系统。在电子油门中，节气门不是通过加速踏板的拉索来控制的，加速踏板与节气门之间无机械式连接装置，它们之间是通过电气线路相连的，故其巡航控制系统与电磁电机式相比，在控制方式上有所差异。大众轿车电子油门结构如图2-53所示。如图2-54所示为大众帕萨特领驭轿车电子油门式巡航控制系统电路图。

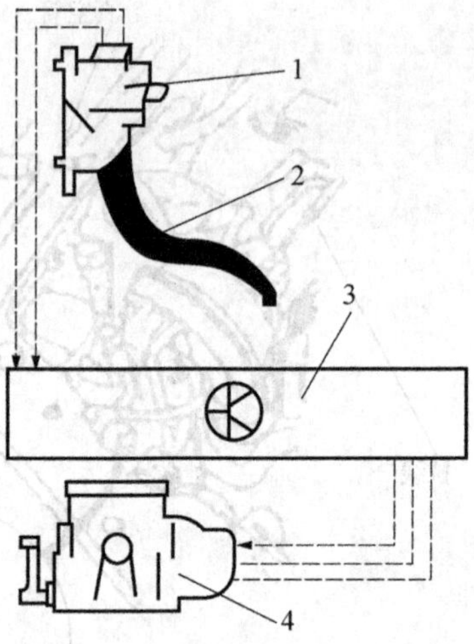

图2-53　大众轿车电子油门结构

1-加速踏板位置传感器　2-加速踏板　3-发动机控制单元　4-节气门控制部件

电子油门控制系统包括用于确定、调整及监控节气门位置的所有部件。它主要由加速踏板、加速踏板位置传感器、发动机控制单元、数据总线、EPC指示灯和节气门控制部件(执行机构)等组成。

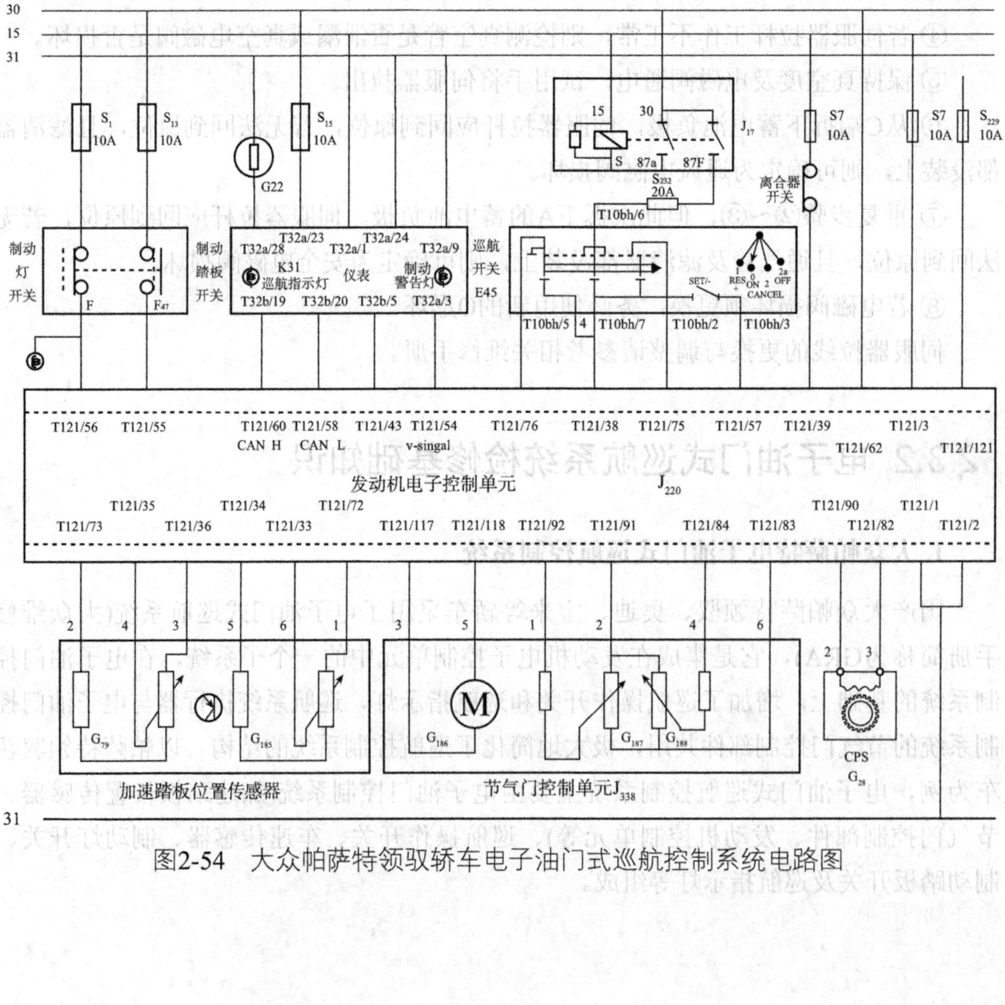

图2-54　大众帕萨特领驭轿车电子油门式巡航控制系统电路图

加速踏板位置由两个加速踏板位置传感器G_{79}和G_{185}来检测，并通知发动机控制单元。这两个传感器是一个可变电阻，装在一个壳体内，并与加速踏板成一体，但各自独立。加速踏板位置传感器安装位置如图2-55中的箭头所示。加速踏板位置(驾驶员意愿)是发动机控制单元的一个主要输入参数。

节气门控制部件壳体内包括节气门驱动装置G_{186}，节气门角度传感器G_{187}和G_{188}。节气门驱动装置G_{186}是一个伺服电动机，该电动机由发动机控制单元控制，与弹簧力相反方向打开节气门。节气门角度传感器G_{187}和G_{188}是个电位计(可变电阻)，它将节气门的位置信号传送给发动机控制单元，这两个角度传感器是相互独立的。

巡航控制时，通过巡航开关将信号输入到发动机控制单元，再由发动机控制单元发出指令来控制节气门控制部件内的节气门驱动装置(电动机)，从而调整巡航车速。

发动机不转且点火开关打开时，发动机控制单元根据加速踏板位置传感器的信息来控制节气门控制器。也就是说，当加速踏板踏下一半时，节气门驱动装置以同样的开度打开节气门，则节气门也打开一半。当发动机运转时(有负荷)，发动机控制单元可独立于加速踏板位置传感器来打开或关闭节气门。这样，即使加速踏板只踏下一半，但节气门可能完全打开了，其优点是可避免节气门上节流损失。此外，在一定的负荷状态下，有害物质的排放将明显改善，油耗值将明显降低。

在组合仪表上有一个EPC灯，EPC是Electronic Power Control的缩写，意为“电子功率控制”，也就是电子油门(E-Gas)。EPC警报灯的安装位置如图2-56所示。在发动机运转时，如电子油门发生故障，组合仪表将接通EPC警报灯，同时发动机控制单元的故障存储器会记录该故障。

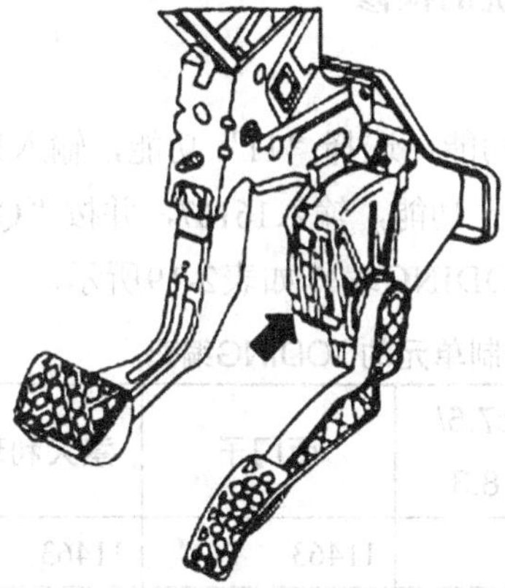

图2-55 奥迪A6加速踏板位置传感器

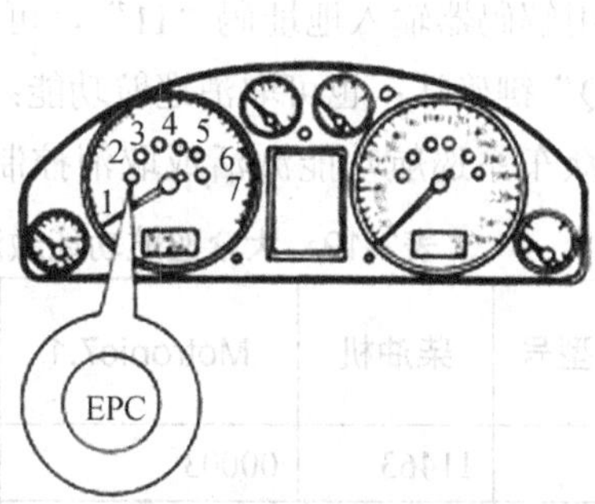

图2-56 奥迪A6电子油门EPC故障警报灯

由于电子油门控制系统是通过控制单元来调整节气门的，因此电子油门控制系统可以设置各种功能来改善驾驶的安全性和舒适性，其中最常见的就是ASR(牵引力控制系统)和巡航控制(速度控制系统)。

2) 巡航操作开关

帕萨特领驭轿车的巡航操作开关主要安装在多功能方向盘上，如图2-57所示。

将左操纵杆上的GRA开关推至ON/OFF位置可启动/关闭巡航控制系统。按下巡航操作开关“SET-”键可设定或降低巡航车速(短按幅度为1.5km/h，长按则自动减小油门开度以降低巡航车速。领驭轿车在巡航车速低于45km/h时将自动取消巡航控制，宝来轿车在低于30km/h时将自动取消巡航控制)；按下“RES+”键可恢复或增加巡航车速(短按幅度为1.5km/h，长按则自动加大油门开度以增加巡航车速)。

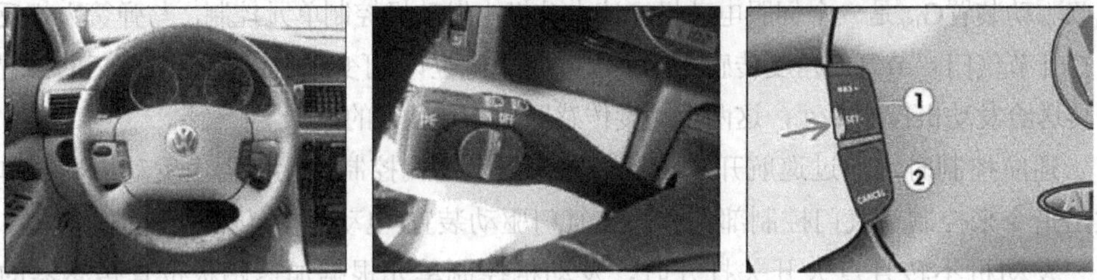

图2-57　帕萨特领驭轿车多功能方向盘上的巡航操作开关

按下“CANCEL”键或踩制动踏板可暂时关闭巡航控制系统。松开制动踏板后，按下“RES+”键可恢复巡航车速稳定行驶。如果恢复暂时关闭的巡航控制系统时，存储器内无设定的巡航速度，则可做如下操作：①在车速达到期望车速时按下“SET-”键；②按下“RES+”键直至达到期望的巡航车速时松开。

如需完全关闭巡航控制系统，可把GRA开关推至OFF位置或关闭点火开关以清除存储的车速，从而完全退出巡航控制系统。如果通过油门加速使车速超过设定车速10km/h的时间多于5分钟时，原设定的速度失效，巡航速度必须重新设定。

2. 大众帕萨特领驭电子油门式巡航控制系统的检修

1) 巡航功能的激活或取消

利用解码器输入地址码“11”，可激活巡航功能：选择“11”功能，输入11463，并按“Q”键确认；也可取消巡航功能：选择“11”功能，输入16167，并按“Q”键确认。大众车系巡航功能激活或取消控制单元的CODING编码如表2-19所示。

表2-19　大众巡航功能激活或取消控制单元的CODING编码

发动机型号	柴油机	Motronic7.1	Motronic7.5/3.8.5/3.8.3	西门子	意大利玛瑞丽
激活	11463	00003	11463	11463	11463
取消激活	16167	00004	16167	16167	16167

2) 查看版本信息

由于领驭巡航控制系统是集成在发动机电控系统中的一个子系统，所以其自诊断的各项功能均在发动机电控系统(地址01)中完成。输入发动机电控系统地址码“01”，并按“Q”键确认，就可显示发动机的版本信息，如宝来1.8L BAF发动机将显示：

06A906032NR 1.8L R4/5VS MOTR G 0001

Coding 4530

其中，06A906032NR是控制单元零件号，4530是其编码，1.8L R4/5VS MOTR G是发动机类型，其中的字母“G”代表巡航控制功能，输入16167取消巡航系统功能后将不显示“G”。

3) 读取测量数据块

输入功能码“08”，再输入通道号66，将显示巡航系统的相关测量数据块，具体如下所述。

(1) 第一区显示实际车速。

(2) 第二区显示制动器、离合器开关状态：1000。各数值依次表示：巡航系统是否接通(激活后将始终显示1)；离合器是否踏下；制动灯是否点亮；制动踏板是否踏下。1表示肯定；0表示否定。如果不踏下离合器或制动器，将显示1000；踏下离合器显示1100；踏下制动踏板显示1011(制动灯不能点亮将显示1001，制动踏板开关不能接通将显示1010)。

(3) 第三区显示巡航车速。

(4) 第四区显示巡航控制开关状态：0000。各数值依次表示：“RES”开关按钮状态；“SET”开关按钮状态；巡航控制开关位置；巡航控制开关位置。1表示肯定；0表示否定。如果关闭巡航控制开关，将显示为0000；巡航控制开关位于CANCEL位置时将显示0001；当开启巡航控制开关后，将出现0011；按住“SET-”时显示0111；按住“RES+”时显示1011。

巡航设定前和设定时的数据流对比见表2-20。

表2-20　巡航设定前和设定时的数据流对比

数据流	巡航设定前	巡航设定时
实际车速	73km/h	73km/h
制动器、离合器开关状态	00001000	10001000
巡航车速	0km/h	73km/h
巡航控制开关状态	00000011	0000011

2.3.3 真空式巡航控制系统故障诊断

任务实施(课内学习，学习方法：理实一体集中教学，教师示范，学生体悟)

1. 症状体验与描述

症状体验：在本田雅阁真空式巡航实验台上体验巡航控制系统不能设定时的症状。

症状描述：打开点火开关，车辆加速至70km/h；打开巡航主开关(MAIN开关)，观察仪表板上巡航指示灯“CRUISE”点亮；按巡航操作开关“SET”键，巡航不能设定。

其他现象观察：踩制动踏板，制动灯能点亮；按巡航设定开关键，无任何电磁阀工作的声音。

要求学生对照任务工作单中的故障诊断分析表进行填写，教师指导、答疑。

2. 原因分析

该车车速为70km/h，按下巡航主开关(MAIN开关)，观察指示灯“MAIN”能点亮，基本判定巡航控制系统电源供电正常(从T14/2供电，T14/1搭铁；端子T14/9控制巡航指示灯点亮)。

踩制动踏板，制动灯能点亮，初步判定制动灯开关线路正常。由于按巡航设定键时无任何电磁阀工作的声音，因此，结合主症状分析，故障的主要可能原因为：①信号输入故障；②电磁阀输出故障。

3. 故障诊断过程分析与记录

1) 诊断过程分析

(1) 首先体验症状，根据症状分析，确定巡航系统故障的可能范围。

(2) 万用表系统电压测试分析。按下设定键时，测量巡航控制单元的T14/4端子，观察是否为电源电压；踩离合器踏板，测量控制单元T14/5端子是否为低电平；再观察搭铁状况，判断端子搭铁可靠。由于直接测量控制单元端子有时不方便，即使直接测量均正常，也不能判定控制器供电是否正常(可能控制器插头接触不良或控制器内部有断路)，加之巡航控制单元的输入信号基准电压由控制单元电源转换供给，故测量上述端子电压时，如果均无电压，可间接推理可能巡航控制器供电异常。

(3) 根据以上原因分析，逐步进行线路细查。

2) 诊断过程操作示范与记录(教师示范，学生观察记录)

诊断分析表的填写如表2-21所示。

表2-21 巡航不能设定故障诊断分析表

(空白任务工单详见学生任务工作单手册)

班级		学号		姓名		得分	
故障症状确认	1. 症状描述：打开点火开关，车辆加速至70km/h；按巡航主开关(MAIN开关)，观察仪表板上巡航指示灯“CRUISE”不能点亮，再次点按也不能点亮；反复按巡航操作开关“SET”键，巡航不能设定。 2. 其他现象描述：多次按巡航主开关，仪表板巡航指示灯均不能点亮；踩制动踏板，制动灯能点亮；按巡航设定开关键，无任何电磁阀工作的声音						
	初步可能原因分析：①信号输入故障；②电磁阀输出故障						

（续表）

<table>
<tr><td>班级</td><td></td><td>学号</td><td></td><td>姓名</td><td></td><td>得分</td><td></td></tr>
<tr><td rowspan="2">可能原因分析</td><td colspan="7">观察症状，根据检测结果，结合维修手册，分析所有可能原因，初步确定检修步骤</td></tr>
<tr><td colspan="7">踩制动踏板，制动灯能点亮，初步判定制动灯开关线路正常；由于按巡航设定键时无任何电磁阀工作的声音，因此，结合主症状分析，故障的主要可能原因为：①信号输入故障，②电磁阀输出故障</td></tr>
<tr><td rowspan="3">检修步骤、结果分析与判断</td><td colspan="3">检修步骤描述</td><td colspan="2">测试结果记录</td><td colspan="2">结果分析判断</td></tr>
<tr><td colspan="3">打开点火开关，测量端子T14/2是否为电源电压</td><td colspan="2">12V</td><td colspan="2">ECU供电电源正常</td></tr>
<tr><td colspan="3">打开点火开关，按“SET”键，测量端子T14/4是否为电源电压</td><td colspan="2">0V</td><td colspan="2">巡航设定开关可能不良</td></tr>
<tr><td rowspan="2">检修步骤、结果分析与判断</td><td colspan="3">关闭点火开关，拔下巡航设定开关插头，按住巡航设定开关，测量端子A和B的导通情况</td><td colspan="2">∞</td><td colspan="2">巡航设定开关端子A和B不良</td></tr>
<tr><td colspan="7">综合原因分析：
巡航设定开关端子A和B不良</td></tr>
<tr><td>故障点排除确认</td><td colspan="7">更换巡航设定/恢复开关，重新打开点火开关，车辆加速至70km/h，按下巡航主开关，按下巡航设定开关“SET”键，巡航系统工作，巡航设定完成，故障排除</td></tr>
</table>

4. 故障点拓展

导致巡航不能设定的故障原因很多，如何针对不同的故障有针对性地进行诊断分析是难点。学习时可重点比较类似症状下，对不同原因的分析，以起到举一反三的效果。巡航不能设定的常见故障点见表2-22。

表2-22　巡航不能设定的常见故障点

<table>
<tr><td>序号</td><td colspan="2">故障点部位</td><td>主症状</td><td>其他症状</td><td>自诊断</td><td>备注</td></tr>
<tr><td rowspan="4">1</td><td rowspan="4">巡航控制器IG电源电压不足</td><td>保险丝S4</td><td rowspan="4">巡航不能设定，无设定反应</td><td rowspan="4">巡航指示灯不能点亮</td><td rowspan="4">指示灯不亮，无法自诊断</td><td rowspan="4"></td></tr>
<tr><td>供电线路断路</td></tr>
<tr><td>MAIN开关不良</td></tr>
<tr><td>控制器电源输入转换模块故障</td></tr>
<tr><td rowspan="3">2</td><td rowspan="3">巡航控制器GND搭铁不良</td><td>搭铁点不良</td><td rowspan="3">巡航设定不良</td><td rowspan="3">有时有设定反应；有时无任何反应</td><td rowspan="3"></td><td rowspan="3"></td></tr>
<tr><td>ECU插头GND端子不良</td></tr>
<tr><td>控制器内部不良</td></tr>
</table>

(续表)

序号	故障点部位		主症状	其他症状	自诊断	备注
3	巡航主开关信号无输入	巡航设定开关不良 设定线路故障 控制器内部不良	巡航不能设定，无设定反应	巡航指示灯能点亮	自诊断显示系统正常	
4	巡航取消信号处于常输入状态	制动信号不良 离合器或空挡信号不良	巡航不能设定，无设定反应	巡航指示灯能点亮	自诊断显示系统正常	
5	巡航输出控制不良	电磁阀或相关线路不良 无真空或漏气	巡航设定不良	巡航指示灯能点亮	自诊断显示有故障码	

任务评价

目的：培养学生的交流合作能力、表达能力、演讲能力及总结概括能力。

方法：学生分组上台总结、演讲，组间、组内评价。各小组按顺序推荐组内同学上台总结，其他组派代表对其进行提问、评价、打分；根据得分，组内再评价得分(参与提问、答题等工作的要加分)；最后统计每个人的过程成绩。

拓展提高

原则：丰田电磁真空式巡航控制系统的故障诊断操作练习(变换故障点部位，逐步深入练习；课外学习4学时，自愿练习，但所有课外学时不得少于总课外学时数)。

措施：落实课外开放式实训管理制度，安排值班教师(学生)，课外学生自愿到实训室进行巡航控制系统故障诊断练习。

2.3.4 电子油门式巡航控制系统故障诊断

任务实施(课内学习，学习方法：理实一体集中教学，教师示范，学生体悟)

1. 症状体验与描述

症状体验：在大众帕萨特(M/T)电子油门式巡航实验台上体验巡航控制系统不能设定时的症状。

症状描述：打开点火开关，车辆加速至70km/h；打开巡航主开关(ON位置)，观察仪表板上巡航指示灯点亮；按巡航操作开关“SET”键，巡航不能设定。

其他现象观察：踩制动踏板，制动灯能点亮。发动机加速性、动力性正常。

要求学生对照任务工作单中的故障诊断分析表进行填写，教师指导、答疑。

2. 原因分析

该车车速为70km/h；按下巡航主开关(ON位置)，观察仪表板上巡航指示灯能点亮，基本判定巡航控制系统处于激活状态。

踩制动踏板，制动灯能点亮，初步判定制动灯开关线路正常；同时发动机的加速性、动力性正常，初步判断发动机控制系统无故障。因此，结合主症状分析，故障的主要原因可能为巡航控制信号输入故障，包括：①巡航设定开关信号故障；②离合器开关信号故障。

3. 故障诊断过程分析与记录

1) 诊断过程分析

(1) 首先体验症状，根据症状分析，确定巡航系统故障的可能范围。

(2) 解码器故障码及数据流分析。查看发动机控制单元故障码，显示系统正常，无故障码。进入通道66，查看巡航系统相关数据流：①显示车速70km/h；②显示00001000；③显示巡航车速0km/h；④显示0011。踩下制动踏板，第二区显示00001011；踩下离合器踏板，第二区显示00001100，说明离合器踏板开关信号、制动开关信号、制动灯信号均正常。按下巡航设定键时，观察第四区显示0011，长按设定键，发现第四区显示0111，同时第三区显示巡航车速70km/h，巡航可设定成功。

(3) 根据以上原因分析，检测可能巡航设定开关不良。

2) 诊断过程操作示范与记录(教师示范，学生观察记录)

诊断分析表的填写如表2-23所示。

表2-23 巡航不能设定故障诊断分析表

(空白任务工单详见学生任务工作单手册)

<table>
<tr><th>班级</th><th></th><th>学号</th><th></th><th>姓名</th><th></th><th>得分</th><th></th></tr>
<tr><td rowspan="2">故障症状确认</td><td colspan="7">1. 症状描述：打开点火开关，加速车辆车速至70km/h；打开巡航主开关(ON位置)，观察仪表板上巡航指示灯点亮；按巡航操作开关“SET”键，巡航不能设定。
2. 其他现象描述：踩制动踏板，制动灯能点亮。发动机加速性、动力性正常</td></tr>
<tr><td colspan="7">初步可能原因分析：①巡航设定开关信号故障；②离合器开关信号故障</td></tr>
<tr><td rowspan="3">解码器检测</td><td>故障码记录</td><td colspan="6">无故障码</td></tr>
<tr><td>异常数据流记录</td><td colspan="6">静态数据流(066通道)：①显示车速70km/h；②显示00001000；③显示巡航车速0km/h；④显示0011</td></tr>
<tr><td colspan="7">初步可能原因分析：
①车速信号正常；②巡航处于激活状态，且主开关接通；③离合器开关信号、制动开关信号及巡航设定开关信号需要进一步观察</td></tr>
<tr><td rowspan="2">综合分析可能原因</td><td colspan="7">观察症状，根据检测结果，结合维修手册，分析所有可能原因，初步确定检修步骤</td></tr>
<tr><td colspan="7">离合器开关信号、制动开关信号或巡航设定开关信号故障</td></tr>
</table>

(续表)

<table>
<tr><td>班级</td><td></td><td>学号</td><td></td><td>姓名</td><td></td><td>得分</td><td></td></tr>
<tr><td rowspan="6">检修步骤、结果分析与判断</td><td colspan="2">检修步骤描述</td><td colspan="2">测试结果记录</td><td colspan="3">结果分析判断</td></tr>
<tr><td colspan="2">踩下制动踏板</td><td colspan="2">第二区显示00001011</td><td colspan="3">制动开关信号输入正常</td></tr>
<tr><td colspan="2">踩下离合器踏板</td><td colspan="2">第二区显示00001100</td><td colspan="3">离合器开关信号输入正常</td></tr>
<tr><td colspan="2">按下巡航设定开关键</td><td colspan="2">第四区显示0011</td><td colspan="3">巡航设定开关信号不良</td></tr>
<tr><td colspan="2">长按巡航设定开关键</td><td colspan="2">第四区显示0111
第三区显示70km/h</td><td colspan="3">巡航设定开关不良</td></tr>
<tr><td colspan="7">综合原因分析：
结合症状原因分析与数据流分析，初步判定巡航设定开关不良</td></tr>
<tr><td>故障点排除确认</td><td colspan="7">更换巡航开关，重新打开点火开关，车辆加速至70km/h；打开巡航主开关，观察仪表板巡航指示灯点亮；按下巡航设定开关“SET”键，巡航系统工作，巡航设定完成，故障排除</td></tr>
</table>

4. 故障点拓展

导致巡航不能设定的故障原因有很多，如何针对不同的故障有针对性地进行诊断分析是难点。学习时可重点比较类似症状下不同原因的分析，以起到举一反三的效果。巡航不能设定的常见故障点见表2-24。

表2-24 巡航不能设定的常见故障点

<table>
<tr><td>序号</td><td colspan="2">故障点部位</td><td>主症状</td><td>其他症状</td><td>解码器检测</td><td>备注</td></tr>
<tr><td rowspan="2">1</td><td rowspan="2">巡航未激活</td><td>控制单元未激活</td><td rowspan="2">巡航不能设定</td><td rowspan="2">巡航指示灯不能点亮</td><td rowspan="2">控制单元版本页无显示“G”</td><td rowspan="2"></td></tr>
<tr><td>控制单元不匹配</td></tr>
<tr><td rowspan="2">2</td><td rowspan="2">电子油门系统</td><td>加速踏板位置传感器</td><td rowspan="2">巡航设定不良</td><td rowspan="2">发动机工作不良</td><td rowspan="2">①有故障码
②数据流062显示异常</td><td rowspan="2"></td></tr>
<tr><td>节气门体组件</td></tr>
<tr><td rowspan="2">3</td><td rowspan="2">巡航开关信号</td><td>巡航主开关不良</td><td rowspan="2">巡航不能设定</td><td rowspan="2">巡航指示灯不能点亮</td><td rowspan="2">自诊断显示系统正常</td><td rowspan="2"></td></tr>
<tr><td>控制器单元</td></tr>
<tr><td rowspan="5">4</td><td rowspan="2">巡航开关信号</td><td>设定开关不良</td><td rowspan="2">巡航不能设定</td><td rowspan="2">巡航指示灯能点亮</td><td rowspan="2">自诊断显示系统正常</td><td rowspan="5"></td></tr>
<tr><td>控制器单元</td></tr>
<tr><td rowspan="3">巡航取消信号处于常输入状态</td><td>制动踏板开关</td><td rowspan="3">巡航不能设定</td><td rowspan="3">巡航指示灯能点亮</td><td rowspan="3">无故障码</td></tr>
<tr><td>制动灯线路</td></tr>
<tr><td>离合器踏板开关或空挡开关</td></tr>
</table>

任务评价

目的：培养学生的交流合作能力、表达能力、演讲能力及总结概括能力。

方法：分组上台总结、演讲，组间、组内评价。各小组按顺序推荐组内同学上台总结，其他组派代表对其进行提问、评价、打分；根据得分，组内再评价得分(参与提问、答题等工作的要加分)；最后统计每个人的过程成绩。

拓展提高

原则：大众电子油门式巡航控制系统的故障诊断操作练习(变换故障点部位，逐步深入练习；课外学习4学时，自愿练习，但所有课外学时不得少于总课外学时数)。

措施：落实课外开放式实训管理制度，安排值班教师(学生)，学生课外自愿到实训室进行巡航控制系统故障诊断练习。

思考题

1. 真空式巡航控制系统执行器为什么要设置安全电磁阀？通风电磁阀又起什么作用？

2. 电子油门式巡航控制系统相比其他巡航控制系统有何优点？

3. 早期的大众车系，如帕萨特巡航开关位于方向盘下方左侧，和转向灯开关是合用的，但最新的帕萨特领驭将其改到了方向盘的左侧，这是为什么？

4. 如何为没有巡航功能的大众车系(如帕萨特轿车)改装巡航控制功能？

项目3

汽车自动空调系统检修

任务3.1 自动空调系统操作与认识

学习目标

(1) 知识点：自动空调系统的类型及组成要素；典型自动空调系统的结构组成；典型自动空调系统部件认识(传感器——阳光传感器、蒸发器温度传感器、室内温度传感器、室外温度传感器、进气风门位置传感器、空气混合风门位置传感器等；控制器——空调控制面板或空调控制单元；执行器——鼓风机、功率晶体管、内外循环风门电动机、空气混合风门电动机、模式电动机等)。

(2) 技能点：自动空调系统的熟练操作与部件识别练习。自动空调系统的操作与部件识别(方法能力——观察能力、学习能力、写作能力；社会能力——团队合作能力、交流能力、演讲能力；专业能力——动手能力、分析问题的能力)。

(3) 训练点：自动空调系统操作训练与强化；自动空调系统部件识别练习。

(4) 评价点：考勤与加分项，任务处理过程考核，任务验收考核(任务工作单的填写、上台演讲表达、提问与解答)，知识识记考核，操作过程考核与期考。

任务导入

客户反映广本雅阁2.4(丰田凌志LS400)轿车的自动空调系统有故障，作为业务接待人员及维修作业人员，需要识别自动空调系统部件，操作自动空调系统进行故障验证，并填写相关单据，记录该车自动空调系统故障症状，最终下达车辆的维修任务。

任务分析

1. 识别车辆自动空调系统类型，初步了解该车自动空调系统的结构组成

(1) 自动空调系统的类型；

(2) 典型自动空调系统的结构组成；

(3) 识别典型自动空调系统部件的名称、作用与安装位置。

2. 掌握典型车型自动空调系统的操作

(1) 识别自动空调系统各操作开关的含义与操作位置；

(2) 熟练操作自动空调系统(模式切换、温度调节、风速调节等)。

任务实施

1. 教学条件(师资、设备、场地、资源)

(1) 师资要求。具有中级职称以上、双师资格的教师2名以上。

(2) 设备要求。自动空调系统的台架4～8个，带自动空调控制功能的整车2辆，其他材料。

(3) 场地要求。理实一体化的教室，投影仪，黑板5～9块。

(4) 学习资源。教师教学手册、学生学习手册、任务工作单、维修手册等教学资源。

2. 教学实施

(1) 自动空调系统操作示范(课内集中示范、学生观察)。

教师现场操作自动空调系统并适当解释，学生现场观察思考，注意现场操作安全。

(2) 自动空调系统部件识别(课内集中授课)。

集中讲授自动空调系统的类型、结构组成；自动空调系统部件名称、作用与安装位置等。

(3) 自动空调系统操作练习，体悟(课内学生分组体悟)。

学生分组练习自动空调系统的操作，记录相关数据，完成任务工作单的内容，注意现场操作安全。

(4) 学习评价(学生上台总结、演讲、评价)。

学生分组上台总结、演讲，组间、组内评价，最后统计每个人的过程考核成绩。

相关知识

3.1.1 自动空调系统结构与原理认识

1. 汽车自动空调系统概述

1) 汽车自动空调系统的定义

汽车自动空调系统指的是自动控制温度的空调系统，即恒温空调系统。自动空调系统与手动空调系统采用相同的基础部件，即相同的制冷系统、取暖系统、配气系统(机械)部件等，区别在于自动空调系统能够根据乘坐者设定的温度要求，实现空调系统的恒温控制。也就是说，即使车内温度/湿度、环境温度、阳光强度、乘员人数发生变化，空调控制计算机都能识别出来，并通过调节鼓风机的转速、空气混合风门的位置、进气模式风门的位置、送风模式甚至压缩机的工作状况等，使车内温度、空气湿度及流动状况维持在使用者设定的水平上，即车内温度经设定后不会随环境温度变化。它的舒适性、安全性、节能环保性好，但结构上要比手动空调复杂。一般自动空调都具有自诊断功能，以便于对空调系统进行故障检修。自动空调系统与手动空调系统的对比情况见表3-1。

表3-1　自动空调系统与手动空调系统的对比情况

异同点＼名称		手动空调	自动空调
相同之处	结构上	相同的制冷系统、取暖系统、配气系统(机械)部件等	
	控制内容	都能在封闭空间内自动对空气温度、湿度、流速、清洁度进行调节控制	
相异之处	控制方式	手工调节	自动调节，即能够根据乘坐者设定的温度要求，实现空调系统的恒温控制(部分自动空调能自动调节空气湿度与清洁度)
	性能	使用不便、舒适性差	舒适性、安全性、节能环保性好
	复杂程度	简单	结构上比较复杂

2) 使用自动空调系统的目的

虽然空调系统已在现代轿车中得到了普及，但在改善驾驶员的工作条件和提高乘员的舒适性方面，传统空调仍显不足。目前，自动空调系统仍只是中高档轿车的标准装备之一，自动空调系统由于在改善汽车乘坐舒适性、环保节能、安全性、信息显示、操控性能等方面具有明显的优势，正逐步向中低档轿车普及。如何正确使用自动空调系统，延长自动空调系统的使用寿命，快速检修自动空调系统故障，成为目前汽车维修业面临的重要课题。

3) 自动空调系统的分类

自动空调系统在控制上利用各传感器来确定当前的温度，经空调控制单元分析计算、处理后，输出相应的执行机构信号，控制进气模式风门、混合模式风门、鼓风机、压缩机等，根据需要调节暖风或冷风，最终达到温度符合使用者要求的目的。

如图3-1所示，自动空调系统根据有无自诊断功能可分为半自动空调系统和全自动空调系统两类。目前，轿车上普遍采用的是全自动空调系统。

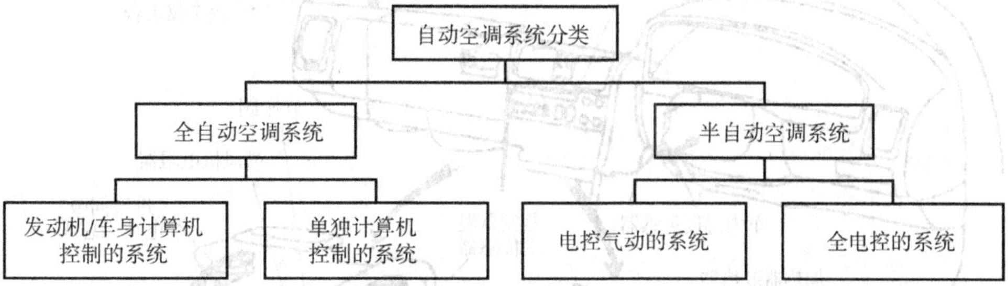

图3-1　自动空调系统的分类

4) 自动空调新技术在汽车中的应用

(1) 系统控制的智能化、网络化。冷、暖、通风三位一体化，控制系统实现自动化、智能化、网络化，操作、运行及故障报警信息实现数字化显示。人工智能、车载网络技术在现代自动空调中的应用，不仅节能环保、缩短故障判断时间，还能提高乘客舒适性和改善驾驶员的工作条件。

(2) 变排量压缩机制进一步应用。变排量压缩机具有高效、节能的优点，备受人们青睐。

(3) 新型空调结构。采用双区/四区空调温度调节，如图3-2所示。实现驾驶员侧与前排乘客侧不同的温度调节，甚至能实现车内不同乘坐位置的温度调节。

图3-2　双区自动空调

(4) 辅助冷却液加热/驻车加热。冬天时，驻车加热器的加热和通风功能使车内温暖，解决了汽车除霜的问题，同时可让驾驶员一进入车内就感受到温暖的车内环境。

夏季时，自动实现车内外空气交换，保持车内空气清新，使驾驶员免受“蒸笼”之苦。

2. 汽车自动空调系统的结构组成

1) 自动空调系统的总体结构

与手动空调系统一样，自动空调系统一般也由制冷系统、取暖系统、配气系统和电气系统四部分组成，但完善的自动空调系统还包括空气净化系统，如活性炭罐、空气滤清器、静电除尘净化器等。

自动空调系统的元器件主要安装在驾驶室(仪表台下方)和发动机舱，如图3-3、图3-4所示为丰田LS400轿车自动空调系统元器件在车上的安装位置。

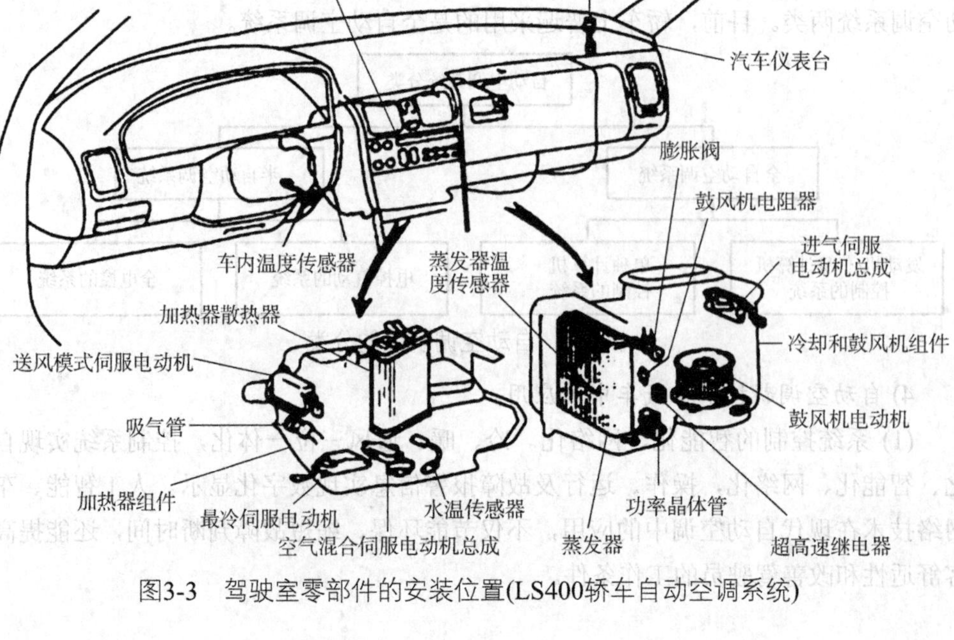

图3-3　驾驶室零部件的安装位置(LS400轿车自动空调系统)

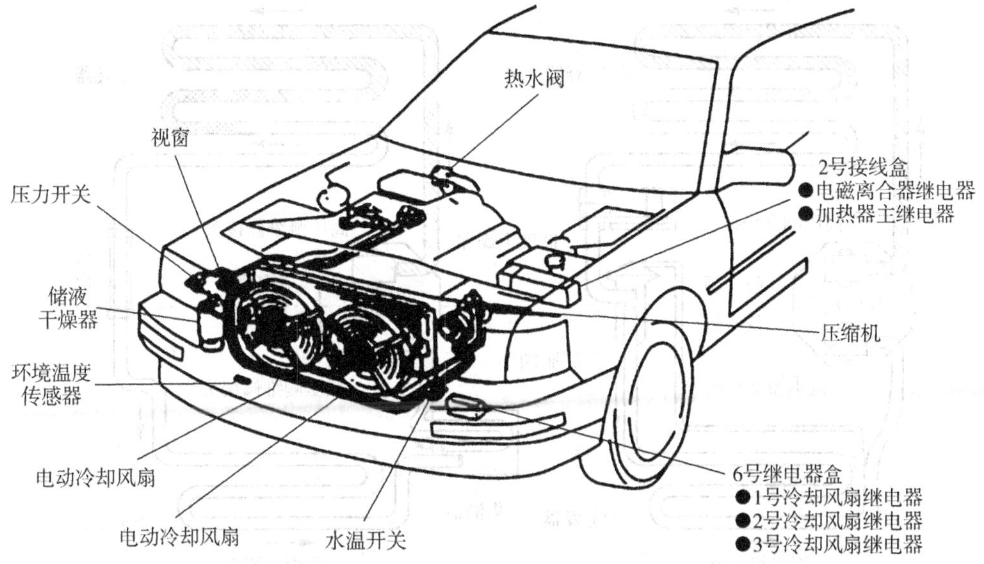

图3-4　发动机舱零部件的安装位置(LS400轿车自动空调系统)

具有双空调的轿车，后空调零部件主要安装在行李箱或后排座椅背面。如图3-5所示为丰田LS400轿车自动空调系统后空调零部件在车上的安装位置。

不同车型的自动空调系统元器件在车上的安装位置有所差异，详情请参见各车型的维修资料。

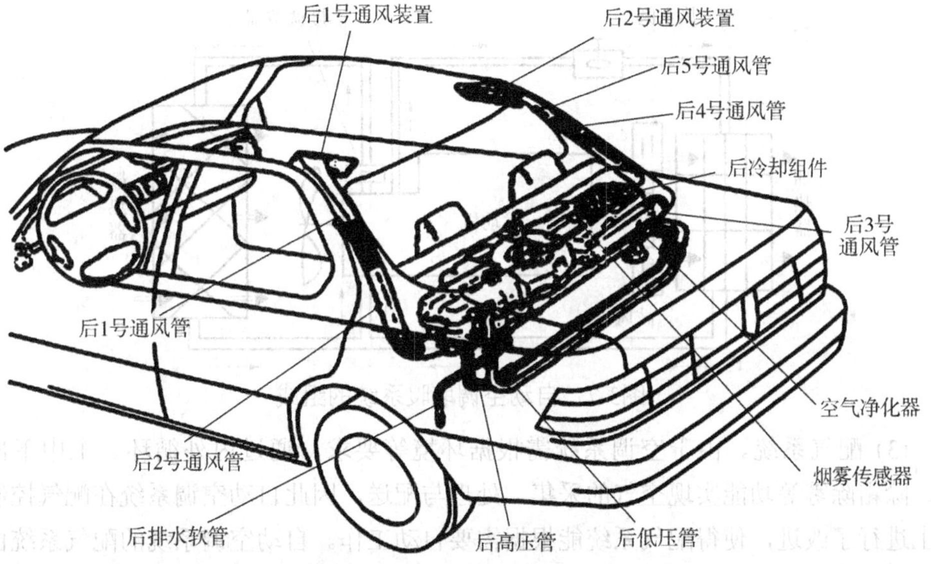

图3-5　后空调零部件的安装位置(LS400轿车自动空调系统)

(1) 制冷系统。制冷系统是整个空调系统的基础部件，它由压缩机、冷凝器、储液干燥器、膨胀阀、蒸发器、冷凝器散热风扇、制冷管道、制冷剂等组成，目前采用的多为膨胀阀系统或孔管系统。如图3-6所示。

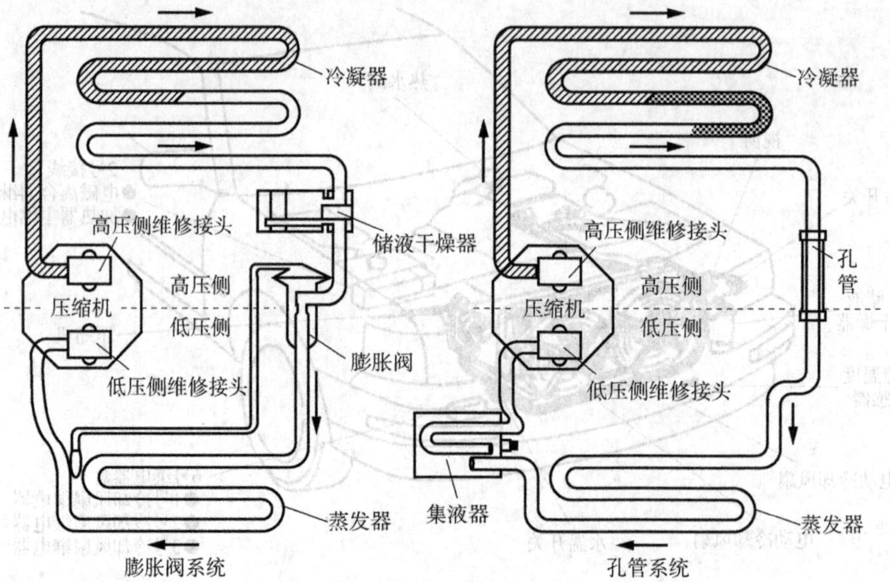

图3-6 自动空调制冷系统的组成

需要注意的是，早期的部分普通空调系统采用的是R12制冷剂，但目前绝大部分空调系统采用的是R134a制冷剂。

(2) 取暖系统。自动空调系统的取暖系统仍利用发动机冷却水进行循环取暖。该系统由加热器、热水阀、暖水管、发动机冷却液等组成，如图3-7所示。

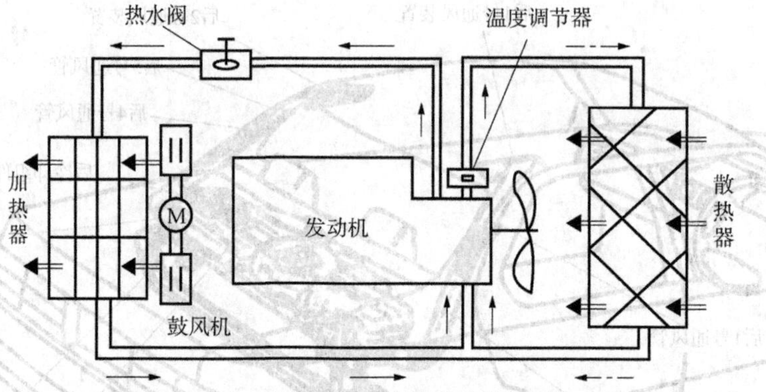

图3-7 自动空调取暖系统的组成

(3) 配气系统。由于空调系统需根据环境等要求，通过内外循环、上中下出风口、除霜除雾等功能实现空气的采集、处理与配送，因此自动空调系统在配气控制方式上进行了改进，使得配气系统能根据需要自动工作。自动空调系统的配气系统由进气模式风门、鼓风机、空气混合模式风门、送风模式风门、导风管等组成，其结构与一般普通空调的配气系统基本相同，如图3-8所示。空调配气系统的工作过程：新鲜空气+车内循环空气→进入鼓风机→空气进入蒸发器冷却→由风门调节进入加热器的空气→调节成冷气或暖气的空气流→根据风门模式伺服电动机开启的角度进入各出风口。

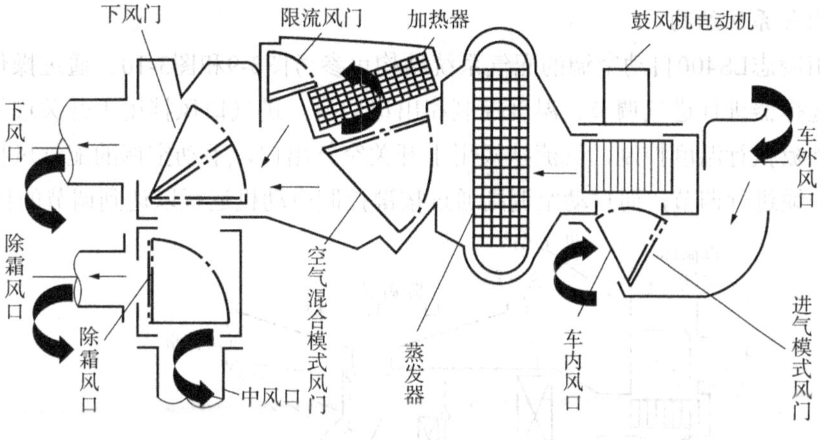

图3-8 配气系统的组成

(4) 电气控制系统。手动空调系统电气部件较少，因此对电气的控制方式较简单；自动空调系统则由于电气系统部件多而复杂，控制相对较复杂。各种不同类型的轿车空调系统差别较大，但其控制电路的组成仍有一定规律可循。按功能模块划分，电气控制系统电路一般由温度自动控制电路、进气模式控制电路、送风模式控制电路、鼓风机控制电路、冷却风扇控制电路、压缩机控制电路等组成。

另外，按电路的输入、输出及控制原则划分，自动空调电气控制系统可分为三部分：传感器、空调计算机(控制面板)和执行器，如图3-9所示。

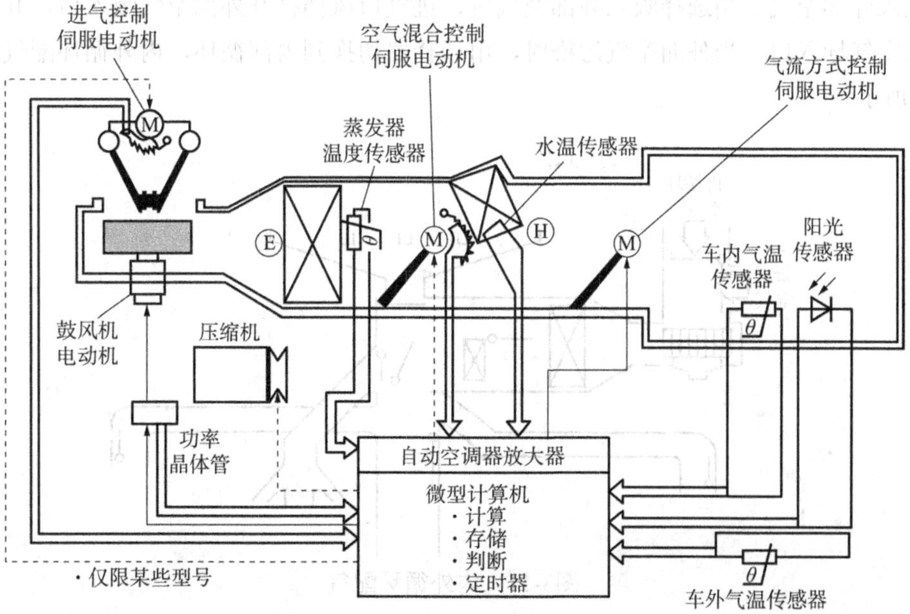

图3-9 自动空调的电气控制系统

2) 配气系统结构

丰田凌志LS400自动空调的配气系统结构可参考图3-9和图3-10。通过操作控制面板上的选择器进行进气调节、温度控制和出口切换。进气口风挡用于开关进气口，空气混合挡板执行温度控制，气流挡板用于开关空气出口，手动空调的配气风挡通过人工拉动线缆进行调节，而自动空调则通过按键控制电动机运行以达到调节的目的。

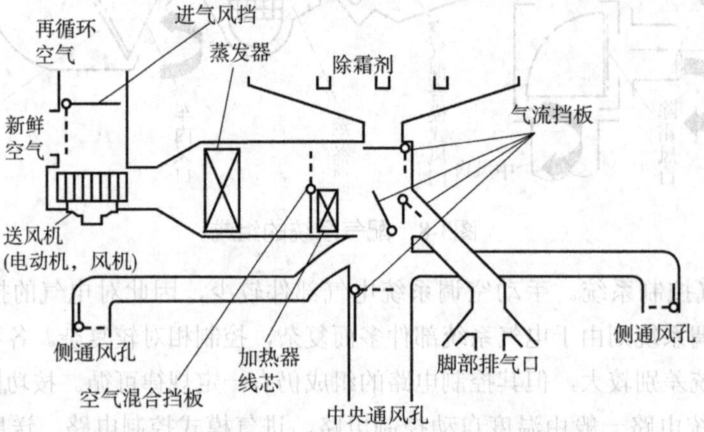

图3-10　丰田凌志LS400自动空调的配气系统结构

(1) 内外循环风门(进气口配气) 。内外循环(进气)选择器用来执行进气口控制，或是车内循环，或是将新鲜的车外空气引入车内。正常使用时，考虑到车内的通风，选择吸入外部空气。当选择吸入外部空气时，进气口风挡打开外部空气吸入口，并关闭内部空气导入口。当外面空气污染时，用选择器切换到内部循环，内外循环配气如图3-11所示。

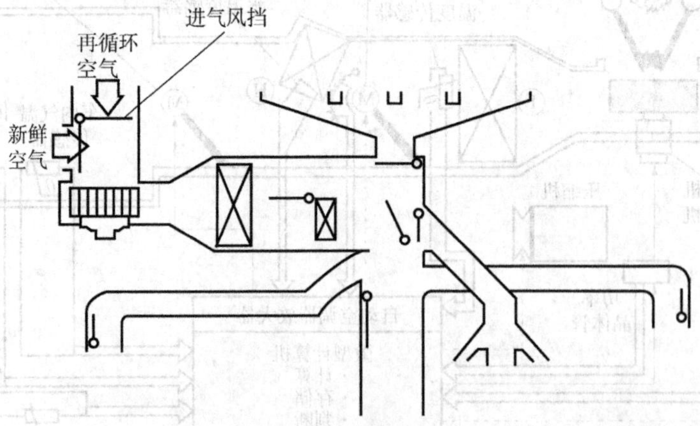

图3-11　内外循环配气

(2) 混合风门(温度匹配)。混合风门通过移动空气混合风挡，改变经过蒸发器的冷空气与经过加热器芯的热空气的比例来控制温度，混合风门的配气如图3-12所示。

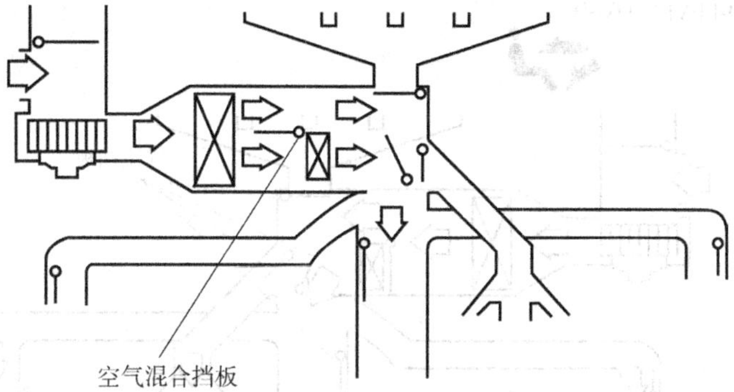

图3-12 混合风门的配气

(3) 模式风门(出风口配气)。模式风门是利用模式风门移动风挡来进行出口的切换，共有5种模式，即5种不同的出风口位置组合(FACE、BI-LEVEL、FOOT、DEF、FOOT-DEF)。各模式风门的出风口配气情况如下所述。

① FACE。打到此风挡位置，出风口将吹身体的上半部，FACE模式的出风口配气如图3-13所示。

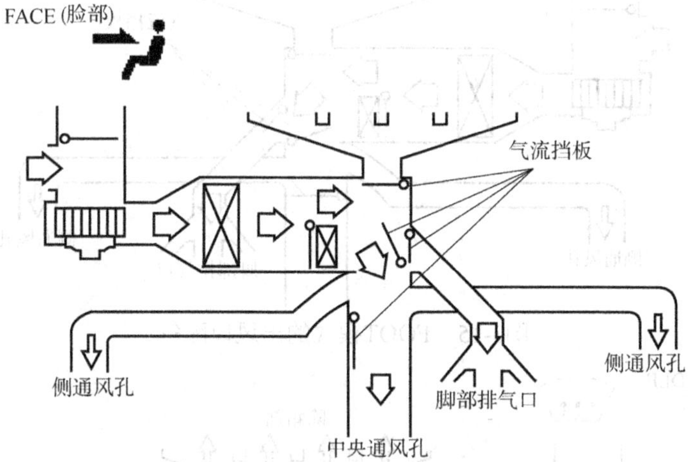

图3-13 FACE模式的出风口配气

② BI-LEVEL。打到此风挡位置，出风口将吹身体的上半部和脚部，BI-LEVEL模式的出风口配气如图3-14所示。

③ FOOT。打到此风挡位置，出风口将吹身体的脚部，FOOT模式的出风口配气如图3-15所示。

④ DEF。打到此风挡位置，出风口将吹前窗进行除雾Defog，DEF模式的出风口配气如图3-16所示。

⑤ FOOT-DEF。打到此风挡位置，出风口将吹脚部并进行前窗除雾，FOOT-DEF模式的出风口配气如图3-17所示。

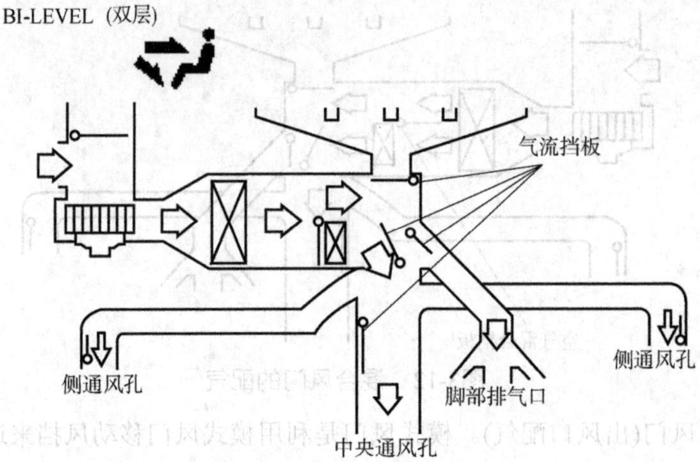

图3-14　BI-LEVEL模式的出风口配气

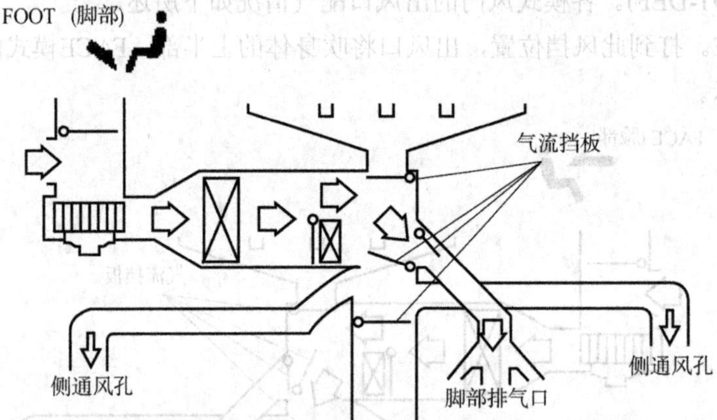

图3-15　FOOT模式的出风口配气

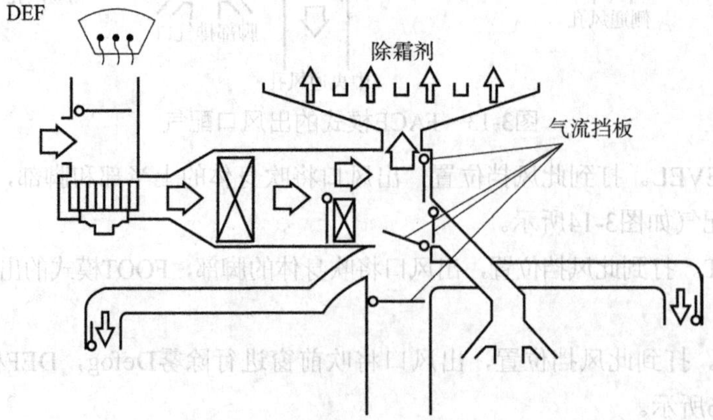

图3-16　DEF模式的出风口配气

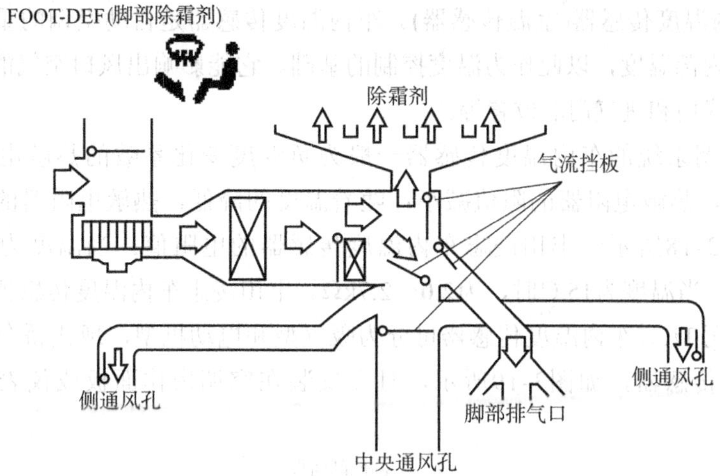

图3-17 FOOT-DEF模式的出风口配气

3) 自动空调系统部件认识

自动空调系统传感器的信号类型见表3-2，自动空调传感器信号主要有四种：一是驾驶员通过空调面板设定的温度信号和功能选择信号；二是车厢内温度传感器、车外环境温度传感器、阳光传感器等各种传感器输入的信号；三是进气风门、空气混合风门的位置反馈信号；四是保护压缩机等空调系统装置信号。

表3-2 自动空调传感器的信号类型

输入信号种类	输入信号元件
驾驶员设定的信号	温度设定开关、A/C开关、MODE开关、AUTO开关、鼓风机开关等
工作环境信号	车内温度传感器、车外温度传感器、阳光传感器、水温传感器、蒸发器传感器等
风门位置反馈信号	进气风门位置传感器、空气混合风门位置传感器等
保护装置信号	压力传感器(开关)、锁止传感器、发动机功率保护装置等

自动空调执行器的信号类型见表3-3，主要有四种：一是向驱动各种风门的伺服电动机或真空驱动器输送的信号；二是控制鼓风机转速的电压调节信号；三是控制压缩机开启或停止的信号；四是信息显示信号。

表3-3 自动空调执行器的信号类型

输出信号种类	执行元件/输出信号
控制配气风门信号	进气模式控制电动机、空气混合控制电动机、送风模式控制电动机等
控制鼓风机转速信号	加热器继电器、超高速继电器、功率晶体管、鼓风机等
控制压缩机开停信号	压缩机继电器等
信息显示信号	显示屏、各种指示灯和报警灯等

(1) 车内温度传感器(室温传感器)。车内温度传感器是自动空调的重要传感器之一，可检测内部温度，以此作为温度控制的基础。它能影响出风口空气的温度、出风口风量、模式门和进气门的位置等。

自动空调系统的车内温度传感器一般为负温度变化系数的热敏电阻器，随着温度的升高，热敏电阻器的阻值减小；随着温度的降低，热敏电阻器的阻值增大，其特性如图3-18所示。丰田凌志车内温度传感器的电阻值：当温度为25℃时，为1.6～1.8kΩ；当温度为15℃时，为2.0～2.7kΩ。丰田凌志车内温度传感器向空调ECU输入温度信号TR。车内温度传感器可分为吸气型和电动机型，现代轿车多采用吸气型车内温度传感器，如图3-19所示，且多安装在空调操作面板或仪表附近，如图3-20所示。

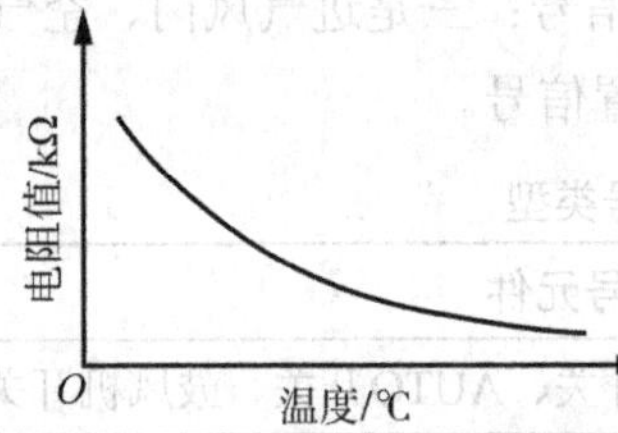

图3-18 车内温度传感器的特性

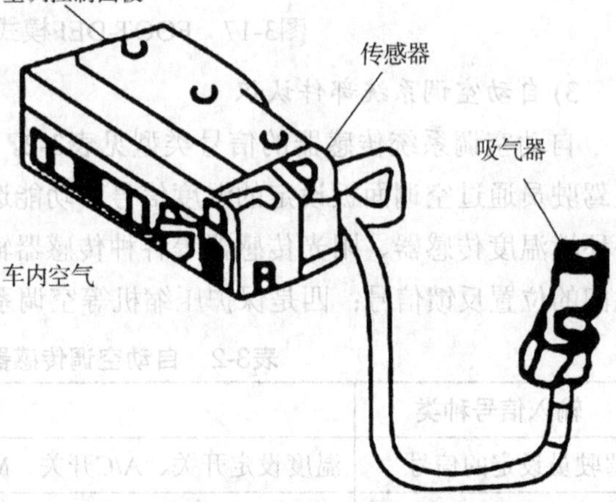

图3-19 吸气型车内温度传感器

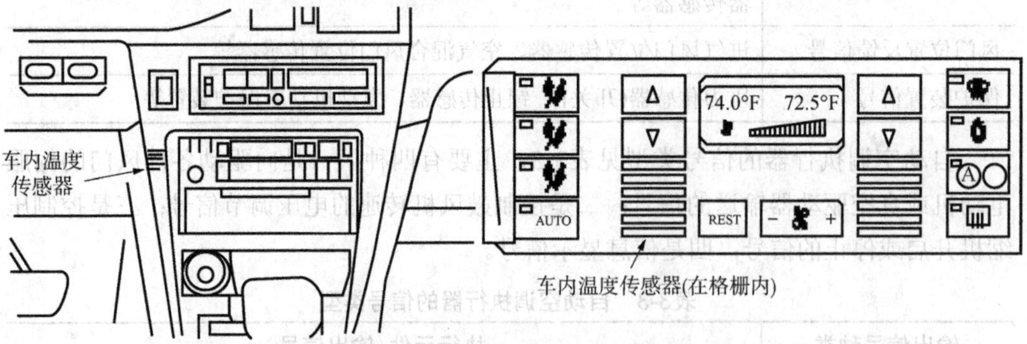

图3-20 车内温度传感器的安装位置

某些车型(如丰田新皇冠)采用湿度传感器(带内置的室温传感器)来优化除湿效果，如图3-21所示为湿度传感器的安装位置及输出特性。

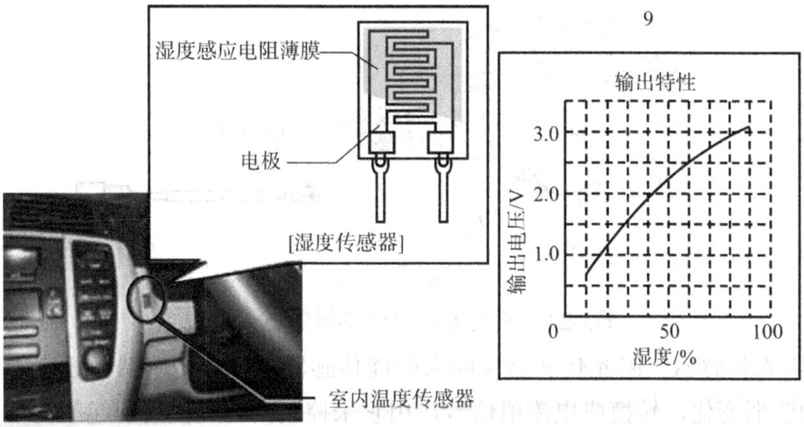

图3-21 湿度传感器的安装位置及输出特性

(2) 车外温度传感器(环境温度传感器)。车外温度传感器也称环境温度传感器、外界空气温度传感器或大气温度传感器。车外温度传感器是自动空调的重要传感器之一，它检测外部温度，即用来控制由外部温度波动所引起的内部温度波动。它能影响出风口空气的温度、出风口风量、送风模式风门的位置以及进气模式风门的位置等。

车外温度传感器一般为负温度变化系数的热敏电阻器，随着温度的升高，热敏电阻器的阻值减小；随着温度的降低，热敏电阻器的阻值增大，其特性与车内温度传感器类似。丰田凌志车外温度传感器负责向空调ECU输入信号TAM。大众帕萨特轿车的车外温度传感器的结构外形如图3-22所示。车外温度传感器一般都安装在前保险杠内、水箱之前或位于车辆前减振器下面的前护栅部位，如图3-23所示；也有部分车辆安装在后视镜中，如东风标致307车型。

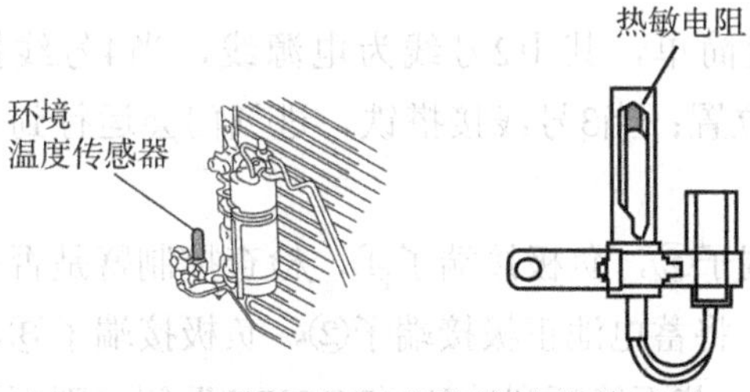

图3-22 车外温度传感器的结构外形

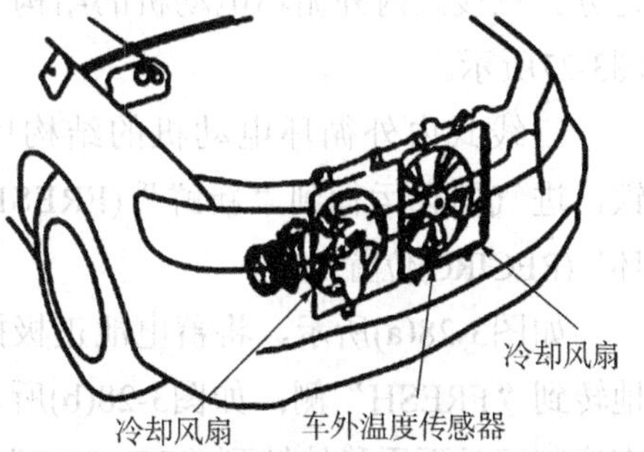

图3-23 车外温度传感器的安装位置

(3) 蒸发器温度传感器。它用于防冻、控制气流的温度和延时气流；通过测量蒸发器表面的温度来修正空气混合风门位置；用于鼓风机的时滞控制；在蒸发器表面温度低于0℃时，使压缩机不工作，防止蒸发器表面结霜。

与车内温度传感器类似，蒸发器温度传感器也是负温度变化系数的热敏电阻器，其特性曲线与车内温度传感器类似。蒸发器温度传感器大多安装在蒸发器表面出风口方向的翅片上，如图3-24所示。

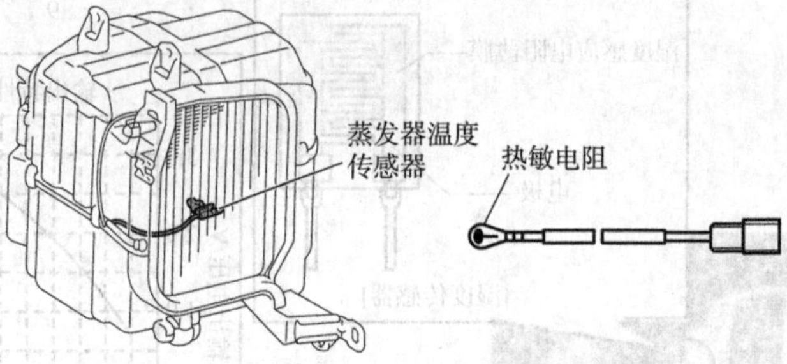

图3-24　蒸发器温度传感器的安装位置

(4) 阳光传感器。阳光传感器又叫太阳能传感器。阳光传感器通过光电二极管测量阳光的强弱变化，转换成电流值信号，用它来控制由日照波动引起的内部温度的变化，并可修正混合门的位置与鼓风机的转速。

阳光传感器的特性曲线如图3-25所示，在60W灯源(25cm距离)的强光照射下，电阻约为4kΩ，用布遮住阳光传感器，电阻为无穷大。阳光传感器一般都安装在仪表台的上面，靠近前挡风玻璃的底部，如图3-26所示。

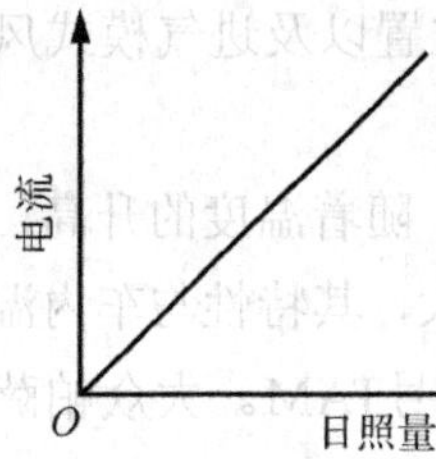

图3-25　阳光传感器的特性曲线

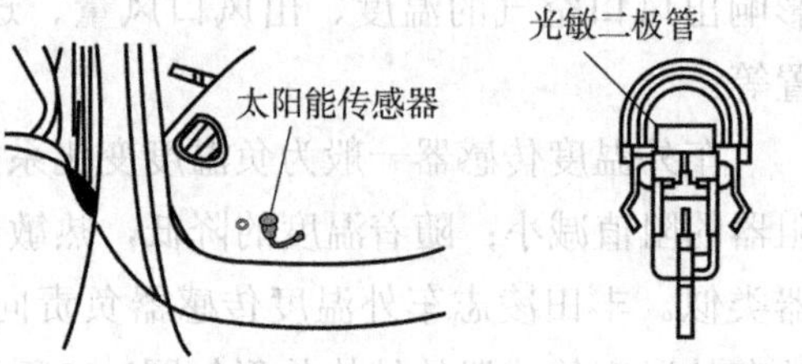

图3-26　阳光传感器的安装位置

(5) 内外循环电动机。内外循环电动机也称进气伺服电动机，有三线式和五线式之分。三线式内外循环电动机的结构与五线式空气混合门电动机的结构基本相同，如图3-27所示。

三线式内外循环电动机的结构比较简单，其中2号线为电源线，当4号线接搭铁，进气门会运行到“新鲜”(FRESH)位置；当3号线接搭铁，进气门会运行到“循环”(RECIRC)位置。

如图3-28(a)所示，将蓄电池正极接端子②，负极接端子④，检查控制臂是否平稳地转到“FRESH”侧；如图3-28(b)所示，将蓄电池正极接端子②，负极接端子③，检查控制臂是否平稳地转到“RECIRC”侧。若不能顺利转到“RECIRC”侧，则更换进气模式控制伺服电动机；反之将蓄电池正极接端子③，负极接端子②，检查控制臂是否平稳地转到“FRESH”侧；若不能顺利转到“FRESH”侧，则更换进气模式控制伺服电动机。

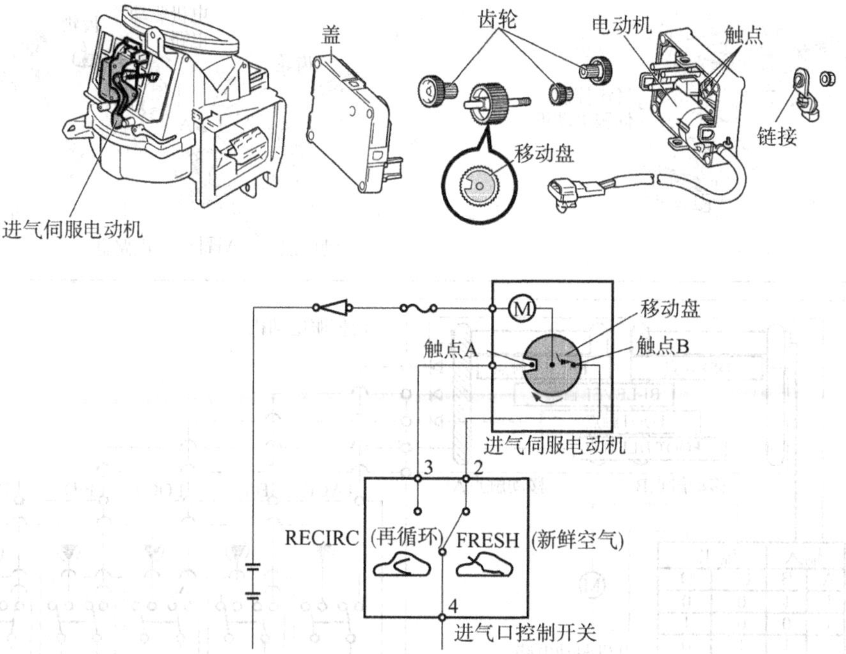

图3-27　三线式内外循环电动机的结构与电气原理

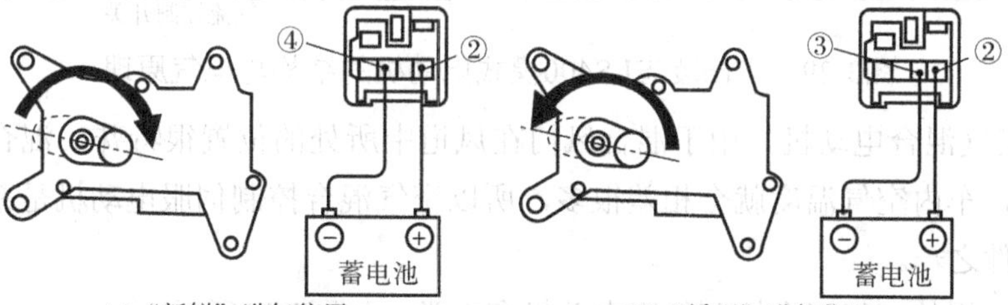

(a) “新鲜”进气位置　　(b) “循环”进气位置

图3-28　内外循环电动机检查

五线式内外循环电动机的检测方法与五线式空气混合控制电动机的检测方法基本相同。

(6) 模式电动机。模式电动机也称气流控制伺服电动机或送风模式电动机。自动空调的出风口有三大类：吹脸(VENT或FACE)、吹脚(FOOT)、除雾(DEF)；有五种组合：吹脸(VENT)、双层(B/L)、吹脚(FOOT)、吹脚除雾(F/D)、除雾(DEF)。在手动挡，可以控制风门处于五种出风类型中的任意一种；在自动挡，计算机可以控制风门处于吹脸、双层(FACE & FOOT)、吹脚、吹脚除雾四种类型。丰田凌志LS400模式电动机的结构与电气原理如图3-29所示。

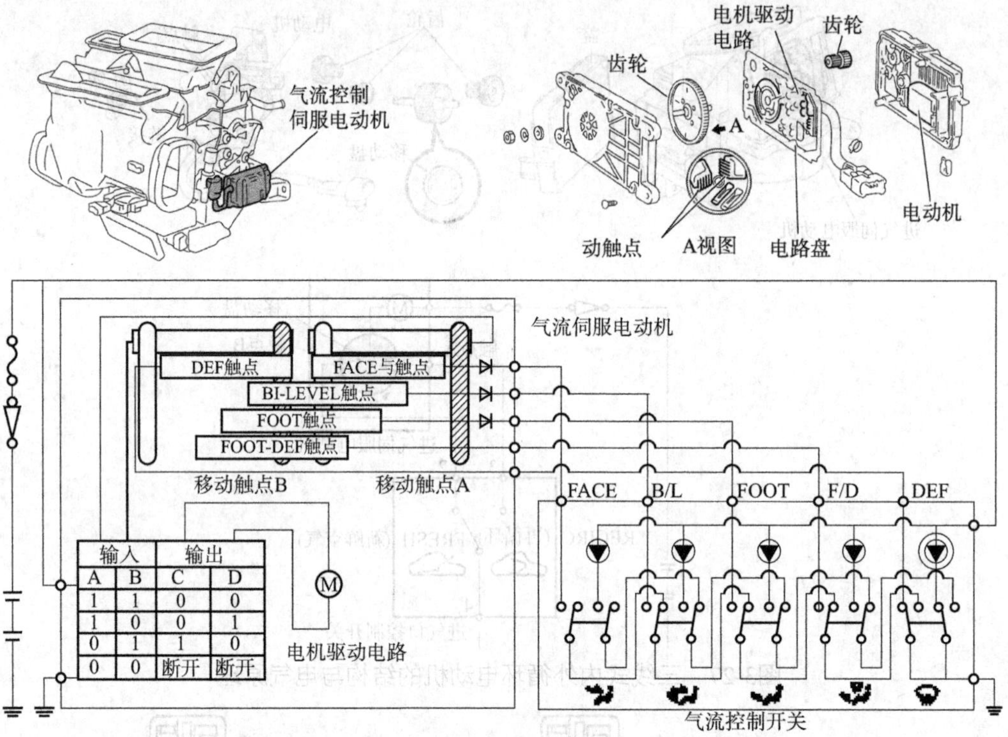

图3-29　丰田凌志LS400模式电动机的结构与电气原理

(7) 空气混合电动机。由于混合风门在风道中所处的位置很特殊，混合风门的位置差一点，车内空气温度就会相差很多，所以空气混合控制伺服电动机是系统中最为关键的部件之一。

目前常用的空气混合控制伺服电动机有五类，如图3-30所示。

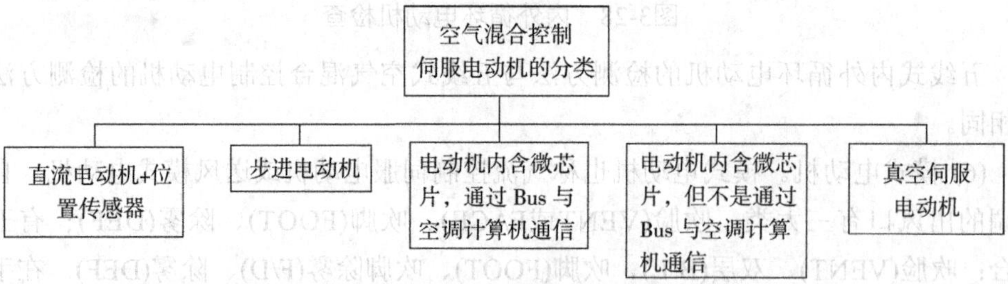

图3-30　空气混合控制伺服电动机的分类

类型一：直流电动机+位置传感器。该类型伺服电动机在早期的汽车空调上大量使用，主要应用在福特、丰田、三菱、日产等车型上。它的结构如图3-31所示(其中位置传感器位于伺服电动机内部)。

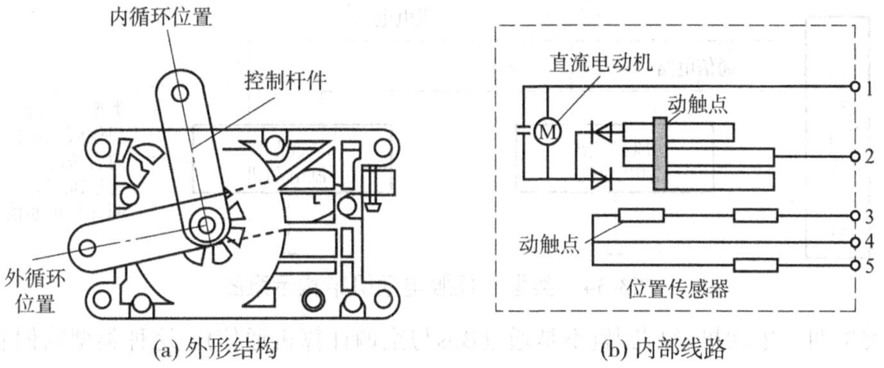

图3-31　类型一伺服电动机结构示意图

该类型伺服电动机由直流电动机、减速机构、限位装置、位置传感器四部分构成，如图3-32所示。

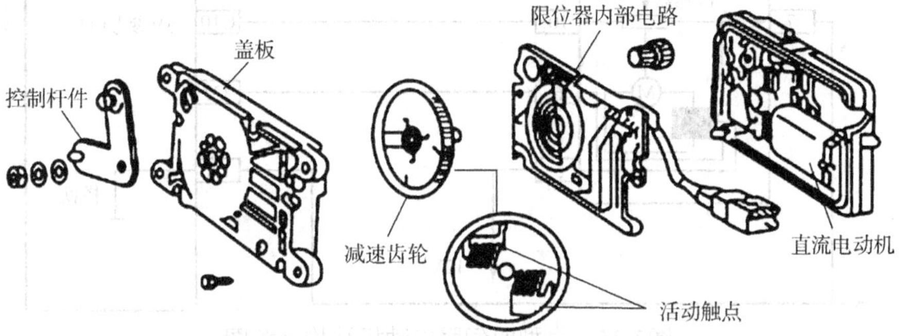

图3-32　类型一伺服电动机内部结构

类型二：步进电动机。宝马、凌志等车型是采用步进电动机来驱动混合风门。由于步进电动机具有自定位的功能，因此这种类型的伺服电动机没有设置混合门位置传感器。它的线路结构如图3-33所示。

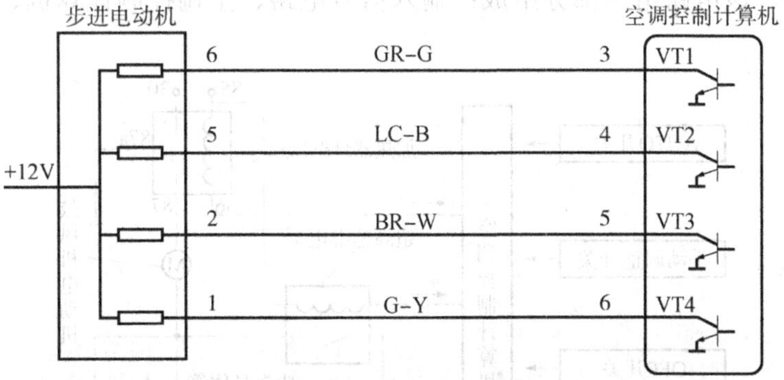

图3-33　类型二伺服电动机(步进电动机) 结构示意图

类型三：电动机+微芯片(通过Bus与空调计算机通信)。这种类型的混合风门伺服电动机内含微芯片，通过汽车与空调计算机通信。现在新款车型普遍采用此类型，如日产风度、新款奔驰等。它的结构如图3-34所示。(注：Bus是指信息高速公路或数据总线。)

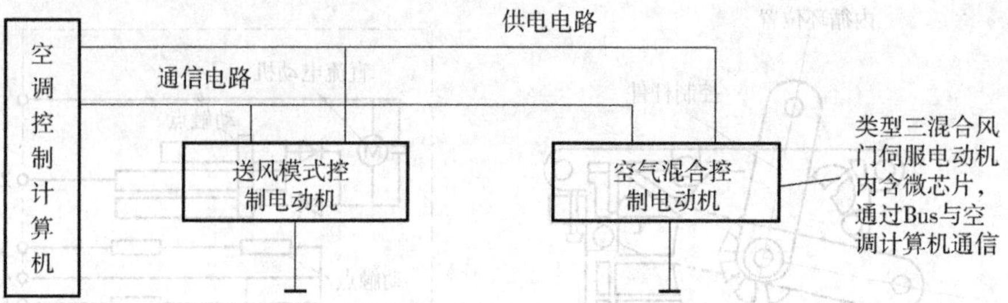

图3-34　类型三伺服电动机结构示意图

类型四：电动机+微芯片(不是通过Bus与空调计算机通信)。这种类型的伺服电动机主要应用在通用车系上。它的结构如图3-35所示。

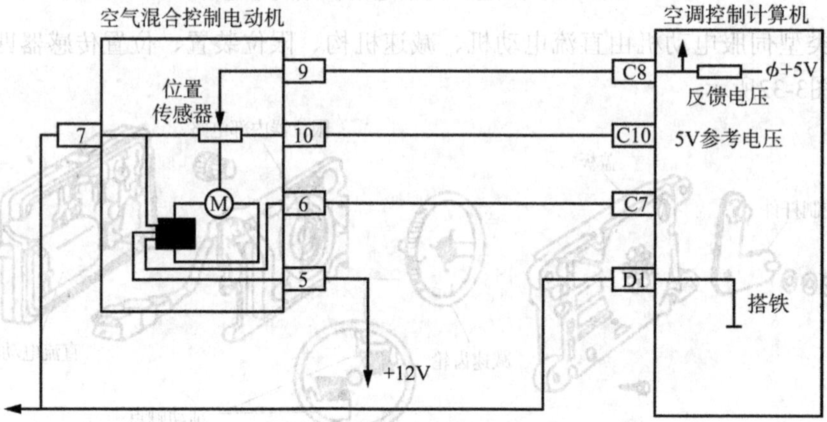

图3-35　类型四伺服电动机结构示意图

类型五：真空伺服电动机。这种类型的电动机应用在奔驰车型上，结构比较简单，其机械部分与普通真空伺服电动机相同。

(8) 鼓风机。许多轿车的鼓风机结构基本相同。如图3-36所示为典型的空调鼓风机控制电路，该电路由三部分组成：输入信号电路、空调控制计算机、鼓风机执行电路。

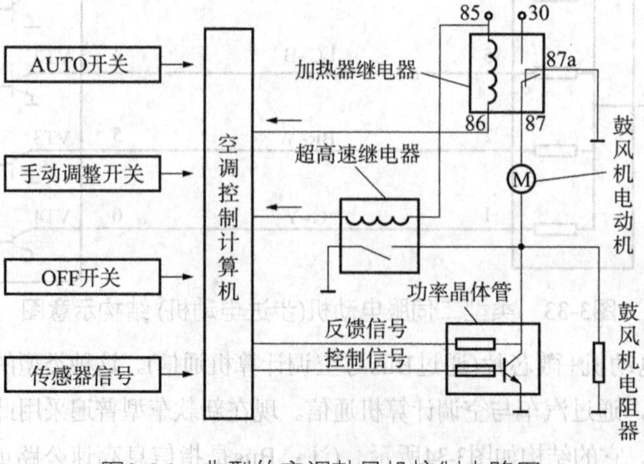

图3-36　典型的空调鼓风机控制电路图

按下手动调速开关或自动(AUTO)开关，空调控制计算机接通加热继电器回路，鼓风机通电工作，通过鼓风机电阻器、功率晶体管或超高速继电器构成回路，实现不同的转速变化。其中，电阻器为低速回路通道，功率晶体管为低速至高速变化通道(即实现无级调速的关键)，超高速继电器为超高速回路通道。鼓风机属于大电流用电装置，其控制元件损坏的概率较高。

(9) 功率晶体管。自动空调的功率晶体管主要实现对鼓风机的转速控制，通过调整功率晶体管基极电流来控制到送风机电动机的电流。根据内部温度和设置温度之间的差距，用TAO的值连续控制送风机的速度。功率晶体管控制鼓风机转速的电气原理如图3-36所示。

(10) 控制面板。空调控制器一般与空调控制面板合在一起，即空调控制面板就是控制器，如图3-37所示。空调控制器可控制空调系统各个部件上的执行器。驾驶员通过触摸按钮向计算机输入各种信号，传感器将各种状态参数输入计算机。计算机通过计算、分析、比较，从而发出指令，控制各执行器工作：改变风速，开停压缩机，打开所需的风门，按照输入的预设温度控制温度门的位置，显示操作信息，及时进行故障报警等。

现代不少中高级轿车的空调控制面板上配置有驾驶员区与前排乘客区两个独立的空调(配气)系统操作区域，可为驾驶员及前排乘客提供不同的空调(配气)系统，其舒适性、节能环保性更佳。

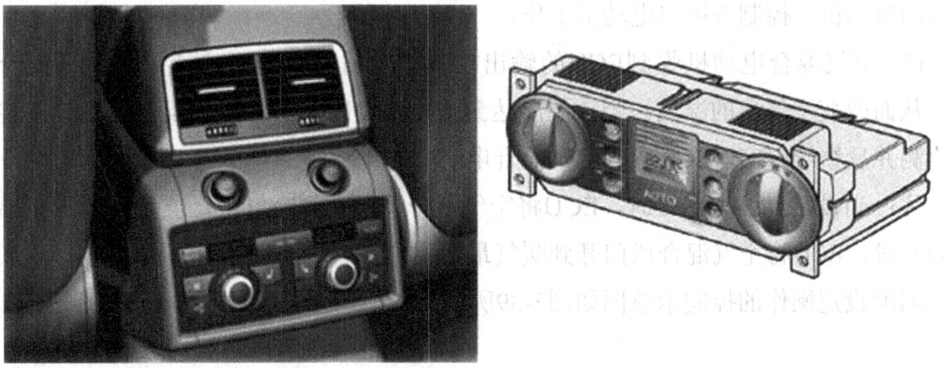

图3-37　典型的空调控制面板

3. 汽车自动空调系统的操作知识

1) 控制面板按钮介绍

如图3-38所示，丰田凌志LS400自动空调系统控制面板上有很多选择按钮，主要有：内外循环(进气口)选择按钮、温度选择按钮、模式(出风口)选择按钮、鼓风机速度调节按钮及其他按键。不同车型的选择按钮有所不同，但功能基本是相同的。

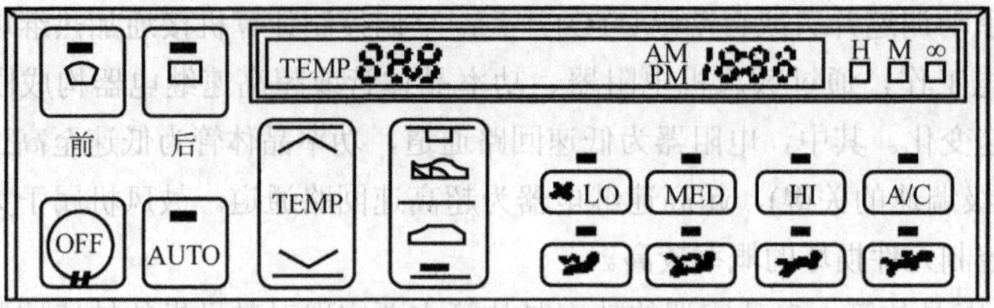

图3-38 丰田凌志LS400自动空调系统控制面板

2) AUTO键操作

(1) 当AUTO开关接通时，可做如下操作：①用TEMP开关设定想要的温度。②根据输入信号(室内温度传感器、环境温度传感器和阳光传感器)和温度设定信号，空调ECU计算配气方式，并输出相应的信号到各风门电动机，控制各风门电动机工作。

(2) 当AUTO开关断开时，空调ECU根据手动开关的位置，调整配气方式。

(3) 当发动机处于冷态时，如模式调到B/L或FOOT，并且水温信号输入低于40℃，则ECU控制模式风门切换到除霜口。

3) 温度设定操作

(1) 用TEMP开关设定想要的温度。

(2) 根据输入信号(室内温度传感器、环境温度传感器、水温传感器、蒸发器温度传感器和阳光传感器)和温度设定信号，空调ECU计算配气方式，并输出相应信号到各风门电动机，控制各风门电动机工作。

(3) 空气混合电动机收到ECU的输出控制信号后，就能开启或关闭空气混合风门，从而改变空气流的温度。当该温度达到规定温度时，由开启的混合风门位置传感器检测并反馈给ECU，ECU控制空气混合电动机停止工作。

注：当设定温度为18℃时，ECU将空气混合风门开到冷气最足位置；当设定温度为32℃时，ECU将空气混合风门开到暖气最足位置。

温度设定操作的控制示意图如图3-39所示。

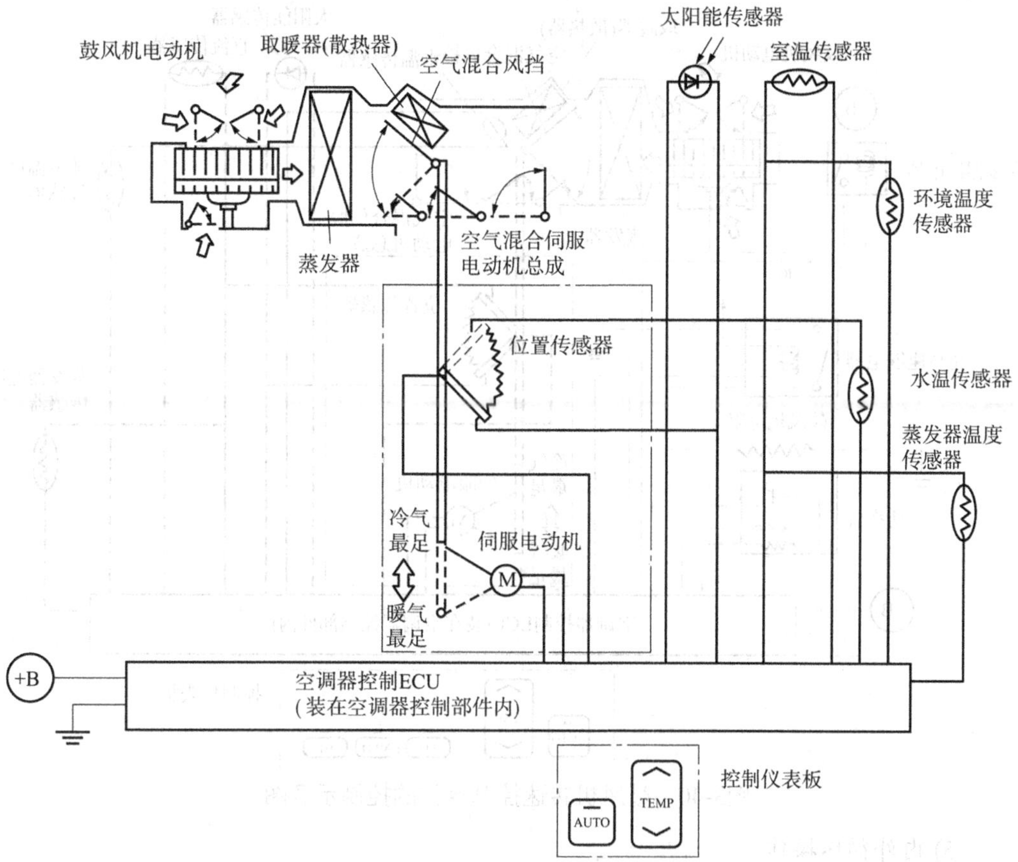

图3-39 温度设定操作的控制示意图

4) 鼓风机转速控制操作

(1) 当AUTO开关接通时，可做如下操作：①用TEMP开关设定想要的温度。②根据输入信号(室内温度传感器、环境温度传感器和阳光传感器)和温度设定信号，空调ECU计算空气流量和至功率晶体管的输出信号。③功率晶体管收到ECU的相应信号，通过控制端提高或降低鼓风机的转速，并通过反馈端进行转速反馈，从而控制空气流量。

(2) 当AUTO开关断开时，空调ECU将功率晶体管或超高速继电器转向ON/OFF，根据手动开关的位置，提高或降低鼓风机的转速，并通过反馈端进行转速反馈，从而控制空气流量。

鼓风机转速控制操作的控制示意图如图3-40所示。

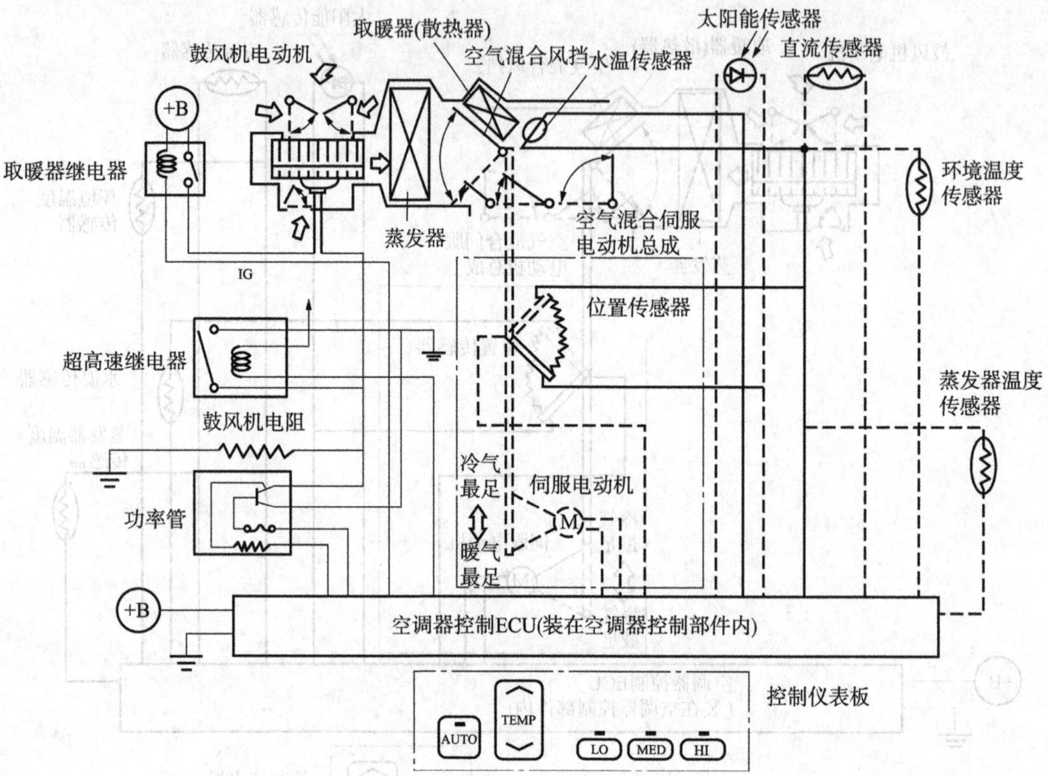

图3-40　鼓风机转速控制操作的控制示意图

5) 内外循环操作

(1) 当AUTO开关接通时，可做如下操作：①用TEMP开关设定想要的温度。②根据输入信号(室内温度传感器、环境温度传感器和阳光传感器)和温度设定信号，空调ECU计算进气方式和至进气电动机的输出信号。③进气电动机收到ECU的相应信号，控制开启或关闭进气风门，从而改变进气方式。当进气方式改变到设定的位置时，由进气电动机附带的进气风门位置传感器检测并输入ECU，ECU控制进气电动机停止工作。

注：如送风模式设定在DEF位置，则ECU直接控制进气方式为FRS。

(2) 当AUTO开关断开时，空调ECU将根据手动开关的位置，调整进气方式。

内外循环(进气方式)控制操作的控制示意图如图3-41所示。

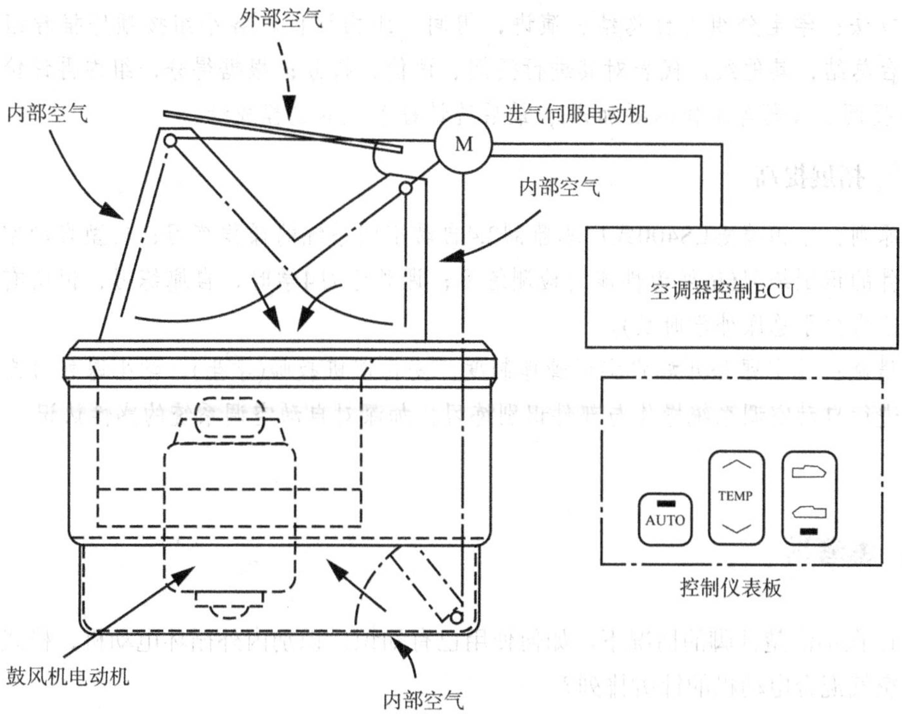

图3-41 内外循环(进气方式)控制操作的控制示意图

3.1.2 自动空调系统的操作练习与部件识别

任务实施(课内学习，学习方法：理实一体集中教学，教师示范，学生体悟)

1. 操作体验与描述

操作体验：在装有自动空调系统的台架或整车上操作自动空调系统，体验自动空调系统的工作过程，为自动空调系统的故障诊断创造必要的检修条件。

操作要点：AUTO、风速调整、温度调整、模式调整等操作。

相关现象观察与记录：对操作中的温度变化、风门变化、转速变化等工作情况进行观察，并做好相应的数据记录。

要求学生对照任务工作单中的内容进行填写，教师指导、答疑。

2. 部件识别

(1) 部件识别示范(教师示范讲解，学生记录)。

认识不同类型的自动空调系统，典型部件的识别示范，学生记录。

(2) 部件识别练习(教师布置任务，学生练习)。

练习识别典型车型的自动空调系统部件。

任务评价

目的：培养学生的交流合作能力、表达能力、演讲能力及总结概括能力。

方法：学生分组上台总结、演讲，组间、组内评价。各小组按顺序推荐组内同学上台总结，其他组派代表对其进行提问、评价、打分；根据得分，组内再评价得分(参与提问、答题等工作的要加分)；最后统计每个人的过程成绩。

拓展提高

原则：丰田凌志LS400或广本雅阁2.4自动空调系统的操作练习；典型自动空调系统部件的识别练习(拓展为性能的检测练习；课外学习4学时，自愿练习，但所有课外学时不得少于总课外学时数)。

措施：落实课外开放式实训管理制度，安排值班教师(学生)，学生课外自愿到实训室进行自动空调系统操作与部件识别练习，加深对自动空调系统的感性认识。

思考题

1. 在不清楚针脚的情况下，如何使用已有知识，识别内外循环电动机、模式电动机、空气混合电动机的针脚排列？
2. 现代轿车自动空调系统的功能有哪些？结合自动空调操作体会进行描述。
3. 自动空调系统工作时不出设定温度的冷风，可能原因有哪些？
4. 对比自动空调与手动空调的操作方法，分析自动空调系统是如何工作的？
5. 半自动空调与自动空调有何差异？试以POLO车为例分析比较。
6. 现代不少轿车采用了双区自动空调，它与传统的自动空调有何异同？
7. 在发动机水温未到正常工作温度的情况下，部分车辆需采用什么装置才能确保冬天时可尽快使用暖气功能？

任务3.2 自动空调系统分析

学习目标

(1) 知识点：自动空调系统的结构原理；自动空调系统的功能分析；典型自动空调系统电路原理图识记；自动空调系统部件性能检测。

(2) 技能点：自动空调系统的控制功能与电路结合分析；自动空调系统部件性能检测(方法能力——观察能力、学习能力、写作能力；社会能力——团队合作能力、交流能力、演讲能力；专业能力——动手能力、分析问题的能力)。

(3) 训练点：自动空调系统电路分析训练与强化练习；自动空调系统部件性能检测训练与强化练习。

(4) 评价点：考勤与加分项，任务处理过程考核，任务验收考核(任务工作单的填写、上台演讲表达、提问与解答)，知识识记考核，操作过程考核与期考。

任务导入

客户反映丰田凌志LS400轿车自动空调系统有故障，作为业务接待人员操作自动空调系统进行故障验证后，填写相关单据交维修作业人员。通过分析该车自动空调系统电路并对部分部件进行性能检测，查找该车自动空调系统的可能故障原因，最终完成维修任务。

任务分析

1. 自动空调系统工作原理的深入学习

(1) 自动空调系统的工作原理；

(2) 自动空调系统控制功能分析。

2. 掌握自动空调系统的典型操作电路分析

(1) 自动空调系统的温度控制原理与电路分析；

(2) 鼓风机转速控制原理与电路分析；

(3) 送风模式控制原理与电路分析；

(4) 进气模式控制原理与电路分析；

(5) 压缩机控制原理；

(6) 凌志LS400轿车自动空调系统电路。

3. 典型自动空调系统部件性能检测

(1) 典型自动空调系统部件性能检测；

(2) 部件故障分析。

任务实施

1. 教学条件(师资、设备、场地、资源)

(1) 师资要求。具有中级职称以上、双师资格的教师2名以上。

(2) 设备要求。自动空调系统的台架4～8个，其他材料。

(3) 场地要求。理实一体化的教室，投影仪，黑板5～9块。

(4) 学习资源。教师教学手册、学生学习手册、任务工作单、维修手册等教学资源。

2. 教学实施

(1) 自动空调系统典型操作示范与控制功能分析(课内集中示范、学生观察)。

教师现场示范操作自动空调系统并进行控制功能分析，学生现场观察思考，注意现场操作安全。

(2) 自动空调系统操作练习与控制功能验证，体悟(课内学生分组体悟)。

学生分组练习自动空调系统的操作并进行控制功能验证，记录相关数据，完成任务工作单的内容，注意现场操作安全。

(3) 自动空调系统部件性能检测操作示范与电路分析(课内集中示范、学生观察)。

教师现场对自动空调系统典型部件进行性能检测与电路分析，学生现场观察思考，注意现场操作安全。

(4) 自动空调系统部件性能检测与电路分析练习，体悟(课内学生分组体悟)。

学生分组进行自动空调系统部件性能检测与电路分析练习，记录相关数据，完成任务工作单的内容，注意现场操作安全。

(5) 学习评价(学生上台总结、演讲、评价)。

学生分组上台总结、演讲，组间、组内评价，最后统计每个人的过程考核成绩。

相关知识

3.2.1 自动空调系统工作原理与功能分析

1. 自动空调系统的控制与工作原理

1) 自动空调系统的控制

如图3-42所示，轿车自动空调系统的控制可以分为制冷系统的控制和空气侧的控制。传统的汽车自动空调系统主要是对空气侧的控制(采暖系统和通风系统)，而对制冷系统的运行仅起监测和保护作用，即以空气侧的控制为主，以制冷系统的控制为辅。对空气侧的控制有：控制进气口风门(内/外循环风门)的开度以及空气净化器的开关，改善空气的清洁度；控制加热器旁通风门(混合风门)的开度，调节出风温度；控制鼓风机转速，调节出风速度/大小；控制吹头/吹脚风门(送风方式风门)的开度，调节出风角度，以满足吹头/吹脚/除雾除霜的需求；需要加湿的时候打开加湿阀的开关，需要减湿的时候改变混合风门的开度，调节空气的相对湿度等。对制冷系统的控制，主要是对压缩机的控制，通过控制压缩机的启动和停止来控制温度。在控制方式上，主要是控制各个执行机构，比如风门挡板、压缩机、鼓风机、热水阀及空气净化器等，从而达到控制车内空气的温度、湿度、清洁度以及送风量的目的。

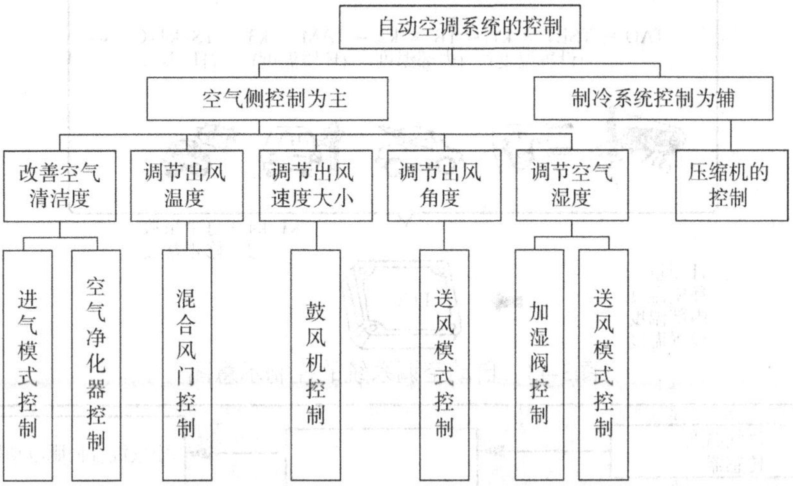

图3-42　自动空调系统的控制内容示意图

2) 自动空调系统工作原理

自动空调系统的核心是对室内温度的恒定控制，以空调控制器为控制中心，结合各种传感器对汽车发动机的有关运行参数(如水温、转速等)、车外的气候条件(如气温、空气湿度、日照强度等)、车内的气候条件(如平均温度、湿度等)、空调的送风模式(如送风温度、送风口的选择等)等多种参数进行实时检测，并与操作面板送来的信号(如设定温度信号、送风模式信号等)进行比较，通过运算处理后进行判断，通过混合空气温度、调节风速、调整出风口位置、调整进风口位置等执行机构的调整和修正，实现对温度和空气环境的全季节、全方位、多功能的最佳控制和调节。同时，它还具备自我诊断、保护和容错功能。

以丰田凌志LS400轿车自动空调系统为例，了解自动空调系统的工作原理，通过空调系统的基础部件，自动空调系统用温度选择器设置要求的温度(TSET信号)和按AUTO开关来触发自动恒温控制，空调ECU系统利用各类传感器的反馈信号(有TR、TAM、TS信号)，自动控制调整风速、气流、混风来实现并保持该预定的温度TAO，图3-43所示为自动空调系统的控制示意图。

空调ECU计算空气温度TAO和气流量，并根据各传感器和设定温度来决定使用哪个配气口，控制空气混合挡板的位置、鼓风机电动机速度和气流挡板的位置，如图3-44所示为自动空调控制系统的结构原理图。

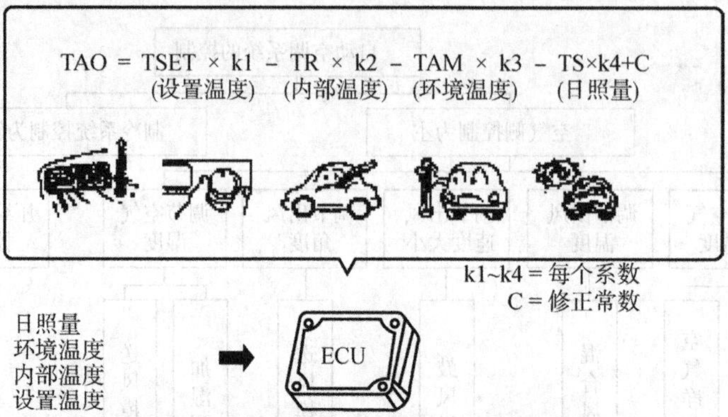

图3-43 自动空调系统的控制示意图

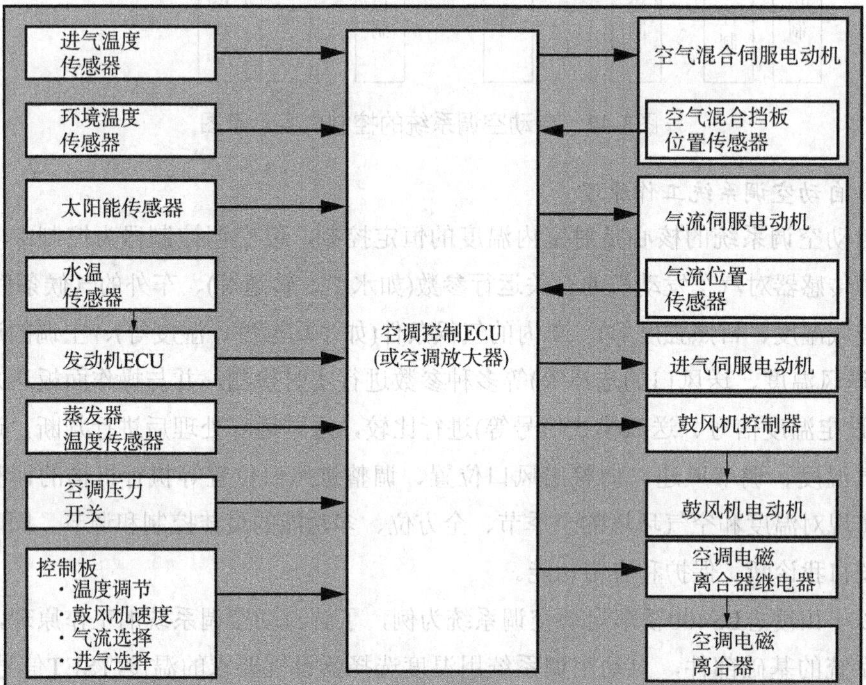

图3-44 自动空调控制系统的结构原理图

2. 自动空调系统的控制功能与分析

1) 自动空调系统的温度控制原理与分析

(1) 自动空调系统的温度控制原理。目前，常采用的自动空调温度综合控制(舒适性控制)方法如图3-45所示。

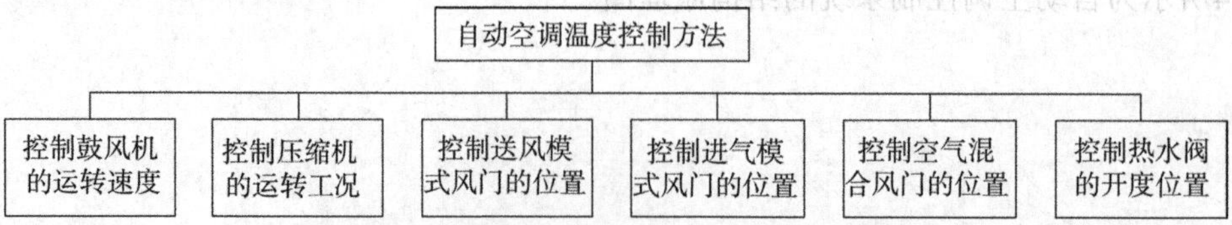

图3-45 自动空调的温度控制方法示意图

① 空调计算机根据车内温度、环境温度、设定温度、阳光强度等，自动调节空气混合风门的位置。一般来说，车内温度越高、环境温度越高、阳光越强，空气混合风门就越接近“冷”的位置。若车内温度达到35℃，空气混合风门处于最冷位置；若车内温度为25℃，空气混合风门处于50%的位置。

② 鼓风机工作，引进外界空气到车内进行温度调节。当夏季室外温度高于30℃时，计算机会关闭热水阀，让鼓风机高速运行，增加送风量；当室外温度高于35℃时，便会切断车外空气，定期切换一次外气。

③ 对于使用变排量压缩机的制冷系统，当压缩机节能输出引起蒸发器温度上升时，计算机会自动调节空气混合风门的位置，保持输出空气温度不变。

④ 出风口空气温度的计算。出风口空气温度用TAO来表示。TAO是使车内温度保持在设定温度的出风口空气温度，即由鼓风机吹出并被冷却或加热后的空气温度。它可根据温度控制开关的状态以及来自传感器(即车内温度传感器、车外温度传感器、阳光传感器)的信号计算出来。自动空调控制器参照这个TAO输出驱动信号至执行器，使自动空调控制系统(除压缩机控制外)运行。

⑤ 出风口空气温度的控制方法。空调控制计算机根据计算所得的TAO和来自蒸发器的信号，来计算空气混合控制风门的开度。

如图3-46所示为空气混合风门控制的电路原理示意图，该电路主要用于实现对出风口空气温度的控制。

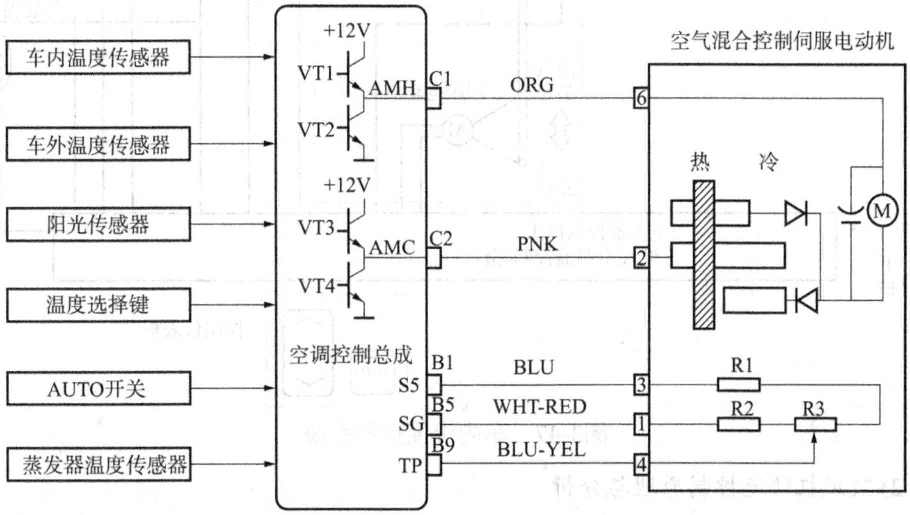

图3-46　空气混合风门控制电路原理示意图

(2) 自动空调系统的温度控制分析。如图3-47所示，丰田凌志自动空调系统的车内温度控制方法如下所述。

① 用TEMP开关设定想要的温度。

② 根据输入信号、(车内)温度传感器、(车外)环境温度传感器、水温传感器、蒸

发器温度传感器、太阳能(阳光)传感器和温度设定，空调器控制ECU决定空气流量和至空气混合伺服电动机的输出信号。

③ 当空气混合伺服电动机接收到从ECU传来的信号时，即开启或关闭空气混合风挡，从而改变空气流的温度。当该温度达到规定温度时，空气混合风挡位置传感器即可检测到，同时ECU关闭该伺服电动机。

备注：如果想要设定的温度是18℃(欧洲是16℃)，则ECU将空气混合风挡开到冷气最足位置；如果设定在32℃(欧洲是30℃)，则ECU将把空气混合风挡开到暖气最足位置。

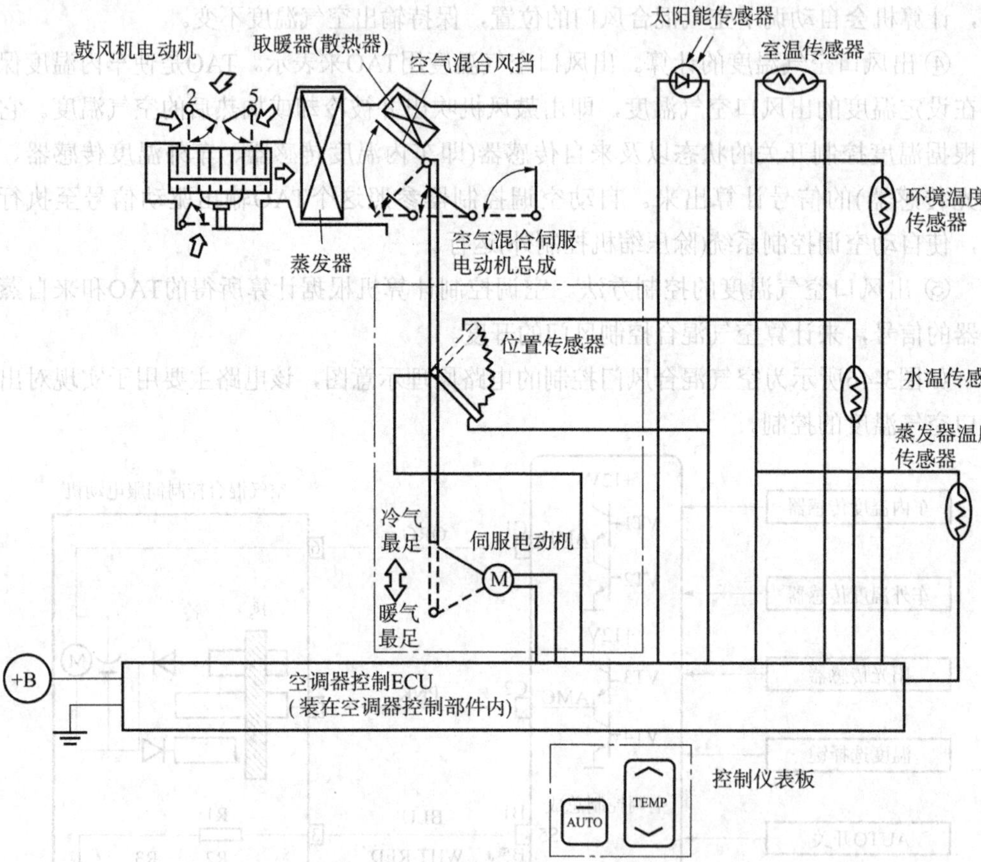

图3-47 车内温度控制系统

2) 鼓风机转速控制原理与分析

(1) 鼓风机控制系统的组成。如图3-48所示，鼓风机控制系统包括温度设定键、车外温度传感器、车内温度传感器、阳光传感器、蒸发器温度传感器、水温传感器、空调计算机、功率晶体管、超高速继电器、鼓风机电阻器、鼓风机、加热器继电器等。

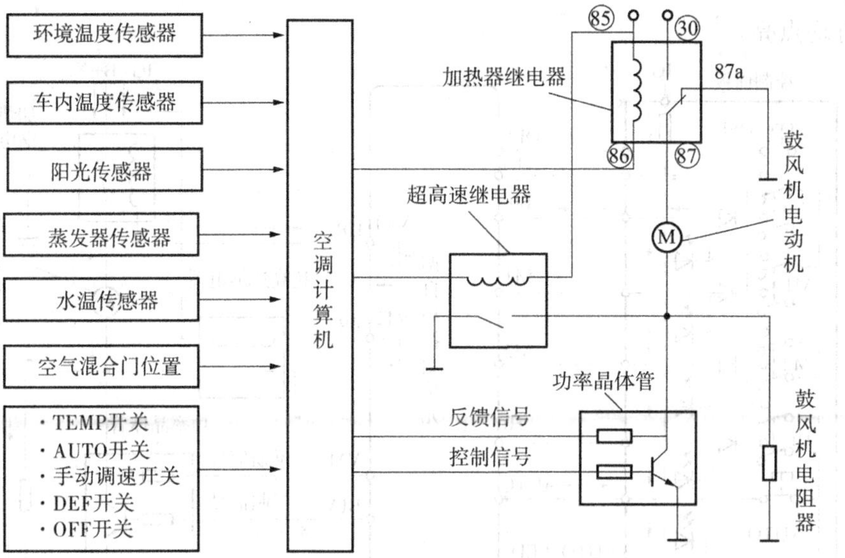

图3-48　鼓风机控制系统的组成

(2) 鼓风机转速控制模式。为使车内保持良好舒适的环境，鼓风机转速控制一般有多种模式。鼓风机主要的转速控制模式如图3-49所示。

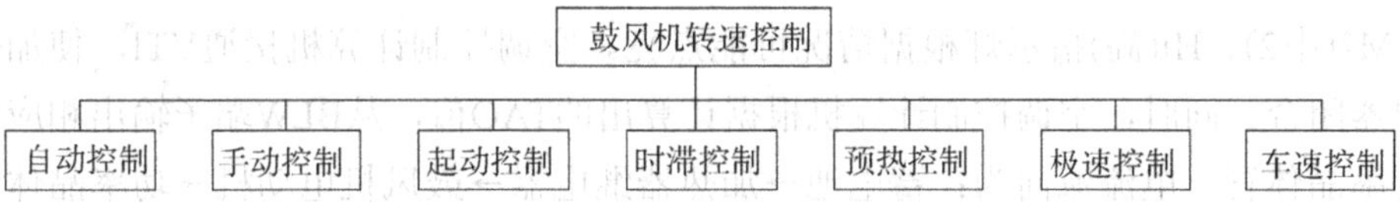

图3-49　鼓风机转速控制模式

(3) 鼓风机转速自动控制原理。自动空调系统对鼓风机的转速控制核心是实现了对转速的无级控制，通过功率晶体管的控制端与反馈端即可实现对鼓风机的低速、中速、高速控制，鼓风机转速由功率晶体管的导通时间决定。当然，为了保护功率晶体管，有些车型在鼓风机功率晶体管转速控制电路中，还并联了鼓风机低速控制电路与鼓风机高速控制电路。

空调控制计算机根据室内温度、环境温度、阳光强度、设定温度等，自动控制鼓风机的转速。一般来说，室内温度越高、环境温度越高、阳光越强，鼓风机转速就越快。与温度控制类似，根据TAO值自动控制鼓风机转速。当控制面板上AUTO(自动)开关接通时，ECU根据TAO的电流强度控制鼓风机转速，鼓风机转速自动控制原理如图3-50所示。

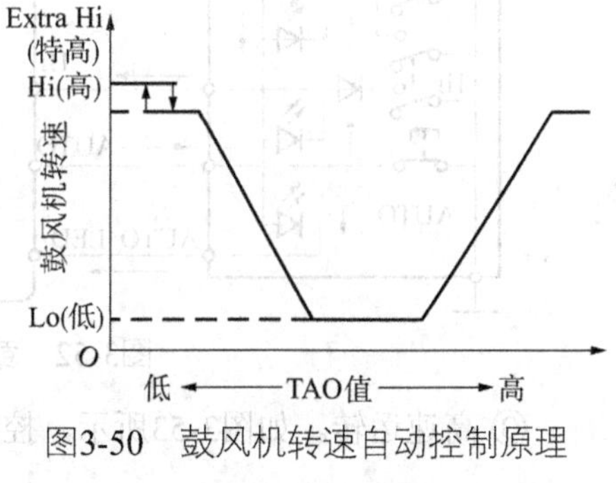

图3-50　鼓风机转速自动控制原理

① 低速运转。如图3-51所示，空调控制计算机接通VT1，使加热器继电器接合。电流方向为：蓄电池加热器继电器→鼓风机电动机→鼓风机电阻器→接地。鼓风机电动机低速运转，控制面板上AUTO(自动)和Lo(低速)两个

指示灯均点亮。

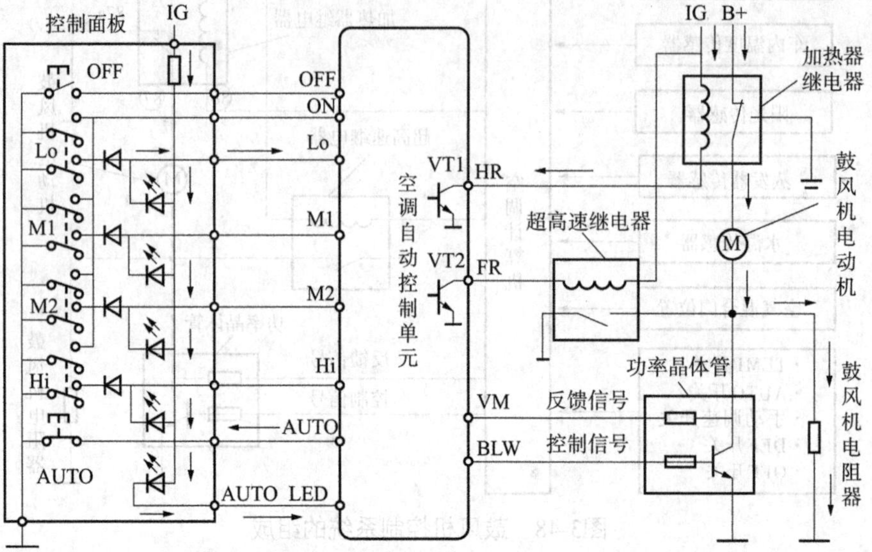

图3-51　鼓风机低速运转原理图

② 中速运转。如图3-52所示，控制面板上AUTO(自动)指示灯亮，Lo(低)、M1(中1)、M2(中2)、Hi(高)指示灯根据情况可能点亮。空调控制计算机接通VTl，使加热器继电器闭合。同时，空调控制计算机根据计算出的TAO值，从BLW端子输出相应信号至功率晶体管。电流流向为：蓄电池→加热器继电器→鼓风机电动机→功率晶体管和鼓风机电阻器→接地。电动机中速运转，ECU从与功率晶体管相连的VM端子接收反馈信号，检测鼓风机实际转速信号，依此校正鼓风机驱动信号。

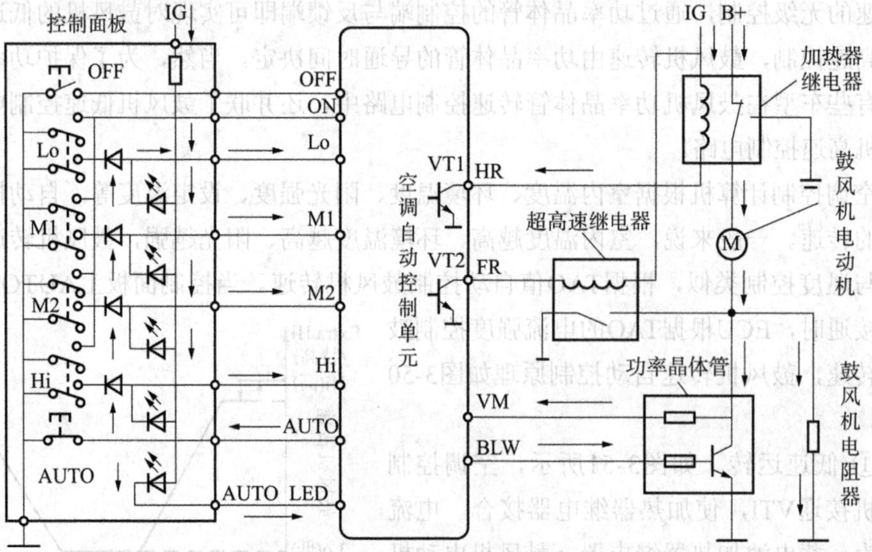

图3-52　鼓风机中速运转原理图

③ 高速运转。如图3-53所示，控制面板上AUTO(自动)和Hi(高速)指示灯亮。空调

控制计算机接通VT1和VT2，使加热器继电器和超高速继电器闭合。电流流向为：蓄电池→加热器继电器→鼓风机电动机→超高速继电器→接地。鼓风机电动机以高速运转。

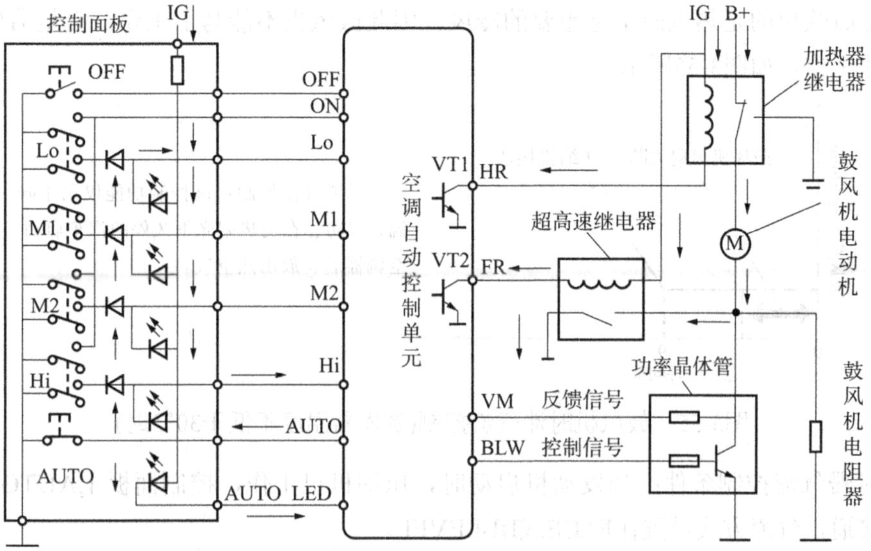

图3-53　鼓风机高速运转原理图

(4) 鼓风机启动控制原理。鼓风机启动控制主要用于防止功率晶体管被启动电流损坏。如图3-54所示，鼓风机在启动时，工作电流会比稳定工作时大很多，为防止烧坏控制模组，不论目标转速多少，在鼓风机启动时都以低速运转，然后才逐步升高，直至达到理想的转速。

鼓风机启动时ECU控制加热器继电器闭合，电流流经鼓风机电动机和电阻器，电动机低速运转2s后，ECU才通过BLW端子向功率晶体管输出驱动信号，从而避免功率晶体管被启动电流损坏。

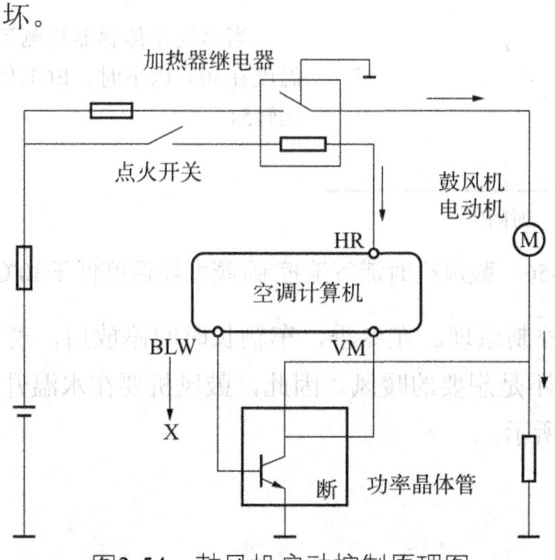

图3-54　鼓风机启动控制原理图

(5) 鼓风机极速控制原理。有些车型，在设定温度处于最低(18℃)或最高(32℃)时，鼓风机会保持高速转动。

(6) 鼓风机时滞控制原理。夏天，车辆长时间停在炎热阳光下，若马上打开鼓风机，此时吹出的是热风而不是想要的冷风。因此鼓风机不能马上工作，而是滞后一段时间才工作，如图3-55所示。

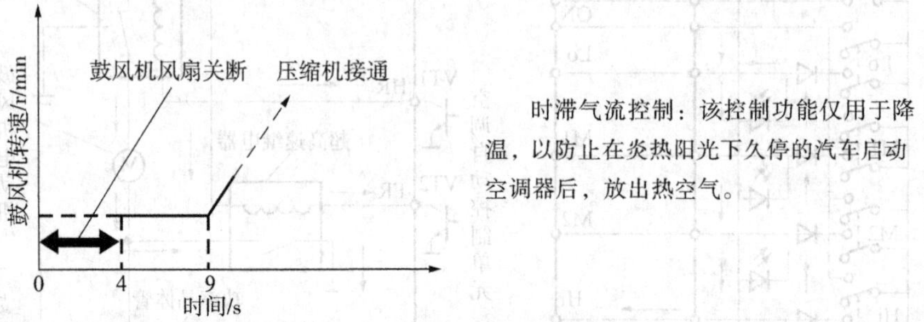

时滞气流控制：该控制功能仅用于降温，以防止在炎热阳光下久停的汽车启动空调器后，放出热空气。

图3-55　鼓风机时滞气流控制(蒸发器温度不低于30℃时)

时滞气流控制条件：当发动机启动时，压缩机已工作，控制面板上AUTO(自动)开关接通，气流方式设置在FACE或BI-LEVEL。

时滞气流控制功能如下所述。

① 当蒸发器传感器检测到冷风装置温度不低于30℃时，接通压缩机，ECU控制鼓风机电动机保持运转4s，使冷风装置内的空气冷却降温。在这以后的5s，ECU使鼓风机低速运转，将冷风装置内已冷却的空气送至车厢，如图3-55所示。

② 当蒸发器传感器检测到冷风装置内的温度在30℃以下时，如图3-56所示，ECU使鼓风机以低速运转约5s，之后进入正常运转。

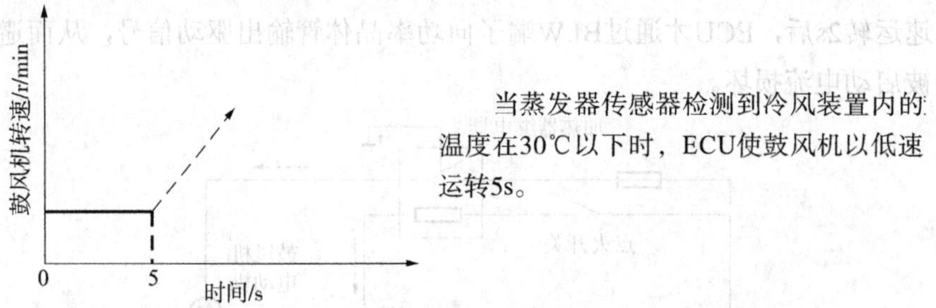

鼓风机转速/r/min
0
5
时间/s
当蒸发器传感器检测到冷风装置内的温度在30℃以下时，ECU使鼓风机以低速运转5s。

图3-56　鼓风机时滞气流控制(蒸发器温度低于30℃时)

(7) 鼓风机预热控制原理。在冬季，车辆长时间停放后，若马上打开鼓风机，此时吹出的是冷空气而不是想要的暖风。因此，鼓风机要在水温升高后，才能逐步转向正常工作，如图3-57所示。

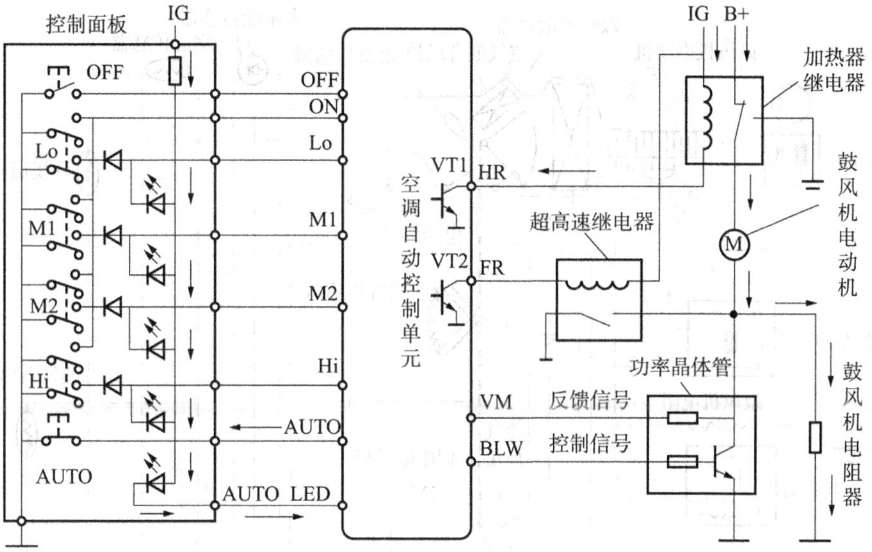

图3-57　鼓风机预热控制原理图

当控制开关置于FOOT或BI-LEVEL时，ECU通过水温传感器检测发动机冷却液的温度，当其不低于30℃时，控制鼓风机电动机开始转动。而有些车型在发动机冷却液不低于40℃时，鼓风机电动机才开始转动。

(8) 鼓风机手动控制原理。手动控制是根据手动开关的操纵，将鼓风机驱动信号送到功率晶体管。ECU根据控制面板手动开关的操纵信号，将鼓风机驱动信号送至功率晶体管，控制鼓风机的转速。

(9) 鼓风机车速补偿原理。部分自动空调鼓风机控制具有车速补偿功能，在高车速时，鼓风机的转速可适当降低，以补偿由于散热产生的影响，使之与低速时具有一样的效果。

(10) 鼓风机转速控制分析。如图3-58所示，丰田凌志自动空调系统的鼓风机转速控制如下所述。

① 当AUTO开关接通时，可做如下操作：a.用TEMP开关设定想要的温度。b.根据输入信号、(车内)温度传感器、(车外)环境温度传感器和太阳能(阳光)传感器以及温度的设定，空调器控制ECU决定空气流量和至功率管的输出信号。c.当功率管接收到从ECU来的信号时，它提高或降低送风机电动机的转速，从而控制空气流量。

② 当AUTO开关断开时，ECU将功率晶体管或超高继电器转向ON/OFF，根据Manual(手动)开关的位置，提高或降低送风机电动机的转速，从而调整空气流量。

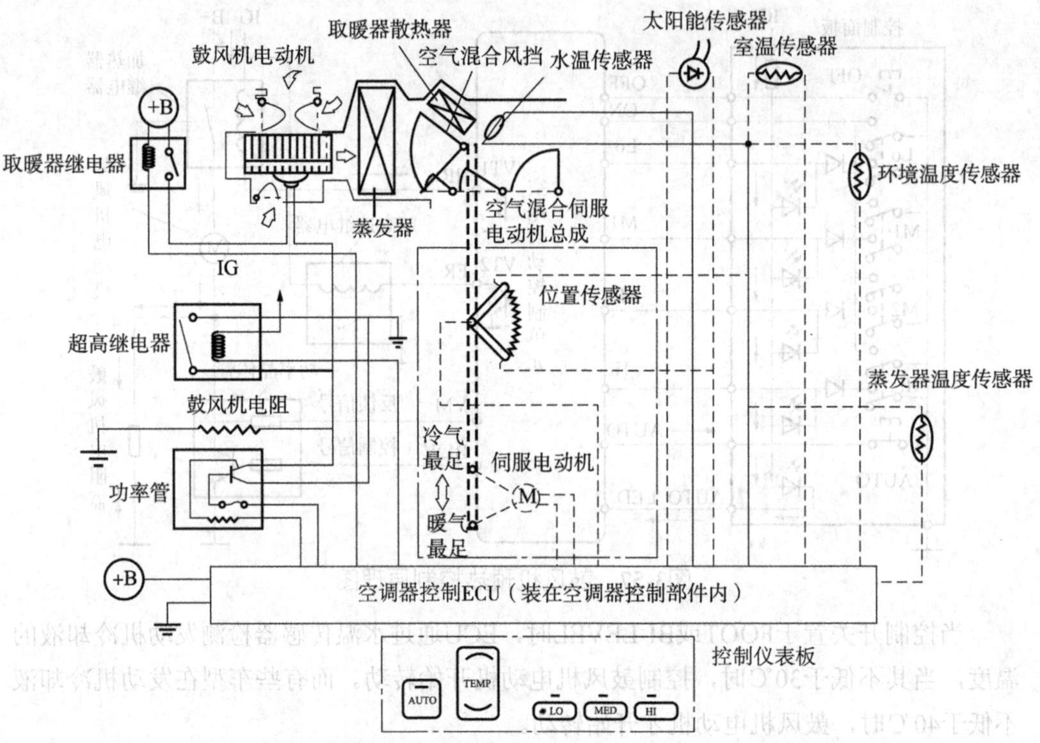

图3-58　鼓风机转速控制系统

3) 送风模式控制原理与分析

(1) 送风模式控制系统组成。如图3-59所示，送风模式控制系统主要由面板功能控制开关、空调ECU、气流方式控制伺服电动机、空气混合门位置传感器、车内温度传感器、环境温度传感器、阳光传感器等组成。ECU根据TAO值自动控制送风模式。

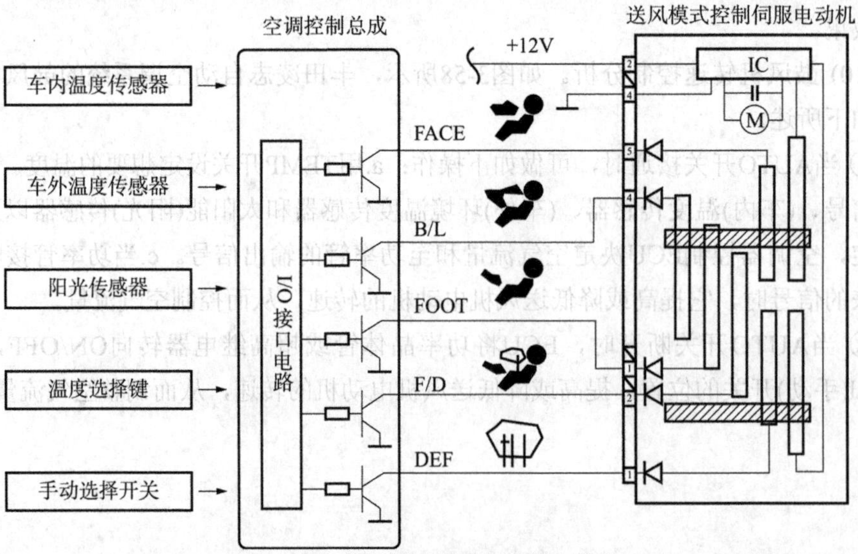

图3-59　送风模式控制系统组成图

送风模式控制系统的工作模式可通过面板功能控制开关进行选择，其工作模式一般有两种：自动控制模式和手动控制模式。

(2) 送风模式控制系统工作过程中具体的控制方式与流程如下所述。

① 面板功能控制。控制面板上的AUTO(自动)开关接通时，ECU根据TAO值按如图3-60所示的方式进行控制。

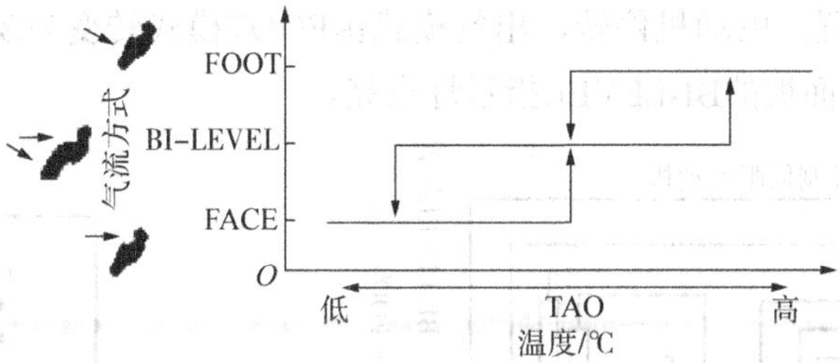

图3-60　送风模式控制原理

a. 当TAO从低变高时，原来的送风模式控制伺服电动机内的移动触点位于FACE位置。如图3-61所示，ECU接通VTl，使驱动电路输入信号端B端电路通过VTl接地，信号为0；A端电路断路，信号为1。根据内部程序图可知，输出电路中，D端信号为1，即电流由D端输出，由C端流回，驱动电动机旋转，内部触点由FACE位置移动到ECU FOOT位置，电动机停转，输出风口的出气模式由FACE模式转为FOOT模式。同时ECU接通VT2，使位于面板的FOOT指示灯点亮。

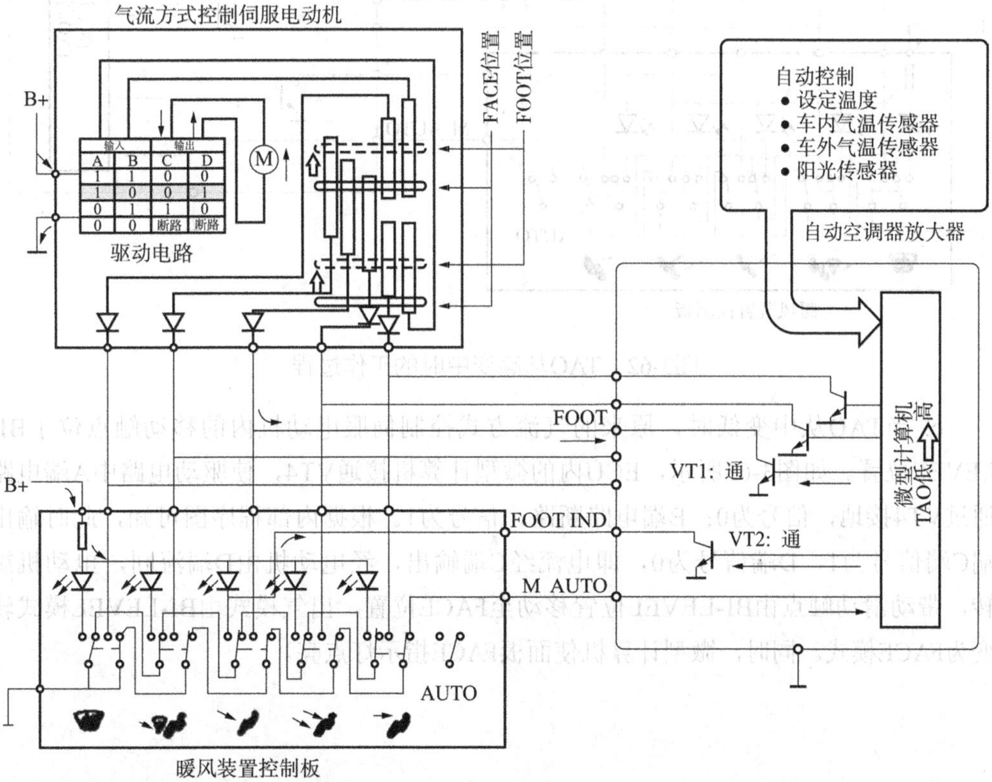

图3-61　TAO从低变高时的工作过程

b. 当TAO从高变中时，原来的气流方式控制电动机内的移动触点位于FOOT位置。如图3-62所示，ECU接通VT3，使驱动电路中A端电路通过VT3接地，信号为0；B端电路断路，信号为1。根据内部程序图可知，相应输出端C端信号为1，D端信号为0，电流由C端输出，经电动机流回D端，电动机旋转，带动滑动触点由FOOT位置运动至BI-LEVEL位置，电动机停转，出气模式由FOOT模式转变为BI-LEVEL模式。同时，微型计算机使面板的BI-LEVEL指示灯点亮。

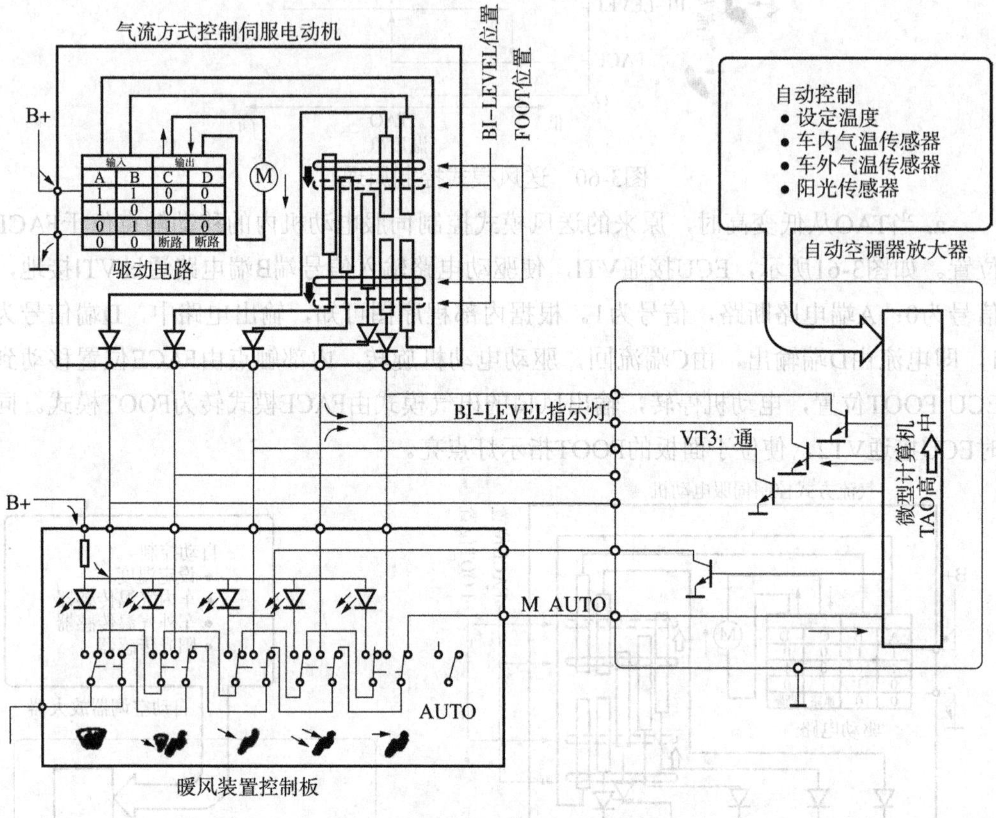

图3-62 TAO从高变中时的工作过程

c. 当TAO从中变低时，原来的气流方式控制伺服电动机内的移动触点位于BI-LEVEL位置。如图3-63所示，ECU内的微型计算机接通VT4，使驱动电路中A端电路通过VT4接地，信号为0；B端电路断路，信号为1。根据内部程序图可知，此时输出端C端信号为1，D端信号为0，即电流经C端输出，经电动机由D端流回，电动机旋转，带动滑动触点由BI-LEVEL位置移动至FACE位置，出气模式由BI-LEVEL模式转变为FACE模式。同时，微型计算机使面板FACE指示灯点亮。

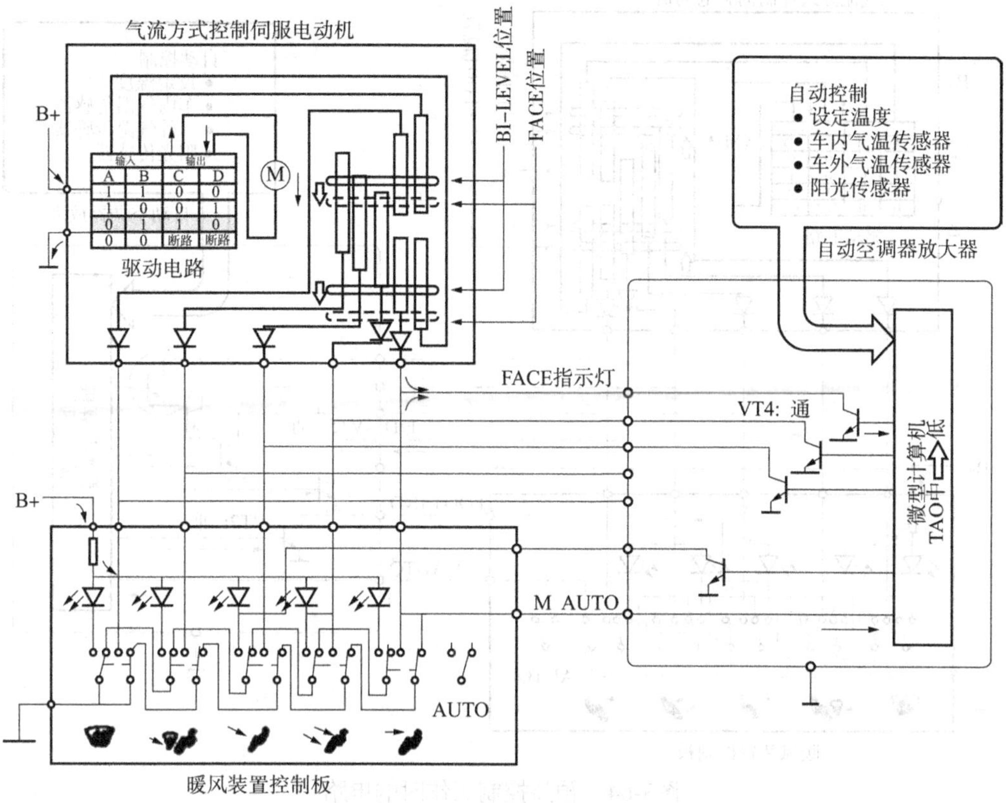

图3-63　TAO从中变低时的工作过程

② DEF-FOOT方式控制。具体的工作过程如下所述。

a. 当预热控制工作时，ECU控制出气模式由FOOT模式转变为F/D模式。如图3-64所示，控制过程如下：起始气流方式控制伺服电动机内的移动触点位于FOOT位置，ECU内的微型计算机根据水温传感器的信号接通VT2，使驱动电路输入端B端由电路经VT5搭铁，信号为0；A端电路不通，信号为1。根据内部程序图可知，相应输出端D端信号为l，C端信号为0，即电流可由D端输出，经电动机由C端流回，电动机旋转，带动触点由FOOT位置移动到F/D位置时，C、D断路，电动机停转，出气模式由FOOT模式转变为F/D模式。同时，微型计算机接通VT2，使位于面板的F/D指示灯点亮。

b. 当预热控制不工作时，ECU控制出气模式由F/D转变为FOOT模式。如图3-64所示，ECU微型计算机根据水温传感器信号接通VTl，使驱动电路信号输入端A端电路经VTl接地，信号为0；B端电路断路，信号为1。根据内部程序图可知，相应输出端C端信号为1，D端信号为0，即电流由C端流出，经电动机由D端流回，电动机旋转，带动触点由F/D位置移动至FOOT位置，最后停转，进入FOOT模式。因为VT2已接通，而且继续接通，面板FOOT指示灯继续点亮。

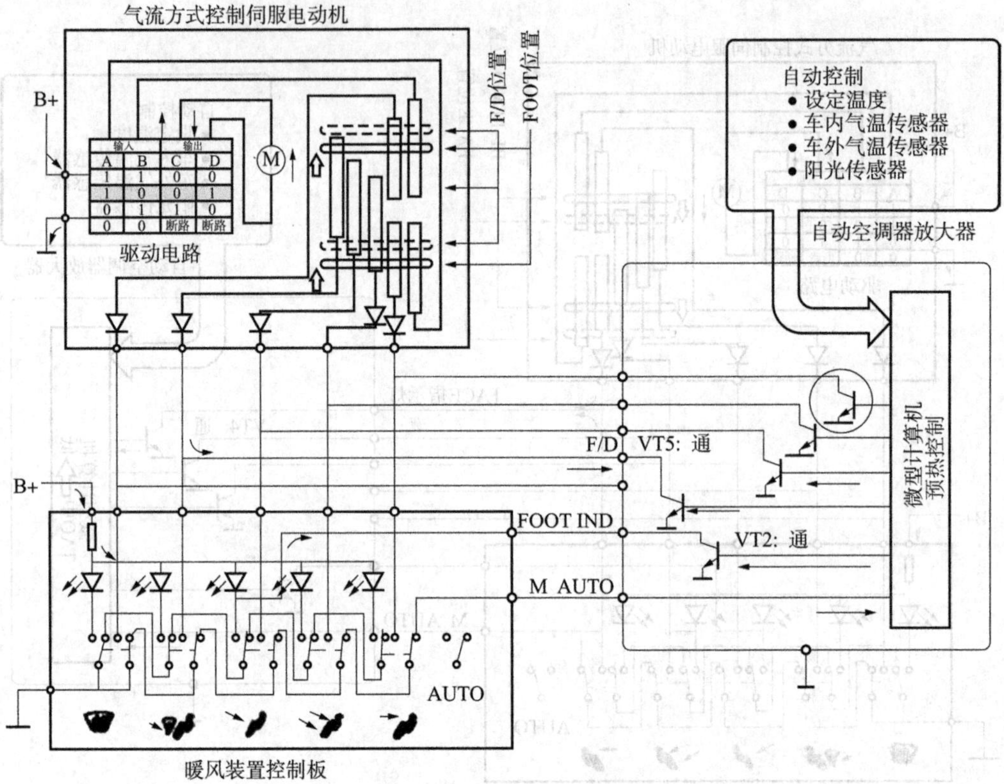

图3-64　预热控制工作时的电路

(3) 送风模式控制分析。如图3-65所示，丰田凌志自动空调系统的送风模式控制过程如下所述。

① 当AUTO开关接通时：a. 用TEMP开关设定所要的温度。b.根据输入信号、(车内)温度传感器、(车外)环境温变传感器、太阳能(阳光)传感器以及温度的设定，空调器控制ECU决定送风模式以及至模式伺服电动机和冷气最足伺服电动机的信号。c.当该伺服电动机接收到从ECU来的信号时，它开启或关闭每个风挡，从而改变送风模式。

② 当AUTO开关断开时，ECU根据Manual开关的位置，调整送风模式。

③ 当发动机处于冷态时，如模式调到B/L或FOOT，且冷态信号(低于40℃)从水温传感器输入，则ECU控制器发出指令，迫使模式电机将通风口切换到除霜位置。

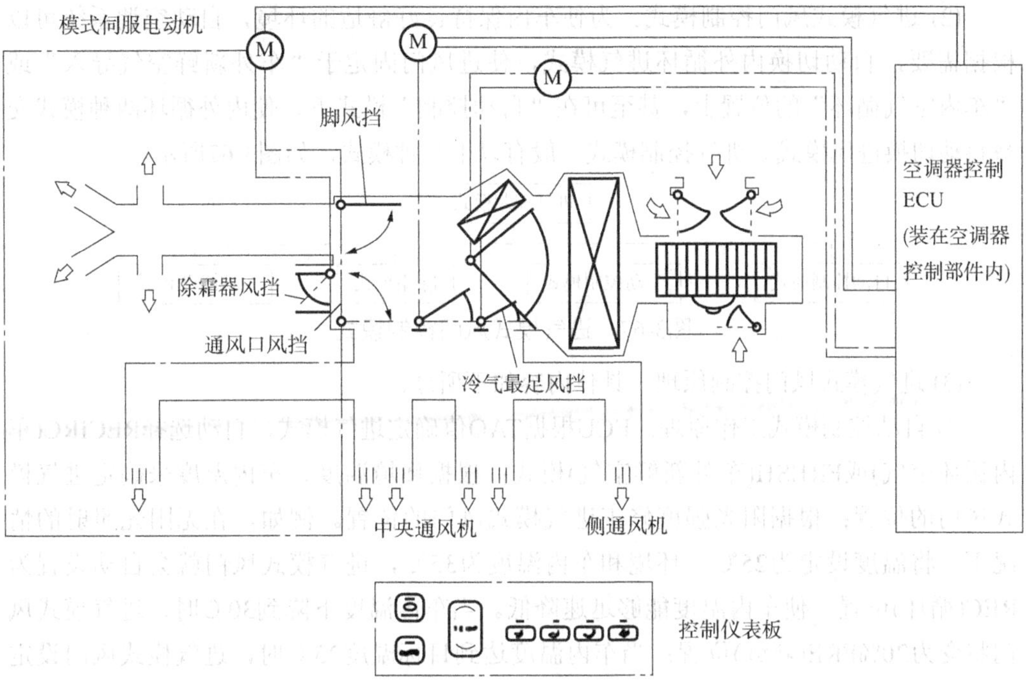

图3-65　送风模式控制系统

4) 进气模式控制原理与分析

(1) 进气模式控制系统组成。进气模式风门控制系统包括空调控制计算机、进气模式控制伺服电动机、温度选择键、车内温度传感器、车外温度传感器、阳光传感器等，如图3-66所示。

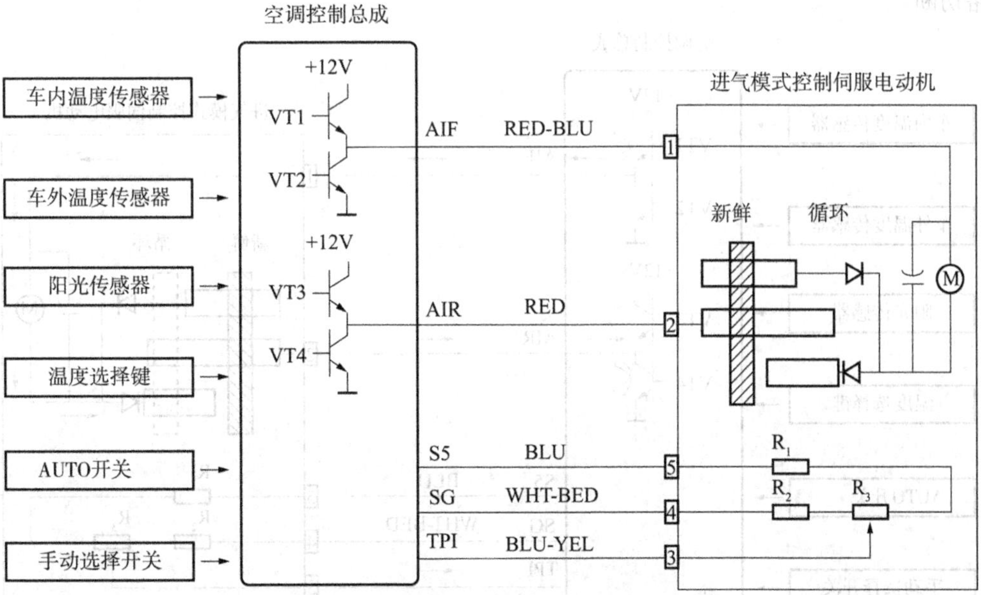

图3-66　进气模式风门控制组成

(2) 进气模式风门控制模式。为使车内保持良好舒适的环境，自动空调系统可以根据需要，自动切换内外循环进气模式，使进风门固定于“车外新鲜空气导入”或“车内空气循环”的位置上，甚至可在“自动控制”模式下，使内外循环两种模式交替自动切换进风模式。进气控制模式一般有以下几种模式，如图3-67所示。

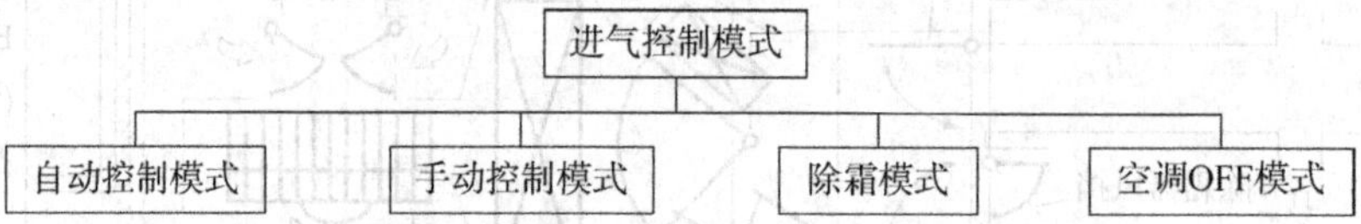

图3-67 进气模式风门控制模式

(3) 进气模式风门控制原理。具体内容如下所述。

① 自动控制模式工作原理。ECU根据TAO值确定进气模式，自动选择RECIRC(车内循环空气)或FRESH(车外新鲜空气)模式；根据环境温度、车内温度来确定进气模式风门的位置；根据阳光强度修正进气模式风门的位置。例如，在无阳光照射的情况下，将温度设定为25℃，环境和车内温度为35℃，进气模式风门就会自动设置为REC(循环)位置，使车内温度能够迅速降低。当车内温度下降到30℃时，进气模式风门将变为20%FRE(新鲜)位置；当车内温度达到目标温度25℃时，进气模式风门设定为FRE位置。进气模式风门电路工作过程如下所述。

a. 进气模式风门从“循环”转向“新鲜”位置。如图3-68所示，空调控制计算机接通VT1和VT4，进气模式控制伺服电动机工作。电流方向为：计算机→VT1→进气模式控制伺服电动机→限位装置→VT4→计算机接地。进气模式控制伺服电动机运转，将进气模式从“循环”转至“新鲜”位置。与此同时，限位装置将电动机电路切断。

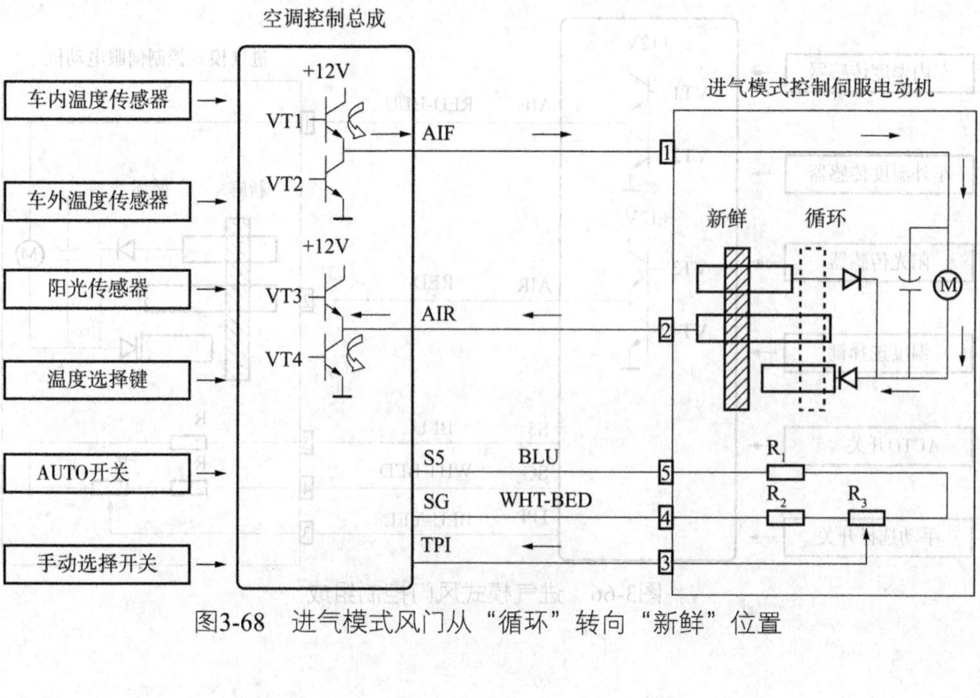

图3-68 进气模式风门从“循环”转向“新鲜”位置

b. 进气模式风门从“新鲜”转向“循环”位置。如图3-69所示，空调控制计算机接通VT2和VT3，进气模式控制伺服电动机工作。电流方向为：计算机→VT3→限位装置→进气模式控制伺服电动机→VT2→计算机接地。进气模式控制伺服电动机运转，将进气模式从“新鲜”转至“循环”位置。与此同时，限位装置将电动机电路切断。

② 手动控制模式原理。可通过R/F开关手动选择RECIRC(车内循环空气)或FRESH(车外新鲜空气)模式。选择RECIRC模式时，电路工作过程与图3-69所示相同；选择FRESH模式时，电路工作过程与图3-68所示相同。

③ 除霜模式工作原理。当手动按下DEF开关时，将进气模式强制转变为FRESH模式，便于清除挡风玻璃上的雾气。

④ DEF/ECON模式工作原理。当按下“ECON”或“DEF”按钮时，空调ECU将进气模式风门设定在“FRESH”(新鲜空气)的位置。

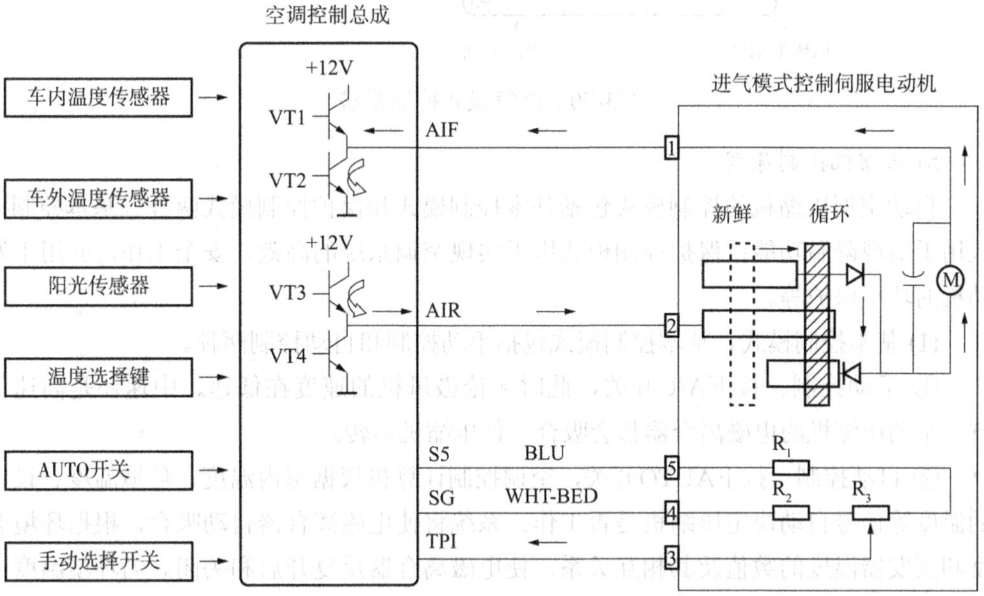

图3-69 进气模式风门从“新鲜”转向“循环”位置

(4) 进气模式控制分析。如图3-70所示，丰田凌志自动空调系统的进气模式控制如下所述。

① 当AUTO开关接通时：a.用TEMP开关设定想要的温度。b.根据输入信号、(车内)温度传感器、(车外)环境温度传感器、太阳能(阳光)传感器以及温度的设定，空调器控制ECU决定进气和至进气伺服电动机总成的输出信号。c.当进气伺服电动机接收到从ECU来的信号时，它开启或关闭风挡，从而改变进气。当进气改变到想要的设定值时，由进气风挡位置传感器检测到，并且ECU关闭该伺服电动机。

备注：如模式开关设定在DEF，则ECU迫使进气改变到FRS。

② 当AUTO开关断开时，根据手控开关的位置，ECU调整进气。

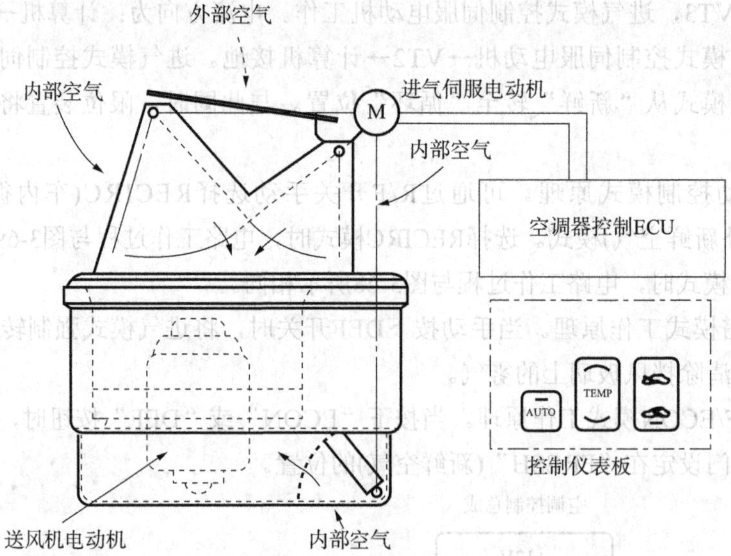

图3-70　进气模式控制系统

5) 压缩机控制原理

自动空调压缩机的控制模式包括基本控制模式和保护控制模式两种。基本控制模式用于实现降温功能；保护控制模式用于实现空调系统的高效、安全工作，并用于发动机的功率保护等。

(1) 基本控制模式。基本控制模式包括手动控制和自动控制两种。

① 手动控制。按下A/C开关，此时无论鼓风机的速度在低速、中速还是高速位置，空调压缩机的电磁离合器都会吸合，使压缩机运转。

② 自动控制。按下AUTO开关，空调控制计算机根据室内温度、环境温度、设定的温度等信号自动决定压缩机是否工作。系统将使电磁离合器自动吸合，根据环境温度和蒸发器温度的数值及其相互关系，使电磁离合器反复开启和关闭。当环境温度或蒸发器温度达到一定值时，压缩机停止工作，系统自动进入“除霜”模式。此时，若要再次强制开启压缩机，则需按下A/C开关，使系统退出“除霜”模式。

(2) 保护控制模式。保护控制模式包括系统保护控制和发动机功率保护控制两种。

系统保护控制原理如图3-71所示，发动机功率保护控制原理如图3-72所示。

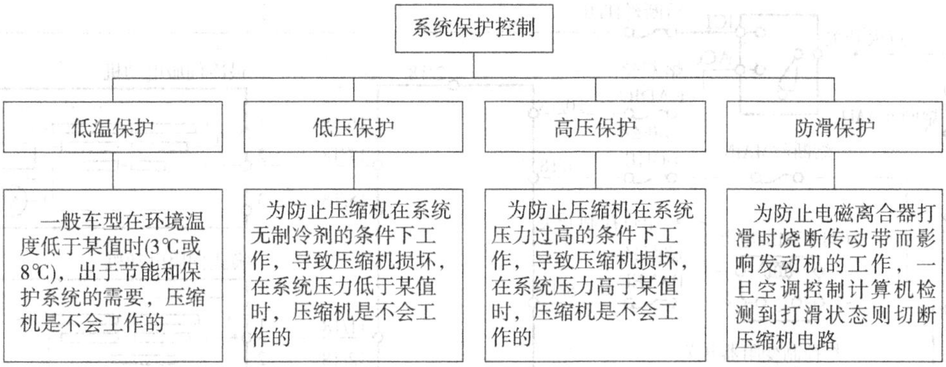

图3-71　系统保护控制原理

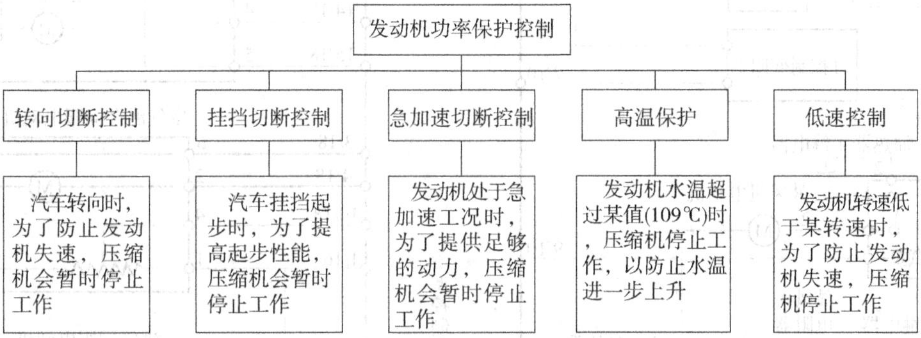

图3-72　发动机功率保护控制原理

有些自动空调还具有高速切断控制功能，即发动机转速超过某转速时，压缩机停止工作，以保护压缩机。

目前，很多轿车的自动空调都具有防滑保护功能。在压缩机工作时，发动机控制计算机通过监控对发动机的转速和压缩机的转速进行比较，如果压缩机转速与发动机转速的比值比预定值小，即监控到压缩机传动带出现打滑现象，计算机将会停止压缩机的工作，以防止事故的发生。

6) 凌志LS400轿车自动空调系统电路

凌志LS400轿车自动空调系统总体电路原理图如图3-73所示。发动机/ECT ECU与巡航控制ECU通过E/G、OD、ECT端子连接，并在工作中进行信息交流，以协调汽车巡航与发动机的控制。凌志LS400轿车自动空调系统ECU端子排列如图3-74所示，各端子连接说明见表3-4。

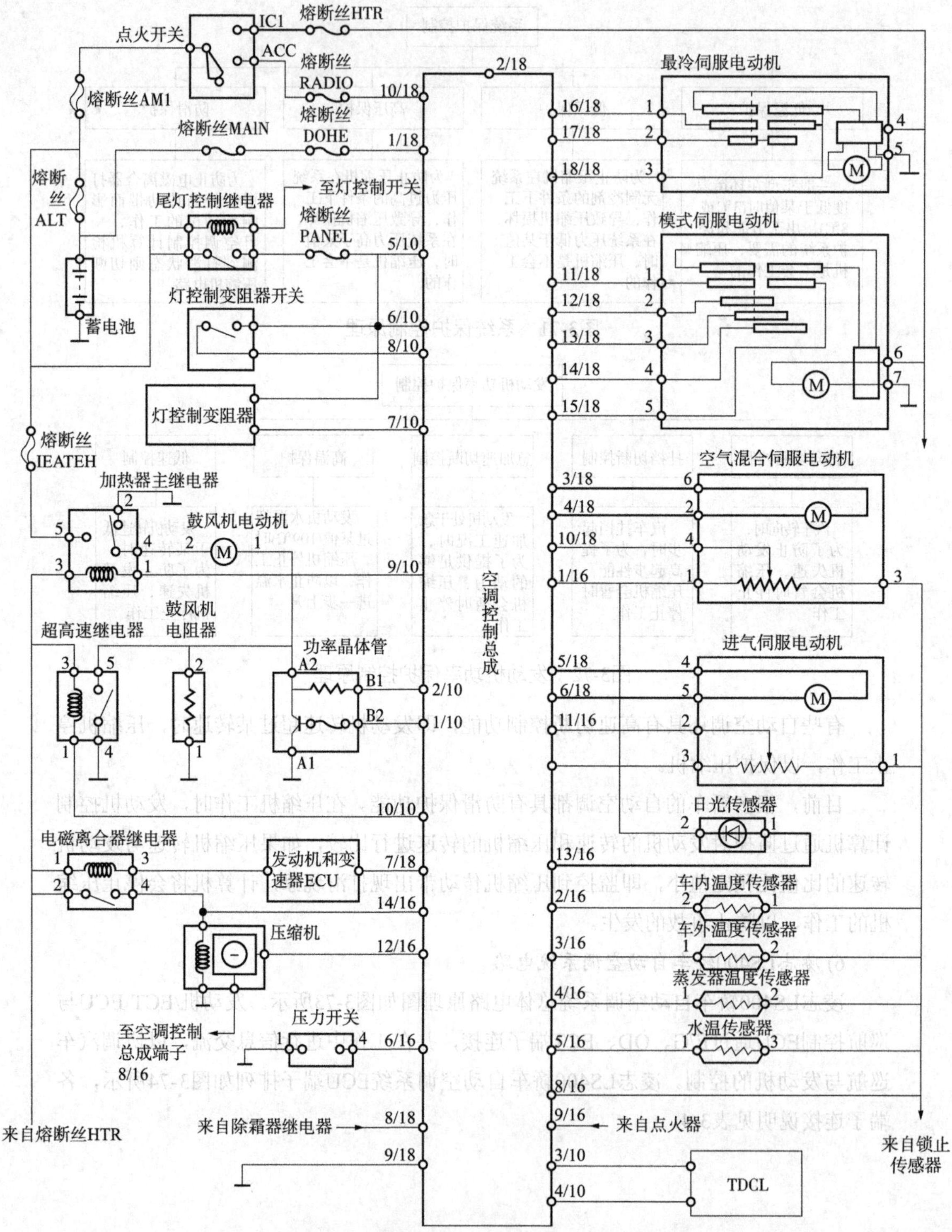

图3-73 凌志LS400轿车自动空调系统电路(不带后空调)

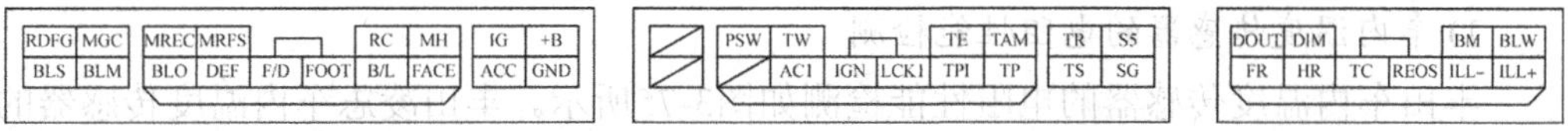

图3-74 凌志LS400轿车自动空调(不带后空调) 控制ECU端子排列

表3-4 凌志LS400轿车自动空调系统(不带后空调) ECU插接器端子说明

端脚号	端代号	连接的部件	端脚号	端代号	连接的部件
T18/1	+B	备用电源	T16/5	TW	水温传感器
T18/2	IG	电源	T16/6	PSW	压力开关
T18/3	MH	空气混合伺服电动机	T16/7	/	/
T18/4	RC	空气混合伺服电动机	T16/8	SG	传感器接地
T18/5	MRFS	进风控制伺服电动机	T16/9	TS	太阳能传感器
T18/6	MREC	进风控制伺服电动机	T16/10	TP	AM风挡位置传感器
T18/7	MGC	A/C电磁离合器	T16/11	TPI	A1风挡位置传感器
T18/8	RDFG	后除霜器	T16/12	LCK1	压缩机锁止传感器
T18/9	GND	接地	T16/13	IGN	点火器
T18/10	ACC	电源	T16/14	AC1	A/C电磁离合器
T18/11	FACE	送风方式伺服电动机	T16/15	/	/
T18/12	B/L	送风方式伺服电动机	T16/16	/	/
T18/13	FOOT	送风方式伺服电动机	T10/1	BLW	功率管
T18/14	F/D	送风方式伺服电动机	T10/2	BM	功率管
T18/15	DEF	除霜器	T10/3	DIM	TDCL
T18/16	BLO	冷气最足伺服电动机	T10/4	DOUT	TDCL
T18/17	BLM	冷气最足伺服电动机	T10/5	ILL+	照明
T18/18	BLS	冷气最足伺服电动机	T10/6	ILL-	照明
T16/1	S5	传感器电源	T10/7	REOS	变阻器
T16/2	TR	车内温度传感器	T10/8	TC	取暖器继电器
T16/3	TAM	车外环境温度传感器	T10/9	HR	Ex-Hi继电器
T16/4	TE	蒸发器温度传感器	T10/10	FR	超高速继电器

3.2.2 自动空调系统部件性能检测与电路分析

1. 车内温度传感器

车内温度传感器性能的检测方法主要有单部件性能检测(以万用表电阻测量为主) 和系统中部件性能检测(根据情况分为万用表电压测量法和解码器数据流分析法)两种。

1) 车内温度传感器的电阻性能检测

丰田车内温度传感器的电阻性能检测如图3-75所示。丰田凌志车内温度传感器的电阻值：当温度为25℃时为1.65kΩ～1.75kΩ，当温度为50℃时为0.55kΩ～0.65kΩ。车内温度传感器为负热敏系数电阻，传感器电阻随着温度的升高而降低。

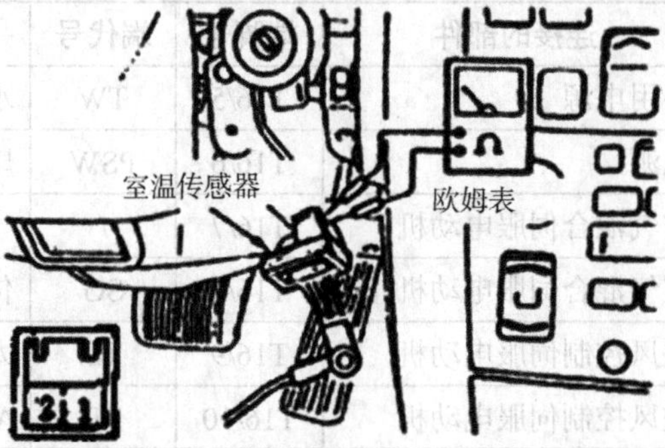

图3-75 丰田车内温度传感器的电阻性能检测

2) 丰田车内温度传感器的电压特性检测

丰田车内温度传感器的模拟输入验证方法如图3-76所示。丰田凌志车内温度传感器的电压值：当温度为25℃时为1.8～2.2V，当温度为40℃时为1.2～1.6V。

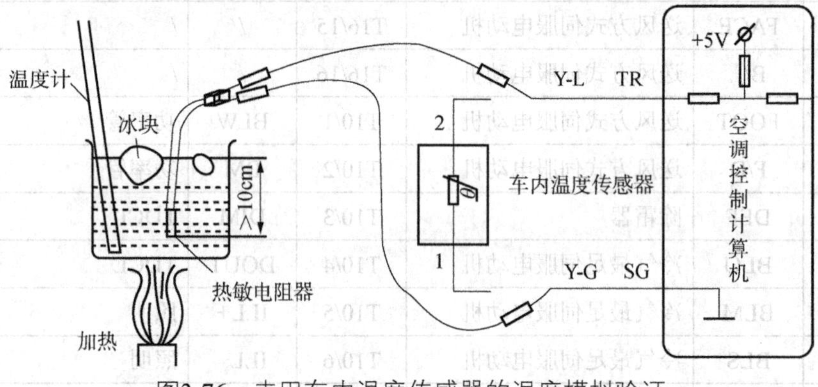

图3-76 丰田车内温度传感器的温度模拟验证

3) 丰田车内温度传感器的故障诊断代码

丰田车内温度传感器出现故障时，则显示诊断代码11，详见丰田自动空调故障代码诊断表。

2. 车外温度传感器(环境温度传感器)

车外温度传感器和车内温度传感器各方面性能基本一致，只是在不同温度下电阻值有所不同而已，因此检测方法同车内温度传感器。

1) 车外温度传感器的电阻性能检测

丰田车外温度传感器的电阻性能检测如图3-77所示。丰田凌志车外温度传感器的电阻值：当温度为25℃时为1.6kΩ～1.8kΩ，当温度为50℃时为0.5kΩ～0.7kΩ。车外温度传感器为负热敏系数电阻，传感器电阻随着温度的升高而降低。

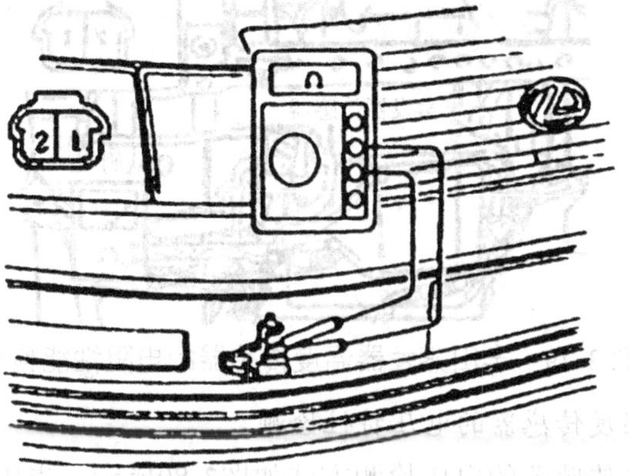

图3-77　丰田车外温度传感器的电阻性能检测

2) 丰田车外温度传感器的电压特性检测

丰田车外温度传感器的电压检测方法如图3-78所示。丰田凌志车外温度传感器的电压值：当温度为25℃时为1.35～1.75V，当温度为40℃时为0.85～1.25V。

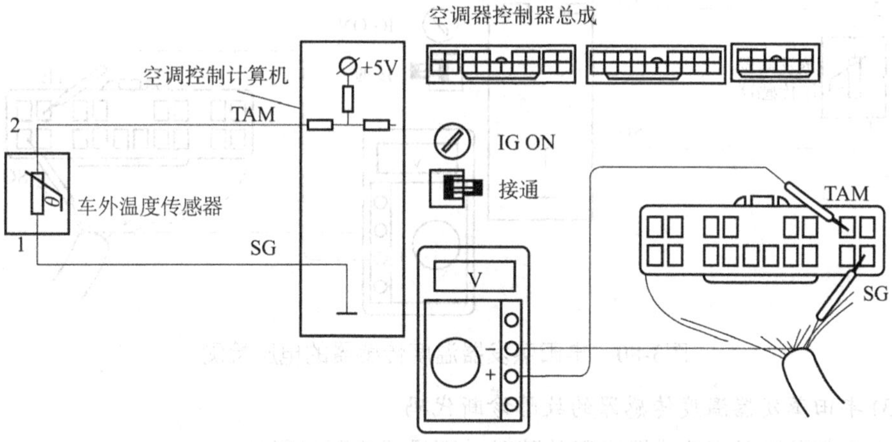

图3-78　丰田车外温度传感器的电压检测

3) 丰田车外温度传感器的故障诊断代码

丰田车外温度传感器出现故障时，则显示诊断代码12。

3. 蒸发器温度传感器

蒸发器温度传感器和车内温度传感器各方面性能基本一致，只是在不同温度下电阻值有所不同而已，因此检测方法同车内温度传感器。

1) 蒸发器温度传感器的电阻性能检测

丰田蒸发器温度传感器的电阻性能检测如图3-79所示。丰田凌志蒸发器温度传感器的电阻值：当温度为0℃时为4.5kΩ～5.2kΩ，当温度为15℃时为2.0kΩ～2.7kΩ。蒸发器温度传感器为负热敏系数电阻，传感器电阻随着温度的升高而降低。

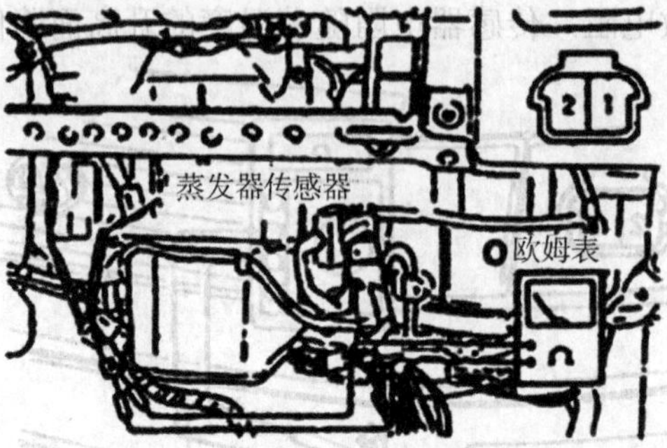

图3-79　丰田蒸发器温度传感器的电阻性能检测

2) 丰田蒸发器温度传感器的电压特性检测

丰田蒸发器温度传感器的电压检测方法如图3-80所示。丰田凌志蒸发器温度传感器的电压值：当温度为0℃时为2.0～2.4V，当温度为15℃时为1.4～1.8V。

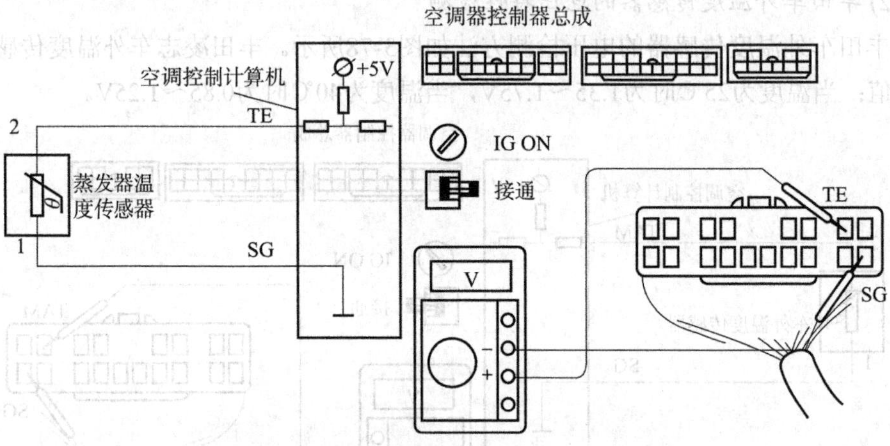

图3-80　丰田蒸发器温度传感器的电压检测

3) 丰田蒸发器温度传感器的故障诊断代码

丰田蒸发器温度传感器出现故障时，则显示诊断代码13。

4. 水温传感器

水温传感器和车内温度传感器各方面性能基本一致，只是在不同温度下电阻值有所不同而已，因此检测方法同车内温度传感器。

1) 水温传感器的电阻性能检测

丰田水温传感器的电阻性能检测如图3-81所示。丰田凌志水温传感器的电阻值：当温度为0℃时为16.5kΩ～17.5kΩ，当温度为40℃时为2.4kΩ～2.8kΩ，当温度为70℃时为0.7kΩ～1.0kΩ。水温传感器为负热敏系数电阻，传感器电阻随着温度的升高而降低。

2) 丰田水温传感器的电压特性检测

丰田水温传感器的电压检测方法如图3-82所示。丰田凌志水温传感器的电压值：当温度为0℃时为2.0～2.4V，当温度为15℃时为1.4～1.8V。

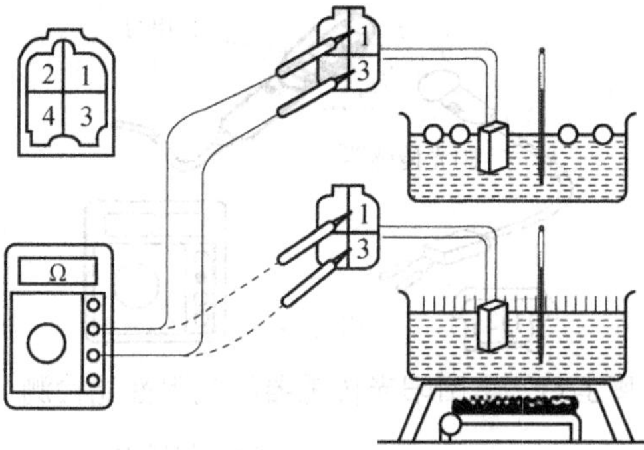

图3-81 丰田水温传感器的电阻性能检测

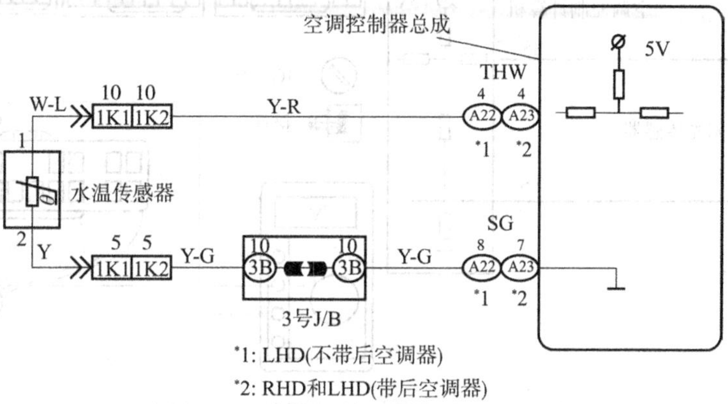

图3-82 丰田水温传感器的电压检测

3) 丰田水温传感器的故障诊断代码

丰田水温传感器出现故障时，则显示诊断代码14。

5. 阳光传感器

阳光传感器也称为负温度变化系数传感器，通过测量阳光的强弱来修正混合风门的位置与鼓风机的转速。阳光传感器性能的检测方法主要有：单部件性能检测(以万用表电阻测量为主)和系统中的部件性能检测(根据情况分为万用表电压测量法和解码器数据流分析法两种)。

1) 阳光传感器的电阻性能检测

丰田阳光传感器的电阻性能检测如图3-83所示。丰田凌志阳光传感器的电阻值：在强灯光下电阻为4 kΩ左右；随着光线的减弱，传感器电阻值应当变大；用布遮住阳光传感器，电阻应为无穷大。

2) 丰田阳光传感器的电压特性检测

阳光传感器的电压检测方法如图3-84所示，强灯光下电压>1V；用布遮住阳光传感器，电压<4V。在灯光不足的地方读到故障码是正常的；用60W灯源距阳光传感器60cm照射，不应有故障码。

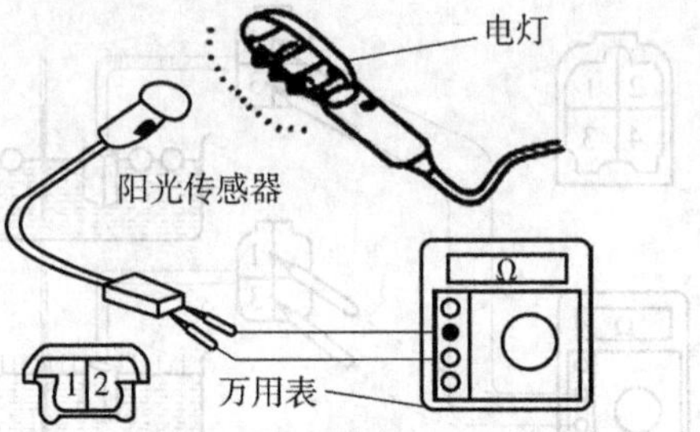

图3-83　丰田阳光传感器的电阻性能检测

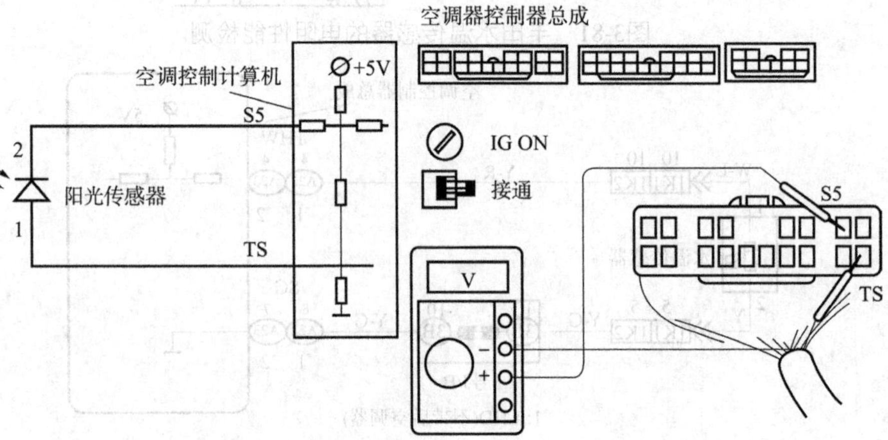

图3-84　丰田阳光传感器的电压检测

3) 丰田阳光传感器的故障诊断代码

丰田阳光传感器出现故障时，则显示诊断代码21。

6. 压缩机锁止传感器

压缩机锁止传感器为电磁式传感器，安装在空调压缩机内，用于检测压缩机转速。压缩机每运转一转，传感器产生4个脉冲信号并输入空调ECU。

1) 压缩机锁止传感器的电阻性能检测

丰田压缩机锁止传感器的电阻性能检测如图3-85所示。丰田凌志压缩机锁止传感器的电阻值：当正常温度为25℃时为530～650Ω，当温度为100℃时为670～890Ω。

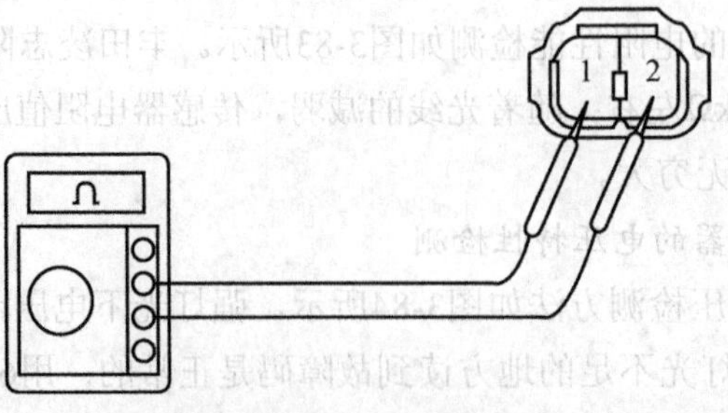

图3-85　丰田压缩机锁止传感器的电阻性能检测

2) 压缩机锁止传感器的电压特性检测

丰田压缩机锁止传感器的电压检测方法如图3-86所示。丰田凌志压缩机锁止传感器的电压值：当温度为0℃时为2.0～2.4V，当温度为15℃时为1.4～1.8V。

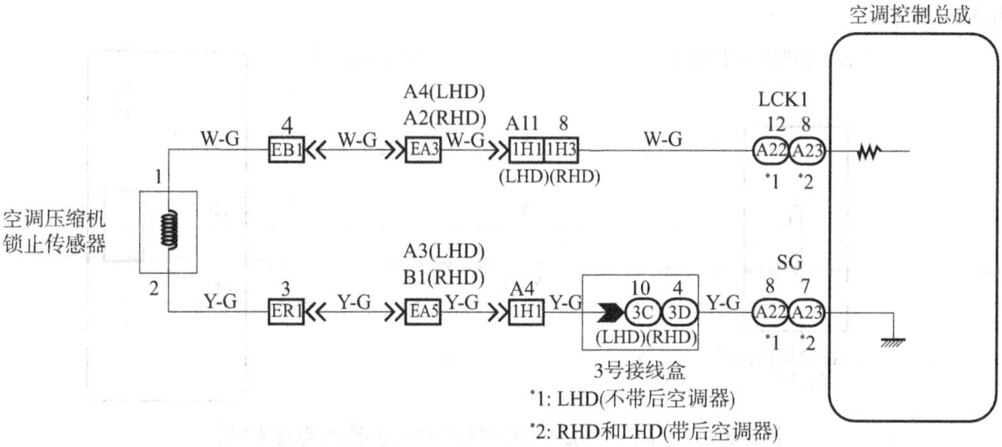

图3-86　丰田压缩机锁止传感器的电压检测

3) 丰田压缩机锁止传感器的故障诊断代码

丰田压缩机锁止传感器出现故障时，则显示诊断代码22。

7. 空气混合伺服电动机总成

空气混合伺服电动机总成内置空气混合风挡位置传感器和空气混合伺服电动机。空气混合风挡位置传感器用于将检测到的空气混合风挡位置转换成适当的信号送至空调ECU，其性能检测方法主要有单部件性能检测(以万用表电阻测量为主)和系统中部件性能检测(根据情况分为万用表电压测量法和解码器数据流分析法两种)。

1) 空气混合风挡位置传感器的电阻性能检测

丰田空气混合风挡位置传感器的电阻性能检测如图3-87所示。空气混合风挡位置传感器的电阻值：当混合风挡位于最冷位置时为3.76kΩ～5.76kΩ，当混合风挡位于最热位置时为0.94kΩ～1.44kΩ。

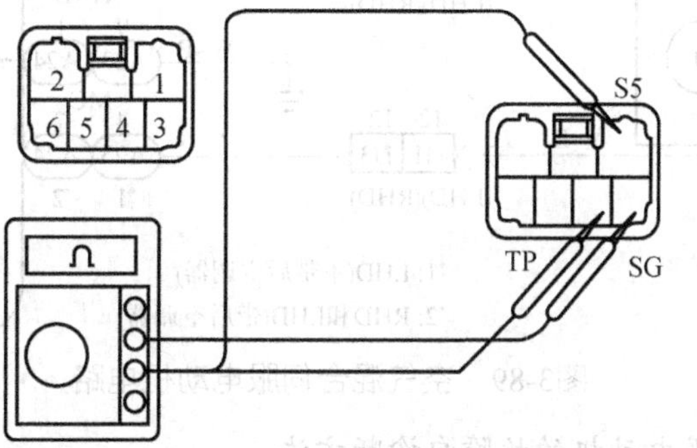

图3-87　丰田空气混合风挡位置传感器的电阻性能检测

2) 空气混合风挡位置传感器的电压特性检测

空气混合位置传感器的电压检测方法如图3-88所示。空气混合风挡位置传感器的电压值：当混合风挡位于最冷位置时为3.5～4.5V，当混合风挡位于最热位置时为0.5～1.8V。

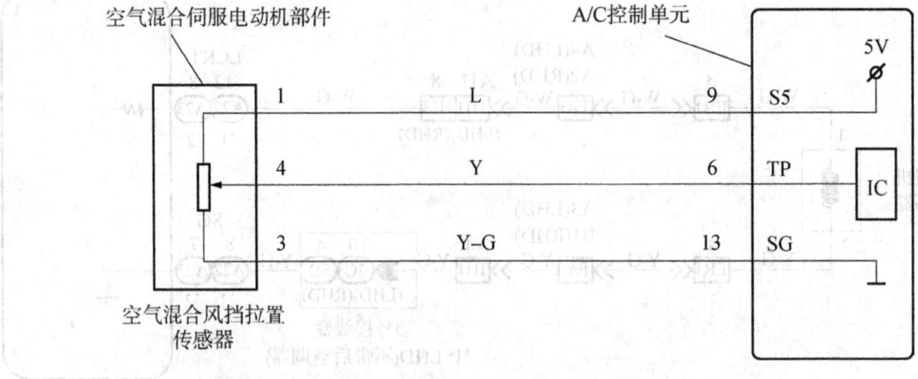

图3-88　丰田空气混合风挡位置传感器的电压检测

3) 丰田车空气混合风挡位置传感器的故障诊断代码

丰田空气混合风挡位置传感器出现故障时，则显示诊断代码31或33。

4) 空气混合伺服电动机的电阻性能检测

空气混合伺服电动机的检测同常规电动机一样，正常电阻值为4.7～7.2Ω。

5) 空气混合伺服电动机的加载性能检测

空气混合伺服电动机由空调ECU控制，并移动空气混合风挡至要求位置，其电路如图3-89所示。

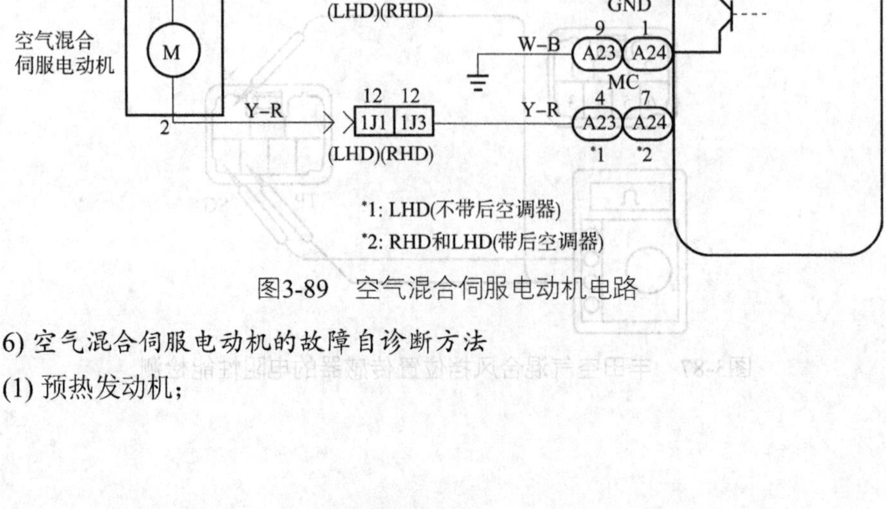

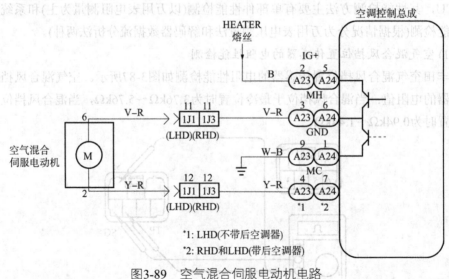

图3-89　空气混合伺服电动机电路

6) 空气混合伺服电动机的故障自诊断方法

(1) 预热发动机；

(2) 调整到执行器检查模式；

(3) 按空调控制面板的向上开关(“∧”)，并改变它到分步操作模式，按向上(“∧”)温度控制开关并检查空气混合风挡的工作和鼓风机的状况。

正常情况下，空调控制器将输出“显示代码”，显示代码表示的空气混合风挡电动机的工作位置与对应工作状况输出见表3-5。

表3-5 空气混合风挡伺服电动机的检查诊断表

显示代码	空气混合风挡	状况
20～23	完全关闭	冷气流出
24～26	打开一半	
27～29	完全打开	暖气流出

7) 空气混合伺服电动机的加载检测方法

(1) 如图3-90所示，拆下加热器组件，将蓄电池正极接至端子2，负极接至端子6，将空气混合伺服电动机总成的控制杆平稳地旋转至冷气侧；

(2) 将蓄电池正极接至端子6，负极接至端子2，将空气混合伺服电动机总成的控制杆平稳地旋转至暖气侧。

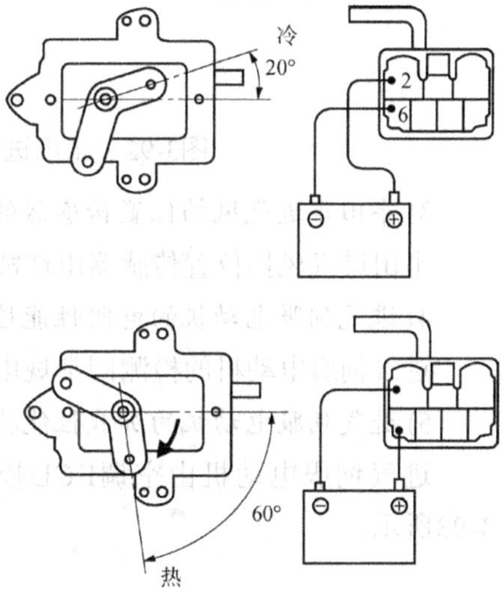

图3-90 空气混合伺服电动机的加载检测

8. 进气伺服电动机总成

进气伺服电动机总成内置进气风挡位置传感器和进气伺服电动机。进气风挡位置传感器用于将检测到的进气风挡位置转换成适当的信号送至空调ECU，其性能检测方法主要有单部件性能检测(以万用表电阻测量为主)和系统中部件性能检测(根据情况分为万用表电压测量法和解码器数据流分析法两种)。

1) 进气风挡位置传感器的电阻性能检测

丰田进气风挡位置传感器的电阻性能检测如图3-91所示。进气风挡位置传感器的电阻值：当风挡位于内循环位置时为3.76kΩ～5.76kΩ，当风挡位于新鲜空气位置时为0.94kΩ～1.44kΩ。

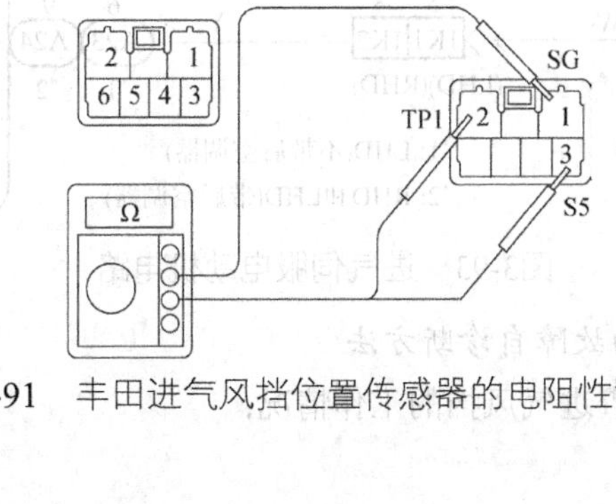

图3-91 丰田进气风挡位置传感器的电阻性能检测

2) 进气风挡位置传感器的电压特性检测

进气风挡位置传感器的电压检测方法如图3-92所示。进气风挡位置传感器的电压值：当进气风挡位于内循环位置时为3.5～4.5V，当进气风挡位于新鲜空气位置时为0.5～1.8V。

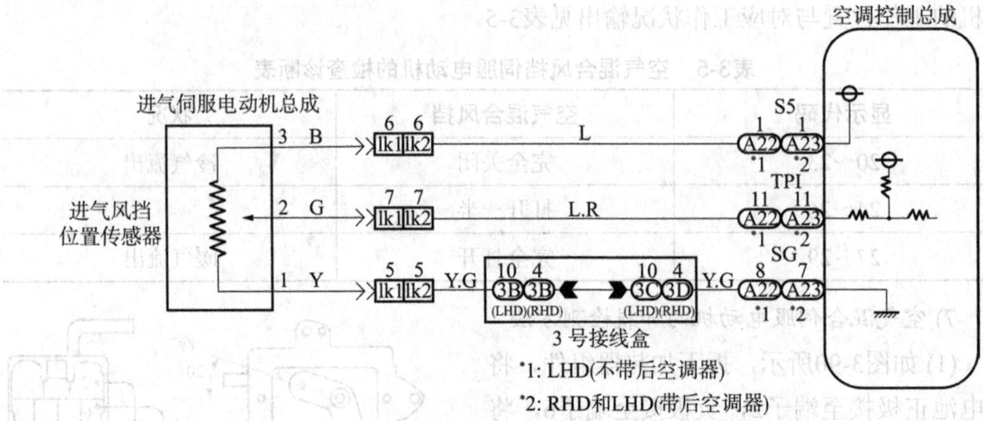

图3-92　丰田进气风挡位置传感器的电压检测

3) 丰田车进气风挡位置传感器的故障诊断代码

丰田进气风挡位置传感器出现故障时，则显示诊断代码32或34。

4) 进气伺服电动机的电阻性能检测

进气伺服电动机的检测同常规电动机一样，正常电阻值为4.7～7.2Ω。

5) 进气伺服电动机的加载性能检测

进气伺服电动机由空调ECU控制，并移动进气风挡至要求位置，其电路如图3-93所示。

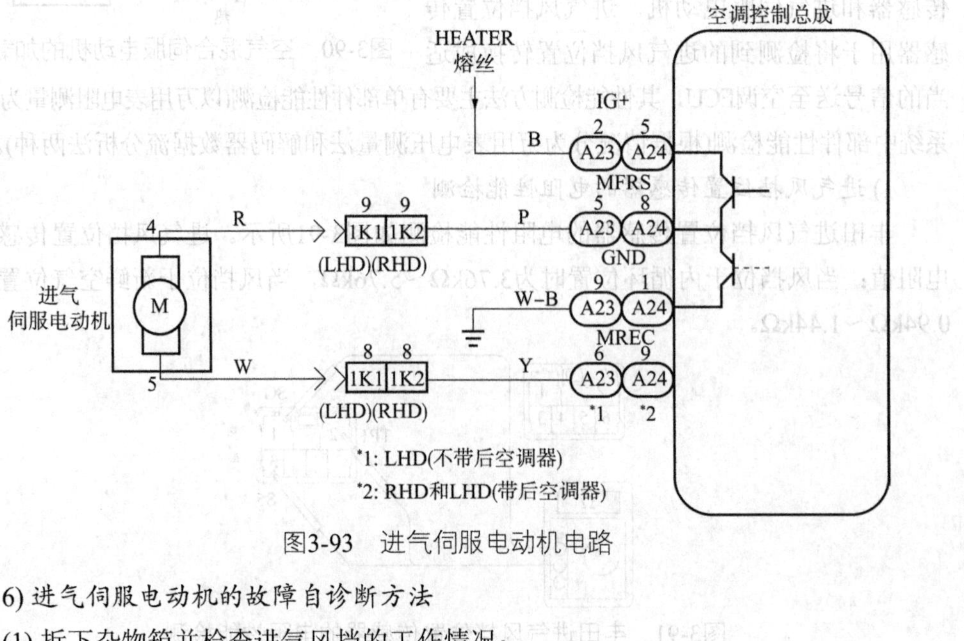

图3-93　进气伺服电动机电路

6) 进气伺服电动机的故障自诊断方法

(1) 拆下杂物箱并检查进气风挡的工作情况；

(2) 调整到执行器检查模式；

(3) 按空调控制面板的向上开关(“∧”)，并改变它到分步操作模式，按照顺序按向上温度控制开关(“∧”)，并检查进气风挡的工作情况。

正常情况下，空调控制器将输出“显示代码”，显示代码表示的进气风挡伺服电动机的工作状况输出见表3-6。

表3-6 进气风挡伺服电动机的检查诊断表

显示代码	进气风挡
20～21	FRS
22	FIR
23	REC
24～29	FRS

1) 进气伺服电动机的加载检测方法

(1) 如图3-94所示，拆下冷却组件，将蓄电池正极接至端子5，负极接至端子4，将进气伺服电动机总成的控制杆平稳地旋转至内循环侧；

(2) 将蓄电池正极接至端子4，负极接至端子5，将空气混合伺服电动机总成的控制杆平稳地旋转至新鲜侧。

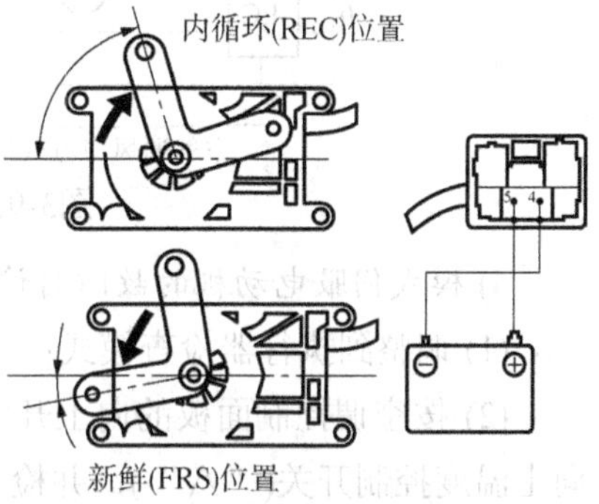

图3-94 进气伺服电动机的加载检测

9. 模式伺服电动机总成

模式伺服电动机总成内置模式风挡滑动触点和模式风挡电动机。模式风挡滑动触点用于控制模式伺服电动机移动至相应模式位置，其性能检测主要结合伺服电动机的加载进行。

1) 模式风挡滑动触点的电阻性能检测

丰田模式电动机电路图如图3-95所示。当风挡静止位于面部(FACE)位置时，模式伺服电动机端子1应接地导通，端子2、3、4、5相互间导通且为高电平；当风挡静止位于面部/脚部(B/L)位置时，模式伺服电动机端子2应接地导通，端子3、4、5相互间导通且为高电平；当风挡静止位于脚部(FOOT)位置时，模式伺服电动机端子3应接地导通，端子1、2相互间导通且为高电平，端子4、5相互间导通且为高电平。

2) 模式伺服电动机的电阻性能检测

模式伺服电动机的检测需要拆开电动机总成，同常规电动机一样，模式伺服电动机(内部端子C和D)的正常电阻值为4.7～7.2Ω。

3) 模式伺服电动机的加载性能检测

当自动开关(AUTO)接通时，模式伺服电动机由空调ECU控制，改变每个模式风挡至要求位置，随着温度设定的不同，ECU自动控制模式伺服电动机在面部(FACE)、面部/脚部(B/L)和脚部(FOOT)模式间改变。

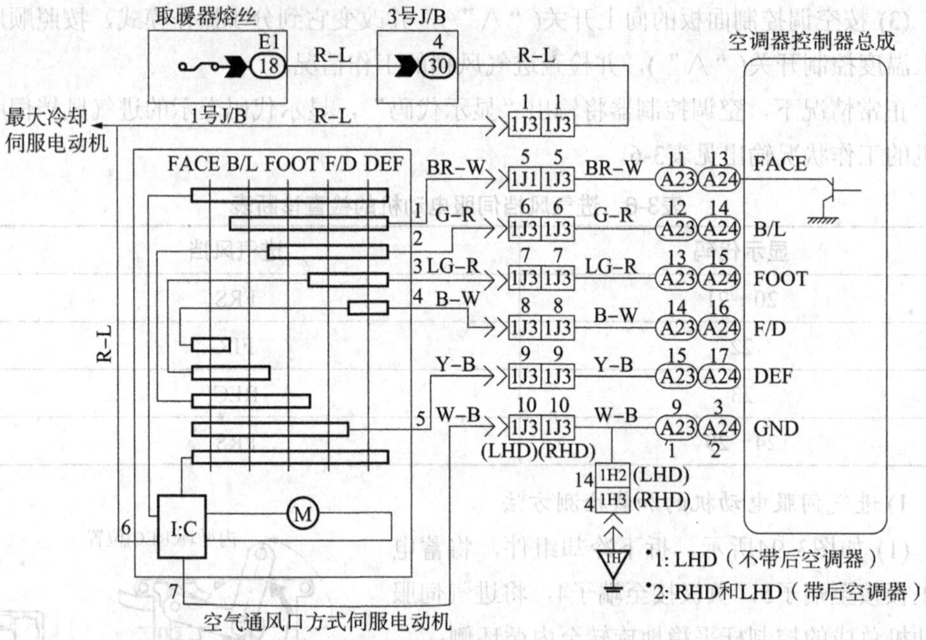

图3-95　模式伺服电动机电路

4) 模式伺服电动机的故障自诊断方法

(1) 调整到执行器检查模式;

(2) 按空调控制面板的向上开关(“∧”)，并改变它到分步操作模式，按照顺序按向上温度控制开关(“∧”)，并检查气流方式变化情况。

正常情况下，空调控制器将输出“显示代码”，显示代码表示的模式伺服电动机的工作状况见表3-7。

表3-7　模式伺服电动机的检查诊断表

显示代码	空气流动方式
20～22	FACE，最足
23	FACE
24～25	B/L
26～27	FOOT
28	D/F
29	FOOT

5) 模式伺服电动机的加载检测方法

(1) 如图3-96所示，拆下加热器组件，将蓄电池正极接至端子6，负极接至端子7，然后将负极分别接至端子1至5，将模式伺服电动机总成的控制杆平稳地旋转移动至下述每个模式的位置：

接端子1→“面部(FACE)”，接端子2→“面部/脚部(B/L)”，接端子3→“脚部(FOOT)”，接端子4→“脚部/除霜(D/F)”，接端子5→“除霜(DEF)”。

(2) 如果不正常，更换模式伺服电动机。

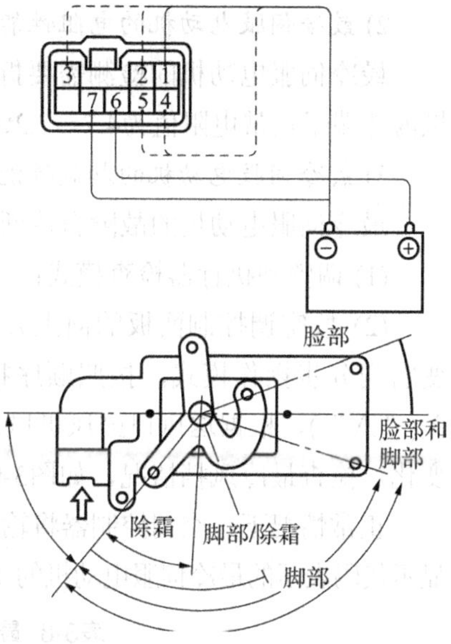

图3-96　模式伺服电动机的加载检测

10. 最冷伺服电动机总成

最冷伺服电动机总成根据空调ECU的信号控制最冷风挡在3个位置间变化。当自动开关“(AUTO)”接通时，送风口处于“脸部(FACE)”位置，空调控制总成控制该风挡在开、半开和关位置。在“脚部(FOOT)”或“面部/脚部(B/L)”位置时，该风挡一直关闭着。它的性能检测主要结合伺服电动机的加载进行。

1) 最冷风挡滑动触点的电阻性能检测

丰田最冷伺服电动机电路图如图3-97所示，风挡滑动触点的电阻值，当风挡静止位于全开位置时，模式伺服电动机端子1应接地导通，端子2、3相互间导通且为高电平；当风挡静止位于半开位置时，模式伺服电动机端子2应接地导通，端子1、3相互间不导通且为高电平；当风挡静止位于全闭位置时，模式伺服电动机端子3应接地导通，端子1、2相互间导通且为高电平。

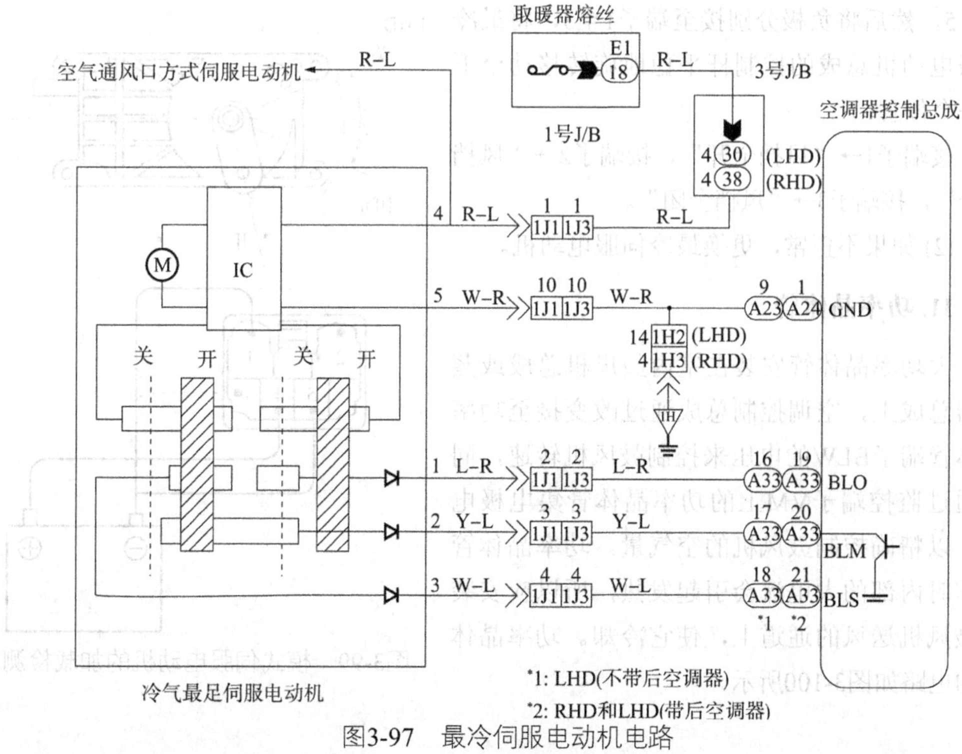

图3-97　最冷伺服电动机电路

2) 最冷伺服电动机的电阻性能检测

最冷伺服电动机的检测需要拆开电动机总成，同常规电动机一样，最冷伺服电动机内部端子正常电阻值为4.7～7.2Ω。

3) 最冷伺服电动机的加载性能检测

最冷伺服电动机的故障自诊断方法如下所述。

(1) 调整到执行器检查模式；

(2) 按空调控制面板的向上开关("∧")，并改变它到分步操作模式，按照顺序按向上温度控制开关("∧")，根据送风口鼓风机风量和风挡运转噪声变化，检查最冷风挡情况，如图3-98所示。

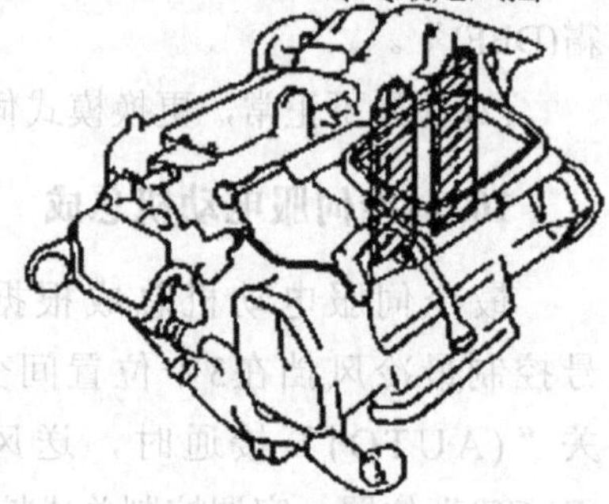

图3-98 最冷伺服电动机风挡的检查

正常情况下，空调控制器将输出"显示代码"，显示代码表示的最冷伺服电动机的工作状况见表3-8。

表3-8 最冷伺服电动机的检查诊断表

显示代码	冷气最足风挡
20～21	开
22	半开
23～29	关

最冷伺服电动机的加载检测方法如图3-99所示。

(1) 拆下加热器组件，拆下最冷伺服电动机。将蓄电池正极接至端子4，负极接至端子5，然后将负极分别接至端子1至3，将最冷伺服电动机总成的控制杆平稳地旋转移动至下述每个位置：

接端子1→"风挡全开"，接端子2→"风挡半开"，接端子3→"风挡全闭"。

(2) 如果不正常，更换最冷伺服电动机。

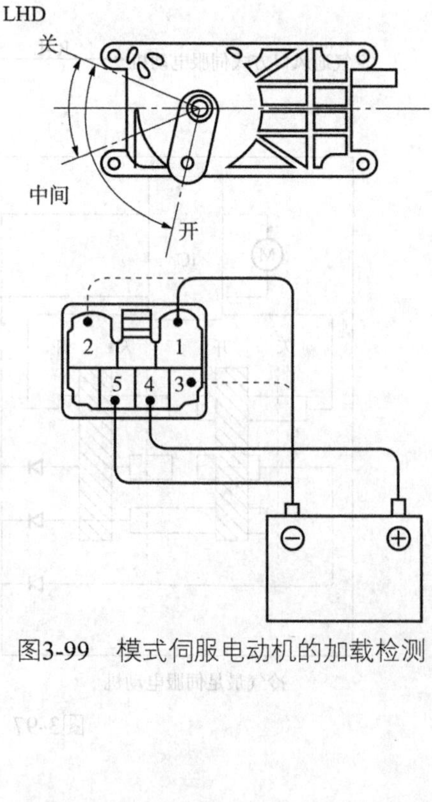

图3-99 模式伺服电动机的加载检测

11. 功率晶体管

大功率晶体管安装在室内鼓风机总成或蒸发器总成上，空调控制总成通过改变接至功率晶体管端子BLW的电压来控制鼓风机转速，同时通过监控端子VM上的功率晶体管集电极电压，以精确控制鼓风机的空气量。功率晶体管工作时内部的大电流会引起发热，所以应安装在鼓风机送风的通道上，使它冷却。功率晶体管的电路如图3-100所示。

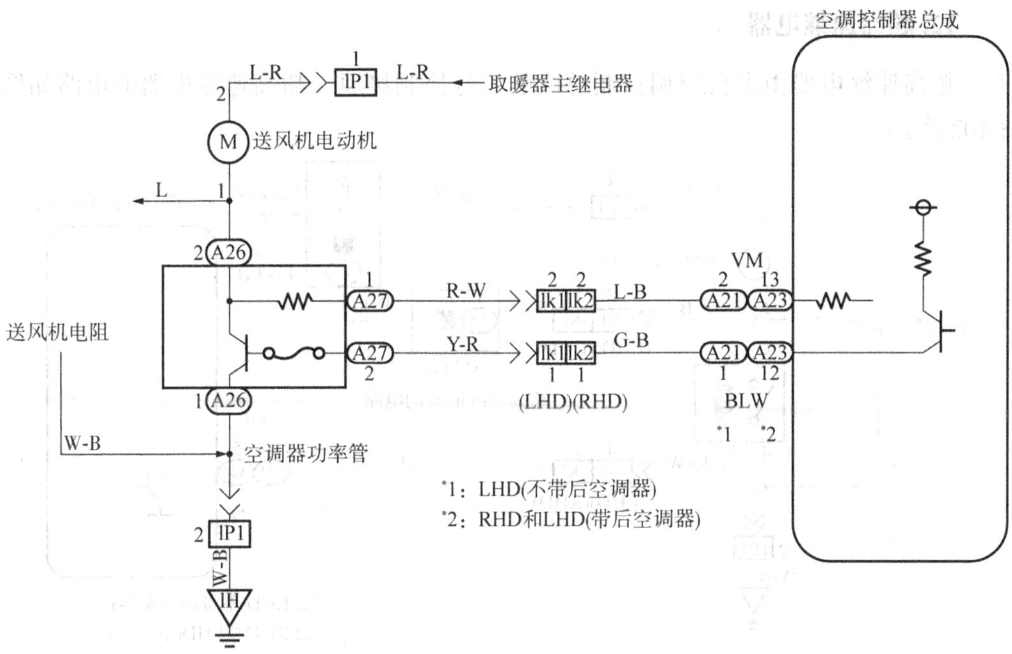

图3-100 功率晶体管的电路

1) 功率晶体管的电阻性能检测

可以利用万用表检查大功率三极管的元件：基极(A27端子2)与发射极(A26端子1)、基极(A27端子2)与集电极(A26端子2)之间的电阻应该很小；集电极(A26端子2)与发射极(A26端子1)之间的电阻应该很大；集电极(A26端子2)与反馈端(A27端子1)之间的电阻为1.6kΩ。

2) 功率晶体管的加载性能检测

功率晶体管的加载检测方法如图3-101所示。

(1) 拆下冷却器总成，拔出功率晶体管连接器。将蓄电池正极接至功率晶体管端子(A26) 2和端子(A27) 2，负极通过一个12V/3.4W的试灯连接至端子(A26) 1，试灯应点亮。

(2) 如果灯泡不亮，应更换功率晶体管。

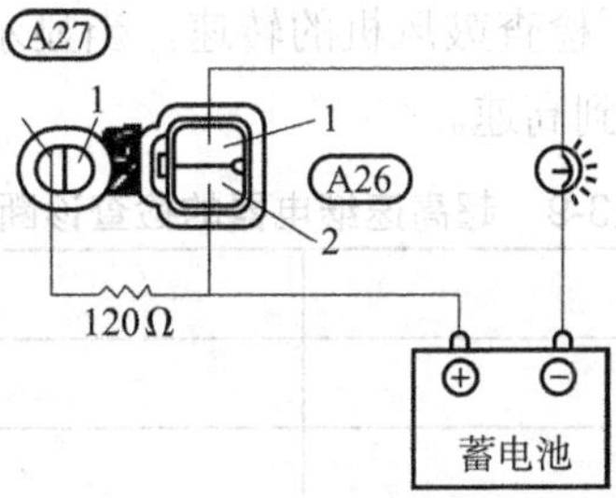

图3-101 功率晶体管的加载检测

12. 超高速继电器

超高速继电器由来自空调控制总成的信号控制接通。超高速继电器的电路如图3-102所示。

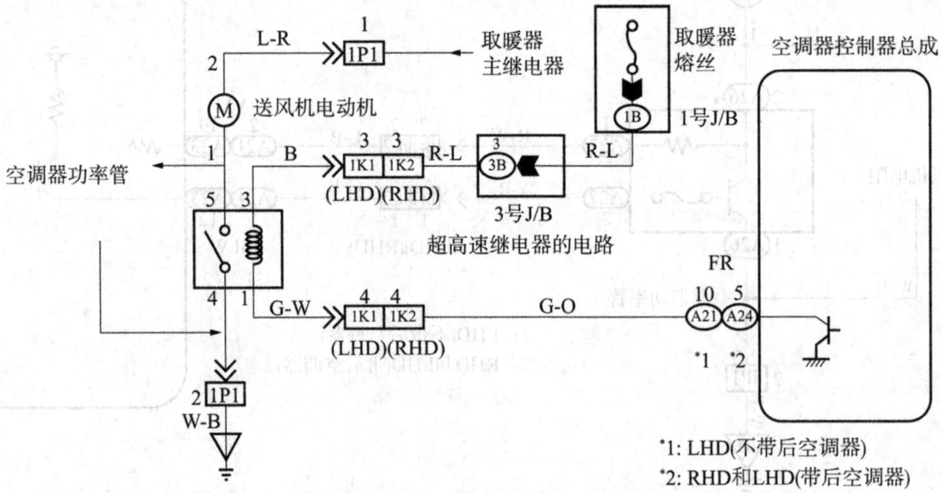

图3-102 超高速继电器的电路

1) 超高速继电器的电阻性能检测

超高速继电器的电阻性能检测方法如图3-103所示。可以利用万用表检查超高速继电器线圈与触点性能：

静态下(不通电)检查超高速继电器端子1与端子3的电阻应为76Ω，端子4与端子5之间应开路；在超高速继电器线圈加载(端子1与端子3之间施加蓄电池电压)时，端子4与端子5之间应导通。

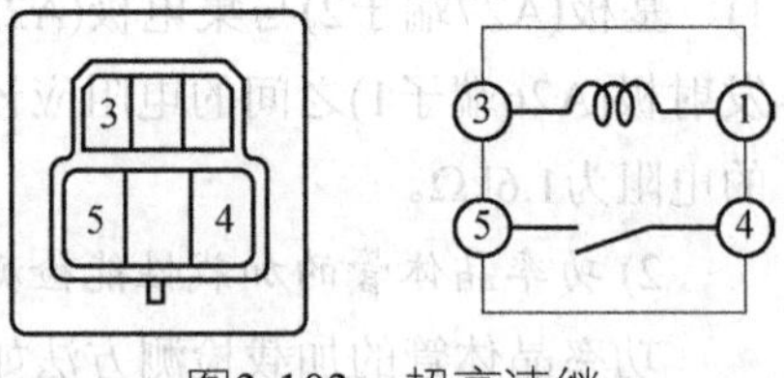

图3-103 超高速继电器的电阻性能检测

2) 超高速继电器的自诊断检测

超高速继电器的自诊断检测方法如下所述。

(1) 调整到执行器检查模式；

(2) 按空调控制面板的向上开关(“∧”)，并改变它到分步操作模式，按照顺序按向上温度控制开关(“∧”)，检查鼓风机的转速，当显示代码从28改变到29时，鼓风机转速见表3-9，从中速改变到高速。

表3-9 超高速继电器的检查诊断表

显示代码	鼓风机
21～28	中速
29	高速

13. 鼓风机电动机

鼓风机电动机的电路参考如图3-102所示。

1) 鼓风机电动机的电阻性能检测

如图3-104所示，可以利用万用表检查鼓风机电动机：脱开鼓风机电动机连接器，检查鼓风机端子1和2之间的电阻，应为1.8Ω左右，如果阻值不正常，应更换鼓风机电阻器。

2) 鼓风机电动机的加载性能检测

如图3-105所示，脱开鼓风机电动机连接器，将蓄电池正极接至鼓风机电动机端子2，负极接至端子1，检查鼓风机运转是否平稳。如果不正常，应更换鼓风机总成。

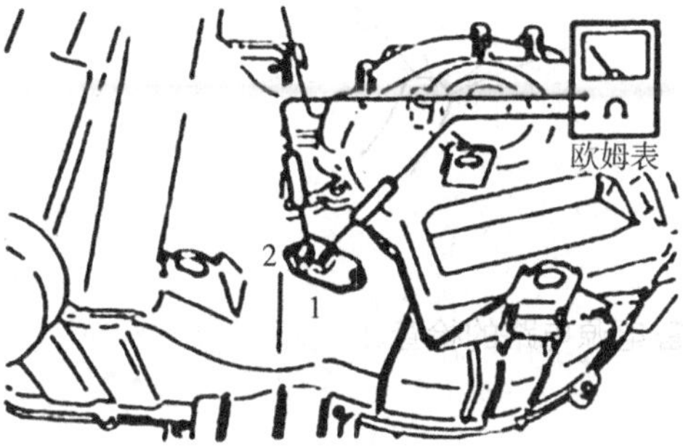

图3-104　鼓风机电动机的电阻性能检测

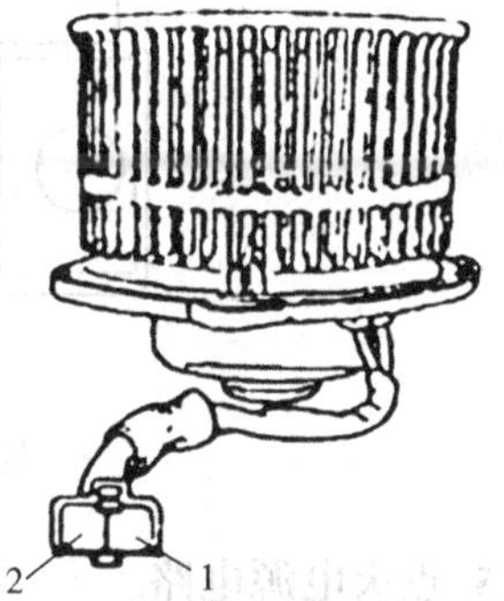

图3-105　鼓风机电动机的加载性能检测

14. 后备电源电路

丰田凌志自动空调后备电源电路如图3-106所示。

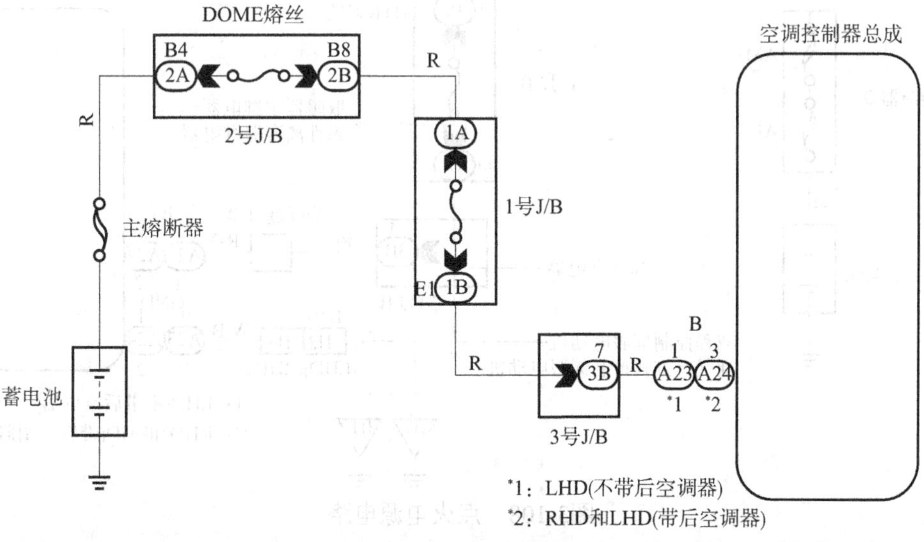

图3-106　后备电源电路

后备电源电路的检查如图3-107所示，拆下空调控制器总成但连接器仍保持连接，测量空调控制器总成连接器端子B与车身接地间电压，应为蓄电池电压。

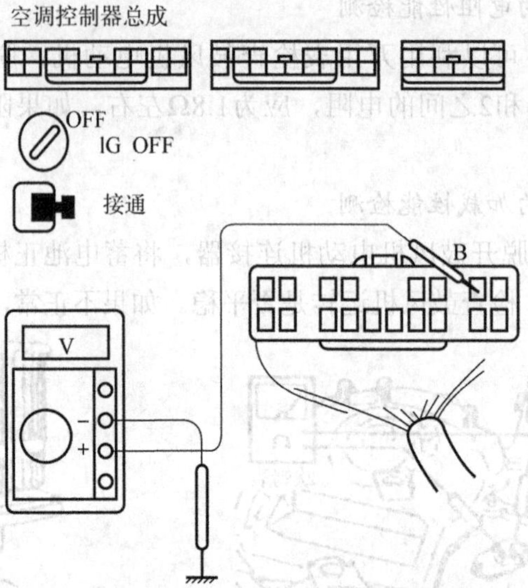

图3-107　后备电源电路的检查

15. 点火电源电路

丰田凌志自动空调点火电源电路如图3-108所示。

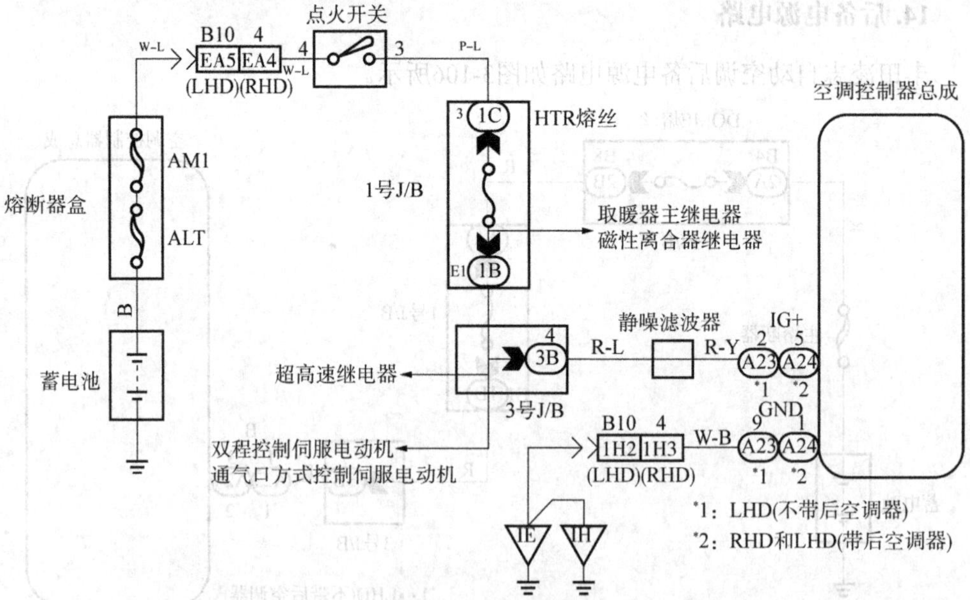

图3-108　点火电源电路

点火电源的检查如图3-109所示，拆下空调控制器总成但连接器仍保持连接，将点火开关转至ON，测量空调控制器总成连接器端子IG与车身接地间电压，应为蓄电池电压；关闭点火开关，检查测量空调控制器总成连接器端子GND与车身接地间电阻，应为0Ω(导通)。

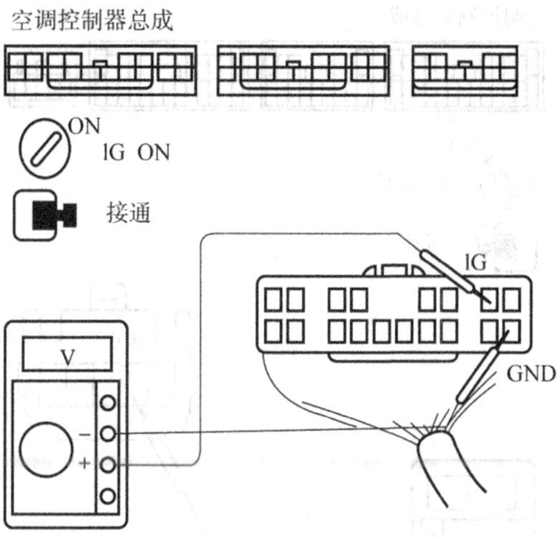

图3-109 点火电源电路的检查

16. ACC电源电路

丰田凌志自动空调ACC电源电路如图3-110所示。

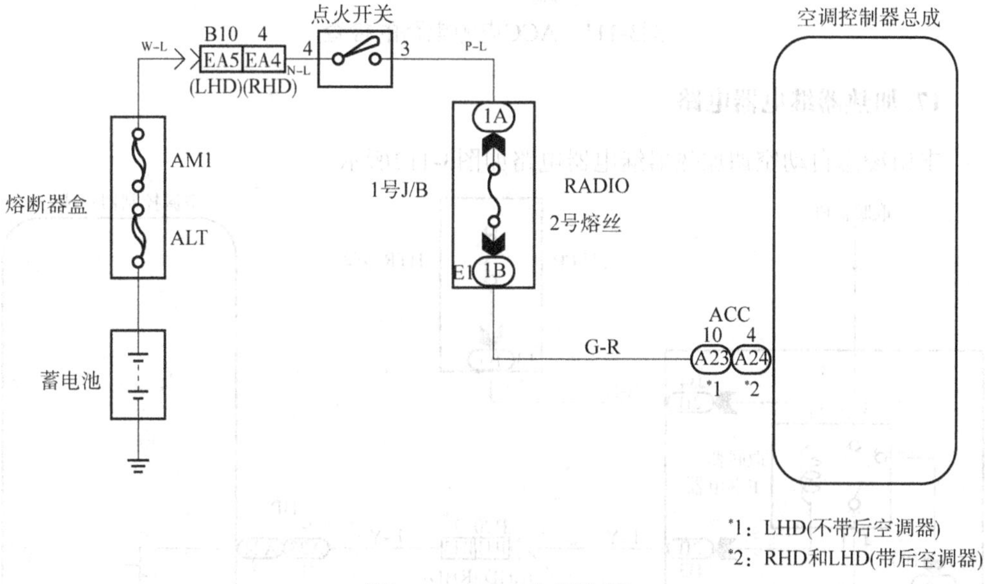

图3-110 ACC电源电路

ACC电源电路的检查如图3-111所示，拆下空调控制器总成但连接器仍保持连接，将点火开关转至ACC，测量空调控制器总成连接器端子ACC与车身接地间电压，应为蓄电池电压。

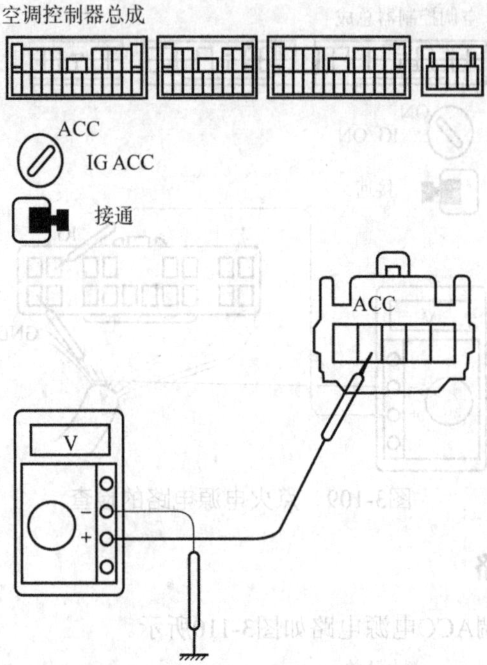

图3-111　ACC电源电路的检查

17. 加热器继电器电路

丰田凌志自动空调加热器继电器电路如图3-112所示。

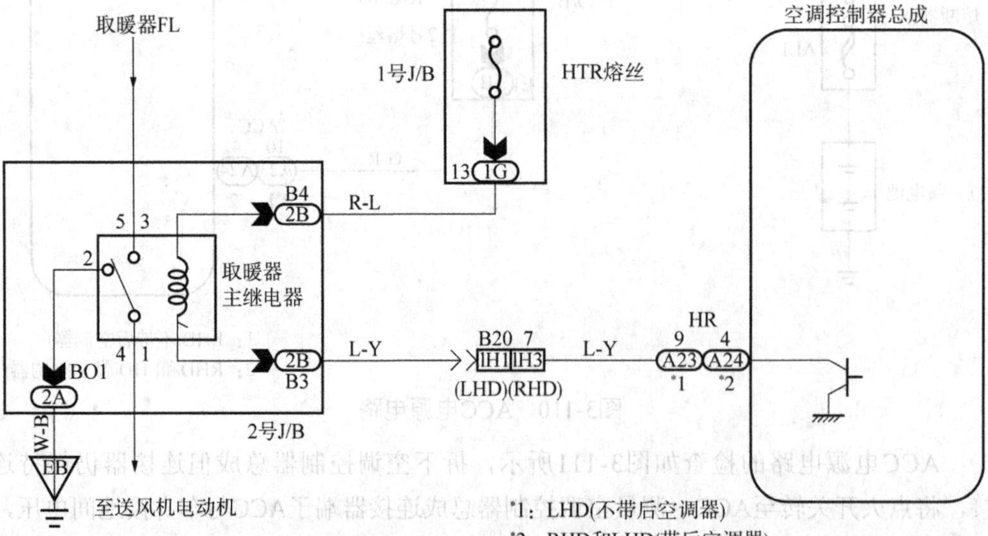

图3-112　加热器继电器电路

1) 加热器继电器的电阻性能检测

加热器继电器的电阻性能检测方法如图3-113所示。可以利用万用表检查加热器继电器线圈与触点性能。

静态(不通电)下检查超高速继电器端子1与端子3之间的电阻应为76Ω，继电器端子2与端子4之间的电阻应为0Ω(导通)，端子4与端子5之间应开路。

在加热器继电器线圈加载(端子1与端子3之间施加蓄电池电压)时，继电器端子2与端子4之间应开路，端子4与端子5之间应导通。

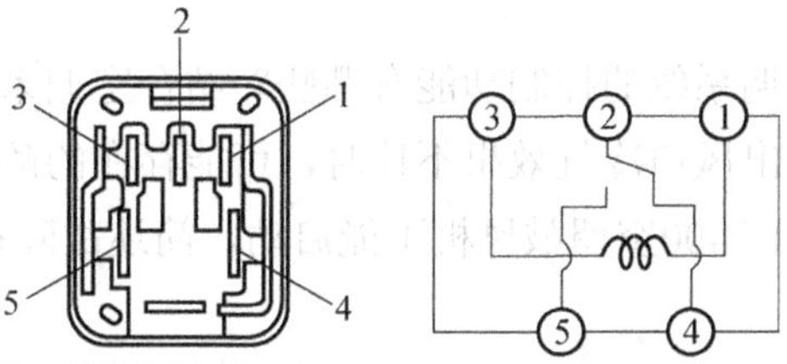

图3-113 加热器继电器的电阻性能检测

2) 加热器继电器的电压性能检测

加热器继电器的电压性能检测如图3-114所示，超高速继电器的自诊断检测方法如下：拆下空调控制器总成但连接器仍保持连接，将点火开关转至ON和OFF时，测量空调控制器总成连接器端子HR与车身接地间电压，见表3-10。

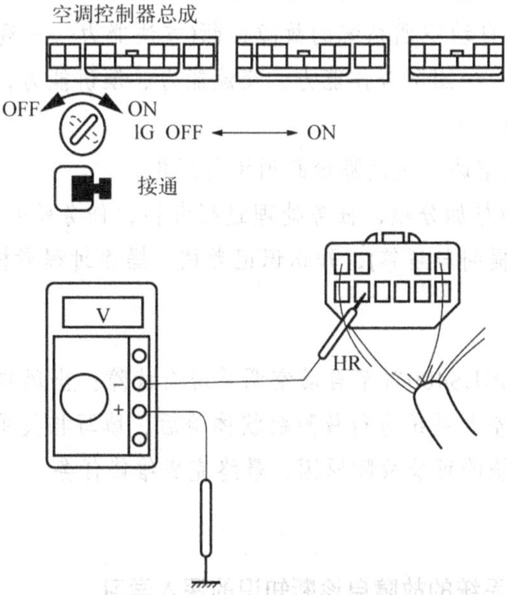

图3-114 加热器继电器的电压性能检测

表3-10 加热器继电器的电压性能表

点火开关	电压	
OFF	0V	
ON	鼓风机ON	0V
	鼓风机OFF	蓄电池电压

思考题

1. 本田雅阁2.3自动空调系统的模式电动机工作时，对应模式下的信号是如何检测的？

2. 现代轿车自动空调系统的控制功能有哪些？结合空调系统操作体会进行描述。

3. 当自动空调系统出风口冷气效果不佳时，可能存在的故障原因有哪些？

4. 经诊断丰田凌志LS400空调鼓风机不能启动，简述故障排除过程。

任务3.3 自动空调系统故障检修

学习目标

(1) 知识点：典型车型自动空调系统的故障自诊断。

(2) 技能点：典型自动空调系统的故障诊断(方法能力——观察能力、学习能力、写作能力；社会能力——团队合作能力、交流能力、演讲能力；专业能力——动手能力、分析问题的能力)。

(3) 训练点：自动空调系统故障诊断训练与强化。

(4) 评价点：考勤与加分项，任务处理过程考核，任务验收考核(任务工作单的填写、上台演讲表达、提问与解答)，知识识记考核，操作过程考核与期考。

任务导入

客户反映丰田凌志LS400轿车自动空调系统有故障：出风口不能出冷风。作为业务接待人员操作自动空调系统进行故障症状体验后，填写相关单据交维修作业人员，分析该车自动空调系统的可能故障原因，最终完成维修任务。

任务分析

1. 典型自动空调系统的故障自诊断知识的深入学习

(1) 丰田凌志LS400自动空调系统故障自诊断；

(2) 广本雅阁自动空调系统；

(3) 大众帕萨特自动空调系统故障自诊断。

2. 自动空调系统的故障诊断基础

(1) 检修方法；

(2) 检修技巧分析。

任务实施

1. 教学条件(师资、设备、场地、资源)

(1) 师资要求。具有中级职称以上、双师资格的教师2名以上。

(2) 设备要求。自动空调系统的台架4～8个，其他材料。

(3) 场地要求。理实一体化的教室，投影仪，黑板5～9块。

(4) 学习资源。教师教学手册、学生学习手册、任务工作单、维修手册等教学资源。

2. 教学实施

(1) 自动空调系统故障自诊断教学(课内集中示范、学生观察)。

教师现场进行自动空调系统自诊断知识教学并现场操作示范，学生观察思考，注意现场操作安全。

(2) 自动空调系统故障诊断操作示范(课内集中示范、学生观察)。

教师现场对自动空调系统典型故障进行分析，学生现场观察思考，注意现场操作安全。

(3) 自动空调系统故障诊断练习，体悟(课内学生分组体悟)。

学生分组练习自动空调系统故障诊断，记录相关数据，完成任务工作单的内容，注意现场操作安全。

(4) 学习评价(学生上台总结、演讲、评价)。

学生分组上台总结、演讲，组间、组内评价，最后统计每个人的过程考核成绩。

相关知识

3.3.1 自动空调系统检修基础知识

1. 丰田凌志LS400轿车自动空调系统的故障自诊断

在自诊断系统中，ECU将指示器、传感器和执行器存在的所有异常传送到控制板，并向技术人员显示，当空调控制单元检测到某些传感器或执行元件电路发生故障时，其故障自诊断系统将故障以代码的形式存储起来，检修时只要按下操纵面板上的设定键，即可读取故障代码。

自诊断功能包括4部分，即指示灯功能检查、故障代码功能检查、传感器功能检查和执行器功能检查。

1) 指示灯功能检查

按下操纵面板上的“自动控制”和“车内空气循环”键的同时，接通点火开关，即可检查各指示灯。正常情况下，所有指示灯和显示屏上的显示符号以1s的间隔连续闪烁4次，同时蜂鸣器鸣叫40ms。

2) 故障代码功能检查

指示灯功能检查结束后，系统就开始自动执行故障代码功能检查，此时空调控制单元存储器存储的故障代码就会在显示屏上显示。显示屏显示的故障有两种，一种是历史故障，已经排除，但故障代码未清除；另一种是目前仍然存在的故障。对于历史故障，只显示其代码；对于现存故障，在显示代码的同时，蜂鸣器鸣叫。如果同时存在多个故障代码，则按从小到大的顺序依次显示。按下“OFF”键即可退出诊断状态，拔出熔丝盒内“DOME”熔丝10s以上，即可清除故障代码。丰田凌志自动空调系统的故障代码见表3-11。

表3-11　丰田凌志自动空调系统的故障代码

故障码	诊断	故障部位
00	正常	
11	车内温度传感器电路开路或短路	车内温度传感器电路
12	车外环境温度传感器电路开路或短路	车外环境温度传感器电路
13	蒸发器温度传感器电路开路或短路	蒸发器温度传感器电路
14	水温传感器电路开路或短路	水温传感器电路
21*	阳光传感器电路开路或短路	阳光传感器电路
22*	压缩机锁止传感器电路开路或短路	压缩机锁止传感器电路
31	空气混合风挡位置传感器电路开路或短路	空气混合风挡位置传感器电路
32	进气风挡位置传感器电路开路或短路	进气风挡位置传感器电路
33	(1) 空气混合风挡位置传感器电路开路 (2) 空气混合伺服电动机电路开路或短路 (3) 空气混合伺服电动机锁住	(1) 空气混合风挡位置传感器电路 (2) 空气混合伺服电动机电路
34	(1) 进气风挡位置传感器电路开路 (2) 进气伺服电动机电路开路或短路 (3) 进气伺服电动机锁住	(1) 进气风挡位置传感器电路 (2) 进气伺服电动机电路

说明：带*者仅在发生现时故障时，阳光传感器和压缩机锁住传感器电路开路时才能被检测出来。其他故障代码在发生现时故障(蜂鸣器发出声音) 和存在过去故障(蜂鸣器不发出声音) 时均可检测出来。

3) 传感器功能检查

系统可以检查以前和当前的传感器故障。当发现一个以上的故障时，按A/C开关可以一一查看所有的故障。如果在室内检查阳光传感器，可能会显示开路，要将日照传感器置于白炽灯下(荧光灯没有用)或户外才可。在某些车型上，蜂鸣器发声表示当前存在故障。

4) 执行器功能检查

故障代码功能检查结束后，再按下“车内空气循环”键，就进入执行器检查状态。此时空调控制单元依次检查各执行器工作是否正常。空调控制单元将发送模拟输出指令到执行器以检查它的操作。技术人员通过从ECU发送信号触发气流挡板、空气进口挡板、空气混合挡板、运行压缩机等便可发现执行器的故障。

2. 广本雅阁2.3自动空调系统自诊断

1) 故障码的读取

接通点火开关ON，并将温度控制按钮调到MAX COOL(最冷)位置，然后调到MAX HOT(最热)位置。1min后，按下AUTO钮，并且在继续按压AUTO钮的同时，按下OFF钮。在按压两个按钮时，如果系统有任何异常，温度显示器(从A到N笔画段)将分别工作，以指示发生相应故障的部件，温度显示器将会以1s为间隔重复显示“88”(全部的笔画段)，如图3-115所示。

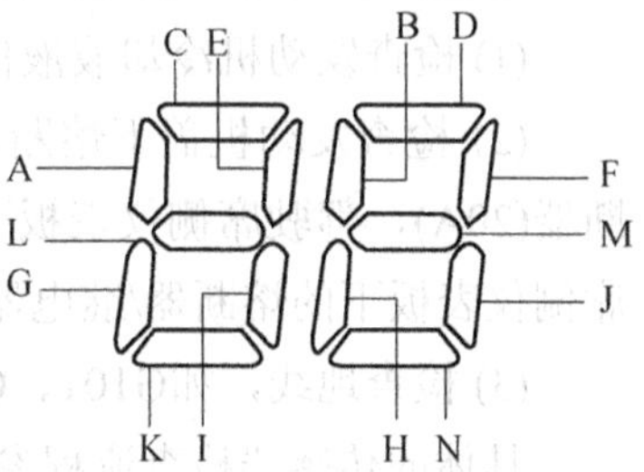

图3-115　广州本田ACCORD轿车温度显示器

在出现故障时，相关的指示灯就会工作；若同时出现多个故障，则相关的指示段(灯)会同时闪亮；若指示灯A、C、E、G、I和L同时工作，则表明传感器共用导线可能存在断路故障。

2) 故障码的清除

关闭点火开关会消除自诊断功能。完成维修工作后，应再次启动自诊断功能，以确认不存在其他故障。

3) 广本雅阁2.3故障码表

广本雅阁2.3的故障码见表3-12。

表3-12　广本雅阁2.3故障码表

显示器段	出故障的部件	可能的原因
A	车内温度传感器	电路断路，传感器故障
B	车内温度传感器	电路短路，传感器故障
C	车外温度传感器	电路断路，传感器故障
D	车外温度传感器	电路短路，传感器故障
E	阳光传感器	电路断路，传感器故障
F	阳光传感器	电路短路，传感器故障
G	蒸发器温度传感器	电路断路，传感器故障
H	蒸发器温度传感器	电路短路，传感器故障
I	空气混合控制电动机	电路断路

(续表)

显示器段	出故障的部件	可能的原因
J	空气混合控制电动机	电路短路
K	空气混合控制电动机	通道阻塞，电动机故障
L	送风模式控制电动机	电路短路或断路
M	送风模式控制电动机	通道阻塞，电动机故障
N	鼓风机电动机	电路断路或短路，电动机故障
A、C、E、G、I、L	传感器公共地线	电路断路

4) 自动空调系统传感器的检测

在检修自动空调系统传感器前，应先做以下检查。

(1) 检查发动机冷却液液位，明确发动机能否上升至正常的温度。

(2) 检查发动机盖下熔断器/盒内的56号熔断器(40A)、57号熔断器(20A)和58号熔断器(20A)，驾驶席侧仪表板下的熔断器/继电器盒内的3号熔断器(7.5A)，以及副驾驶席侧仪表板下的熔断器/继电器盒内的13号熔断器(7.5A)是否正常。

(3) 检查地线，如G101、G201、G401等连接是否良好。

具体的传感器检查流程参见传感器工作原理与线路图或本田雅阁维修手册。

3. 大众帕萨特轿车自动空调系统的故障自诊断

1) 帕萨特领驭轿车自动空调系统的故障自诊断

(1) 自动空调系统故障码的读取与清除。使用专用解码器，找出在挡位杆处自诊断插座的位置，如图3-116所示。

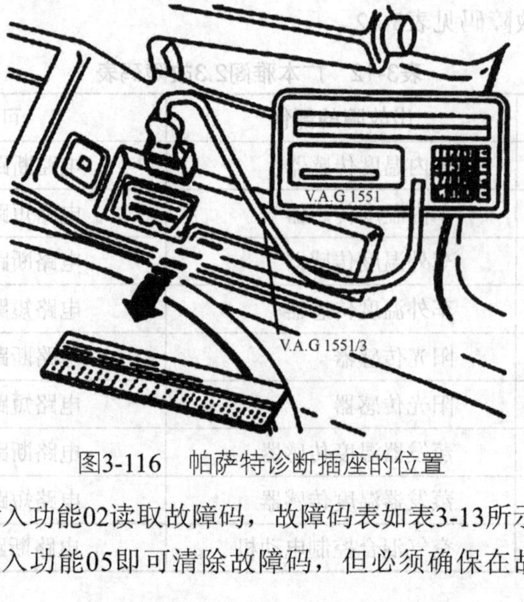

图3-116　帕萨特诊断插座的位置

进入系统08，输入功能02读取故障码，故障码表如表3-13所示。

进入系统08，输入功能05即可清除故障码，但必须确保在故障已排除的前提下清除。

表3-13 帕萨特自动空调故障码表

故障码	故障码内容
0000	未发现任何故障
65535	控制单元
01291	脚部空间出风口温度传感器G192 断路/对正极短路/搭铁后短路
00532	电源电压
00538	基准电压
01296	中间出风口温度传感器G191断路/对正极短路/搭铁后短路
00792	空调装置的压力开关F129
00779	外界温度传感器G17 断路/对正极短路/搭铁后短路
00787	新鲜空气温度传感器G89 对正极短路或断路/搭铁后短路
00800	脚部空间/除霜伺服电动机V85
00206	停止时间信号
00081	行驶速度传感器G68 目前不能检查
00797	阳光入射的光电传感器G107 断路/对正极短路/搭铁后短路
01228	温度调节活门的伺服电动机
01272	总活门的伺服电动机V70
01278	新鲜空气鼓风机V2(带有新鲜空气鼓风机的控制单元V26)
01274	风挡压力活门伺服电动机V71

(2) 自动空调系统故障码的编码与基本设定。当更换空调电脑后，要求用专用解码器对空调电脑进行编码。如果没有编码，空调显示器会闪光15s。对电脑编码后，要求对空调进行基本设定；如空调存在不明故障，也可对空调进行基本设定；或拆装空调各伺服电动机或蓄电池，也建议进行基本设定。

帕萨特自动空调系统基本设定的设定码为“000”。

用解码器进入系统“08”，输入功能码“04”基本设定，输入通道号“000”即可。

用解码器进入系统“08”，输入功能码“07”编码，根据不同车型，查空调编码表3-14，或按旧电脑的Coding码，输入五位数通道号即可。

表3-14 空调编码表

编码	汽车	编码	汽车
02000	除日本一切国家	05000	除日本一切国家，1998年11月之前适用
02100	日本	05100	日本，1998年11月之前适用

(3) 自动空调数据流。用解码器进入系统“08”，输入功能码“08”读取数据流，输入显示通道号，即可查看各显示分组的数据块，见表3-15。001组显示区代码含义见表3-16。

表3-15 帕萨特B5自动空调数据流

显示分区	显示区	含义
001	1	压缩机关闭条件(正常显示为0) (具体代码见表3-13)
	2	发动机转速(0=无，1=有)
	3	车速(与实际车速相符)
	4	点火开关关闭时间间隔(0～240min)
002 温度翻板伺服电动机V68	1	温度翻板伺服电动机的实际反馈值(允许与规定值相差±3)
	2	温度翻板伺服电动机的规定值(正常显示5～250)
	3	当伺服电动机在“最冷”位置时，在基本设定过程中确定并存储入空调控制器的电位计值(正常显示150～250)
	4	当伺服电动机在“采暖”位置时，在基本设定过程中确定并存储入空调控制器的电位计值(正常显示5～100)
003 中央翻板伺服电动机V70	1	中央翻板伺服电动机的实际反馈值(允许与规定值相差±3)
	2	中央翻板伺服电动机的规定值(正常显示5～250)
	3	当伺服电动机在“仪表板通风”位置时，在基本设定过程中确定并存储入空调控制器的电位计值(正常显示150～250)
	4	当伺服电动机在“非仪表板通风”位置时，在基本设定过程中确定并存储入空调控制器的电位计值(正常显示5～100)
004 除霜翻板伺服电动机V85	1	除霜翻板伺服电动机的实际反馈值(允许与规定值相差±3)
	2	除霜翻板伺服电动机的规定值(正常显示5～250)
	3	当伺服电动机在“脚部通风”位置时，在基本设定过程中确定并存储入空调控制器的电位计值(正常显示150～250)
	4	当伺服电动机在“除霜”位置时，在基本设定过程中确定并存储入空调控制器的电位计值(正常显示5～100)

(续表)

显示分区	显示区	含义
005 通风翻板伺服电动机V71	1	通风翻板伺服电动机的实际反馈值(允许与规定值相差±3)
	2	通风翻板伺服电动机的规定值(正常显示5～50)
	3	当伺服电动机在“新鲜空气”位置时，在基本设定过程中确定并存储入空调控制器的电位计值(正常显示150～250)
	4	当伺服电动机在“内循环”位置时，在基本设定过程中确定并存储入空调控制器的电位计值(正常显示5～100)
006	1	外部温度计算值℃(与实际外部温度相符)
	2	新鲜空气进气管温度传感器G89(与实际温度相符)
	3	外部温度传感器G17(与实际温度相符)
	4	阳光强度光敏电阻G107(左侧) (0～120%，按阳光强度变化)
007	1	—
	2	脚部出风口温度传感器G192(与实际温度相符)
	3	仪表板温度传感器G56(与实际温度相符)
	4	—
008	1	新鲜空气鼓风机电动机(V2)规定电压值(0～12.5V，按鼓风机挡位变化)
	2	新鲜空气鼓风机电动机(V2)实际电压值(允许与规定值相差±0.7V)
	3	接线柱15电压
	4	电磁离合器N25电压

表3-16　001组显示区代码含义

代码	含义	代码	含义
0	压缩机接通	7	鼓风机开关关闭
1	制冷循环高压，压力开关F129打开	8	测得的外部温度低于2℃
2	制冷循环低压，压力开关F129打开	10	供电电压低于9.5V
5	发动机转速低于300r/min	11	发动机温度过高
6	接通ECON开关	12	发动机控制单元已切断压缩机

(4) 自动空调系统电路原理图。如图3-117所示为帕萨特领驭轿车自动空调系统电路原理图。

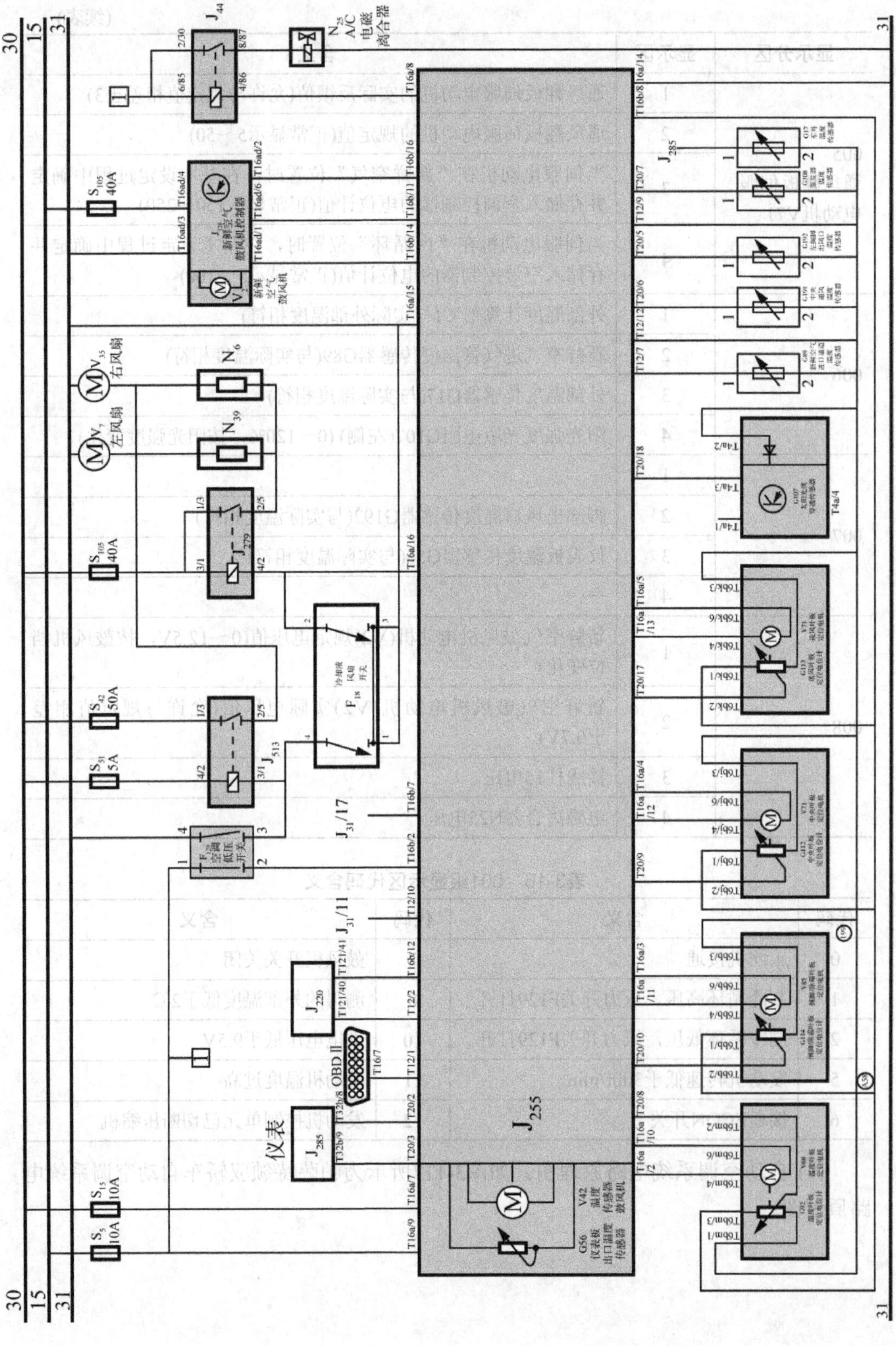

图3-117 帕萨特自动空调系统电路原理图

3.3.2 自动空调系统故障诊断

任务实施(课内学习，学习方法：理实一体集中教学，教师示范，学生体悟)

1. 症状体验与描述

症状体验：在丰田凌志LS400自动空调系统实验台上体验自动空调系统出风口不能出冷风时的症状。

症状描述：启动发动机，打开自动空调系统AUTO开关，发现空调出风口不能出冷风。

其他现象观察：打开自动空调系统AUTO开关，观察到压缩机离合器吸合工作，空调故障警告灯闪亮。

要求学生对照任务工作单中的故障诊断分析表进行填写，教师指导、答疑。

2. 原因分析

1) 症状分析

(1) 主症状可能原因分析。该车在发动机运转状态下，打开空调开关AUTO，空调出风口不能出冷风，对照丰田凌志LS400自动空调系统电路原理图，根据自动空调系统的工作原理与控制功能，空调系统出冷风的可能原因有以下几个。

① 制冷系统故障。由于压缩机、制冷液不足等原因，造成空调系统的制冷系统工作不良，进而导致出风口不能出冷风。

② 传感器信号输入故障。根据各种传感器的输入信号和设定的温度的比较，空调控制器输出相应信号控制混合风挡、送风模式、进气风挡等工作，达到对温度的控制目的。当存在传感器信号输入故障时，可能导致空调控制器误判。

③ 控制器控制功能故障。空调控制器内部局部功能异常，或控制器工作不良导致控制功能失效。

④ 执行器信号输出故障。对空调温度的调节，最主要的是控制混合风挡的冷暖风配比，达到对出风口温度的控制。若混合风挡伺服电动机总成有故障，将导致对冷暖风匹配调节失效。

(2) 其他症状可能原因分析。

打开自动空调系统AUTO开关，观察到压缩机离合器吸合工作。说明空调制冷系统压缩机电磁离合器等工作基本正常，但仍需确定制冷系统的制冷效果是否良好。同时观察到空调故障警告灯闪亮，说明空调系统自诊断出有现时性故障。

根据主症状及其他症状综合分析得出，故障的主要可能原因缩小为：①传感器信号输入故障；②执行器信号输出故障。

2) 仪器选用分析(解码器或自诊断法)

由于车型较早，这里选用了自诊断法进行分析，与解码器选用分析方法类似。

同时按下空调控制面板上的AUTO和REC(再循环)开关，且同时接通点火开关，指示器应在1s内闪亮4次(若无显示，则检查空调供电电源和显示屏)，此时可在温度显示屏上直接读出故障码。若按TEMP开关，将改为步进显示，即每按一次该键可显示一个代码。显示代码时，蜂鸣器响，表示该故障是连续发生的；若蜂鸣器不响，即为仪器发生的代码或断续故障。若再按REC开关便进入执行器检查，此时ECU每隔1s按顺序自动检查各风挡开关、电动机和继电器，用肉眼和手即可检查温度和风量。若再按TEMP开关，又进入步进运转，即每按一次改变一种状态，以便于检查。按断开键可退出自诊断状态，拔下DOME熔断丝10s以上即可消除故障码。

3. 故障诊断过程分析与记录

1) 诊断过程分析

(1) 首先体验症状，进行症状分析，根据主症状及其他症状综合分析得出，导致故障的主要可能原因缩小为：①传感器信号输入故障；②执行器信号输出故障。

(2) 自诊断(解码器)故障码的读取与原因分析。通过自诊断，发现自诊断时该车故障码为31，查空调系统故障码表得知，其含义为空气混合风挡位置传感器电路开路或短路。

(3) 综合原因分析。结合症状原因分析与自诊断原因分析，故障可能原因为空气混合风挡电动机总成工作不良。

(4) 万用表系统电压测试分析。对照丰田凌志LS400自动空调系统电路图，拆下空调控制器(插头连接器仍保持连接)，接通点火开关，调定温度，观察混合风挡电动机的动作情况；用万用表测量混合风挡位置传感器端子TP和SG的电压是否能随着设定温度而连续变化，正常情况下当冷气最足时该电压应为4V，暖气最足时该电压应为1V，而测量结果显示不正常。

(5) 根据以上原因分析，逐步进行线路细查。

2) 诊断过程操作示范与记录(教师示范，学生观察记录)

诊断分析表的填写如表3-17所示。

表3-17 自动空调出风口不出冷风故障诊断分析表

(空白任务工单详见学生任务工作单手册)

班级		学号		姓名		得分	
故障症状确认	1. 症状描述：启动发动机，打开自动空调系统AUTO开关，发现空调出风口不能出冷风。 2. 其他现象描述：打开自动空调系统AUTO开关，观察到压缩机离合器吸合工作，空调故障警告灯闪亮						
	初步可能原因分析：①传感器信号输入故障；②执行器信号输出故障						

（续表）

班级	学号	姓名	得分
解码器检测	故障码记录	自诊断时该车故障码为31，含义为空气混合风挡位置传感器电路开路或短路	
	异常数据流记录	无	
	初步可能原因分析： 空气混合风挡位置传感器或电路不良		
综合分析可能原因	观察症状，根据检测结果，结合维修手册，分析所有可能原因，初步确定检修步骤		
	空气混合风挡电动机总成工作不良		
检修步骤、结果分析与判断	检修步骤描述	测试结果记录	结果分析判断
	启动发动机，手摸蒸发器，检查压缩机工作、空调制冷系统制冷效果	良好	空调制冷系统工作正常
	自动空调系统自诊断	故障码31	空气混合风挡位置传感器或电路不良
	打开点火开关，调节空调设定温度，观察混合风挡电动机是否随温度变化工作	空气混合风挡拉杆不工作	空气混合风挡电动机工作不良
检修步骤、结果分析与判断	拆下空调控制器(插头连接器仍保持连接)，调节设定温度，万用表测量端子TP和SG电压	1.5V一直不变化	空气混合风挡电动机工作不良
	拆下空气混合电动机插头，测量端子1和4间电阻(推动推杆观察)	1kΩ～4kΩ间连续变化	空气混合风挡位置传感器正常
	测量端子2和6间电阻	无穷大	空气混合风挡电动机断路
	综合原因分析： 空气混合风挡电动机内部断路		
故障点排除确认	更换空气混合风挡电动机总成，打开点火开关，调节空调设定温度，观察混合风挡电动机推杆工作；启动发动机，打开自动空调系统AUTO开关，调节设定温度，出风口能出冷风，故障排除		

4. 故障点拓展

导致自动空调系统工作不良的故障原因有很多，如何针对不同的故障有针对性地进行诊断分析是难点。学生在学习时可重点比较类似症状下不同原因的分析，以起到举一反三的效果。自动空调系统工作不良的常见故障点见表3-18。

表3-18 自动空调系统工作不良的常见故障点

序号	故障点部位		主症状	其他症状	自诊断	备注
1	空调制冷系统工作不良	压缩机工作不良	空调出风口不出冷风	空调出风口可以出暖风		
		制冷剂不足或泄漏				
		制冷管路堵塞				
		电磁离合器不工作				
2	空调控制器工作不良	控制器供电不足	空调系统不出风	空调面板不能正常显示		
		控制器搭铁不良				
		局部功能不良	不确定	不确定		
3	空调传感器信号输入故障	车内温度传感器	自动空调系统工作不良(温度调节失常)	不明显或局部故障	自诊断显示故障码，报警灯闪亮	
		车外温度传感器				
		蒸发器温度传感器				
		阳光传感器				
		水温传感器				
		进气风挡位置传感器				
		模式风挡位置传感器				
4	空调执行器信号输出故障	混合风挡电动机	冷暖风温度调节失常	局部故障	自诊断显示故障码，报警灯闪亮	
		混合风挡位置传感器				
		线路故障				
	鼓风机转速控制电路故障	鼓风机	出风口无风	无鼓风机运转声	自诊断可能无故障码	
		功率晶体管				
		超高速继电器	无高速出风	中低速有风		
		电磁电动机或相关线路不良				
		摇臂位置传感器或相关线路不良	有设定工作反应			

任务评价

目的：培养学生的交流合作能力、表达能力、演讲能力及总结概括能力。

方法：学生分组上台总结、演讲，组间、组内评价。各小组按顺序推荐组内同学上台总结，其他组派代表对其进行提问、评价、打分。根据得分，组内再评价得分(参与提问、答题等工作的要加分)，最后统计每个人的过程成绩。

拓展提高

原则：丰田自动空调系统的故障诊断操作练习(变换故障点部位，逐步深入练习；课外学习4学时，自愿练习，但所有课外学时不得少于总课外学时数)。

措施：落实课外开放式实训管理制度，安排值班教师(学生)，学生课外自愿到实训室进行自动空调系统故障诊断练习。

思考题

1. 导致自动空调系统“控制面板无显示”故障的原因有哪些？如何诊断？
2. 现代轿车自动空调系统的功能有哪些？
3. 查阅资料，哪些车型的自动空调鼓风机等执行器采用了LIN总线控制？

项目4

车载网络控制系统检修

任务4.1 车载网络系统检修基础

学习目标

(1) 知识点：车载网络系统检修基础知识：车载网络的概念、基本类型，网络的组成、类型、工作原理，网络术语等。

(2) 技能点：车载网络系统检修基本技能训练。检修基本技能训练(方法能力——观察能力、学习能力、写作能力；社会能力——团队合作能力、交流能力、演讲能力；专业能力——动手能力、分析问题的能力)。

(3) 训练点：车载网络系统检修基本技能训练。

(4) 评价点：考勤与加分项，任务处理过程考核，任务验收考核(任务工作单的填写、上台演讲表达、提问与解答)，知识识记考核，操作过程考核与期考。

任务导入

客户反映某大众帕萨特B5轿车驾驶员无法控制车窗工作，作为业务接待人员及维修作业人员，需要了解该车型的舒适系统应用车载网络技术的基本情况，学习车载网络系统知识，为后续课程的学习及完成该车故障的诊断与排除打下基础。

任务分析

1. 车载网络控制系统介绍，初步了解车载网络控制系统的结构组成

(1) 汽车新技术在汽车车身中的应用情况；

(2) 汽车车身电控系统的结构组成。

2. 掌握车载网络系统的基本检修技能

(1) 车载网络系统概述；

(2) 车载网络检修基础。

任务实施

1. 教学条件(师资、设备、场地、资源)

(1) 师资要求。具有中级职称以上、双师资格的教师2名以上。

(2) 设备要求。车载网络检修基础台架8～16个，其他辅助材料。

(3) 场地要求。理实一体化的教室，投影仪，黑板。

(4) 学习资源。教师教学手册、学生学习手册、任务工作单、维修手册等教学资源。

2. 教学实施

(1) 车载网络系统检修基础知识讲授(课内集中教学与示范，学生记录与跟踪操作)。

教师现场教学，结合内容，引导学生在车载网络检修基础台架上跟随教师操作。

(2) 车载网络检修基础练习(课内学生分组体悟)。

学生分组练习车载网络系统的检修技巧，记录相关数据，完成任务工作单的内容，注意现场操作安全。

(3) 学习评价(学生上台总结、演讲、评价)。

学生分组上台总结、演讲，组间、组内评价，最后统计每个人的过程考核成绩。

相关知识

4.1.1 车载网络系统检修基础知识

1. 车载网络系统概述

1) 车载网络的提出

随着现代汽车电子控制技术的发展与现代人对汽车的动力性、经济性、舒适性、安全性、环保性等方面的要求的提高及相关法律法规的约束，汽车电控系统的电控单元数量不断增加，使汽车整车的电气系统变得越来越复杂。单纯地增加汽车线束和插接件会带来汽车生产的线束布置与装配困难，也会增加汽车维修的难度；而车身重量的增加会影响汽车的经济性，还会产生维修诊断困难等问题。同时，随着车用电控单元ECU的不断增加，如继续采用传统的ECU间的点对点通信，每个ECU所需的通信端口将成倍增加，使得ECU间的通信线路变得更加复杂。

当多个电控系统需要同一数据(如制动信号)的时候，怎么办？

方法一：如图4-1(a)所示，把产生制动信号数据的传感器线束连接到每个电控系统，实现布线的硬共享。同一数据需要共享的电控单元越多，控制单元针脚、线束布线与维修的难度越大。

方法二：如图4-1(b)所示，产生制动信号数据的传感器归属于特定的电控系统(如ABS系统)，然后通过总线进行信息的共享(软共享)。电控单元的多少只与总线的控制功能相关，控制单元针脚可以固定，与线束布线关系不大，各控制单元之间的所有信息都通过数据总线进行交换，即通过总线控制器的软件控制来实现信息共享。

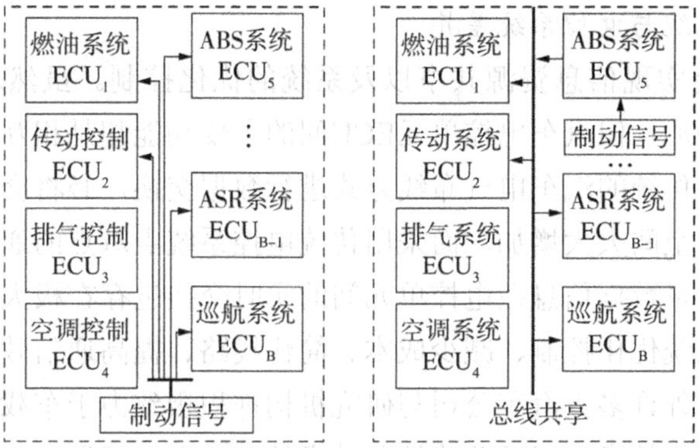

(a) 线束连接型共享(硬共享)　(b) 总线型共享(软共享)

图4-1　多个电控系统间数据的交换方式

又如，典型的发动机电控系统与自动变速器电控系统间有5条信息需要交换，按传统的布线思路，意味着发动机电控系统与自动变速器电控系统间需要独立的5根数据线对联，如图4-2所示为传统的发动机电控系统与自动变速器电控系统的信号交换方式。当随着两个控制单元功能的增加需要更多的信号共享时，则意味着两者间的数据线就要增加，即需要交换的信息越多，相互间的布线越复杂。

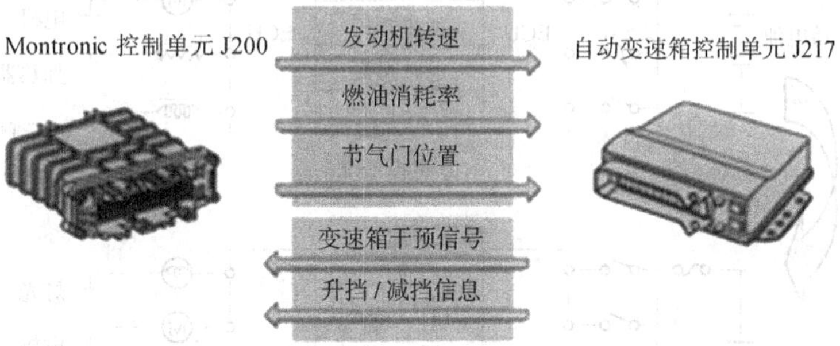

图4-2　传统的发动机电控系统与自动变速器电控系统的信号交换方式

采用总线控制方式后，发动机电控系统与自动变速器电控系统间的5次信息交换在两根数据总线上完成，今后两个控制单元间需要交换的信息增加，无需重新布线，只需改变两个控制单元的控制功能即可实现。如图4-3所示为采用总线方式后的发动机电控系统与自动变速器电控系统的信号交换。

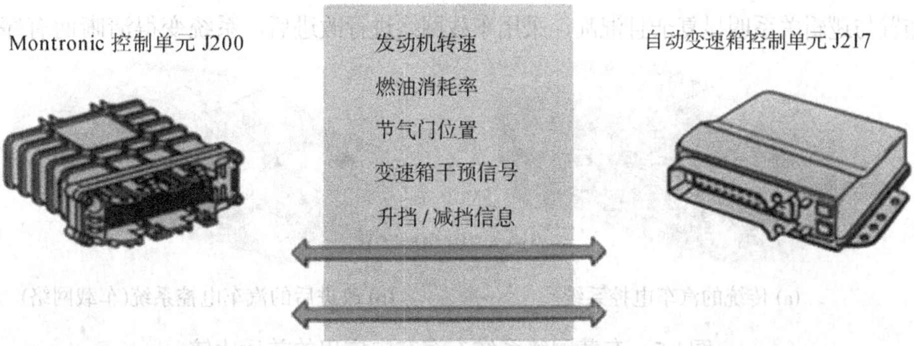

图4-3　采用总线方式后的发动机电控系统与自动变速器电控系统的信号交换

2) 车载网络系统与电控系统差异

网络的目的是实现信息资源共享以及系统的优化控制。虽然现代汽车电子控制系统的数量不断增加，但汽车电控单元ECU间的主要功能却是相互交换数据、协同工作。如果继续采用传统的汽车电气布线方式进行数据交换，必将会导致整车线束的长度、重量和占用的空间大大增加，而采用传统电控系统点对点的通信方式及分散式独立的控制方式对大量数据信息在电控单元间的实时交换也存在极大的限制。本着实现信息资源共享、系统优化控制、减少成本、简化线路、提高通信效率和提高电控系统可靠性的目的，国外许多大汽车公司与研究机构都积极致力于车载网络技术的研究，并在借鉴计算机网络技术和现场总线控制技术的基础上，开发出一些适用于汽车环境的网络控制技术。

单纯从控制角度来看，车载网络系统与电控系统的差异如图4-4所示。传统电控系统间的数据是通过独立数据线来传递独立的信息，传递的信号是并行数字信号，如图4-4(a)所示。而采用车载网络系统(总线)后，信息的交换变为集中控制，即信号的交换方式发生了根本的改变，传递的仍是串行数字信号。

(a) 电控系统

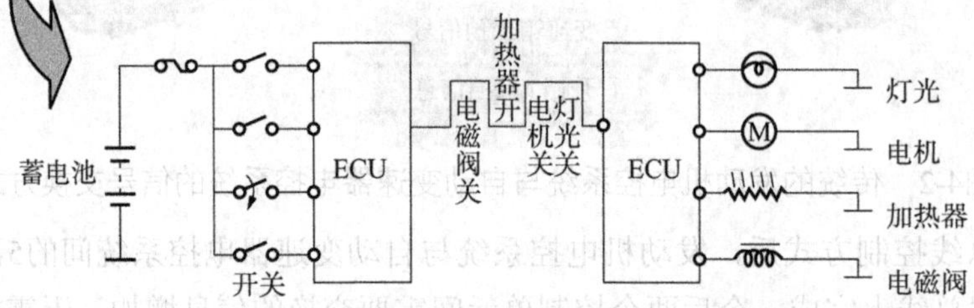

(b) 车载网络系统

图4-4　车载网络系统与电控系统的差异

如图4-5所示为车载网络系统在汽车中应用的前后比较，传统的汽车电控系统间的线束布置与逻辑关系明显复杂且混乱，采用车载网络进行改进后，系统变得清晰而有序。

(a) 传统的汽车电控系统

(b) 改进后的汽车电控系统(车载网络)

图4-5　车载网络系统在汽车中应用的前后比较

3) 车载网络的概念

(1) 车载网络的组成。车载网络是为了实现信息共享而把多条数据总线连在一起，或者把数据总线和模块作为一个系统，车载网络系统实质上是一个多路传输系统，主要由模块、数据总线、网络、架构、通信协议、网关等组成。

目前，网络的架构主要有星型、环形和总线型网络三种，如图4-6所示。

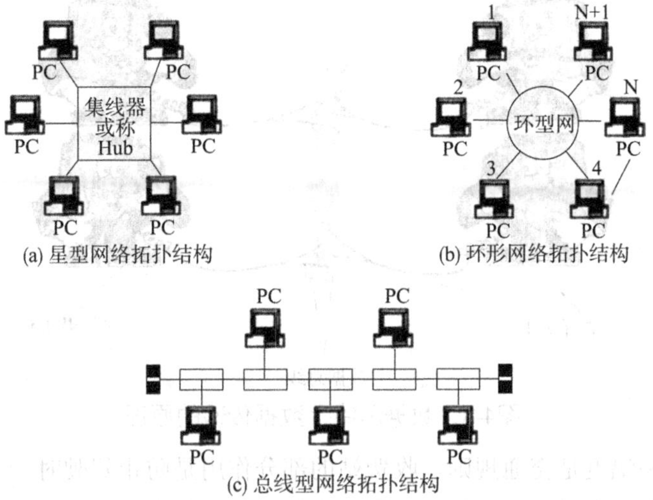

图4-6 网络的架构

(2) 传输的方式。网络传输的方式包括串行通信和并行通信。车载网络用的是串行通信。

(3) 传输的通道。网络传输的通道即数据总线。数据总线是模块间运行数据的通道，即所谓的信息高速公路，是双向传输的。数据总线能够使用很多物理介质(如同轴电缆、双绞线、光纤等)，最常用的就是双绞线。

为了抗电子干扰，双线制数据总线的两条线是绞在一起的。模块(也称为电子控制单元或节点)就是信息高速公路上的进口和出口。典型的大众动力系统CAN、舒适系统CAN、信息系统CAN数据总线实物如图4-7所示。

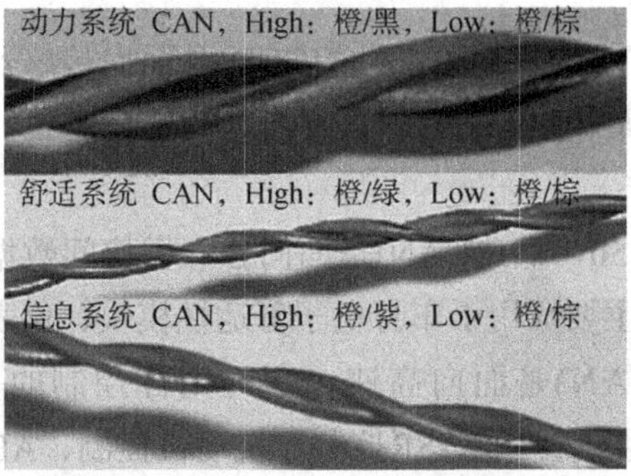

图4-7 大众动力系统CAN、舒适系统CAN、信息系统CAN数据总线实物

(4) 数据总线。利用数据总线传递数据的原理如图4-8所示，类似电信网络的程控交换电话网，每个控制单元(节点)根据需要接入网络的数据总线，而无须对总线网络进行改造。

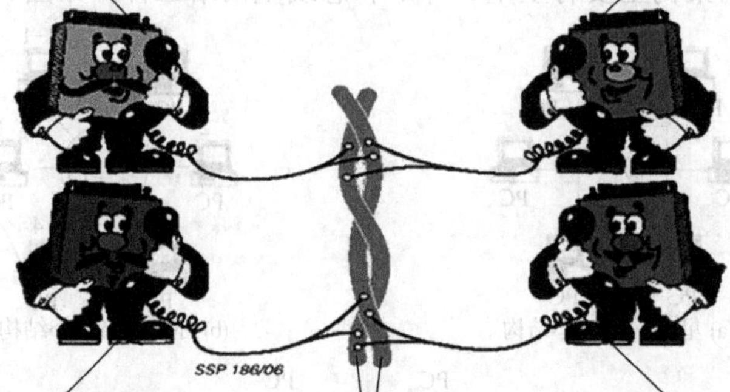

图4-8 数据总线上数据传递的原理

总线速度和幅度是交通规则，收费站的部分作用是防止驾驶时一直高速行驶，数据总线的情况也基本类似。例如，唤醒一个处于休眠状态的模块，并让其他模块知道它已处于工作状态或由它再唤醒其他模块。

数据总线的速度不是以英里表示的，通常用比特率表示，比特率的单位是每秒千位(kb/s)。

(5) 网络的类型。为了使价格适中，数据总线及网络的设置必须避免无谓的高速和复杂。大多数的设计都有三种基本型：低速型、中速型和高速型。

为了方便研究和设计应用，美国汽车工程师协会(SAE)车辆网络委员会依据功能和速率将汽车数据传输网络划分为A、B、C三类。另外，不少文献中也将近年来发展起来的车载多媒体网络延续称为D类网络，将面向乘员的安全系统网络称为E类网络。

A类网络(如UART，LIN，克莱斯勒的CCD)是面向传感器、执行器控制的低速网络，数据传输位速率通常小于20kb/s，主要用于后视镜调整，电动窗、灯光照明等车身低速控制。

B类网络(如SAEJ1850，低速CAN)是面向独立模块间数据共享的中速网络，位速率一般为10～125kb/s，主要应用于车身电子舒适性模块、仪表显示等系统。

C类网络(如高速CAN)是面向高速、实时闭环控制的多路传输网，位速率为125kb/s～1Mb/s，主要用于牵引力ASR控制、发动机控制、ABS控制等系统。

D类网络(如D2B，MOST)是面向多媒体信息的高速传输网络，位速率一般在2Mb/s以上，主要用于车载视频、音频、导航系统等。

E类网络(如Byteflight，FlexRay)是面向乘员的安全、高速、实时网络，位速率在1Mb/s以上，主要用于线控系统X-by-Wire、车辆被动性安全领域。

迄今为止，还没有一个车载网络协议可以完全满足未来汽车所有成本和性能的要求。目前，面对汽车上日益复杂的控制子系统的不同需要，国外许多汽车制造商倾向于采用多个协议子网混合使用的方案，即由各子系统决定自身采用哪一类总线，如有通信必要，各子系统总线之间再由网关互相连接以进行数据通信。

目前，大部分中高档轿车典型的应用方案是将车身舒适控制系统单元都连接到CAN总线上，并借助LIN总线进行外围设备控制；而汽车高速动力系统的控制系统单元使用高速CAN总线进行连接；远程信息处理和多媒体系统可由D2B或MOST协议总线来实现；面向乘员的安全系统由FlexRay协议实现线控控制；无线通信则以蓝牙(BlueTooth)技术为主，这些不同的总线之间用网关联系。如图4-9为车载网络系统的分类示意图。

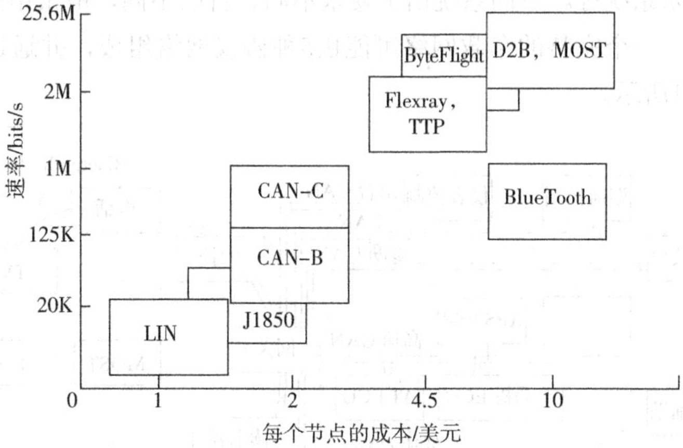

图4-9　车载网络系统的分类示意图

(6) 网关。因为车上分布了很多总线和网络，所以必须用一种方法达到信息共享，并确保不产生协议间的冲突。例如，车门打开时，发动机控制模块也需要被唤醒。为了使采用不同协议且运行速度不同的数据总线间实现无差错数据传输，必须要用一种具有特殊功能的计算机，这种计算机叫做网关。

网关实际上是一种模块，它工作的好坏决定了不同的总线、模块和网络相互间通信的好坏。它实际上是不同网络间传递、翻译信息的信使，必须具备在两个网络协议间转换信息的能力。网关的实质是连接异型网络的接口装置，如图4-10所示。

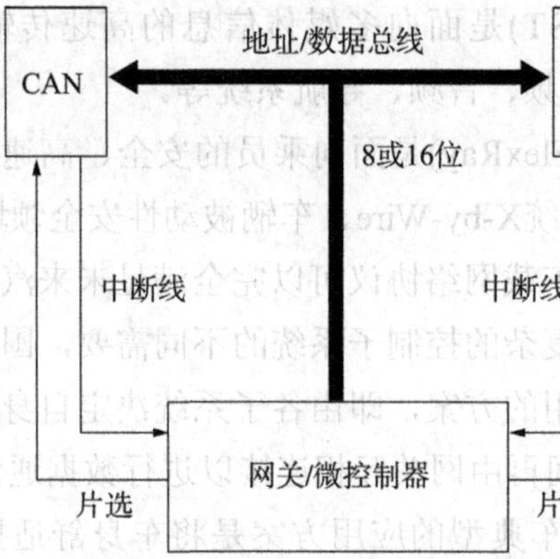

图4-10　网关的结构示意

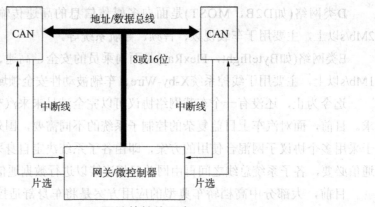

(7) 车载网络的技术发展趋势。随着微控制器在汽车控制领域的广泛应用，汽车电子化程度越来越高。按照对汽车性能的作用划分，汽车电子系统可归纳为两类：一类是汽车电子控制系统，包括安全系统、舒适系统、动力控制、线控转向、线控刹车等；另一类是车载多媒体系统，具有信息处理功能，如通信导航和娱乐功能，包括DVD和后座娱乐系统等。不同系统由于要求不同、目的不同，故采用的网络系统是有实质性区别的。一个完整的车载网络可能由5种协议网络组成，并通过网关进行信息共享，如图4-11所示。

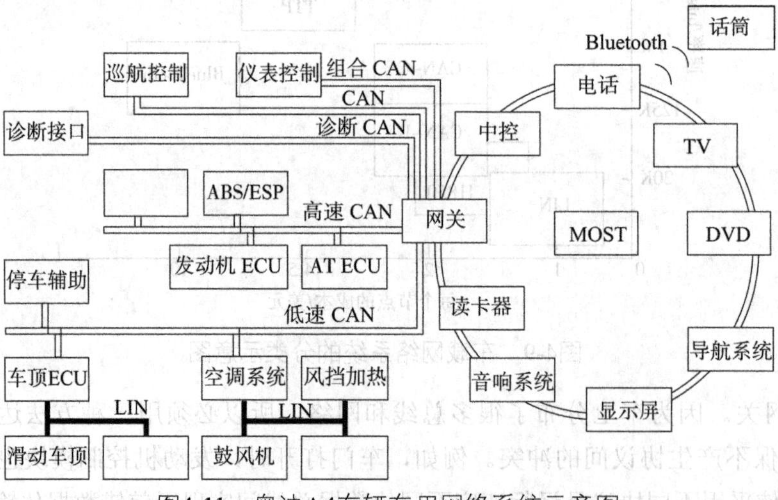

图4-11　奥迪A4车辆车用网络系统示意图

① 汽车电控系统的主要协议及发展趋势。早期提出的汽车总线协议基本都集中于汽车电子控制系统，如LIN和CAN系统，在SAE的Class A、B、C三种分类中可以了解其发展过程。目前，三种级别的大部分汽车总线，已经有成功的应用实例，至今CAN系统仍被认为是通用的汽车总线。典型的CAN驱动系统网络如图4-12所示。

由于汽车设计对控制和监测系统在传输速率和实时性方面提出了越来越高的要求，促使新的协议不断被提出。在未来的5～10年里，TTP和Flex Ray协议总线将使汽车的线控(X-by-Wire)技术得到进一步发展。在TTP和Flex Ray协议中，FlexRay被认为是更具生命力的实时性强、高速的安全系统协议。目前来看，这几类协议将同时并存。可以预见，在不久的将来，汽车将实现智能化、网络化。

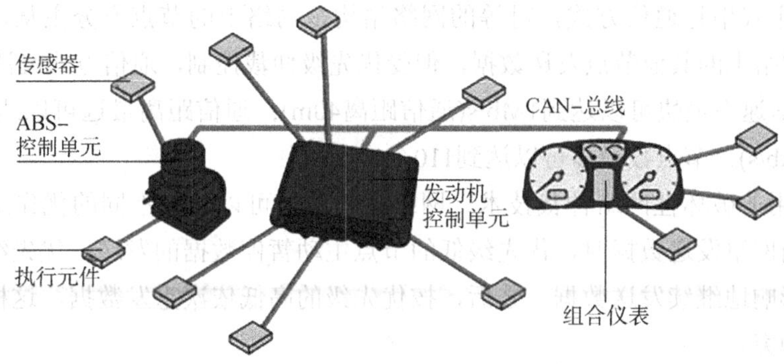

图4-12　带三个控制单元的CAN驱动网络

② 车用多媒体系统通信协议及发展趋势。相对于电子控制系统，汽车多媒体系统以及所谓的“PC on wheel”是个全新的概念，在Class A中也有一些协议用来控制汽车音响，如Ford的ACP，GM的Sinebus等。但是这种控制是十分简单的，且不包括高速数据流的传输，作为添加的汽车辅助功能，协议类别也比较简单。而对于汽车多媒体信息系统的应用，除了高速数据流传输外，信息量大是其最大特点。为了节省节点的成本，根据传输信号的不同，多媒体信息系统又分为低速、高速和无线传输协议。

在这些协议中，MOST在欧洲市场上逐渐占据主要位置，2002年3月上市的宝马7系列(高档车)上已采用MOST和POF(塑料光纤)相结合的技术。也有人提出将蓝牙技术应用于车载多媒体系统，这样可以彻底解决线束的问题。鉴于汽车工业对可靠性的要求，这一设计被普遍采用还为时过早。

对于MOST和IDB-1394互相竞争的局面，最终的格局可能是两类协议互相融合，形成统一的协议平台。在AMI-C组织(Automotive Multimedia Interface Collaboration)计划推出的规范中包括车辆界面、通信模式、通用信息设置和物理层。它的性能和设计规范将涵盖蓝牙、1394、MOST等多种网络协议。或者汽车制造商可以在车辆上同时使用IDB-1394和MOST协议，前者用于视频相关的应用(例如DVD、TV、后边/侧边照相系统)，后者用于音频和控制应用。

4) 典型CAN控制器局域网简介

(1) CAN的定义。CAN是Controller Area Network的缩写，即控制器局域网络。

CAN-BUS是德国Robert Bosch公司在20世纪80年代初为汽车业开发的一种串行数据通信总线。它是一种具有很高保密性，有效支持分布式控制或实时控制的现场串行通信网络。目前，在众多的现场总线标准中，CAN-BUS是唯一被ISO认证(ISO11898)批准为国际标准的现场总线，它已发展成为应用最广泛、支撑技术和元器件最丰富的现场总线标准之一，被誉为最有发展前途的现场总线。在国外，尤其是美国和欧洲，

CAN-BUS已被广泛应用于汽车、火车、船舶、机器人、楼宇自动化、机械制造、医疗器械、电力自动化等众多工业自动化、控制领域。

(2) CAN控制器网络的特点，主要有如下几个。

① 多主式串行通信方式，对等的网络结构。网络上的节点不分主从，可以在任何时候向网络上的其他节点发送数据，但受优先级仲裁控制，通信方式灵活。

② 通信速率最快可以达到1Mb/s(通信距离40m)；通信距离最远可以达到10km(通信速率为5kb/s)；节点数最多可以达到110个。

③ 采用非破坏性网络仲裁技术。网络上的节点可以分成不同的优先级，当多个节点同时向网络发送数据时，优先级低的节点主动暂停数据的发送，优先级高的节点可以不受影响地继续发送数据。之后，按优先级的高低依次重发数据，这样有效地避免了总线冲突。

④ 网络节点在错误严重的情况下具有自动关闭总线接口的功能，可避免影响总线上其他节点的正常操作。

⑤ 通信介质有双绞线、电缆、光缆，可灵活选择。

(3) CAN数据总线系统的结构。CAN系统的工作是建立在通信协议基础上的，CAN通信协议主要描述各控制单元间的信息传递方式。CAN数据模型虽然主要由数据链路层和物理层组成，但实质的数据传输发生在物理层，CAN最常用的物理介质是双绞线。由于信号采用差分电压方式传送，CAN分为CAN高位数据线(CAN-H)和CAN低位数据线(CAN-L)。CAN-H和CAN-L线上的数据为逻辑互补(电位相反)的值，即隐性为逻辑“1”(被动的电平)，显性(主控)为逻辑“0”(主动的电平，它能将隐性电平覆盖掉)，且高低位相加始终保持电压总和为一个常数。通过这种方法，CAN数据总线得到了保护，使其免受外界的电磁场干扰，同时CAN数据总线向外辐射也保持中性，即无辐射。如图4-13所示为CAN数据传输线示意图。

CAN数据总线由一个控制器、一个收发器、两个数据传输终端以及两条数据传输线组成。除数据传输线外，其他元件都置于控制单元内部。如图4-14为CAN数据总线组成示意图。

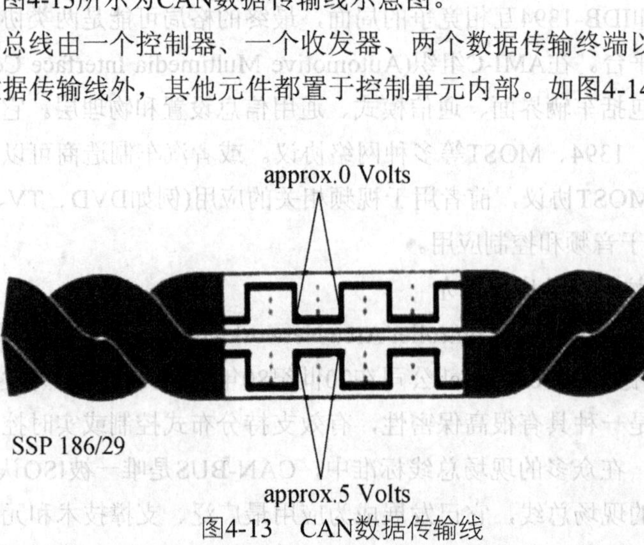

图4-13　CAN数据传输线

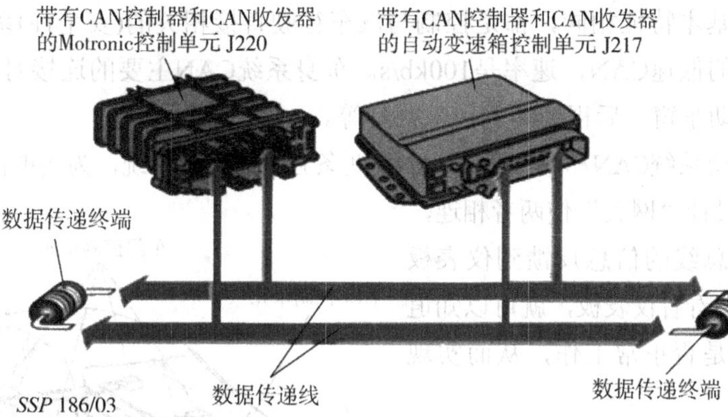

图4-14　CAN数据总线组成示意图

一个CAN节点是一个控制单元，其内部由CAN控制器和CAN收发器组成。CAN控制器接收在控制单元中的微处理器中的数据，处理这些数据并传送给CAN收发器，同时接收CAN收发器的数据，处理并传送给微处理器。CAN收发器是发送器和接收器的合称，它将CAN控制器提供的数据转换为电信号并通过数据线发送出去，同时接收数据，并将数据传送到CAN控制器。

数据传输终端实质上是一个终端电阻，目的是阻止数据在传输终了时被反射回来并产生反射波，防止反射波破坏数据传输。终端电阻理论上为120欧姆左右，但实际数据传输终端会因车型不同而有所变化，详见后述驱动系统CAN和舒适系统CAN部分。

(4) CAN-BUS的应用。CAN协议定义的车载网络基本拓扑结构如图4-15所示。

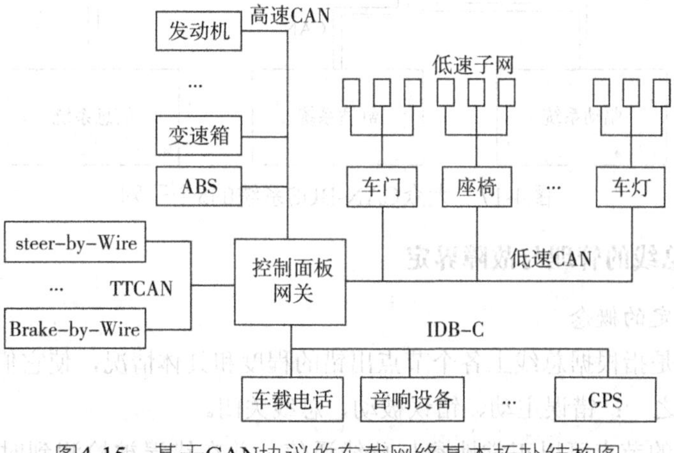

图4-15　基于CAN协议的车载网络基本拓扑结构图

目前，国内引进的装备CAN总线网络系统的车型有：通用公司的世纪、君威；大众公司的帕萨特B5、奥迪A6、宝来(Bora)、波罗(Polo)；菲亚特(Fiat)公司的派力奥(Palio)、西耶那(Siena)以及马自达公司的马自达6等。这些车型都普遍采用两条CAN网络：一条用于驱动系统的高速CAN，速率达到500kb/s，驱动系统的主要连接对象是发动机控制器、ABS/ASR/ESP控制器、安全气囊控制器、自动变速箱控制器、组台仪表等，它们的基本特征相同，都是控制与汽车行驶直接相关的(安全性)系统。另一条用于车身系统的低速CAN，速率是100kb/s。车身系统CAN主要的连接对象是4门以上的集控锁、电动车窗、后视镜和厢内照明灯等。

目前，驱动系统CAN和车身系统CAN是两条独立的总线系统，为实现在各CAN之间的资源共享，设计“网关”使两者相连，并将各个数据总线的信息反馈到仪表板上。驾车者只要看看仪表板，就可以知道各个电控装置是否正常工作，从而实现信息的共享。

如图4-16所示为典型大众CAN-BUS控制器局域网(舒适系统)。

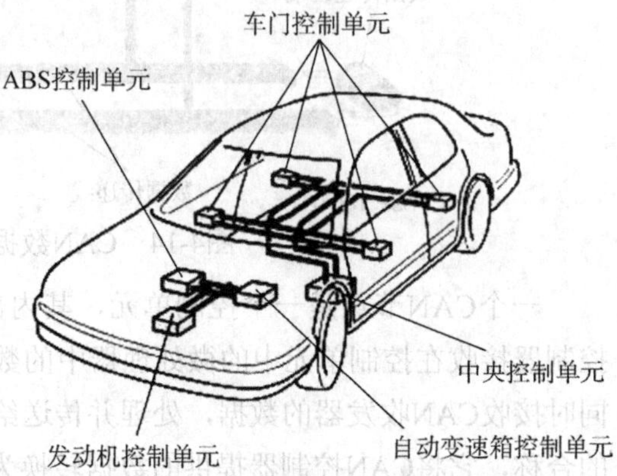

图4-16 典型大众CAN-BUS控制器局域网(舒适系统)

由于现代车载网络技术的快速发展，最新版本的CAN总线系统有5个不同区域的局域网：驱动系统、舒适系统、信息系统(Infotainment，低速)、仪表系统和诊断系统，如图4-17所示。

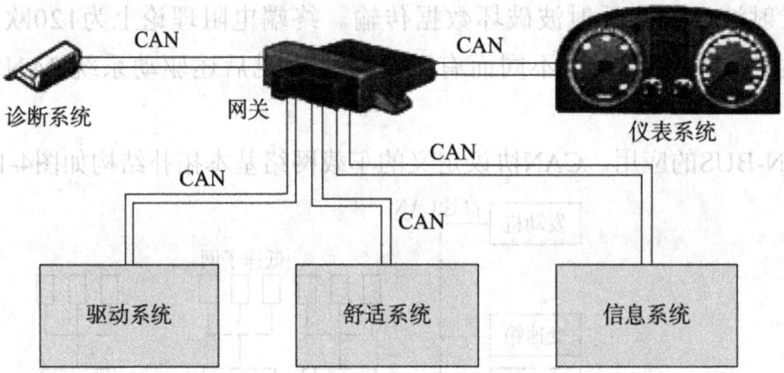

图4-17 大众CAN-BUS系统的5个子网

2. CAN总线的管理与故障界定

1) 故障界定的概念

故障界定是指根据总线上各个节点出错的程度和具体情况，使它们分别处于以下三种工作状态之一：错误主动、错误被动、总线关闭。

错误主动的节点可以正常地参与总线通信，并在错误被检测到时发出主动错误标志。

错误被动的节点不允许发出主动错误标志，但可以参与总线通信，在错误被检测到时只能发出被动错误标志，而且发送以后，错误被动节点将在下一个节点发生之前处于等待状态。

总线关闭的节点不允许对总线有任何影响，比如要求它们关闭输出驱动器。

故障界定的目的是合理地管理总线上的各个节点，及时隔离故障节点，尽量减少故障节点对总线总体通信的影响，从而提高总线的可用性和可靠性。

2) 故障界定的实现方法

为了实现故障界定，总线上的每个节点内部都设置了两个计数器：发送错误计数器和接收错误计数器。

计数器按照特定的规则进行计数，每个节点的CAN控制器都根据计数器的值来决定这个节点应该处于错误主动、错误被动还是总线关闭状态。

3) 总线故障管理

在总线正常运行期间，可能会发生一些故障，对总线的运行造成一定影响。这些可能出现的故障和网络节点所采取的策略详见表4-1。

表4-1　总线故障类型

<table>
<tr><th colspan="2">对总线故障的描述</th><th>网络动作</th><th>规范性质</th></tr>
<tr><td colspan="2">某个节点掉电</td><td>剩余节点在信噪比变小的情况下继续通信</td><td>推荐性</td></tr>
<tr><td colspan="2">某个节点丢失与地的连接</td><td>剩余节点在信噪比变小的情况下继续通信</td><td>推荐性</td></tr>
<tr><td colspan="2">某处节点的屏蔽连接失效</td><td>所有节点继续通信</td><td>推荐性</td></tr>
<tr><td rowspan="9">开路和短路故障</td><td>CAN-H断开</td><td rowspan="6">所有节点在信噪比变小的情况下继续通信</td><td rowspan="6">推荐性</td></tr>
<tr><td>CAN-L断开</td></tr>
<tr><td>CAN-H与电源电压短接</td></tr>
<tr><td>CAN-L与电源电压短接</td></tr>
<tr><td>CAN-H与地短接</td></tr>
<tr><td>CAN-L与地短接</td></tr>
<tr><td>CAN-H与CAN-L短接</td><td>所有节点在信噪比变小的情况下继续通信</td><td>任选性</td></tr>
<tr><td>CAN-H与CAN-L在同一处断开</td><td>系统整体工作，由此形成的子系统(包括终端网络的部分)中的节点继续通信</td><td>推荐性</td></tr>
<tr><td>失去一条与终端网络的连接</td><td>所有节点在信噪比变小的情况下继续通信</td><td>推荐性</td></tr>
</table>

3. 车载网络检修基础

1) 车载网络故障的类型

装有CAN-BUS多路信息传输系统的车辆出现故障时，维修人员应首先检测汽车多路信息传输是否正常。因为如果多路信息传输系统有故障，则整个汽车多路信息传输系统中的有些信息将无法传输，接收这些信息的电控模块将无法正常工作，从而为故障诊断带来困难。对于多路信息传输系统故障的检修，应根据多路信息传输系统的具体结构和控制线路来具体分析。一般说来，引起汽车多路信息传输系统故障的原因有三个：一是汽车电源系统引起的故障；二是汽车多路信息传输系统的节点故障；三是汽车多路信息传输系统的链路故障。

(1) 汽车电源系统引起的CAN-BUS故障。汽车多路信息传输系统的核心是含有通信IC芯片的电控模块ECM，电控模块ECM的正常工作电压为10.5～15.0V。如果汽车电源系统提供的工作电压低于该值，就会导致电控ECM暂停，从而使整个汽车多路信息传输系统出现短暂的无法通信情况。

(2) 节点故障。节点是汽车多路信息传输系统中的电控模块，因此节点故障就是电控模块ECM的故障，它包括：软件故障，即传输协议或软件程序有缺陷或冲突，从而使汽车多路信息传输系统通信出现混乱或无法工作，这种故障一般成批出现，且无法维修；硬件故障，一般包括通信芯片或集成电路故障，造成汽车多路信息传输系统无法正常工作。对于采用低版本信息传输协议，即点到点信息传输协议的汽车多路信息传输系统，如果有节点故障，将导致整个汽车多路信息传输系统无法工作。

(3) 链路故障。当汽车多路信息传输系统的链路(或通信线路)出现故障时，如通信线路的短路、断路以及物理性质引起的通信衰减或失真，都会引起多个电控单元无法正常工作，或导致电控系统错误动作从而使多路传输系统无法工作。

判断是否为链路故障时，一般采用示波器或汽车专用光纤诊断仪(参见任务单元4.5.2多媒体娱乐系统MOST结构原理)来观察通信数据信号是否与标准通信数据信号相符。

在检查数据总线系统时，须保证所有与数据总线相连的控制单元无功能性故障。功能性故障是指不会直接影响数据总线系统，但会影响某一系统的功能流程的故障。例如，传感器故障，其结果是传感器信号不能通过数据总线传递，这种功能性故障对数据总线系统有间接影响，它会影响需要该传感器信号的控制单元的通信。因此，如存在功能性故障，应先排除该故障，记下该故障并消除所有控制单元的故障代码。排除功能性故障后，如果控制单元间的数据传递仍不正常，应检查数据总线系统。

由于车辆的机械振动，必须考虑到可能出现的绝缘故障、电缆断路及插头触点故障。于是就有一个ISO故障表，ISO是“International Organization for Standardization”(国际标准化组织)的缩写。这张ISO故障表(见表4-2)中包括CAN数据总线可能出现的故障。

表4-2　ISO故障表

ISO	CAN-High	CAN-Low
1		断路
2	断路	
3		对$V_{蓄电池}$短路
4	对地短路	
5		对地短路
6	对$V_{蓄电池}$短路	
7	对CAN-Low短路	对CAN-High短路
8	缺少R_{term}	缺少R_{term}
9	CAN-High线和CAN-Low线混装	

说明：

① 故障3～8 在CAN驱动数据总线上可以用万用表/欧姆表来准确判断；

② 对于故障1、2和9必须使用数字存储式示波器(DSO)来判断；

③ 对于CAN舒适/ Infotainment数据总线来说，只能用数字存储式示波器(DSO)来诊断故障；

④ ISO故障8不会出现在CAN舒适/ Infotainment数据总线上。

2) 车载网络系统的检修原则

(1) 了解该车型的车载网络系统特点(包括：传输介质、几种子网及汽车多路信息传输系统的结构形式等)。

(2) 明确车载网络系统的功能，如有无唤醒功能和休眠功能等。

(3) 检查汽车电源系统是否存在故障，如交流发电机的输出波形是否正常(若不正常将导致信号干扰等故障)等。

(4) 检查车载网络系统的链路是否存在故障，可采用替换法或跨线法进行检测。

(5) 如果是节点故障，只能采用替换法进行检测。

(6) 故障检修方法：网络通信功能的检测；模块内功能的检测；断模块法。

(7) 检修设备：解码器、大容量存储式示波器。

4.1.2 车载网络系统检修基本技能的操作练习

任务实施(课内学习，学习方法：理实一体集中教学，教师示范，学生体悟)

1. 操作体验与描述

操作体验：在装有车载网络系统的实验台比较汽车电控系统及车载网络系统的差异，并进行故障检修对照。

操作要点：系统电路的比较分析，故障检修。

相关现象观察与记录：对不同网络系统的输入信号与输出信号进行对比观察，并做好相应的数据记录。

要求学生对照任务工作单中的内容进行填写，教师指导、答疑。

2. 分组故障检修

(1) 典型故障示范(教师示范讲解，学生记录)。

不同类型系统，教师设置典型故障，进行示范检修，学生记录。

(2) 分组练习故障检修(教师布置任务，学生练习)。

不同系统的典型故障检修练习。

任务评价

目的：培养学生的交流合作能力、表达能力、演讲能力及总结概括能力。

方法：学生分组上台总结、演讲，组间、组内评价。各小组按顺序推荐组内同学上台总结，其他组派代表对其进行提问、评价、打分；根据得分，组内再评价得分(参与提问、答题等工作的要加分)；最后统计每个人的过程成绩。

拓展提高

原则：车载网络系统的故障检修练习，拓展性故障检修练习(课外学习4学时，自愿练习，但所有课外学时不得少于总课外学时数)。

措施：落实课外开放式实训管理制度，安排值班教师(学生)，学生课外自愿到实训室进行车载网络系统基础故障的检修练习。

思考题

1. 比较LIN，CAN，MOST，FLEXRAY等总线协议的特点，分析各自的应用场合。

2. 总线系统出现故障时，故障存储在什么控制单元中？

3. 汽车上为何要采用总线系统？车载网络系统的应用对汽车有什么影响？总线系统是如何传输数据的？传输过程中如何进行差错控制？

4. 车载网络系统在使用了物理线路后，为什么还需要采用协议进行控制？不同的协议控制出发点是什么？

任务4.2 舒适系统结构认识与操作

学习目标

(1) 知识点：典型舒适系统的结构组成；典型车身网络(舒适)系统部件认识(传感

器——主控开关、后视镜开关、门窗开关等；控制器——舒适系统控制单元J393、驾驶员侧控制模块J386、乘客侧控制模块J387、左后侧控制模块J388、右后侧控制模块J389；执行器——门窗电动机、后视镜电动机等)。

(2) 技能点：舒适系统的熟练操作与部件识别(方法能力——观察能力、学习能力、写作能力；社会能力——团队合作能力、交流能力、演讲能力；专业能力——动手能力、分析问题的能力)。

(3) 训练点：舒适系统操作训练与强化；舒适系统部件识别练习。

(4) 评价点：考勤与加分项，任务处理过程考核，任务验收考核(任务工作单的填写、上台演讲表达、提问与解答)，知识识记考核，操作过程考核与期考。

任务导入

客户反映大众帕萨特1.8T轿车的舒适系统有故障，驾驶员不能控制右后车窗工作，作为业务接待人员及维修作业人员，需要识别车身网络(舒适)系统部件，操作舒适系统进行故障验证，并填写相关单据，记录该车舒适系统车窗不能控制的故障症状，最终下达车辆的维修任务。

任务分析

1. 了解该车车身网络(舒适)系统的结构组成

(1) 典型舒适系统的结构组成；

(2) 识别典型舒适系统部件的名称、作用与安装位置。

2. 掌握舒适系统的部件操作

(1) 识别舒适系统各操作开关的含义与操作位置；

(2) 熟练操作舒适系统(门窗、后视镜等) 。

3. 典型车身网络(舒适)系统部件性能检测

(1) 典型舒适系统部件性能检测；

(2) 部件故障分析。

任务实施

1. 教学条件(师资、设备、场地、资源)

(1) 师资要求。具有中级职称以上、双师资格的教师2名以上。

(2) 设备要求。大众帕萨特1.8T轿车舒适系统的台架4～8个，帕萨特轿车1辆或2辆，其他材料。

(3) 场地要求。理实一体化的教室，投影仪，黑板5～9块。

(4) 学习资源。教师教学手册、学生学习手册、任务工作单、维修手册等教学资源。

2. 教学实施

(1) 舒适系统操作示范(课内集中示范、学生观察)。

教师现场操作舒适系统并适当解释，学生现场观察思考，注意现场操作安全。

(2) 舒适系统部件识别(课内集中授课)。

集中讲授舒适系统的结构组成，舒适系统部件名称、作用与安装位置等。

(3) 舒适系统操作练习，体悟(课内学生分组体悟)。

学生分组练习舒适系统的操作，记录相关数据，完成任务工作单的内容，注意现场操作安全。

(4) 学习评价(学生上台总结、演讲、评价)。

学生分组上台总结、演讲，组间、组内评价，最后统计每个人的过程考核成绩。

相关知识

4.2.1 舒适系统结构组成

1. 汽车舒适系统概述

汽车舒适系统是面向汽车车身电子控制系统独立模块间数据共享的中速网络，大众车系目前大多采用第二代舒适系统，帕萨特、宝来、POLO、奥迪等大众车型的舒适系统结构和组成基本是相同的。大众车身舒适系统CAN的主要连接对象为：中央控制器J393，4个门控制器，在某些情况下，还包括记忆模块和其他组件。大众舒适系统的连接对象如图4-18所示。

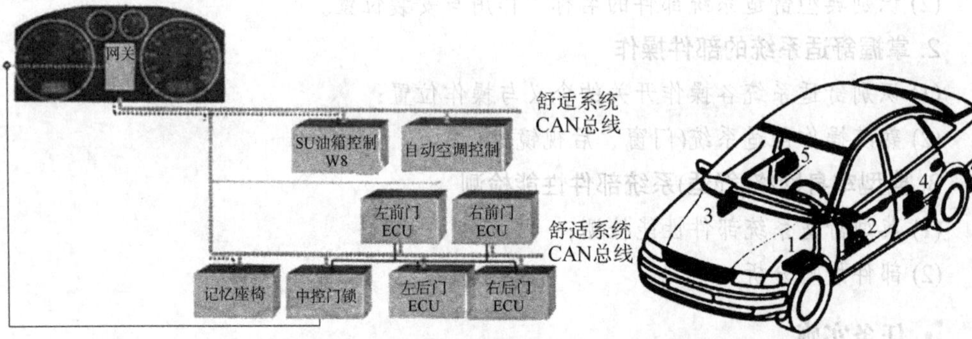

图4-18　大众舒适系统CAN连接图

车身舒适系统的控制对象主要是4个门的集控锁和车窗、活动天窗、行李箱锁、后视镜、车内顶灯，甚至自动座椅、自动空调等，在具备遥控功能的情况下，还包括对遥控信号的接收处理和对其他防盗系统的控制。中央控制器除承担遥控系统的信号接收和处理功能外，更主要的是它扮演了系统诊断接口的角色。

大众车身舒适系统CAN总线由30号线激活，速率可达100kb/s(1997款的Passat首次使用时的舒适系统速率为62.5kb/s，2000年后采用的新型舒适系统CAN总线的传输速率为标配100kb/s)。新的数据总线以100kb/s的速率传递数据，每一组数据传递大约需要1ms，每个电控单元20ms发送一次数据(如图4-19所示)。优先权顺序为：中央控制单元→驾驶员侧车门控制单元→前排乘客侧车门控制单元→左后车门控制单元→右后车门控制单元。由于舒适系统中的数据可以用较低的速率传递，所以发送器性能比动力传动系统发送器的性能低。

与驱动系统不同，控制单元内的负载电阻并不作用于CAN-High线和CAN-Low线之间，而是体现在每根导线对地或对5V电源之间，其连接电阻分别连接到CAN驱动器的RTH和RTL上(即5V导线与地之间)，即在总线断电的情况下，总线的连接电阻是测量不到的，即电源电压断开，CAN低线上的电阻也断开，因此不能用电阻表进行测量，如图4-20所示。尽管舒适系统CAN速率较驱动系统CAN慢，但由于舒适系统CAN总线由两个独立的驱动器组成，保证在总线输出端有两个互不相干的差分电压电平，故能单线工作。而且舒适系统中实施了网络管理的方法，包含的技术含量要比驱动系统高。

由于使用同样的脉冲频率，所以CAN舒适数据总线和CAN信息系统(Infotainment)数据总线可以共同使用一对导线，当然前提条件是相应的车上有这两种数据总线(如Golf IV，Polo MJ 2002)。

舒适系统CAN总线信号波形如图4-21所示。使用大容量存储式示波器DSO捕捉到的舒适系统CAN总线信息传递过程中的信号波形如图4-22所示。

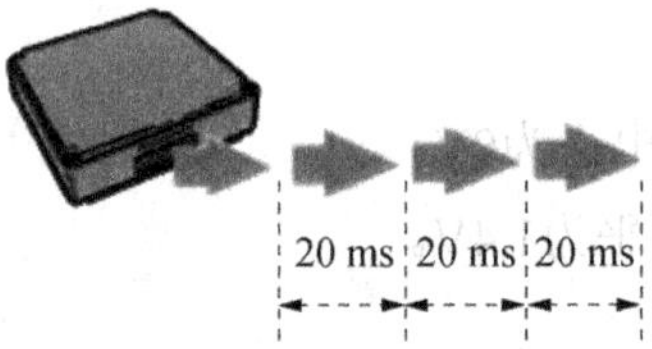

图4-19 数据总线发送数据的时间间隔

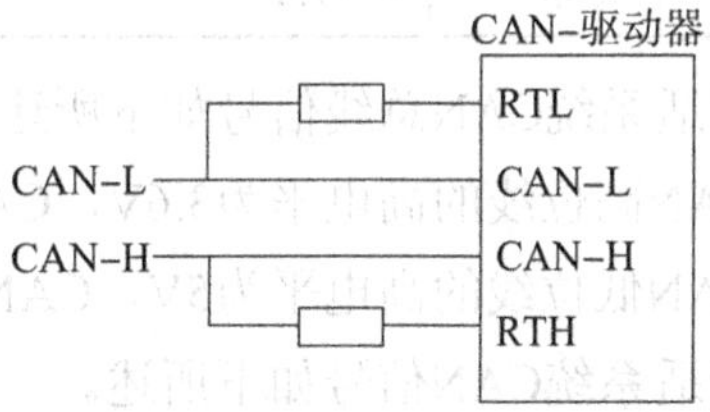

图4-20 舒适系统CAN总线连接电阻(物理层)

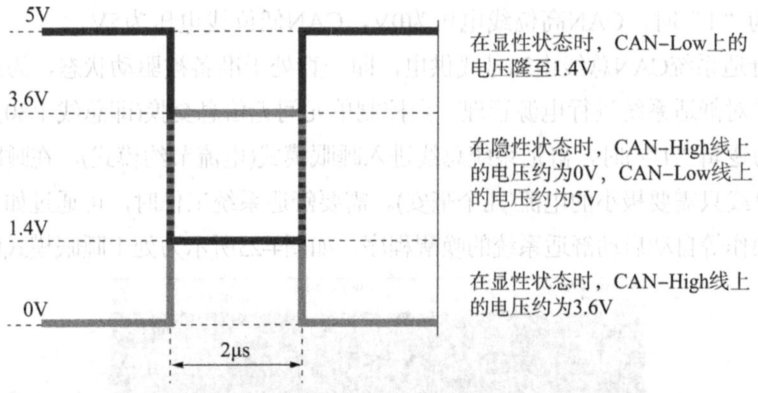

图4-21 舒适系统CAN总线信号波形

舒适系统CAN总线信号与逻辑关系见表4-3，舒适系统最多连接单元数为20个，最长总线长度为1km，最快通信速度为125kb/s。

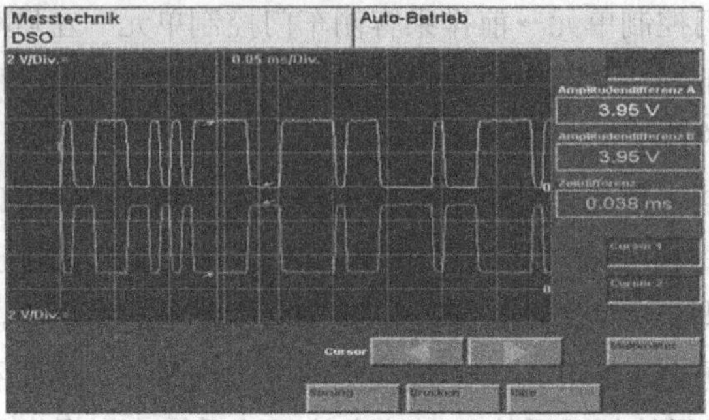

图4-22　舒适系统CAN总线传输信息时的DSO波形

表4-3　舒适系统CAN总线信号与逻辑关系

单位：V

CAN	逻辑关系				万用表实测电平电压
	逻辑“0”时为显性电平(主控电平)		逻辑“1”时为隐形电平		
CAN-H	理论	5	理论	0	0～1.4
	实际	3.6～5	实际	0～1.4	
CAN-L	理论	0	理论	5	3.6～5
	实际	0～1.4	实际	3.6～5	

舒适系统CAN总线信号如下所述。

CAN高位线的高电平为3.6V，CAN高位线的低电平为0V；

CAN低位线的高电平为5V，CAN低位线的低电平为1.4V。

舒适系统CAN信号如下所述。

逻辑为“0”时，CAN高位线电压为3.6V，CAN低位线电压为1.4V；

逻辑为“1”时，CAN高位线电压为0V，CAN低位线电压为5V。

由于舒适系统CAN总线由30号线供电，即一直处于准备被驱动状态，为避免过度放电，有必要对舒适系统进行电源管理。当控制单元间无信息交换(即总线上30分钟内信号电平一直为逻辑“1”)时，舒适系统总线进入睡眠模式(电流节约模式)，在睡眠模式下，舒适系统总线只需要极小的电流(几个毫安)。需要舒适系统工作时，可通过如中央闭锁、无线远程操作等自动启动舒适系统的唤醒程序。如图4-23所示为处于睡眠模式时的波形。

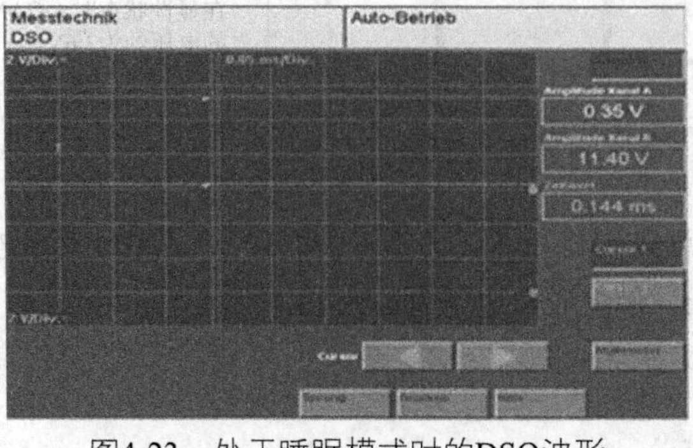

图4-23　处于睡眠模式时的DSO波形

2. 舒适系统的结构认识

1) 舒适系统的总体结构

大众舒适CAN数据总线一般连接5个控制单元，包括中央控制单元及4个车门的控制单元。舒适CAN数据传递有5个功能：中央门锁、电动窗、照明开关、后视镜加热及自诊断功能。此外，活动天窗控制功能也属于舒适系统。如图4-24所示为2002款POLO车载网络(舒适系统)部件位置图。

其中，舒适系统控制的电动窗系统由玻璃、车窗升降器、电动机(装有霍尔传感器测量转速情况)、4个车窗控制单元(装在电动机旁)、开关、线束组成，舒适系统具有自学习功能，能识别升降情况。车窗可以集中打开和关闭，在锁门的同时，把钥匙插入驾驶员或副驾驶车门，转动钥匙并保持在开门或锁门的位置上就可以操纵(开窗，关窗)，车顶天窗能关但不能开，也可以直接长按遥控器的开锁或闭锁键，无线操控门窗的开关。当点火开关关闭时，若全部车门没有打开，电动窗能上下工作；但只要打开任何一扇门，电动窗即停止工作，即便关闭车门，电动窗也不能工作；全车门没有打开时，还能延时工作10min。如果电动窗发生故障，驾驶员车门或副驾驶车门以及后车门上的电动窗开关内的指示灯会闪烁，以此来指示故障，点火开关打开后，车门饰板上的全部开关照明灯闪烁约15s。

舒适系统还具有安全断电功能，每按一次电动窗开关，电动窗控制单元中的计数器就增加一次计数，如果在很短的时间内计数达到极限值，车窗的电源就会被切断30s。在断电后，为了确定玻璃的最终停止位置，电动摇窗机必须执行一次自学习过程，没有这一学习过程，将不能进入自动运行。前门电动摇窗机有自动下降功能，后门可设置手动功能。在点火开关关闭且后门闭锁时，或者在某功能(如电动窗)的持续期结束后，为减少负荷状态下的能量消耗，舒适控制单元将进入睡眠模式。在睡眠模式下，防盗报警系统、无线电遥控装置和中央闭锁警告灯仍然起作用。

控制单元的各条传输线以星状形成并汇聚为一点，这样做的好处是，如果一个控制单元发生故障，其他控制单元仍可发送各自的数据。该系统可减少经过车门的导线数据，使线路变得简单。如果线路中某处出现对地短路、对正极短路或线路间短路，CAN系统会立即转为应急模式运行或转为单线模式运行。4个车门控制单元都由中央控制单元控制，只需较少的自诊断线。

采用总线控制以后的舒适系统实现了电动门窗、中控锁、后视镜、天窗、防盗、无线遥控等的集中控制。舒适系统直接控制中控锁电动机将门锁上时，考虑到安全等因素，当用外部锁锁上(车门，尾门，无线电遥控控制)后，车辆便具有防盗功能，而不能从里面开启，并通过舒适系统控制单元内的接触开关将各种条件反馈到控制单元内。同时，舒适系统还与安全气囊系统间进行信息交换，如果车辆发生碰撞触发了安全气囊控制单元，则安全气囊系统会通过网关向舒适系统发出一个信号，舒适系统将控制车门锁全部开启，确保车辆碰撞时使用安全。

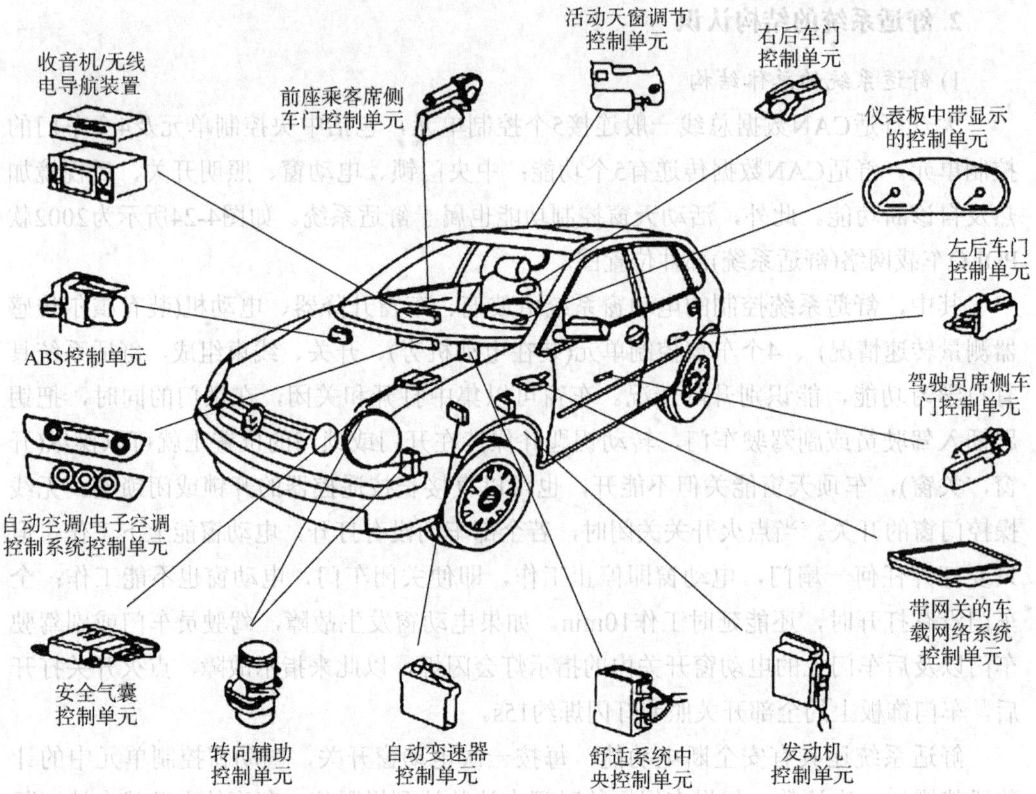

图4-24　2002款POLO车载网络(舒适系统) 部件位置图

2) 舒适系统的部件

(1) 舒适系统控制单元J393。舒适系统控制单元J393是整个舒适系统的控制中心，位于驾驶员座椅前方的地毯下。大众帕萨特B5轿车的舒适系统控制单元的零件号为1C0 959 799C，控制单元内部需要对应的控制编码，不同的编码对应了控制单元不同的功能。舒适系统控制单元装备有故障存储器，可识别舒适系统(包括中央集控锁系统、防盗报警、电动门窗、无线电遥控、后视镜)的故障，并将其储存到故障存储器中。舒适系统的故障自诊断与数据流的读取都是通过舒适系统控制单元J393来实现的，偶发性故障将以暂时性故障“SP”存储。如图4-25为帕萨特轿车舒适系统控制单元J393部件内部图。

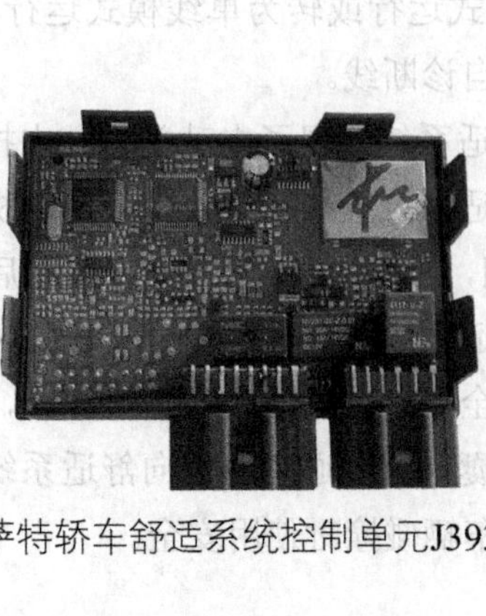

图4-25　帕萨特轿车舒适系统控制单元J393部件内部图

(2) 驾驶员侧控制单元J386。驾驶员侧控制单元负责驾驶员侧的开关工作，并对其他车窗的控制单元进行协调。每个车窗控制单元与车窗电动机集成为一体，如图4-26所示。

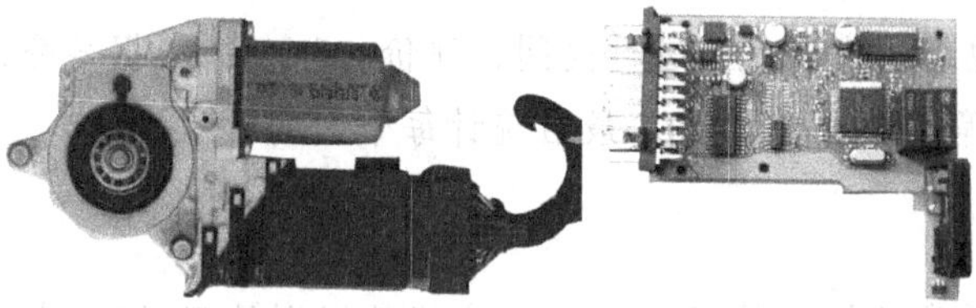

图4-26 驾驶员侧控制单元J386

(3) 后视镜开关。后视镜开关位于驾驶员车门的拉手上，主要有三个位置：L、R和加热挡。当位于L挡时，后视镜开关实际上可控制左右两侧的后视镜同时工作；当位于R挡时，则只能控制右侧后视镜工作。部分车型带有自动座椅的后视镜调整功能，挂入倒挡，自动座椅系统与舒适系统进行信息交换，舒适系统将控制后视镜动作到自动座椅预先设定的倒挡位置。

(4) 驾驶员侧车窗控制开关。驾驶员侧车窗控制开关位于驾驶员车门的拉手上，开关可控制全部车窗及集控门锁，前窗开关上有两个上升挡和两个下降挡(设有自动上升和自动下降功能)。其他三个车窗控制开关只能控制自身的车窗工作。

4.2.2 舒适系统的操作练习与部件识别

任务实施(课内学习，学习方法：理实一体集中教学，教师示范，学生体悟)

1. 操作体验与描述

操作体验：在装有舒适系统的台架或整车上操作舒适系统，体验舒适系统的工作过程，为舒适系统的故障诊断创造必要的检修条件。

操作要点：各门窗、后视镜、中控锁操作。

相关现象观察与记录：对不同开关位置对应的不同工作情况进行观察，并做好相关数据记录。

要求学生对照任务工作单中的内容进行填写，教师指导、答疑。

2. 部件识别

(1) 部件识别示范(教师示范讲解，学生记录)。

大众帕萨特轿车舒适系统认识，典型部件的识别示范，学生记录。

(2) 部件识别练习(教师布置任务，学生练习)。

大众帕萨特轿车舒适系统部件识别练习。

任务评价

目的：培养学生的交流合作能力、表达能力、演讲能力及总结概括能力。

方法：学生分组上台总结、演讲，组间、组内评价。各小组按顺序推荐组内同学上台总结，其他组派代表对其进行提问、评价、打分；根据得分，组内再评价得分(参与提问、答题等工作的要加分)；最后统计每个人的过程成绩。

拓展提高

原则：舒适系统的操作练习；舒适系统部件识别练习(拓展为性能的检测练习；课外学习4学时，自愿练习，但所有课外学时不得少于总课外学时数)。

措施：落实课外开放式实训管理制度，安排值班教师(学生)，课外学生自愿到实训室进行舒适系统操作与部件识别练习，以加深对舒适系统的感性认识。

思考题

1. 对照电路图，J386是如何感知后视镜开关的左右位置切换与4个方向的调整的？
2. 为什么大众舒适系统可以单线模式运行而大众动力系统不能单线模式运行？
3. 试简述舒适系统故障的一般性检修流程。
4. 舒适系统内模块控制单元的优先级是如何安排的？

任务4.3 舒适系统CAN故障检修

学习目标

(1) 知识点：舒适系统CAN的结构原理；舒适系统的功能分析；典型舒适系统电路原理图识记。

(2) 技能点：舒适系统的电路分析；舒适系统部件性能检测。舒适系统的操作与部件性能检测(方法能力——观察能力、学习能力、写作能力；社会能力——团队合作能力、交流能力、演讲能力；专业能力——动手能力、分析问题的能力)。

(3) 训练点：舒适系统电路分析训练与强化；舒适系统部件识别与性能检测练习。

(4) 评价点：考勤与加分项，任务处理过程考核，任务验收考核(任务工作单的填写、上台演讲表达、提问与解答)，知识识记考核，操作过程考核与期考。

任务导入

客户反映大众帕萨特B5轿车存在驾驶员不能控制右后车窗、右后门无法上锁的故障，作为业务接待人员操作电动门窗进行故障验证后，填写相关单据交维修作业人员，并分析该车舒适系统电路及对部分部件进行性能检测，最终完成维修任务。

任务分析

1. 舒适系统结构与工作原理的深入学习

(1) 舒适系统结构组成；

(2) 舒适系统控制功能分析。

2. 掌握舒适系统的典型操作电路分析方法

(1) 左前门窗操作电路分析；

(2) 右前门窗操作电路分析；

(3) 后门窗操作电路分析；

(4) 后视镜操作电路分析；

(5) 中控门锁操作电路分析。

3. 典型舒适系统部件性能检测

(1) 典型舒适系统部件性能检测；

(2) 部件故障分析。

4. 舒适系统的故障诊断基础

(1) 检修方法；

(2) 检修技巧分析。

任务实施

1. 教学条件(师资、设备、场地、资源)

(1) 师资要求。具有中级职称以上、双师资格的教师2名以上。

(2) 设备要求。舒适系统的台架4～8个，以及其他相关材料。

(3) 场地要求。理实一体化的教室，投影仪，黑板5～9块。

(4) 学习资源。教师教学手册、学生学习手册、任务工作单、维修手册等教学资源。

2. 教学实施

(1) 舒适系统典型操作电路分析示范(课内集中示范、学生观察)。

教师现场操作舒适系统并进行对应的电路分析，学生现场观察思考，注意现场操作安全。

(2) 舒适系统操作练习，体悟(课内学生分组体悟)。

学生分组练习操作舒适系统并进行电路分析，记录相关数据，完成任务工作单的内容，注意现场操作安全。

(3) 舒适系统部件性能检测操作示范(课内集中示范、学生观察)。

教师现场对舒适系统典型部件进行分析与性能检测，学生现场观察思考，注意现场操作安全。

(4) 舒适系统部件性能检测练习，体悟(课内学生分组体悟)。

学生分组练习舒适系统部件性能检测，记录相关数据，完成任务工作单的内容，注意现场操作安全。

(5) 学习评价(学生上台总结、演讲、评价)。

学生分组上台总结、演讲，组间、组内评价，最后统计每个人的过程考核成绩。

相关知识

4.3.1 舒适系统检修基础知识

1. 舒适系统的控制功能概述

第二代舒适系统采用分布式控制单元管理模式，控制功能通过各个控制单元的功能来实现。

1) 舒适系统的控制功能

以POLO轿车为例，舒适系统具备的控制单元功能主要有中央控制单元功能和门控单元功能，如图4-27所示。

(1) 中央控制单元可以实现以下各项功能。

① 行李箱中央门锁；

② 车内灯光控制；

③ 车门无线电遥控；

④ 天窗开启和关闭；

⑤ 防盗报警系统；

⑥ 自诊断功能；

⑦ 后车门中央闭锁；

⑧ 座椅与后视镜位置控制。

(2) 门控单元可以实现以下各项功能。

① 车门中央闭锁；

② 电动车窗限力功能；

③ 电调节加热外后视镜；

④ 自诊断。

门控制单元对舒适系统的监控如图4-28所示。

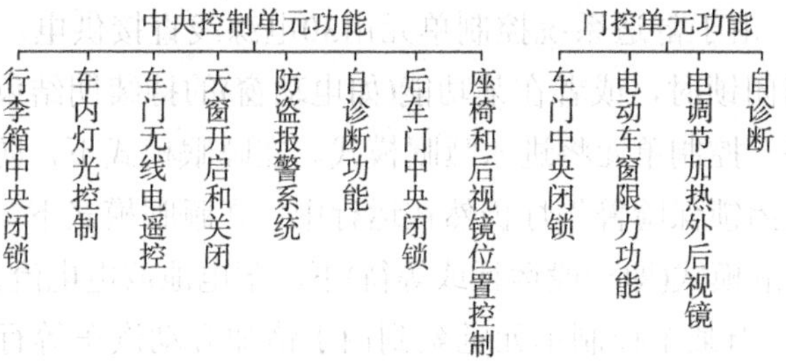

图4-27　舒适系统的控制单元功能

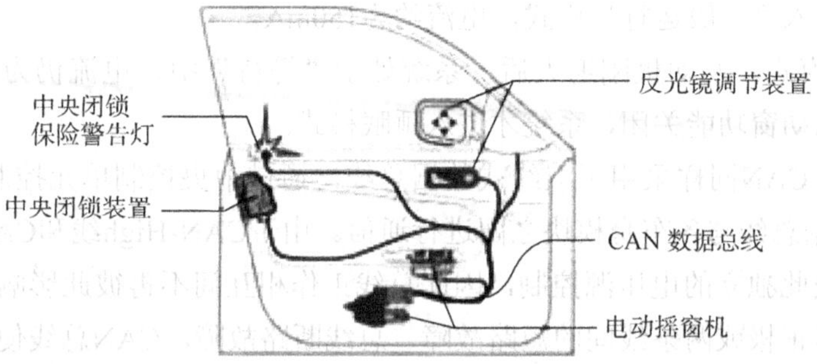

图4-28　门控制单元对舒适系统的监控与线束布置

2) 闭锁过程分析

一旦检测到点火钥匙插入门锁，车门保险功能就起作用，同时产生一个闭锁指令，将进行一系列闭锁功能动作。

(1) 闭锁功能，具体流程如下所述。

① 将点火钥匙插入驾驶员侧车门锁，从而产生闭锁指令；

② 门锁中的微开关把闭锁指令传送给车门控制单元，车门被锁闭；

③ 驾驶员侧的门控制单元通过CAN数据总线将门锁指令传送给其他的控制单元；

④ 车门控制单元将车门锁闭，同时中央控制单元也将行李箱盖锁闭，尾门上保险；

⑤ 中央闭锁保险警告灯发光；

⑥ 关闭车窗；

⑦ 关闭滑动车顶；

⑧ 启动防盗报警系统；

⑨ 在延迟一段时间后，车内灯控制单元关闭所有车内灯。

通过车门锁来关闭滑动车顶和车窗的装置称为便利闭锁。电动摇窗机将门窗关上，并同时考虑安全等因素，即在锁上外部锁(车门、车尾、无线电遥控控制)后，车辆便具有防盗功能，不能从里面开启。通过控制单元内的接触开关可将各种条件反馈到控制单元中。

(2) 节电功能。舒适系统CAN具有节约能源的功能，具体如下所述。

① 睡眠模式。由于舒适系统控制单元由30电源线直接供电，为节约能源，在发动机熄火并且车门闭锁时，或者在某功能(如电动窗)的持续期结束后，为减少无负荷状态下的能量消耗，控制单元将进入睡眠模式。在睡眠模式下，防盗报警系统、无线电遥控装置和中央闭锁保险警告灯仍然在运行中。在睡眠模式下，蓄电池放电电流在6mA左右；而在唤醒模式(即一般运行或等待)下，蓄电池放电电流为150mA。

② 唤醒模式。当某个控制单元觉察到由于诸如开动汽车等行为所引起的唤醒指令后，便将该指令通过CAN数据总线传送给其他控制单元，从而使它们也被唤醒。唤醒后，系统进入“一般运行”模式，电流约为150mA。

③ 等待模式。发动机刚熄火后，系统处于“等待”中，电流仍为150mA，过一段时间后，电动窗功能关闭，系统才进入睡眠模式。

舒适系统CAN同样采用了双线式数据总线，通过中央控制单元控制CAN-High和CAN-Low数据总线与各车身模块之间进行通信。由于CAN-High线和CAN-Low线在设计上采用了彼此独立的电压源控制，因此总线工作相互间不再彼此影响，如一条总线发生与地或与正极或两条线间的短路故障、总线断路故障，CAN总线便进入紧急运行模式，改为单线模式运行，数据仍可被传输。

舒适系统总线传输的优先级：中央控制单元；驾驶员侧控制单元；前乘客侧控制单元；左后侧控制单元；右后侧控制单元。

3) 舒适系统与安全气囊系统的协作

现有的舒适系统功能都可以由电子舒适系统以及内部照明控制、带有内部电动机的ATA、电动车窗、后视镜和无线电遥控等系统协调操作。例如，舒适系统与安全气囊系统的协作，当车辆触发安全气囊控制单元时，安全气囊控制系统则会向舒适系统发出一个信号，将所有车门锁开启，以便利于逃生。

2. 舒适系统的控制电路分析

1) 驾驶员侧门窗操作电路分析

驾驶员侧车窗线束布置如图4-28所示，主要由驾驶员侧车门模块和电动摇窗机(新的车型车门模块和摇窗机已合二为一)、后视镜调节装置、中央闭锁装置与警告灯、CAN数据总线与线束插头组成。

(1) 左前门窗开关操作电路分析。驾驶员侧门窗开关控制电路如图4-29所示，在静态情况下，左前门窗模块J386通过ECU端子T29a/7向左前门窗开关E40输出有源检测电压12V。由于左前门窗开关内UP或DOWN方向串联的电阻值不同，当驾驶员按动驾驶员侧左前门窗开关E40时，左前门窗模块J386根据ECU端子T29a/7的电压变化判断驾驶员的操作意图(以12V电压为基准，其中开关UP时端子电压为4V，开关DOWN时端子电压为0.3V。操作为DOWN时，根据按开关的时间长短还将判断是否为自动下降操作)。再通过J386模块内部电路分析，控制左前门窗电动机运转，同时通过总线向舒适系统控制单元J393发送左前门窗动作的相关信号。

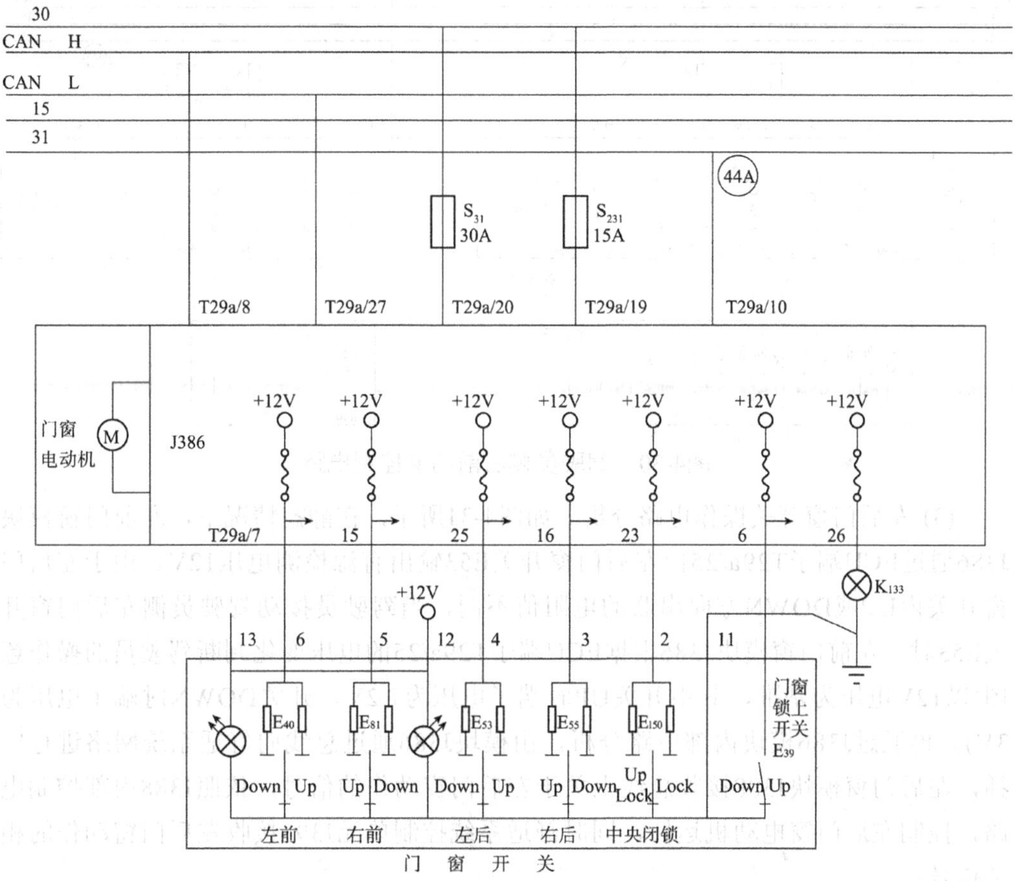

图4-29　驾驶员侧门窗开关控制电路

(2) 右前门窗开关操作电路分析。如图4-30所示，在静态情况下，左前门窗模块J386通过ECU端子T29a/15向右前门窗开关E81输出有源检测电压12V。由于右前门窗开关内UP或DOWN方向串联的电阻值不同，当驾驶员按动驾驶员侧右前门窗开关E81时，左前门窗模块J386根据ECU端子T29a/15的电压变化判断驾驶员的操作意图(以12V电压为基准，其中开关UP时端子电压为4V，开关DOWN时端子电压为0.3V。操作为DOWN时，根据按开关的时间长短还将判断是否为自动下降操作)。再通过J386模块内部电路分析，由模块J386通过总线向舒适系统网络进行广播，右前门窗模块J387接收总线上关于右前门窗动作的信号，依照J387内部控制电路控制右前门窗电动机运转，同时舒适系统控制单元J393接收右前门窗动作的相关信号。

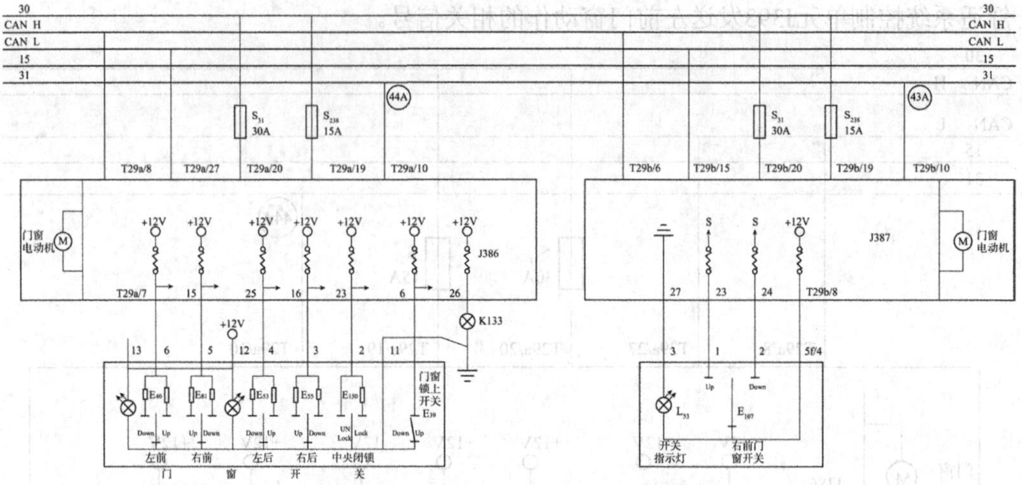

图4-30　驾驶员侧右前门窗控制电路

(3) 左后门窗开关操作电路分析。如图4-31所示，在静态情况下，左前门窗模块J386通过ECU端子T29a/25向左后门窗开关E53输出有源检测电压12V。由于左后门窗开关内UP或DOWN方向串联的电阻值不同，当驾驶员按动驾驶员侧左后门窗开关E53时，左前门窗模块J386根据ECU端子T29a/25的电压变化判断驾驶员的操作意图(以12V电压为基准，其中开关UP时端子电压为7.2V，开关DOWN时端子电压为3V)。再通过J386模块内部电路分析，由模块J386通过总线向舒适系统网络进行广播，左后门窗模块J388接收总线上关于左后门窗动作的信号，依照J388内部控制电路，控制左后门窗电动机运转，同时舒适系统控制单元J393接收左后门窗动作的相关信号。

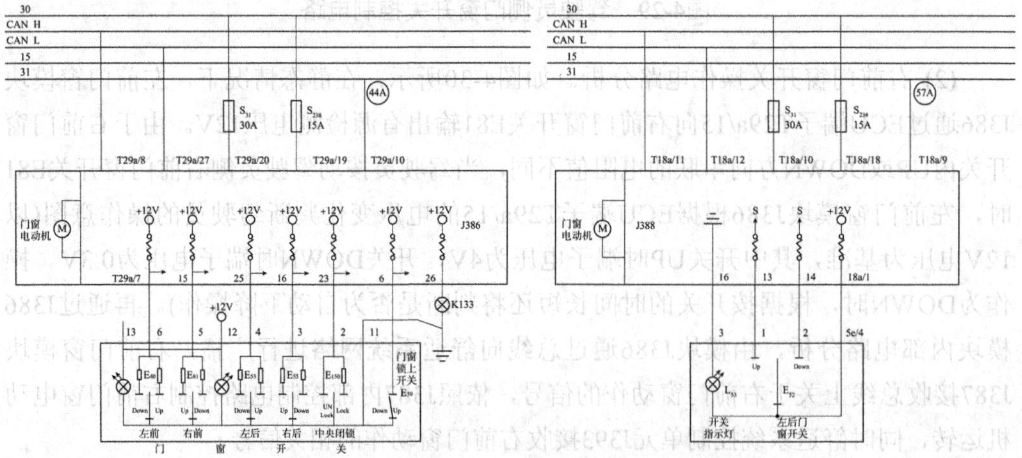

图4-31　驾驶员侧左后门窗控制电路

(4) 右后门窗开关操作电路分析。如图4-32所示，在静态情况下，左前门窗模块J386通过ECU端子T29a/16向右后门窗开关E55输出有源检测电压12V。由于右后门窗开关内UP或DOWN方向串联的电阻值不同，当驾驶员按动驾驶员侧右后门窗开关E55时，左前门窗模块J386根据ECU端子T29a/16的电压变化判断驾驶员的操作意图(以12V电压为基准，其中开关UP时端子电压为7.2V，开关DOWN时端子电压为3V)。再通过J386模块内部电路分析，由模块J386通过总线向舒适系统网络进行广播，右后门窗模块J389接收总线上关于右后门窗动作的信号，依照J389内部控制电路，控制右后门窗电动机运转，同时舒适系统控制单元J393接收右后门窗动作的相关信号。

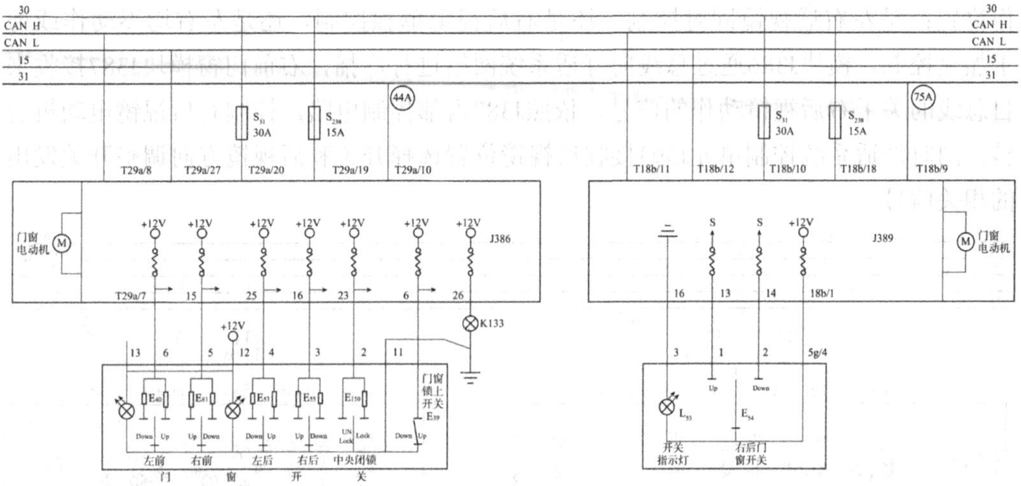

图4-32　驾驶员侧右后门窗控制电路

2) 后视镜操作电路分析

如图4-33所示，后视镜开关具有三个选择位置，即左、右、加热；具有四个调整方向X/Y，即上、下、左、右。调节后视镜方向前需要先对后视镜位置进行选择。如选择到“L”位置，扳动后视镜开关的动作方向，左右后视镜将同时反向动作；如选择到“R”位置，扳动后视镜开关的动作方向，乘客侧后视镜随扳动方向动作；如选择到“中间(加热)”位置，扳动后视镜开关的动作方向，左右后视镜是不会动作的。但根据不同车型舒适系统的配置与功能设计，车门控制单元将对后视镜进行供电加热控制，具体的控制功能可参考该车型的舒适系统控制功能。

(1) 中间位置电路分析。在静态(中间位置)情况下，左前门窗模块J386通过ECU端子T29a/22向后视镜位置的选择开关(L/R)输出有源检测电压12V，左前门窗模块J386通过ECU端子T29a/3向后视镜的方向动作开关(X/Y) 输出有源检测电压12V。

(2) 位置选择开关电路分析。由于后视镜位置选择开关(L/R)内L或R方向串联的电阻值不同，当驾驶员扭动后视镜位置选择开关(L/R)时，左前门窗模块J386根据ECU端子T29a/22的电压变化判断驾驶员的操作意图(以12V电压为基准，其中后视镜位置选择开关(L/R)在“L”位置时端子电压为4.5V，开关在“R”位置时端子电压为6.7V)。通过J386模块内部电路功能，J386模块通过总线向舒适系统控制单元J393发送后视镜位置选择开关的相关信号。

(3) 方向调整开关电路分析。由于后视镜方向选择开关(X/Y)内的4个方向串联的电阻值不同，当驾驶员扳动后视镜方向调整开关(X/Y)时，左前门窗模块J386根据ECU端子T29a/3的电压变化判断驾驶员的操作意图(以12V电压为基准，其中后视镜方向调整开关(X/Y)在“L”位置时端子电压为0.1V，开关在“R”位置时端子电压为2.3V；开关在“UP”位置时端子电压为8.1V，开关在“DOWN”位置时端子电压为5V)。通过J386模块内部电路功能，J386模块结合T29a/22端子电压来判断后视镜的动作位置：是左右后视镜同时控制，还是右后视镜单独控制，还是左右均不动作或处于加热控制。模块J386通过总线向舒适系统网络进行广播，右前门窗模块J387接收来自总线的关于右后视镜动作的信号，依照J387内部控制电路，控制右后视镜电动机运转，同时舒适系统控制单元J393接收后视镜位置选择开关和后视镜方向调整开关发出的相关信号。

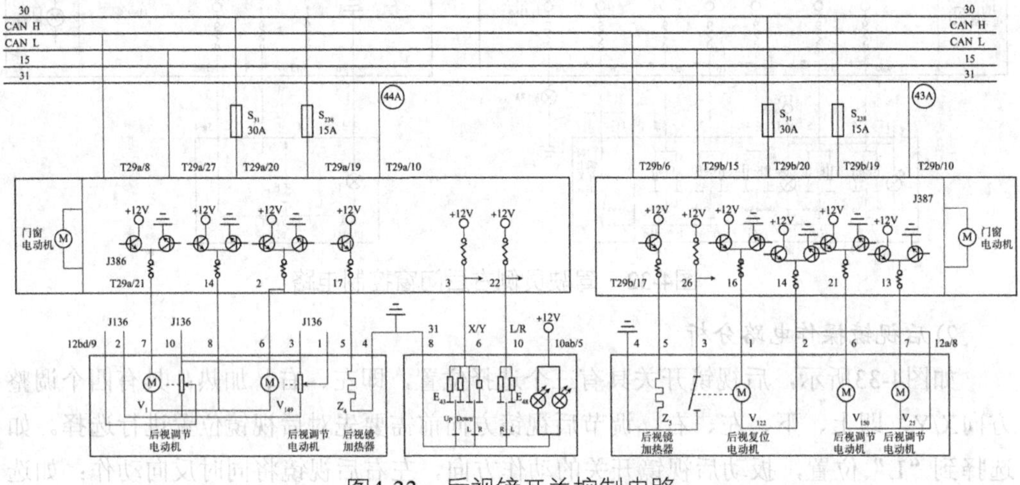

图4-33　后视镜开关控制电路

3) 中控锁操作电路分析

如图4-34所示，中控锁有两个位置：开锁和闭锁。中控锁的控制功能与无线遥控控制、安全气囊系统、动力控制系统(车速)等有关，具体功能在舒适系统的控制功能部分有所描述。

在静态(中间位置)情况下，左前门窗模块J386通过ECU端子T29a/28向中控锁开关输出有源检测电压12V。当驾驶员扳动中控锁开关(CLOSE)时，左前门窗模块J386根据ECU端子T29a/28的电压变化判断驾驶员的操作意图(以12V电压为基准，中控锁开关按“CLOSE”闭锁时端子电压为5V，中控锁开关按“OPEN”开锁时端子电压为0V)。通过J386模块内部电路功能，J386模块结合端子T29a/5的电压判断门锁状态(端子T29a/5的电压为12V表示门锁为关状态，端子T29a/5的电压为0V表示门锁为开状态)，模块J386通过总线向舒适系统网络进行门锁控制广播。当舒适系统控制单元J393

和4个门窗模块均接收到门锁控制信号后，4个门窗模块通过各自的门锁电动机发送门锁动作信号。用钥匙直接开门时，端子T29a/24的电压为12V，端子T29a/4的电压为0V，表示门锁为锁状态；端子T29a/4的电压为12V，端子T29a/24的电压为0V，表示门锁为开状态。

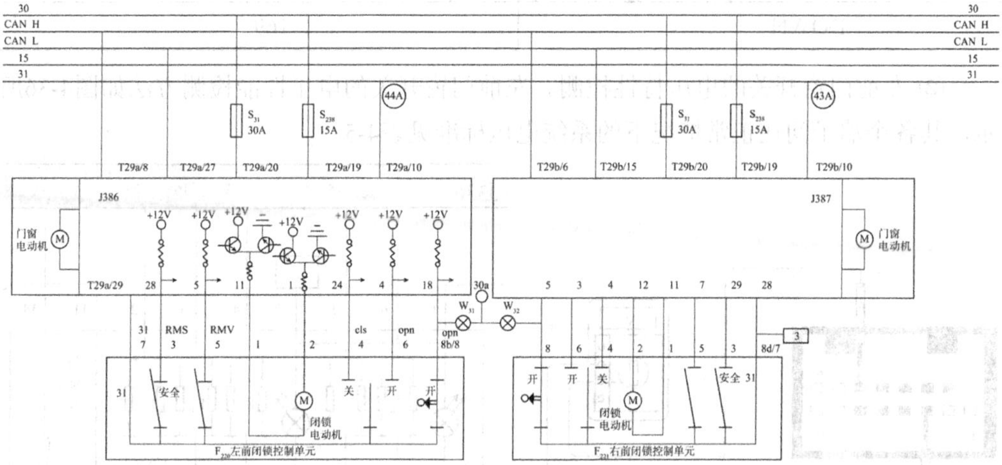

图4-34　中控锁开关控制电路

3. 舒适系统的部件性能检测(对照电路图、操作及内部原理图分析)

1) 主控开关

(1) 左前门窗开关。左前门窗开关的性能检测方法主要有单部件性能检测(以万用表电阻测量为主)和系统中部件性能检测(根据情况分为万用表电压测量法和解码器数据流分析法)两种。

① 左前门窗开关的电阻性能检测。大众帕萨特左前门窗开关插头的电阻检测如图4-35所示，其各个端子间在正常情况下的电阻标准见表4-4。

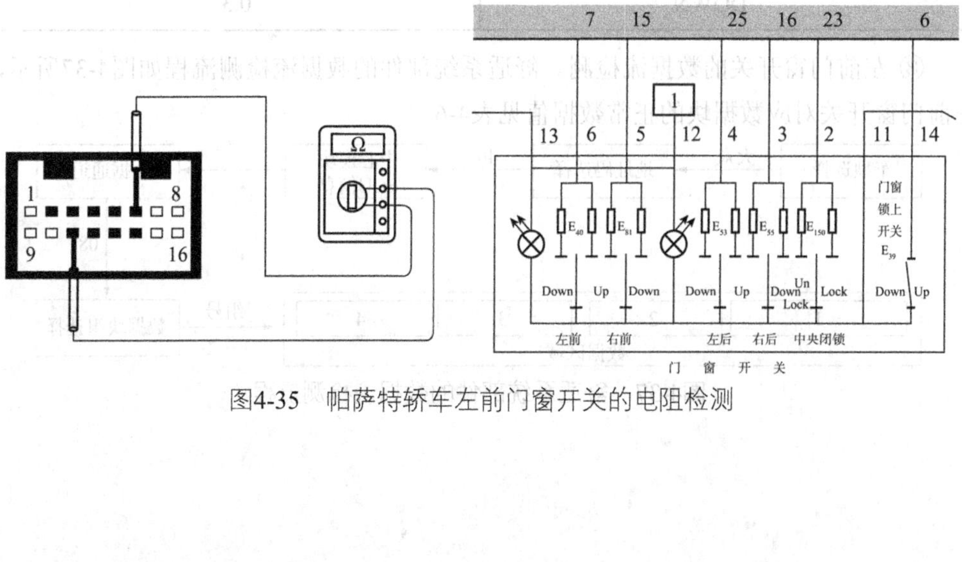

图4-35　帕萨特轿车左前门窗开关的电阻检测

表4-4　左前门窗开关各端子间电阻标准参考

测量端子：T14/6-T14/11	对应端子阻值/Ω
中间位置(静态)	∞
UP	1800
DOWN	169

② 左前门窗开关的电压特性检测。左前门窗开关的电压性能检测方法如图4-36所示，其各个端子间在正常情况下的系统电压标准见表4-5。

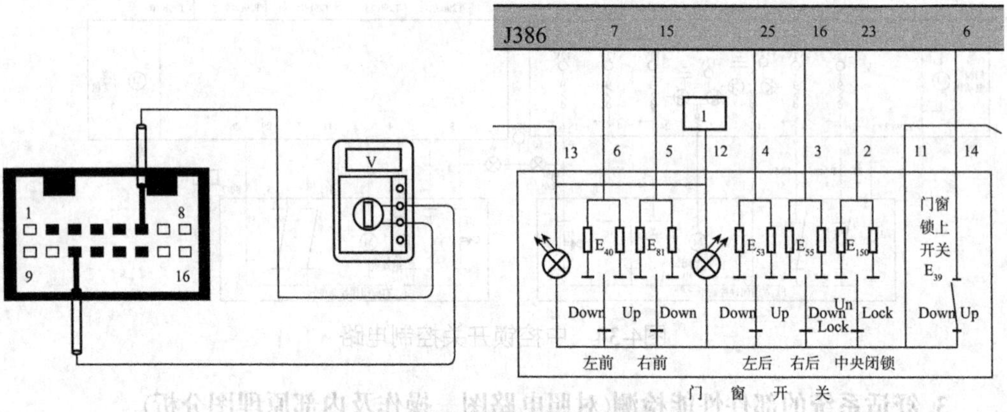

图4-36　左前门窗开关的电压检测

表4-5　左前门窗开关各端子间电压标准参考

测量端子：T14/6-T14/11	对应端子系统电压/V
中间位置(静态)	12
UP	4.1
DOWN	0.3

③ 左前门窗开关的数据流检测。舒适系统部件的数据流检测流程如图4-37所示，左前门窗开关对应数据块的正常数据值见表4-6。

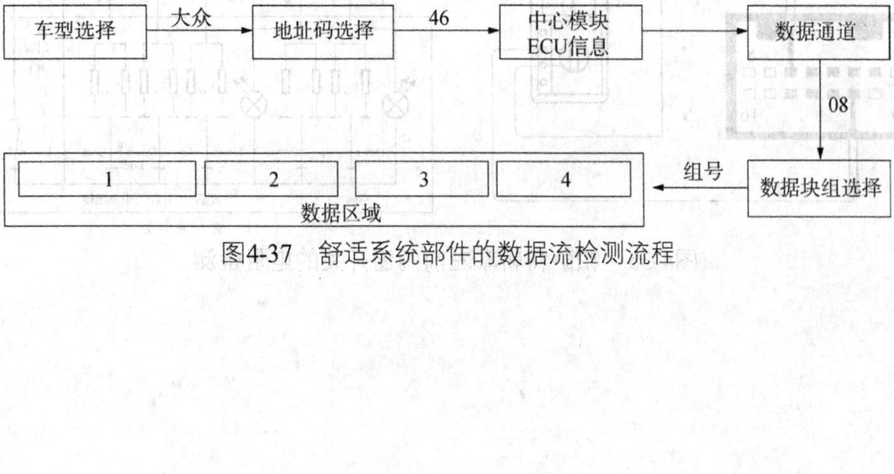

图4-37　舒适系统部件的数据流检测流程

表4-6　驾驶员侧车门(左前门窗开关)的数据流(001组块)

数据块	显示区域	额定数据流值
1	驾驶员侧电动车窗开关	自动开、自动关 手动开、手动关 不工作 错误信号
2	空	空
3	空	空
4	空	空

(2) 右前门窗开关。右前门窗开关的性能检测方法主要有单部件性能检测(以万用表电阻测量为主) 和系统中部件性能检测(根据情况分为万用表电压测量法和解码器数据流分析法)两种。

① 右前门窗开关的电阻性能检测。大众帕萨特右前门窗开关的电阻性能检测方法参考图4-35，其各个端子间在正常情况下的电阻标准见表4-7。

表4-7　右前门窗开关各端子间电阻标准参考

测量端子：T14/5-T14/11	对应端子阻值/Ω
中间位置(静态)	∞
UP	1 800
DOWN	160

② 右前门窗开关的电压特性检测。右前门窗开关的电压性能检测方法参考图4-36，其各个端子间在正常情况下的系统电压标准见表4-8。

表4-8　右前门窗开关各端子间电压标准参考

测量端子：T14/5-T14/11	对应端子系统电压/V
中间位置(静态)	12
UP	4
DOWN	0.3

③ 右前门窗开关的数据流检测。右前门窗开关的数据流检测流程如图4-37所示，对应数据块的正常数据流值见表4-9。

表4-9 驾驶员侧车门(驾驶员侧门窗开关) 的数据流(002组块)

数据块	显示区域	额定数据流值
1	乘客侧电动车窗开关	自动开、自动关 手动开、手动关 不工作 错误信号
2	左后侧电动车窗开关	自动开、自动关 手动开、手动关 不工作 错误信号
3	右后侧电动车窗开关	自动开、自动关 手动开、手动关 不工作 错误信号
4	空	空

(3) 左后门窗开关。左后门窗开关的性能检测方法主要有：单部件性能检测(以万用表电阻测量为主)和系统中部件性能检测(根据情况分为万用表电压测量法和解码器数据流分析法两种)。

① 左后门窗开关的电阻性能检测。大众帕萨特左后门窗开关的电阻性能检测方法参考图4-35，其各个端子间在正常情况下的电阻标准见表4-10。

表4-10 左后门窗开关各端子间电阻标准参考

测量端子：T14/4-T14/11	对应端子阻值/Ω
中间位置(静态)	∞
UP	1 800
DOWN	169

② 左后门窗开关的电压特性检测。左后门窗开关的电压性能检测方法参考图4-36，其各个端子间在正常情况下的系统电压标准见表4-11。

表4-11 左后门窗开关各端子间电压标准参考

测量端子：T14/4-T14/11	对应端子系统电压/V
中间位置(静态)	12
UP	7.2
DOWN	3

③ 左后门窗开关的数据流检测。左后门窗开关的数据流检测方法如图4-37所示，对应数据块的正常数据流值见表4-9。

(4) 右后门窗开关。右后门窗开关的性能检测方法主要有单部件性能检测(以万用表电阻测量为主)和系统中部件性能检测(根据情况分为万用表电压测量法和解码器数据流分析法)两种。

① 右后门窗开关的电阻性能检测。大众帕萨特右后门窗开关的电阻性能检测方法参考图4-35，其各个端子间在正常情况下的电阻标准见表4-12。

表4-12　右后门窗开关各端子间电阻标准参考

测量端子：T14/3-T14/11	对应端子阻值/Ω
中间位置(静态)	∞
UP	1 800
DOWN	160

② 右后门窗开关的电压特性检测。右后门窗开关的电压性能检测方法参考图4-36，其各个端子间在正常情况下的系统电压标准见表4-13。

表4-13　右后门窗开关各端子间电压标准参考

测量端子：T14/3-T14/11	对应端子系统电压/V
中间位置(静态)	12
UP	7.2
DOWN	3

③ 右后门窗开关的数据流检测。右后门窗开关的数据流检测方法如图4-37所示，对应通道的正常数据流见表4-9。

(5) 中控锁开关。中控锁开关的性能检测方法主要有：单部件性能检测(以万用表电阻测量为主)和系统中部件性能检测(根据情况分为万用表电压测量法和解码器数据流分析法)两种。

① 中控锁开关的电阻性能检测。大众帕萨特中控锁开关的电阻性能检测方法参考图4-35，其各个端子间在正常情况下的电阻标准见表4-14。

表4-14　中控锁开关各端子间电阻标准参考

测量端子：T14/2-T14/11	对应端子阻值/Ω
中间位置(静态)	∞
UNLOCK	0
LOCK	770

② 中控锁开关的电压特性检测。中控锁开关的电压性能检测方法如图4-36所示，其各个端子间在正常情况下的系统电压标准见表4-15。

表4-15 中控锁开关各端子间电压标准参考

测量端子：T14/2-T14/11	对应端子系统电压/V
中间位置(静态)	12
UNLOCK	0
LOCK	5

③ 中控锁开关的数据流检测。中控数据流检测主要观察中央门锁反馈信号和旋转式锁扣开关信号。数据流检测方法如图4-37所示，中央门锁反馈信号对应数据块的正常数据流值见表4-16，旋转式锁扣开关信号对应数据块的正常数据流值见表4-17。

表4-16 中控锁开关(中央门锁反馈信号)的数据流(009组块)

数据块	显示区域	额定数据流值
1	司机侧门锁	锁止 开锁
2	乘客侧门锁	锁止 开锁
3	左后侧门锁	锁止 开锁
4	右后侧门锁	锁止 开锁

表4-17 中控锁开关(旋转式锁扣开关信号)的数据流(010组块)

数据块	显示区域	额定数据流值
1	司机侧门状态	车门打开 车门关闭
2	乘客侧门状态	车门打开 车门关闭
3	左后侧门状态	车门打开 车门关闭
4	右后侧门状态	车门打开 车门关闭

2) 后视镜开关

后视镜开关的性能检测方法主要有单部件性能检测(以万用表电阻测量为主)和系统中部件性能检测(根据情况分为万用表电压测量法和解码器数据流分析法)两种。

(1) 后视镜开关的电阻性能检测。大众帕萨特后视镜开关的电阻性能检测方法如图4-38所示，其各个端子间在正常情况下的电阻标准见表4-18。

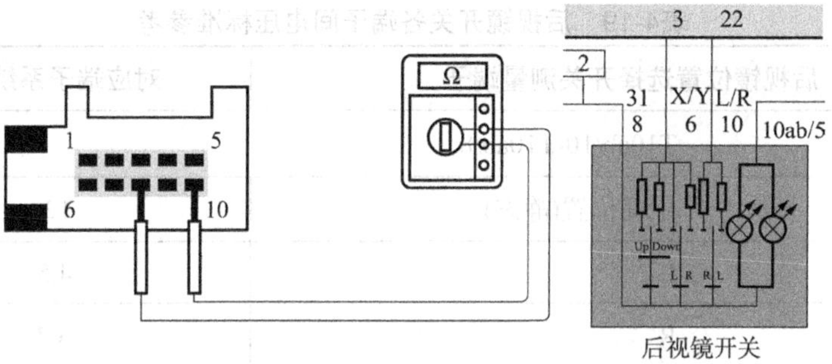

图4-38 帕萨特轿车后视镜开关的电阻检测

表4-18 后视镜开关各端子间电阻标准参考

后视镜位置选择开关测量端子	对应端子阻值/Ω
T10ab/10-T10ab/8	
中间位置(静态)	∞
L	680
R	1 500
后视镜方向调整开关测量端子	**对应端子阻值/Ω**
T10ab/6-T10ab/8	
中间位置(静态)	∞
L	0
R	230
UP	2 630
DOWN	810

(2) 后视镜开关的电压特性检测。后视镜开关的电压性能检测方法如图4-39所示，其各个端子间在正常情况下的系统电压标准见表4-19。

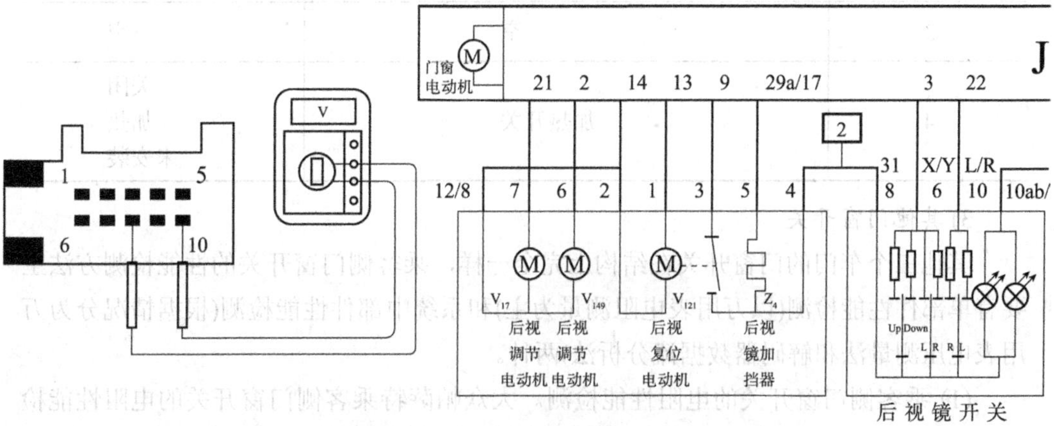

图4-39 后视镜开关的电压检测

表4-19　后视镜开关各端子间电压标准参考

后视镜位置选择开关测量端子	对应端子系统电压/V
T10ab/10-T10ab/8	
中间位置(静态)	12
L	4.5
R	6.7
后视镜方向调整开关测量端子	对应端子系统电压/V
T10ab/6-T10ab/8	
中间位置(静态)	12
L	0
R	2.2
UP	8.1
DOWN	5.1

(3) 后视镜开关的数据流检测。后视镜开关的数据流检测方法如图4-37所示，对应数据块的正常数据流值见表4-20。

表4-20　后视镜开关的数据流(003组块)

数据块	显示区域	额定数据流值
1	方向调整开关X/Y	向上Y+ 向下Y- 向左X- 向右X+
2	位置选择开关L/R	L(司机侧) R(乘客侧)
3	空	空
4	加热开关	关闭 加热 未安装

3) 其他门窗开关

其他三个车门的门窗开关在结构上完全一样，乘客侧门窗开关的性能检测方法主要有单部件性能检测(以万用表电阻测量为主)和系统中部件性能检测(根据情况分为万用表电压测量法和解码器数据流分析法)两种。

(1) 乘客侧门窗开关的电阻性能检测。大众帕萨特乘客侧门窗开关的电阻性能检测方法如图4-40所示，其各个端子间在正常情况下的电阻标准见表4-21。

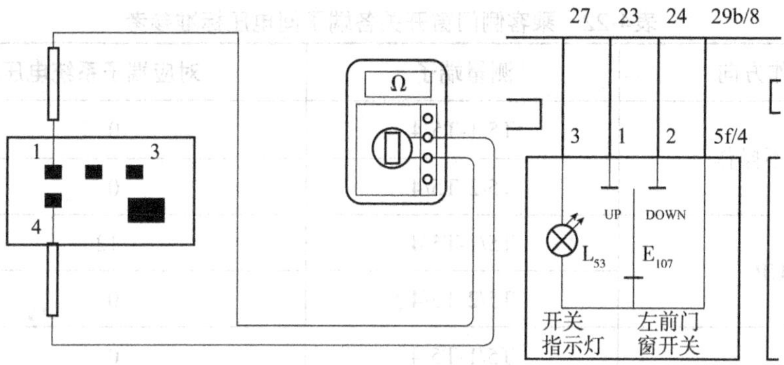

图4-40　帕萨特轿车乘客侧门窗开关的电阻检测

表4-21　乘客侧门窗开关各端子间电阻标准参考

动作方向	测量端子	对应端子阻值/Ω
不操作	T5/1-T5/4	∞
	T5/2-T5/4	∞
UP	T5/1-T5/4	0
	T5/2-T5/4	∞
DOWN	T5/1-T5/4	∞
	T5/2-T5/4	0

(2) 乘客侧门窗开关的电压特性检测。乘客侧门窗开关的电压性能检测方法如图4-41所示，其各个端子间在正常情况下的系统电压标准见表4-22。

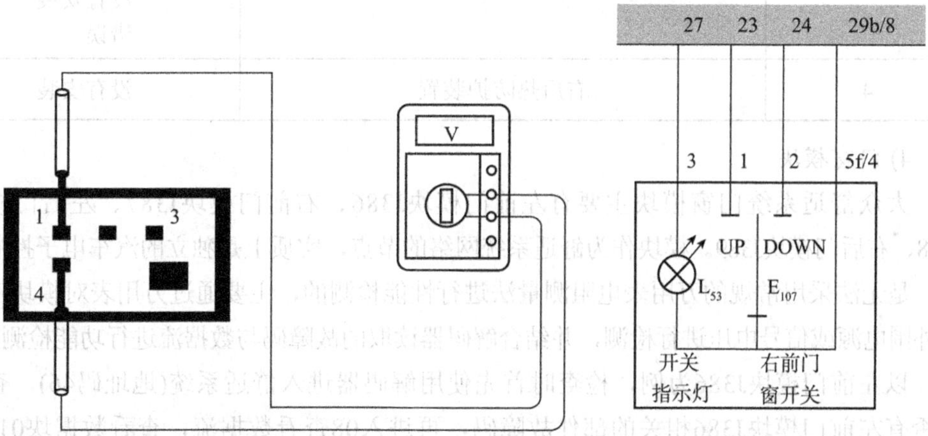

图4-41　乘客侧门窗开关的电压检测

表4-22　乘客侧门窗开关各端子间电压标准参考

动作方向	测量端子	对应端子系统电压/Ω
不操作	T5/1-T5/4	0
	T5/2-T5/4	0
UP	T5/1-T5/4	12
	T5/2-T5/4	0
DOWN	T5/1-T5/4	0
	T5/2-T5/4	12

(3) 乘客侧门窗开关的数据流检测。乘客侧门窗开关的数据流检测方法如图4-37所示，对应数据块的正常数据流值见表4-23。

表4-23　后车门(门窗开关) 的数据流(005组)

数据块	显示区域	额定数据流值
1	左后电动窗开关	开、关 不工作 没有安装 错误
2	左后热防护装置	没有安装
3	右后电动窗开关	开、关 不工作 没有安装 错误
4	右后热防护装置	没有安装

4) 门窗模块

大众舒适系统门窗模块主要有左前门模块J386、右前门模块J387、左后门模块J388、右后门模块J389。模块作为舒适系统网络的节点，实质上是独立的汽车电子控制单元，是无法采用常规的万用表电阻测量法进行性能检测的，主要通过万用表对模块工作的外围电源或信号电压进行检测，并结合解码器读取的故障码与数据流进行功能检测。

以左前门模块J386为例，检查时首先使用解码器进入舒适系统(地址码46)，查看是否有左前门模块J386相关的部件故障码，再进入08查看数据流，查看数据块012所有模块的通信情况，“1”表示通信正常，“0”表示无法通信。

注意：解码器读取的是舒适系统中央控制单元的信息，4个车门模块的通信与舒适系统中央控制单元进行信息交换。

舒适系统中央控制单元对应数据块的正常数据流值见表4-24。

表4-24 舒适系统模块(CAN总线数据通信)的通信功能检查(012组)

数据块	显示区域	额定数据流值
1	驾驶员侧车门模块	通信1 未通信0
2	前乘客侧车门模块	通信1 未通信0
3	左后乘客侧车门模块	通信1 未通信0
4	右后乘客侧车门模块	通信1 未通信0

5) 舒适系统控制单元J393

如前文所述，整个大众舒适系统主要由5个模块组成：左前门模块J386、右前门模块J387、左后门模块J388、右后门模块J389、舒适系统控制单元J393。J393模块是整个舒适系统星形网络的中心点，对整个网络的总线传输起仲裁作用。如图4-42所示，舒适系统总线的传输优先顺序：舒适系统控制单元J393→左前门模块J386→右前门模块J387→左后门模块J388→右后门模块J389。

图4-42 舒适系统控制模块J393的数据流检查

在对舒适系统控制单元进行检测时，首先使用解码器进入舒适系统(地址码46)，查看是否有相应的故障码，再进入08查看数据流，查看舒适系统中央控制单元的对应数据块11，明确CAN总线状态是否为双线，正常数据流值见表4-25。也可进入数据总线(地址码19)，进入08查看数据流，再查看CAN总线状态的对应数据块130和131，正常数据流值见表4-26和表4-27。

表4-25 舒适系统模块(CAN总线数据通信) 的通信功能检查(011组)

数据块	显示区域	额定数据流值
1	防盗系统	否
2	自动	未操作
3	滑动/倾斜天窗	是
4	CAN总线	双线

表4-26　数据总线19(CAN总线状态)的通信功能检查(130组)

数据块	显示区域	额定数据流值
1	舒适系统CAN总线	双线 单线
2	中央控制模块	通信1 未通信0
3	驾驶员侧车门模块	通信1 未通信0
4	乘客侧车门模块	通信1 未通信0

表4-27　数据总线19(CAN总线状态)的通讯功能检查(131组)

数据块	显示区域	额定数据流值
1	左后车门模块	通信1 未通信0
2	右后车门模块	通信1 未通信0
3	空	空
4	空	空

6) 总线

总线上设计有防止反射波的数据传输终端电阻(120Ω左右)，在对总线进行检测时可以利用这点。但要注意的是，舒适系统控制单元内的负载电阻并不作用于CAN-High线和CAN-Low线之间，而是作用于每根导线对地或对5V导线之间，其连接电阻分别连接到CAN驱动器的RTH和RTL上(5V导线与地之间)，即在总线断电情况下，总线的连接电阻是测量不到的。也就是说，电源电压断开，CAN低线上的电阻也断开，因此不能用电阻表进行测量。

总线线路的短路、断路以及物理性质所引起的通信衰减或失真，都会导致多个电控单元无法正常工作或电控系统错误动作，从而使多路传输系统无法工作。因此，总线的故障也称为链路故障。舒适系统总线的系统检测主要是查看前述解码器数据流或示波器DSO，并结合常规部件性能检测，来观察通信数据信号是否与标准通信数据信号相符。

在检查数据总线系统时，须保证所有与数据总线相连的控制单元无功能性故障。功能性故障是指不会直接影响数据总线系统，但会影响某一系统的功能流程的故障。如传感器故障，其结果是传感器信号不能通过数据总线传递。这种功能性故障对数据总线系统有间接影响，它会影响需要该传感器信号的控制单元的通信。因此，如存在功能性故障，应先排除该故障，记下该故障并消除所有控制单元的故障代码。排除功能性故障后，如果控制单元间的数据传递仍不正常，应检查数据总线系统。

由于车辆存在机械振动，必须考虑到可能出现的绝缘故障、电缆断路及插头触点故障，于是ISO故障表应运而生。ISO是“International Organization for Standardization”(国际标准化组织)的缩写。这张ISO故障表(如表4-28所示)中包括CAN数据总线可能出现的故障。

表4-28　ISO故障表

ISO	CAN-High	CAN-Low
1		断路
2	断路	
3		对$V_{蓄电池}$短路
4	对地短路	
5		对地短路
6	对$V_{蓄电池}$短路	
7	对CAN-Low短路	对CAN-High短路
8	缺少R_{term}	缺少R_{term}
9	CAN-High线和CAN-Low线混装	

说明：

① 故障3～8 在CAN驱动数据总线上可以用万用表/欧姆表来准确判断；

② 对于故障1、2和9必须使用数字存储式示波器(DSO)来判断；

③ 对于CAN舒适/ Infotainment数据总线来说，只能用数字存储式示波器(DSO)来诊断故障；

④ ISO–故障 8 不会出现在CAN舒适/ Infotainment数据总线上。

(1) 舒适系统CAN数据线断路故障(ISO-1故障)。舒适系统CAN数据线断路主要为CAN-High线断路和CAN-Low线断路，舒适系统CAN-Low线断路故障如图4-43所示。

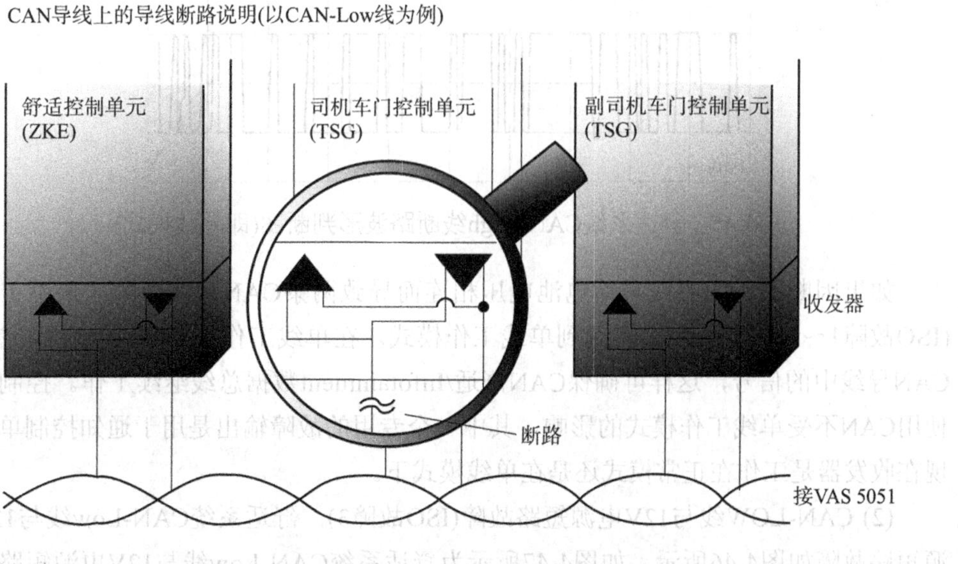

图4-43　舒适系统CAN-Low线断路故障

如图4-44所示为使用存储式示波器DSO的舒适系统CAN正常波形判断图，如图

4-45所示为舒适系统CAN-High线断路波形判断图(即单线模式波形图)。

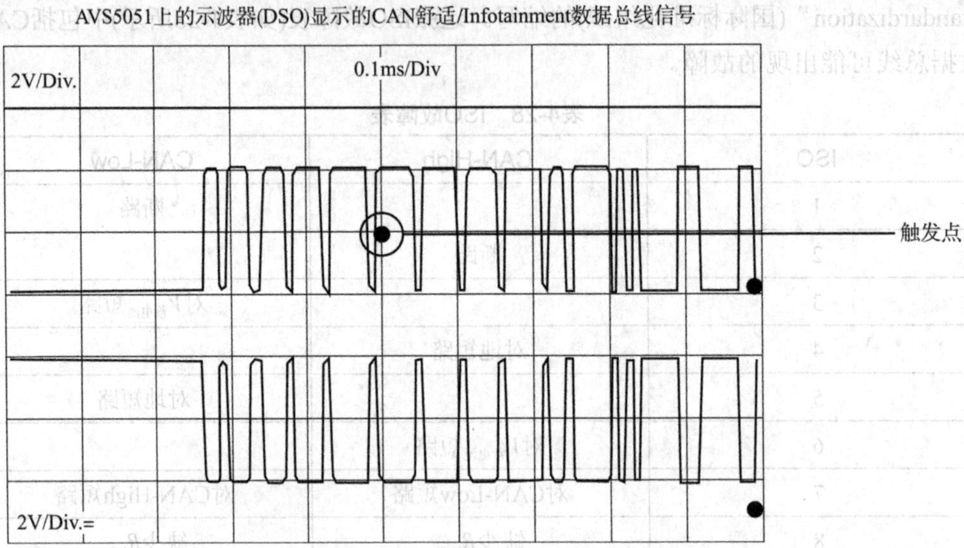

图4-44 舒适系统CAN波形判断图(正常波形)

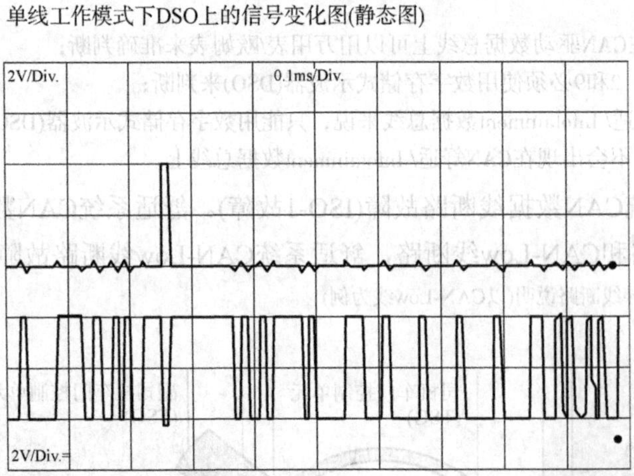

图4-45 舒适系统CAN-High线断路波形判断图(即单线模式)

如果因断路、短路或与蓄电池电压相连而导致两条CAN导线中的一条不工作了(ISO故障1～7)，那么就会切换到单线工作模式。在单线工作模式下，只使用完好的CAN导线中的信号，这样可确保CAN舒适/Infotainment数据总线继续工作。控制单元使用CAN不受单线工作模式的影响，其中一个专用的故障输出是用于通知控制单元，现在收发器是工作在正常模式还是在单线模式下。

(2) CAN-LOW线与12V电源短路故障(ISO故障3)。舒适系统CAN-Low线与12V电源短路故障如图4-46所示。如图4-47所示为舒适系统CAN-Low线与12V电源短路波形判断图。

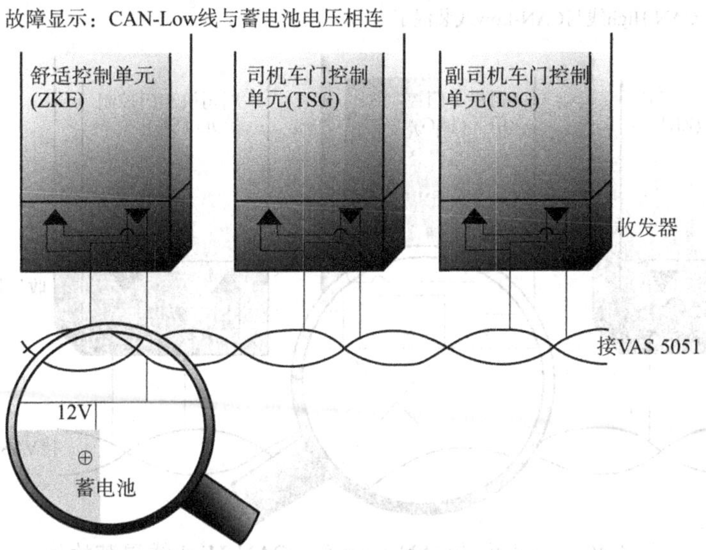

图4-46 舒适系统CAN-Low线与12V电源短路故障

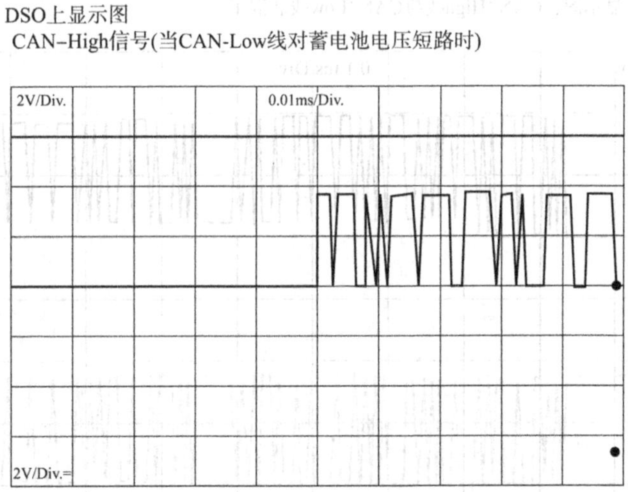

图4-47 舒适系统CAN-Low线与12V电源短路波形判断图

(3) 一个或多个控制单元上的CAN-High线和CAN-Low线装混(ISO故障9)。舒适系统CAN-Low线与CAN-High线混装故障如图4-48所示。如图4-49所示为舒适系统CAN-Low线与CAN-High线混装波形判断图。

当一个控制单元或一组控制单元的CAN-High线与CAN-Low线接混时，短时间内显示屏未必能显示差别。出现差别的频率可能非常低，以至于经过很长时间也不会显示出来。如果控制单元装混了，那么就无法进行数据交换，导致CAN信息中断，从而导致控制单元彼此之间相互干扰，这种情况积累多了就会产生“故障帧”(即Error-Frames，就是CAN数据总线上的故障记录)。这时，需仔细测量无法进行通信的控制单元和可以进行通信的控制单元之间的导线(按电路图)，故障肯定就在这两个控制单元之间。

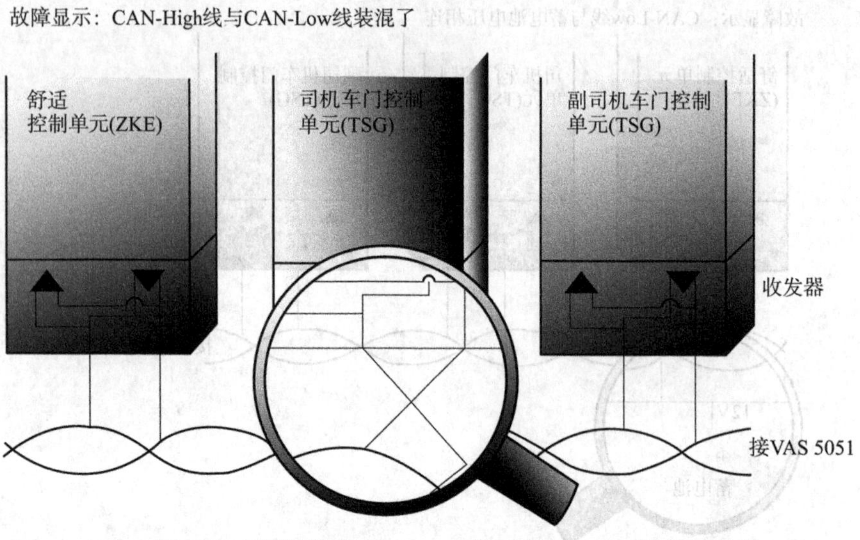

图4-48　舒适系统CAN-Low线与CAN-High线混装故障

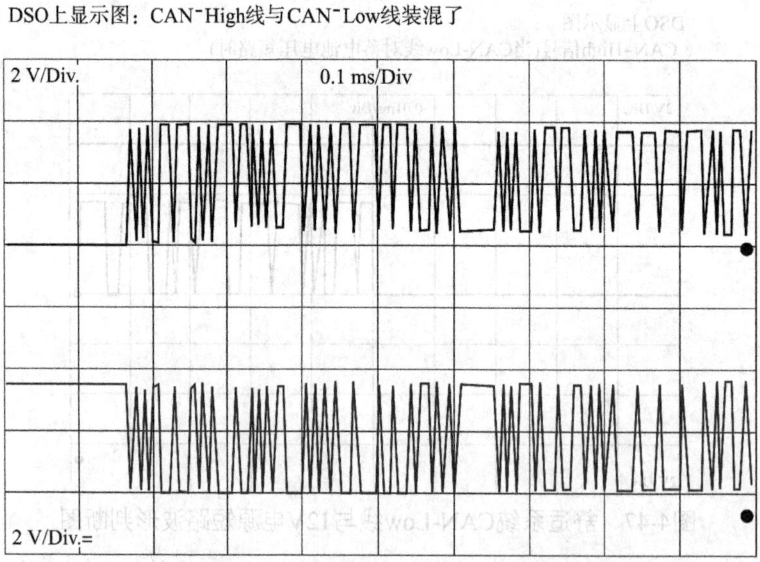

图4-49　舒适系统CAN-Low线与CAN-High线混装波形判断图

导线装混的故障总是出现在最后一个能正常工作的控制单元和第一个不能正常工作的控制单元之间，尤其是在修理数据总线时更易出现，应重点检查这些地方。应根据导线的颜色进行目视检查，在进行故障排除前应断开蓄电池，因为在测量时，CAN舒适/Infotainment数据总线可能会开始工作，这就会导致测量结果不准确。最后可用欧姆表来测量装混的CAN导线。

在本总线装混故障中，司机车门控制单元上的CAN-Low线的相应针脚与舒适控制单元上的CAN-High线之间肯定存在电气连接，舒适控制单元上的CAN-Low线与司机车门控制单元上的CAN-High线之间也肯定存在电气连接。如果插头装混了，其他控制单元上也会出现这个故障。不管是哪种情况，最好先检查无法通信的控制单元的插头。

(4) CAN-High线对CAN-Low线短路(ISO-7故障)。舒适系统CAN-Low线与CAN-High线短路故障如图4-50所示。如图4-51所示为舒适系统CAN-Low线与CAN-High线混装波形判断图。

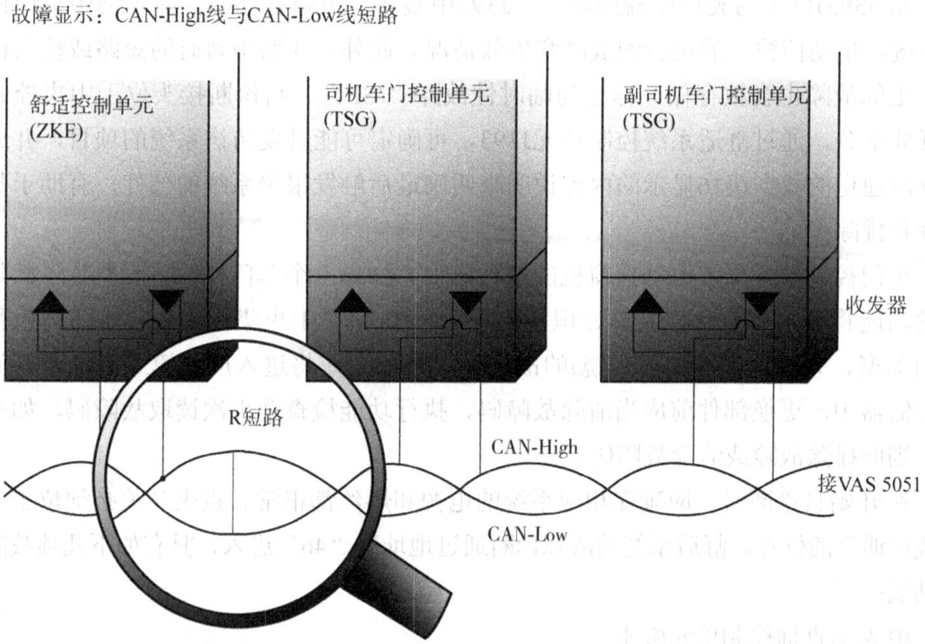

图4-50　舒适系统CAN-Low线与CAN-High线短路故障

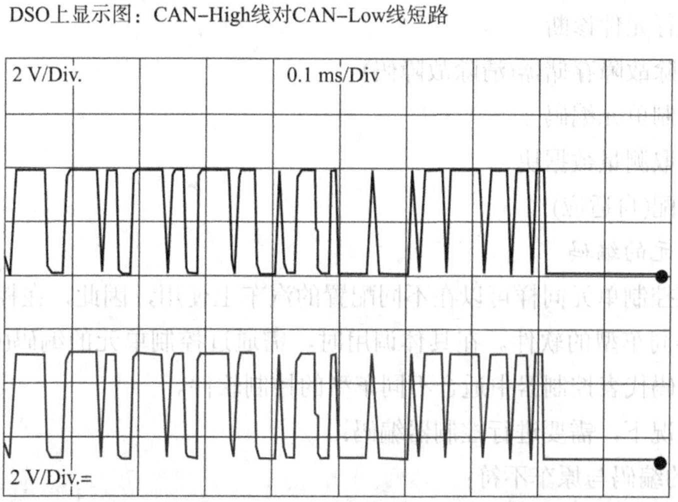

图4-51　舒适系统CAN-Low线与CAN-High线短路波形判断图

这种故障情况很明了，两条CAN导线电平是相同的。CAN收发器关闭CAN-Low线，只用CAN-High线来工作。

注意：对于所有的控制单元来说，短路总是会造成数据总线单线故障。如果只是影响几个控制单元，那么就可认为是某条CAN导线断路。

4. 舒适系统的故障诊断基础

舒适系统的故障诊断是通过舒适系统中央控制单元接口实现的，舒适系统中央控制单元(J393)位于驾驶员座椅地毯下，J393中装备有故障存储器，能识别中央门锁防盗系统、电动门窗、后视镜的故障和失效情况。此外，线路中暂时的短路或接头松动而产生的故障也会被存储，标记为临时性故障“/SP”。自诊断接头位于中央控制台的延伸部分，通过舒适系统控制单元J393，可确定可能触发防盗系统的项目，并通过数据流通道的数据块16显示的内容说明来明确最后触发报警系统的部件，有助于故障查询和排除。

车门控制单元位于电动摇窗机的电动机上。如果一个车门控制单元发生了故障，它的功能将不再有效。控制单元识别到舒适系统(包括中央集控锁系统、防盗报警、电动车窗、无线电遥控、后视镜)的故障后，舒适系统将进入应急模式，并将其储存到存储器中。更换部件前应当清除故障码、执行功能检查并再次读取故障码，如有故障，则应排除故障或清除故障码。

在开始自诊断时，应确保相应系统的电源和熔丝都正常。点火开关必须位于“15号线接通”的位置。舒适系统的故障诊断通过地址码“46”进入，具有如下几项故障诊断功能：

01表示查询控制单元版本

02表示查询故障存储器(读取故障码)

03表示执行元件诊断

05表示清除故障存储器(清除故障码)

07表示控制单元编码

08表示读取测量数据块

10表示匹配(自适应)

1) 控制单元的编码

舒适系统控制单元同样可以在不同配置的汽车上使用，因此，在控制单元内存储了多套针对不同车型的软件。在具体调用时，需通过控制单元的编码(CODING码)来完成，每个编码代表控制器中适合不同车型的控制软件。

在下列情况下，需要进行控制器编码：

(1) 显示的编码与原车不符；

(2) 更换了新的控制单元；

(3) 车辆经过维修，改变了原车的配置。

控制单元编码不正确会对车辆造成意想不到的后果，以舒适系统为例，可能造成门窗、模式控制异常。在对舒适系统控制单元进行编码时，通过舒适系统地址码“46”进入，输入“07控制单元编码”进行。关于舒适系统编码的正确值，参见表4-29。

表4-29　帕萨特B5舒适系统控制器编码规则表

车辆装备		编码代号
中控门锁2车窗	1个车门打开	00256/00064
	所有车门打开	00257/00065
中控门锁2车窗和存储器	1个车门打开	00258/00066
	所有车门打开	00259/00067
中控门锁4车窗	1个车门打开 所有车门打开	04096/01024 04097/01025
中控门锁4车窗和储存器	1个车门打开	04098/01026
	所有车门打开	04099/01027

2) 故障码的读取与清除

舒适系统的故障码的读取通过地址码“46”进入，选择功能“02查询故障存储器(读取故障码)”进行，舒适系统控制单元存储的故障码按先后顺序显示，并可选择打印。舒适系统如果识别到故障，应当按如下步骤进行处理：①排除故障；②清除故障代码(功能05)；③再次查询故障代码(功能02)。在故障诊断时，借助故障码表诊断排除所打印的故障，也可利用功能“08读取测量数据块”和显示组来确定故障的位置与类型。测量数值数据块分为15个测量组，每一个测量区域的含义及标准参数可以参见维修手册中有关“读取测量数据块显示组”中的相关内容。

清除故障代码之前要先保证故障已经被排除，并查询故障代码确定已清除。

故障代码表中的故障代码是以5位数按序排列的。在更换出现故障的部件之前，应根据电路图检查通向此部件的导线和接头以及接地线连接，特别是当故障作为“偶然故障”(SP)时，这一点更为重要。故障“01330 舒适系统中央控制单元没有通信”可能会“偶然”显示，这对舒适系统的功能没有影响，不必采取措施，清除故障代码即可。车门控制单元也有可能出现“没有通信”的故障，这对舒适系统的功能也没有影响，只需清除故障代码即可。帕萨特B5舒适系统故障代码及对应的可能的故障原因与排除方法见表4-30。

表4-30　帕萨特B5舒适系统故障代码表

故障代码	故障原因	故障排除
00000 没有识别到故障	如果在修理后出现“没有识别到故障”的信息，则自诊断结束	
00668 车辆电源接线柱30信号太小	-电池放电 -导线或接头故障	-对蓄电池进行充电 -根据电路图检查导线和接头
65535 控制单元故障	-导线或接头故障 -控制单元故障	-根据电路图检查导线和接头 -更换控制单元

(续表)

故障代码	故障原因	故障排除
00849 点火开关/启动电动机开关D上的S触点 未定义的开关状态	-接线柱15正常，S触点故障 -导线或接头故障	-读取测量数据块：显示组010，显示区域1
00912 电动车窗开关FL-E40 信号错误 对正极短路	-导线或接头故障 -按钮安装错误：操作时堵塞 -电动车窗开关，FL-E40故障	-读取测量数据块：显示组002，显示区域1 -检查按钮
00913 电动车窗开关FR 驾驶员车门E81 信号错误 对正极短路	-导线或接头故障 -按钮安装错误：操作时堵塞 -电动车窗开关FL-E81故障	-读取测量数据块：显示组002，显示区域2 -检查按钮
00914 电动车窗开关RL 驾驶员车门E53 信号错误 对正极短路	-导线或接头故障 -按钮安装错误：操作时堵塞 -电动车窗开关FL-E53故障	-读取测量数据块：显示组002，显示区域3 -检查按钮
00915 电动车窗开关RR 驾驶员车门E55 信号错误 对正极短路	-导线或接头故障 -按钮安装错误：操作时堵塞 -电动车窗开关FL-E55故障	-读取测量数据块：显示组002，显示区域4 -检查按钮
00928 驾驶员侧中央集控锁锁止单元F220 信号错误 错误的设备	-导线或接头故障 -驾驶员车门中央集控锁没有电源 -锁止单元机构和工作元件阻塞 -驾驶员侧中央集控锁锁止单元F220故障 -安装了错误的锁止单元	-根据电路图检查导线和接头 -检查驾驶车门的控制单元的电源或电源接头 -检查锁止单元的机构和工作部件并进行维修 -更换驾驶员侧中央集控锁锁止单元F220 -更换锁止单元
00929 前座乘客侧中央集控锁锁止单元F221 信号错误	-导线或接头故障 -前座乘客车门中央集控锁没有电源 -锁止单元机构和工作元件阻塞 -前座乘客侧中央集控锁锁止单元F221故障	-根据电路检查导线和接头 -检查到前座乘客车门控制单元或到车门主接头的电源 -检查锁止单元的机构和工作部件并进行维修 -更换前座乘客侧中央集控锁锁止单元F221

(续表)

故障代码	故障原因	故障排除
00930 左后侧中央集控锁锁止单元F222 信号错误	-导线或接头故障 -左后车门中央集控锁没有电源 -锁止单元机构和工作元件阻塞 -左后侧中央集控锁锁止单元F222故障	-根据电路检查导线和接头 -检查到左后车门控制单元或到车门主接头的电源 -检查锁止单元的机构和工作部件并进行维修 -更换左后中央集控锁锁止单元F222
00931 右后侧中央集控锁锁止单元F223 错误信息	-导线或接头故障 -右后车门中央集控锁没有电源 -锁止单元机构和工作元件阻塞 -右后乘客侧中央集控锁锁止单元F223故障	-根据电路图检查导线和接头 -检查到右后车门控制单元或到车门主接头的电源 -检查锁止单元的机构和工作部件并进行维修 -更换右后中央集控锁锁止单元F223
00932 驾驶员侧电动车窗电动机V147 信号错误	-导线或接头故障 -驾驶员侧车窗没有电源 -车窗举升机构工作部件阻塞(也可能是车窗在导轨中太紧) -驾驶员侧电动车窗电动机V147故障	-根据电路图检查导线和接头 -检查到驾驶员车门控制单元或到车门主接头的电源 -检查车窗举升机构部件，并进行维修 -更换驾驶员电动车窗电动机V147
00933 前座乘客侧电动车窗电动机V148 信号错误	-导线或接头故障 -前座乘客侧车窗没有电源 -车窗举升机构工作部件阻塞(也可能是车窗在导轨中太紧) -前座乘客侧电动车窗电动机V148故障	-根据电路图检查导线和接头 -检查到前座乘客车门控制单元或到车门主接头的电源 -检查车窗举升机构部件，并进行维修 -更换前座乘客电动车窗电动机V148
00934 左后侧电动车窗电动机V26	-导线或接头故障 -左后侧车窗没有电源 -车窗升举机构工作部件阻塞(也可能是车窗在导轨中太紧) -左后侧电动车窗电动机V26故障	-根据电路图检查导线和接头 -检查到左后车门控制单元或到车门主接头的电源 -检查车窗举升机构部件，并进行维修 -更换左后电动车窗电动机V26

(续表)

故障代码	故障原因	故障排除
00935 右后侧电动车窗电动机V27	-导线或接头故障 -右后侧车窗没有电源 -车窗升举机构工作部件阻塞(也可能是车窗在导轨中太紧) -右后侧电动车窗电动机V27故障	-根据电路图检查导线和接头 -检查到右后车门控制单元或到车门主接头的电源 -检查车窗举升机构部件，并进行维修 -更换右后电动车窗电动机V27
00936 前座乘客电动车窗开关E107信号错误[当按钮向一个方向按下超过5秒钟或者同时发出两个信号(开，关)] 对正极短路	-导线或接头故障 -按钮安装不正确，操作时粘滞 -前座乘客电动车窗开关E107故障	-读取测量数据块：显示组002，显示区域2 -检查按钮
00937 左后电动车窗开关E52 信号错误对正极短路	-导线或接头故障 -按钮安装不正确，操作时粘滞 -左后乘客电动车窗开关E52故障	-读取测量数据块：显示组008，显示区域1 -检查按钮
00938 右后电动车窗开关E54 信号错误 对正极短路	-导线或接头故障 -按钮安装不正确，操作时粘滞 -右后电动车窗开关E107故障	-读取测量数据块：显示组007，显示区域1 -检查按钮
00939 驾驶员后视镜调整电动机V149	-导线或接头故障 -到驾驶员车门没有电源 -驾驶员后视镜调整电动机V149故障	-根据电路图检查导线和接头 -检查到驾驶员车门控制单元或到车门主接头的电源 -更换驾驶员后视镜调整电动机V149
00940 前座乘客后视镜调整电动机V150	-导线或接头故障 -到驾驶员车门没有电源 -前座乘客后视镜调整电动机V150故障	-根据电路图检查导线和接头 -检查到前座乘客车门控制单元或到车门主接头的电源 -更换前座乘客后视镜调整电动机V150
00941 驾驶员外部后视镜调整电动机V121	-导线或接头故障 -到驾驶员车门没有电源 -驾驶员外部后视镜调整电动机V121故障	-根据电路图检查导线和接头 -检查到驾驶员车门控制单元或到车门主接头的电源 -更换驾驶员外部后视镜调整电动机V121

(续表)

故障代码	故障原因	故障排除
00942 前座乘客外部后视镜调整电动机V122	-导线或接头故障 -到前座乘客车门没有电源 -前座乘客外部后视镜调整电动机V122故障	-根据电路图检查导线和接头 -检查到前座乘客车门控制单元或到车门主接头的电源 -更换前座乘客后视镜调整电动机V122
00943 驾驶员侧外部后视镜加热Z4 00944 前座乘客侧外部后视镜加热Z5	-后视镜没有安装 -导线或接头故障 -向驾驶员及前座乘客车门没有电源供应	-读取测量数据块：显示组010，显示区域2，测量数据块显示后视镜是否正确安装 -根据电路图检查导线和接头 -检查车门控制单元或到车门主接头的电源
00945 撞击传感器G190 对地短路	-导线或接头故障	-根据电路图检查导线和接头 -可以使用对安全气囊的执行元件诊断功能来检查输出
00946 内部灯W对地短路	-导线或接头故障 -内部灯或一个阅读灯故障	-根据电路图检查导线和接头 -更换内部灯或损坏的阅读灯
00947 尾门/行李箱盖遥控开关E188 对地短路	-导线或接头故障 -尾门/行李箱盖遥控开关E188故障	-根据电路图检查导线和接头 -更换尾门/行李箱盖遥控开关E188
00948 关闭滑动车顶信号 对正极短路	-导线或接头故障	-根据电路图检查导线和接头
00949 尾门/行李箱盖中央集控锁锁止电动机未定义的开关位置 00950 尾门/行李箱盖中央集控锁锁止电动机未定义的开关位置	-导线或接头故障 -锁机构部件阻塞 -尾门/行李箱盖中央集控锁电动机故障	-根据电路图检查导线和接头 -检查锁机构部件，进行维修 -更换损坏的尾门/行李箱盖中央集控锁电动机
00951 尾门/行李箱盖释放继电器-J398	-导线或接头故障	-根据电路图检查导线和接头

(续表)

故障代码	故障原因	故障排除
00952 驾驶员车门开启信号 对正极短路	-导线或接头故障	-根据电路图检查导线和接头
00953 时间限制内部灯 未定义的开关位置	-导线或接头故障 -内部灯、阅读灯、行李箱等接头故障 -内部灯故障	-根据电路图检查导线和接头 -根据电路图检查导线和接头 -更换内部灯
00955 钥匙1 超过匹配限制	-钥匙不匹配 -钥匙操作超过200次的系统限制	-读取测量数据块：显示组013，显示区域3
00956 钥匙2 超过匹配限制		
00957 钥匙3 超过匹配限制		
00958 钥匙4 超过匹配限制		
00960 驾驶员中央集控锁 钥匙开关 信号错误 对地短路(如果操作超过5分钟，则记录为故障)	-导线或接头故障 -锁芯阻塞 -导线或接头故障	-读取测量数据块：显示组003，显示区域1 -检查锁芯安装
00961 前座乘客中央集控锁 锁钥匙开关 信号错误 对地短路		-读取测量数据块：显示组006，显示区域1
01030 驾驶员侧中央集控锁 钥匙按钮，锁止 信号错误 对地短路	-导线或接头故障 -锁芯阻塞 -导线或接头故障	-读取测量数据块：显示组003，显示区域1 -检查锁芯安装

(续表)

故障代码	故障原因	故障排除
01031 驾驶员侧中央集控锁 钥匙按钮，锁止信号错误 对地短路	-导线或接头故障 -锁芯阻塞 -导线或接头故障	-读取测量数据块：显示组003，显示区域1 -检查锁芯安装
01032 前座乘客侧中央集控锁 控钥匙按钮，锁止信号错误 对地短路	-导线或接头故障 -锁芯阻塞 -导线或接头故障	-读取测量数据块：显示组006，显示区域1 -检查锁芯安装
01033 前座乘客侧中央集控锁 控钥匙按钮，锁止信号错误 对地短路		-读取测量数据块：显示组006，显示区域1 -检查锁芯安装
01034 驾驶员侧电动车窗热保护激活	-导线或接头故障 -电动车窗粘滞或阻塞 -电动车窗电动机粘滞	-读取测量数据块：显示组003，显示区域2 -读取测量数据块：显示组003，显示区域2
01035 前座乘客侧电动车窗热保护激活		
01036 左边侧电动车窗热保护激活	-导线或接头故障 -电动车窗粘滞或阻塞 -电动车窗电动机粘滞	-读取测量数据块：显示组008，显示区域2
01037 右后侧电动车窗热保护激活		-读取测量数据块：显示组007，显示区域2
01038 中央集控锁热保护激活	-导线或接头故障 -门锁阻塞	-读取测量数据块：显示组014，显示区域4
01044 控制单元编码错误	-控制单元没有按照车辆系统正确地安装 -所供应的控制单元没有经过编程或编程不完全	-更换控制单元 -通知供应商所出现的问题

(续表)

故障代码	故障原因	故障排除
01131 转向信号激活 对地短路 断路/对正极短路	-导线或接头故障 -转向信号灯故障	-根据电路图检查导线和接头 -更换转向信号灯
01134 报警喇叭H12 未定义的开关位置	-导线或接头故障 -熔丝故障 -报警喇叭H12故障	-根据电路图检查导线和接头 -执行元件诊断 -更换熔丝 -更换报警喇叭H12
01135 内部监控传感器 断路 故障	-导线或接头故障 -内部监控传感器未安装 -内部监控传感器故障	-根据电路图检查导线和接头 -读取测量数据块：显示组009，显示区域 4 -检查安装 -更换内部监控传感器
01141 行李箱开锁开关E165 信号错误	-导线或接头故障 -行李箱开锁开关E165	-根据电路图检查导线和接头 -更换行李箱开锁开关E165
01179 钥匙编码错误	-钥匙匹配(功能10)没有正确执行	-见遥控钥匙的匹配的描述 -读取测量数据块：显示组014，显示区域1(匹配钥匙的数量将显示)
01328 舒适系统数据总线	-导线或接头故障 -控制单元故障	-检查导线和接头，若导线正常则：①断开所有的车门电源接头，然后一个一个连接，同时观察测量值块；②更换导致数据总线阻塞的控制单元；③读取测量数据块：显示组012，显示区域1 -更换相关的控制单元
01329 舒适系统数据总线处于紧急状态下	-导线或接头故障	-检查导线和接头，若导线正常则：①断开所有的车门电源接头然后一个一个连接同时观察测量值块；②更换导致数据总线阻塞的控制单元；③读取测量数据块：显示组012，显示区域1
01330 舒适系统的中央控制单元故障 没有通信	-舒适系统的中央控制单元故障 -不相关	-更换舒适系统中央控制单元 -系统OK -清除故障代码 -执行功能检查
01331 驾驶员车门控制单元J386故障 没有通信	-驾驶员车门控制单元J386故障	-更换驾驶员车门控制单元J386 -系统正常 -清除故障代码 -执行功能检查 -读取测量数据块：显示组012，显示区域2，检查车门控制单元是否安装

(续表)

故障代码	故障原因	故障排除
01332 前座乘客侧车门控制单元J387故障 没有通信	-前座乘客车门控制单元J387故障	-更换前座乘客侧车门控制单元J387 -系统正常 -清除故障代码 -执行功能检查 -读取测量数据块：显示组012，显示区域2，检查车门控制单元是否安装
01333 左后车门控制单元J388故障 没有通信	-左后车门控制单元J388故障	-更换左后车门控制单元J388 -系统正常 -清除故障代码 -执行功能检查 -读取测量数据块：显示组012，显示区域3，检查车门控制单元是否安装
01334 右后车门控制单元J389故障 没有通信	-右后车门控制单元J389故障	-更换前座乘客侧车门控制单元J389 -系统正常 -清除故障代码 -执行功能检查 -读取测量数据块：显示组012，显示区域3，检查车门控制单元是否安装
01335 驾驶员座椅/后视镜控制单元(控制单元存储座椅和后视镜的位置并能复位) 错误的信号 无通信	-导线或接头故障 -座椅记忆控制单元诊断(与车门控制单元没有通信)	-要根据电路检查导线或接头 -读取测量数据块：显示组012，显示区域4 -座椅记忆装备了K线，可以使用地址码36进行检查
01358 驾驶员侧内部锁止开关E150 信号错误 对地短路	-导线或接头故障	-要根据电路检查导线或接头 -读取测量数据块：显示组001，显示区域2
01359 前座乘客侧内部锁止开关E198 信号错误 对地短路	-导线或接头故障	-要根据电路图检查导线或接头 -读取测量数据块：显示组005，显示区域 2

(续表)

故障代码	故障原因	故障排除
01362 尾门/行李箱盖开锁开关F124 对地短路	-导线或接头故障 -锁止工作或锁芯机构部件阻塞	-要根据电路图检查导线或接头 -检查锁的工作部件并进行维修 -更换锁芯 -读取测量数据块：显示组010，显示区域3
01389 尾门/行李箱盖开锁开关F124 信号错误 对地短路		

4.3.2 舒适系统故障诊断

任务实施(课内学习，学习方法：理实一体集中教学，教师示范，学生体悟)

1. 症状体验与描述

症状体验：在舒适系统实验台上体验驾驶员侧主控开关不能控制右后门窗时的症状。

症状描述：打开点火开关，大众帕萨特B5轿车驾驶员不能控制右后车窗，右后门无法上锁。

其他现象观察：按动驾驶员侧主控开关，可以控制除右后车门外的其他各车门的车窗与中控锁动作，左右后视镜工作正常。按动右后侧电动门窗开关，右后车窗可动作。

要求学生对照任务工作单中的故障诊断分析表进行填写，教师指导、答疑。

2. 原因分析

1) 症状分析

(1) 主症状可能原因分析。根据症状，按动驾驶员侧主控开关，右后车窗无反应，右后门无法上锁，大众帕萨特轿车的舒适系统电路原理如图4-32所示。

右后车窗的控制功能与原理：

① 按动驾驶员侧主控开关的右后车窗开关，通过左前门窗模块J386的T29a/16端子接收到右后车窗开关动作信号，J386把信号通过总线进行广播，右后门窗模块J389接收信号，控制右后门窗电动机动作。

② 按动驾驶员侧中控锁开关，通过J386的T29a/23端子接收闭锁或开锁信号，J386通过总线进行广播，其他各车门模块接收中控锁信号，控制各自的车门锁动作。

对照舒适系统右后车窗与中控锁的工作原理与控制功能，分析右后电动门窗、中控锁不工作的故障原因可能为：

① 驾驶员侧右后电动门窗开关信号输入故障。驾驶员侧右后电动门窗开关信

号没有正确输入J386端子T29a/16，或J386端子T29a/16没接收到右后门窗开关接通的信号。

② 控制器(模块)控制功能故障。J386控制器或J389控制器故障，或由于低电源供电电压、控制器地线“GND”端子接地不良，使控制器处于工作不良状态。

③ 总线故障。各模块信号传输的通道受到影响，信号不能正确传递。

④ 信号输出故障。右后电动门窗电动机回路有故障，如电动机线路断路、J389内部输出触点不良等。

(2) 其他症状可能原因分析。驾驶员侧主控开关可以控制其他各车门的车窗与中控锁动作，左右后视镜工作正常。分析：①按动驾驶员侧中控锁开关，通过J386的T29a/23端子接收闭锁或开锁信号，J386通过总线进行广播，其他各车门模块接收中控锁信号，控制各自的车门锁动作，说明中控锁开关信号输入正常，J386模块与对应总线工作正常。②按动驾驶员侧左右后视镜开关，通过J386的T29a/22端子判断后视镜的左右位置，再通过T29a/3端子接收后视镜动作方向信号，J386通过总线进行广播，右前车门模块J387接收后视镜动作方向信号，控制右后视镜动作，同时J386控制左后视镜动作，说明J386模块正常，与J387模块通信正常，相互间总线通信正常。

按动右后侧电动门窗开关，右后车窗可动作。分析：①按动右后门窗开关，右后门窗模块J389通过T18b/13与T18b/14端子接收右后门窗开关动作信号，J389模块根据J386模块的儿童安全锁开关信号，决定右后门窗开关是否可以动作。②现右后侧门窗开关控制右后车窗正常，说明右后侧车窗开关与输入回路正常，J389模块控制正常，右后车窗电动机工作正常。

根据主症状及其他症状综合分析得出，故障的主要可能原因缩小为：①驾驶员侧右后电动门窗开关信号输入故障；②J389模块总线接收故障。

2) 仪器选用分析(解码器)

使用解码器进入地址码“46”，查看控制单元编码为00259，控制单元编码正确；查看通道“02”读取故障码，故障码显示：01334右后车门控制单元J389故障——没有通信；查看通道“08”读取数据流，读取012数据块，观察到右后车门模块未通信。

根据解码器故障码与数据流分析得出，驾驶员侧主控开关不能控制右后车窗与中控锁的故障原因可能为：①J389模块工作异常；②J389模块总线工作异常。

3. 故障诊断过程记录

1) 诊断过程分析

(1) 首先体验症状，根据症状分析，确定故障的主要可能原因为：①驾驶员侧右后电动门窗开关信号输入故障；②J389模块总线接收故障。

(2) 自诊断(解码器)故障码的读取与原因分析。通过读取故障码，故障码显示：01334右后车门控制单元J389故障——没有通信；查看数据流012数据块，观察到右后车门模块未通信。确定故障原因可能为：J389模块总线通信故障。

(3) 综合原因分析。结合症状原因分析与自诊断原因分析，发现共同原因：J389模块总线通信故障。

(4) 万用表系统电压测试分析。系统电源电压的测量有直接测量法和间接测量推理法。直接测量J389模块总线CAN-H和CAN-L之间的电压，检查总线隐性电压是否正常；间接测量则通过测量J389模块总线终端电阻是否符合标准，来推断J389模块总线是否断路。

(5) 根据以上原因分析，逐步进行线路细查。

2) 诊断过程操作示范与记录(教师示范，学生观察记录)

诊断分析表的填写如表4-31所示。

表4-31 驾驶员侧主控开关不能控制右后门窗诊断分析表

(空白任务工单详见学生任务工作单手册)

<table>
<tr><td>班级</td><td></td><td>学号</td><td></td><td>姓名</td><td></td><td>得分</td><td></td></tr>
<tr><td colspan="2" rowspan="2">故障症状确认</td><td colspan="6">1. 症状描述：打开点火开关，大众帕萨特B5轿车驾驶员不能控制右后车窗，右后门无法上锁。
2. 其他现象描述：按动驾驶员侧主控开关，可以控制除右后车门外的其他各车门的车窗与中控锁动作，左右后视镜工作正常。按动右后侧电动门窗开关，右后车窗可动作</td></tr>
<tr><td colspan="6">初步可能原因分析：①驾驶员侧右后电动门窗开关信号输入故障；②J389模块总线接收故障</td></tr>
<tr><td colspan="2" rowspan="3">解码器检测</td><td colspan="2">故障码记录</td><td colspan="4">01334右后车门控制单元J389故障——没有通信</td></tr>
<tr><td colspan="2">异常数据流记录</td><td colspan="4">012数据块，观察到右后车门模块未通信</td></tr>
<tr><td colspan="6">初步可能原因分析：
J389模块总线通信故障</td></tr>
<tr><td colspan="2" rowspan="2">综合分析可能原因</td><td colspan="6">根据观察症状、检测结果，结合维修手册、分析所有可能原因，初步确定检修步骤</td></tr>
<tr><td colspan="6">J389模块总线通信故障</td></tr>
<tr><td colspan="2" rowspan="4">检修步骤、结果分析与判断</td><td colspan="3">检修步骤描述</td><td colspan="2">测试结果记录</td><td>结果分析判断</td></tr>
<tr><td colspan="3">拆卸右后车门模块，打开点火开关，测量右后车门模块J389总线CAN-H和CAN-L的隐性电压</td><td colspan="2">CAN-H：2.7V
CAN-L：2.3V</td><td>右后车门模块J389总线故障</td></tr>
<tr><td colspan="3">更换右后车门模块J389</td><td colspan="2">仍不能正常工作</td><td>J389模块插头外总线断路</td></tr>
<tr><td colspan="3">拆开右后车门线束，分段检查总线电线</td><td colspan="2">车门铰接点附近两根总线被割破</td><td>总线断路导致右后门模块通信异常</td></tr>
<tr><td colspan="2">故障点排除确认</td><td colspan="6">修复右后车门模块总线，注意总线修复对于节点的长度要求，查看舒适系统“12”数据块，右后车门模块通信正常，清除故障码；按动驾驶员侧右后车窗开关，右后门窗控制正常，中控锁工作正常，故障排除</td></tr>
</table>

4. 故障点拓展

舒适系统工作不正常的故障原因有很多，如何针对不同的故障有针对性地进行诊断分析是难点。学习时可重点比较类似症状下对不同原因的分析，以起到举一反三的效果。舒适系统常见的故障点见表4-32。因舒适系统故障诊断是近年来全国职业院校技能大赛(高职组)汽车电气系统检修的赛项子系统，故也可以参考国赛故障诊断分析表的做法，具体见表4-33。

表4-32　舒适系统常见的故障点

<table>
<tr><th>序号</th><th colspan="3">故障点部位</th><th>主症状</th><th>其他症状</th><th>解码器</th><th>备注</th></tr>
<tr><td rowspan="3">1</td><td rowspan="3">舒适系统中央控制单元J393</td><td colspan="2">模块供电电源故障</td><td rowspan="2">舒适系统部分功能工作不良</td><td rowspan="2">时而正常，时而异常</td><td rowspan="2">无法进入或舒适系统故障</td><td rowspan="2"></td></tr>
<tr><td colspan="2">模块地线故障</td></tr>
<tr><td colspan="2">总线线路断路</td><td>舒适系统工作基本正常</td><td>偶发性反应慢</td><td>J393不能通信</td><td></td></tr>
<tr><td rowspan="7">2</td><td rowspan="7">左前车门</td><td rowspan="3">J386</td><td>供电电源故障</td><td rowspan="2">驾驶员侧主控开关不能控制所有车窗与中控锁</td><td rowspan="2">其他车门自控正常</td><td rowspan="3">J386不能通信</td><td rowspan="3"></td></tr>
<tr><td>模块地线故障</td></tr>
<tr><td>总线线路断路</td><td>左前车门自控正常，不能控制其他车门</td><td>其他车门自控正常</td></tr>
<tr><td rowspan="4">门窗主控开关</td><td>左前车窗开关故障</td><td>不能控制左前车窗</td><td>其他车窗、四门中控锁、后视镜工作正常</td><td>无故障码</td><td>左前对应数据块不变化</td></tr>
<tr><td>右前车窗开关故障</td><td>不能控制右前车窗</td><td>其他车窗、四门中控锁、后视镜工作正常</td><td>无故障码</td><td>右前对应数据块不变化</td></tr>
<tr><td>左后车窗开关故障</td><td>不能控制左后车窗</td><td>其他车窗、四门中控锁、后视镜工作正常</td><td>无故障码</td><td>左后对应数据块不变化</td></tr>
<tr><td>右后车窗开关故障</td><td>不能控制右后车窗</td><td>其他车窗、四门中控锁、后视镜工作正常</td><td>无故障码</td><td>右后对应数据块不变化</td></tr>
</table>

(续表)

<table>
<tr><th>序号</th><th colspan="3">故障点部位</th><th>主症状</th><th>其他症状</th><th>解码器</th><th>备注</th></tr>
<tr><td rowspan="2">2</td><td rowspan="2">左前车门</td><td>门窗主控开关</td><td>中控锁开关故障</td><td>四门锁不能中控</td><td>四门窗、后视镜工作正常，机械门锁工作正常</td><td>无故障码</td><td>对应中控锁数据块不变化</td></tr>
<tr><td colspan="2">后视镜开关故障</td><td>部分后视镜或全部后视镜不能选择或调节</td><td>左右后视镜同步发生相同的故障</td><td>无故障码</td><td>对应后视镜开关数据块不变化</td></tr>
<tr><td rowspan="4">3</td><td rowspan="4">右前车门</td><td rowspan="3">J387</td><td>供电电源故障</td><td rowspan="2">右前车窗与中控锁均不能工作</td><td rowspan="2">驾驶员侧主控开关不能控制右前车窗与中控锁</td><td rowspan="3">J387不能通信</td><td rowspan="3"></td></tr>
<tr><td>模块地线故障</td></tr>
<tr><td>总线线路断路</td><td>驾驶员侧主控开关不能控制右前车窗与中控锁</td><td>右前车窗自控正常</td></tr>
<tr><td colspan="2">右前电动门窗开关故障</td><td>右前车窗不能正常工作，右前中控锁正常</td><td>驾驶员侧主控开关控制右前车窗与中控锁正常</td><td>无故障码</td><td>对应开关数据块不变化</td></tr>
<tr><td rowspan="4">4</td><td rowspan="4">左后车门</td><td rowspan="3">J388</td><td>供电电源故障</td><td rowspan="2">左后车窗与中控锁均不能工作</td><td rowspan="2">驾驶员侧主控开关不能控制左后车窗与中控锁</td><td rowspan="3">J388不能通信</td><td rowspan="3"></td></tr>
<tr><td>模块地线故障</td></tr>
<tr><td>总线线路断路</td><td>驾驶员侧主控开关不能控制左后车窗与中控锁</td><td>左后车窗自控正常</td></tr>
<tr><td colspan="2">左后电动门窗开关故障</td><td>左后车窗不能正常工作，左后中控锁正常</td><td>驾驶员侧主控开关控制左后车窗与中控锁正常</td><td>无故障码</td><td>对应开关数据块不变化</td></tr>
<tr><td rowspan="2">5</td><td rowspan="2"></td><td>供电电源故障</td><td rowspan="2">右后车窗与中控锁均不能工作</td><td rowspan="2">驾驶员侧主控开关不能控制右后车窗与中控锁</td><td rowspan="2">J389不能通信</td><td rowspan="2"></td><td rowspan="2"></td></tr>
<tr><td>模块地线故障</td></tr>
</table>

(续表)

<table>
<tr><th>序号</th><th colspan="3">故障点部位</th><th>主症状</th><th>其他症状</th><th>解码器</th><th>备注</th></tr>
<tr><td rowspan="4">5</td><td rowspan="4">右后车门</td><td rowspan="3">J389</td><td>供电电源故障</td><td rowspan="2">右后车窗与中控锁均不能工作</td><td rowspan="2">驾驶员侧主控开关不能控制右后车窗与中控锁</td><td rowspan="3">J389不能通信</td><td rowspan="3"></td></tr>
<tr><td>模块地线故障</td></tr>
<tr><td>总线线路断路</td><td>驾驶员侧主控开关不能控制右后车窗与中控锁</td><td>右后车窗自控正常</td></tr>
<tr><td colspan="2">右后电动门窗开关故障</td><td>右后车窗不能正常工作，右后中控锁正常</td><td>驾驶员侧主控开关控制右后车窗与中控锁正常</td><td>无故障码</td><td>对应开关数据块不变化</td></tr>
</table>

表4-33　国赛舒适系统故障诊断分析案例

标准答案	评分标准
第一步：准确描述故障现象，并列举故障原因(4分) 故障现象：打开点火开关，主驾驶员侧的主控开关不能控制右前门玻璃升降器的运行，但右前门玻璃升降器开关能控制相应电机的运行，其他玻璃升降器工作正常。	故障现象描述错误的，扣0.5分；
故障原因分析： 绘制控制原理简图： 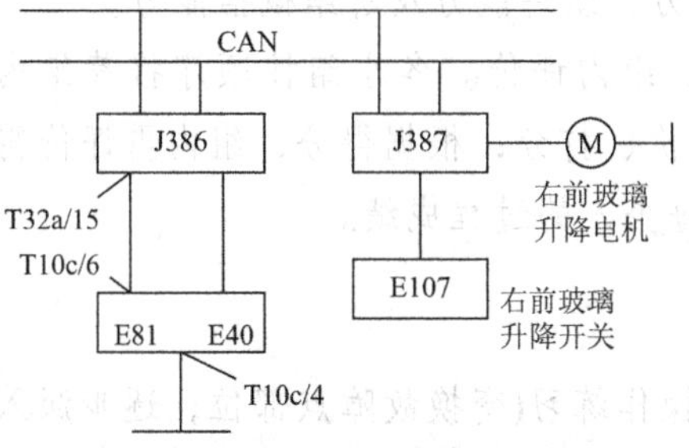	未写明电路图资料来源的，扣0.25分； 未绘制原理简图的、绘制不全面或局部错误的，最多扣1分；
由于E107能够控制右前升降电机动作，说明右前升降电机本身及其线路正常。	未阐述该故障排除依据的或阐述错误的，最多扣0.5分；
由于中控门锁开关能控制右前门锁电机的运行，说明J386与J387之间的CAN-BUS通信正常。	未阐述该故障排除依据的或阐述错误的，最多扣0.5分；
由于E40与81共同搭铁且E40能正常工作，说明E81的公共搭铁正常，那造成故障的可能原因为：	未阐述该故障排除依据的或阐述错误的，最多扣0.5分；
(1) E81开关自身故障； (2) E81与J386之间电路故障； (3) J386局部故障	不能正确、全面列举可能原因的，最多扣0.75分，其中E81开关自身故障、E81与J386之间电路故障、J386局部故障三点作为重要的踩分点，每点0.25分。

(续表)

标准答案	评分标准
第二步：故障确认过程(8分)	
1. 检查J386信号输入端电压，确定故障所在 在(双方向)操作E81开关时，用万用表测量J386的T32a/15端子对地电压，测试值为3.6V不变，而正常情况下该端子电压应交替变化，测试结果异常，可能的原因： (1) E81自身故障； (2) E81到J386的线路故障。	不能准确描述测试概要(即标题)的，扣1分； 测试条件、测试设备、测试对象、标准参数、测试结果列举不全或错误的、结论错误的，每项扣0.25分，最多扣1.5分； 针对测试结果，原因分析错误的，每项扣0.5分，最多扣1分；
2. 检查E81信号输出端子电压，确定故障所在 在(双方向)操作E81开关时，用万用表测量E81的T10c/6端子对地电压，标准值随挡位变化而变化，实测为0.04V，测试结果异常。 综合以上两个测试结果，加之E81的T10c/6端子对地电压为零，说明故障为J386端子T32a/15到E81的T10c/6之间的线路断路。	不能准确描述测试概要(即标题)的，扣1分； 测试条件、测试设备、测试对象、标准参数、测试结果列举不全或错误的、结论错误的，每项扣0.25分，最多扣1.5分； 针对测试结果，原因分析错误的，最多扣1分；
3. 验证：用带有保险丝的线束跨接J386端子T32a/15和E81的T10c/6两个端子，故障现象消失，故障排除	未写明故障原因确认验证方法的，最多扣1分
第三步：分析故障机理，提出维修建议(3分) 由于J386端子T32a/15到T10c/6之间的线路断路，J386无法接收到开关E81的信号，导致J387无法控制右前玻璃升降器电机的工作。 建议更换成维修故障线束	未书写故障机理分析的，或书写不正确的，最多扣2.5分； 未提出正确维修建议的，最多扣0.5分

任务评价

目的：培养学生的交流合作能力、表达能力、演讲能力及总结概括能力。

方法：学生分组上台总结、演讲，组间、组内评价。各小组按顺序推荐组内同学上台总结，其他组派代表对其进行提问、评价、打分；根据得分，组内再评价得分(参与提问、答题等工作的要加分)；最后统计每个人的过程成绩。

拓展提高

原则：大众车载网络(舒适系统)故障诊断操作练习(变换故障点部位，逐步深入练习；课外学习8学时，自愿练习，但所有课外学时不得少于总课外学时数)。

措施：落实课外开放式实训管理制度，安排值班教师(学生)，学生课外自愿到实训室进行舒适系统故障诊断练习。

思考题

1. 试比较丰田、通用、大众帕萨特车系的舒适系统结构与特点。
2. 大众帕萨特轿车舒适系统的实际功能有哪些？请结合实际操作体会进行描述。
3. 大众帕萨特舒适系统总线传输的常见故障有哪些？

任务4.4　驱动系统CAN故障检修

学习目标

(1) 知识点：驱动系统CAN的结构原理；驱动系统的功能分析；大众驱动系统电路原理图识记。

(2) 技能点：驱动系统的电路分析与数据流分析(方法能力——观察能力、学习能力、写作能力；社会能力——团队合作能力、交流能力、演讲能力；专业能力——动手能力、分析问题的能力)。

(3) 训练点：驱动系统电路分析训练与数据流分析练习。

(4) 评价点：考勤与加分项，任务处理过程考核，任务验收考核(任务工作单的填写、上台演讲表达、提问与解答)，知识识记考核，操作过程考核与期考。

任务导入

客户反映大众宝来轿车出现仪表ABS故障灯常亮的故障，作为业务接待人员进行故障验证后，填写相关单据交维修作业人员，分析导致该车仪表ABS故障灯常亮的可能原因(驱动系统CAN电路及数据流分析)，最终完成维修任务。

任务分析

1. 驱动系统结构与工作原理的深入学习

(1) 驱动系统的结构组成；

(2) 驱动系统控制功能分析。

2. 掌握驱动系统CAN的典型操作电路分析

3. 大众驱动系统数据流分析

任务实施

1. 教学条件(师资、设备、场地、资源)

(1) 师资要求。具有中级职称以上、双师资格的教师2名以上。

(2) 设备要求。车载网络系统(驱动CAN)的台架2～4个，以及其他相关材料。

(3) 场地要求。理实一体化的教室，投影仪，黑板5～9块。

(4) 学习资源。教师教学手册、学生学习手册、任务工作单、维修手册等教学资源。

2. 教学实施

(1) 驱动系统CAN电路分析示范(课内集中示范、学生观察)。

教师现场操作驱动系统并进行对应的电路分析，学生现场观察思考，注意现场操作安全。

(2) 驱动系统CAN电路分析练习，体悟(课内学生分组体悟)。

学生分组练习驱动系统CAN的电路分析，记录相关数据，完成任务工作单的内容，注意现场操作安全。

(3) 驱动系统CAN数据流分析操作示范(课内集中示范、学生观察)。

教师现场对驱动系统CAN数据流进行分析，学生现场观察思考，注意现场操作安全。

(4) 驱动系统CAN数据流分析练习，体悟(课内学生分组体悟)。

学生分组进行驱动系统CAN数据流分析练习，记录相关数据，完成任务工作单的内容，注意现场操作安全。

(5) 学习评价(学生上台总结、演讲、评价)。

学生分组上台总结、演讲，组间、组内评价，最后统计每个人的过程考核成绩。

相关知识

4.4.1 驱动系统CAN检修基础知识

1. 驱动系统CAN的结构与原理

大众驱动系统CAN的主要连接对象为：发动机控制器、ABS/ASR/ESP控制器、气囊控制器、自动变速箱控制器、组合仪表等。如图4-52为大众驱动传输系统CAN连接图。

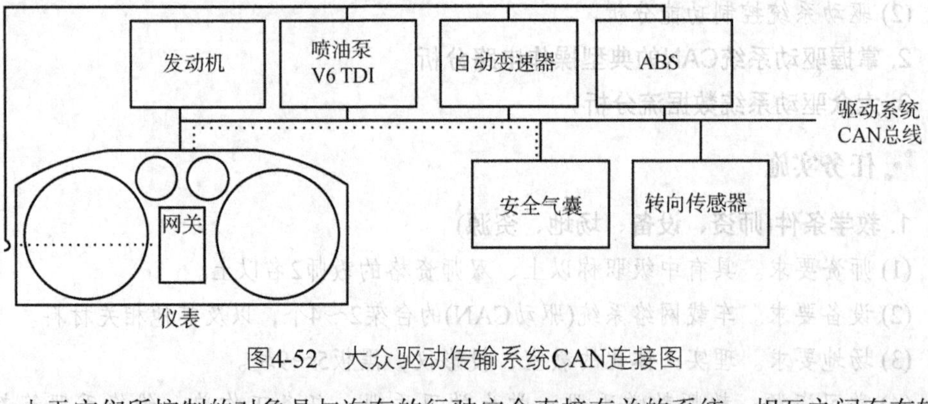

图4-52　大众驱动传输系统CAN连接图

由于它们所控制的对象是与汽车的行驶安全直接有关的系统，相互之间存在较多的信息交流，且都是连续的、高速的、实时性强、流量有限的信息，因此它们所具备的基本特征是一致的。尤其是组合仪表，虽然它不直接参与对汽车行驶安全的控制，但作为人与车交流的窗口，在仪表上反映了很多有关汽车行驶安全的信息，如车速、转速、挡位等。同时，汽车电控系统的自检和初始化结果都会反映到组合仪表上，因此只要将仪表放到驱动系统的总线上，就能很方便地获取驱动系统各控制器的有关信息，而不必再增加额外的连线。将仪表中现成的CAN作为诊断接口/诊断通路对各控制器进行诊断，可以不必依靠常规的K线，在硬件上省略了诊断接口；同时，在软件上只要定义相关的传输协议，即可在CAN的层面上实现原来全部的诊断功能。动力系统CAN网络连接节点通常在控制单元的外部(在线束中)，动力CAN的连接点在车辆左侧A柱，是白色插头，在特殊情况下，连接点可能在发动机控制单元内。

驱动系统CAN总线由电源15号线激活，速率是所有CAN总线中最高的，达到500kb/s。在1999年以后投产的车型上，大众汽车公司采用了称为“中心总线连接”的终端电阻连接方式。也就是说，将原来分布在两个控制器中的120Ω电阻以并联形式归并到一个控制器中，如图4-53所示，形成终端电阻结构，其中心电阻为66Ω(发动机电阻)，其他控制单元中安装大电阻(2.6kΩ)，根据连接的控制单元数量，所有控制单元

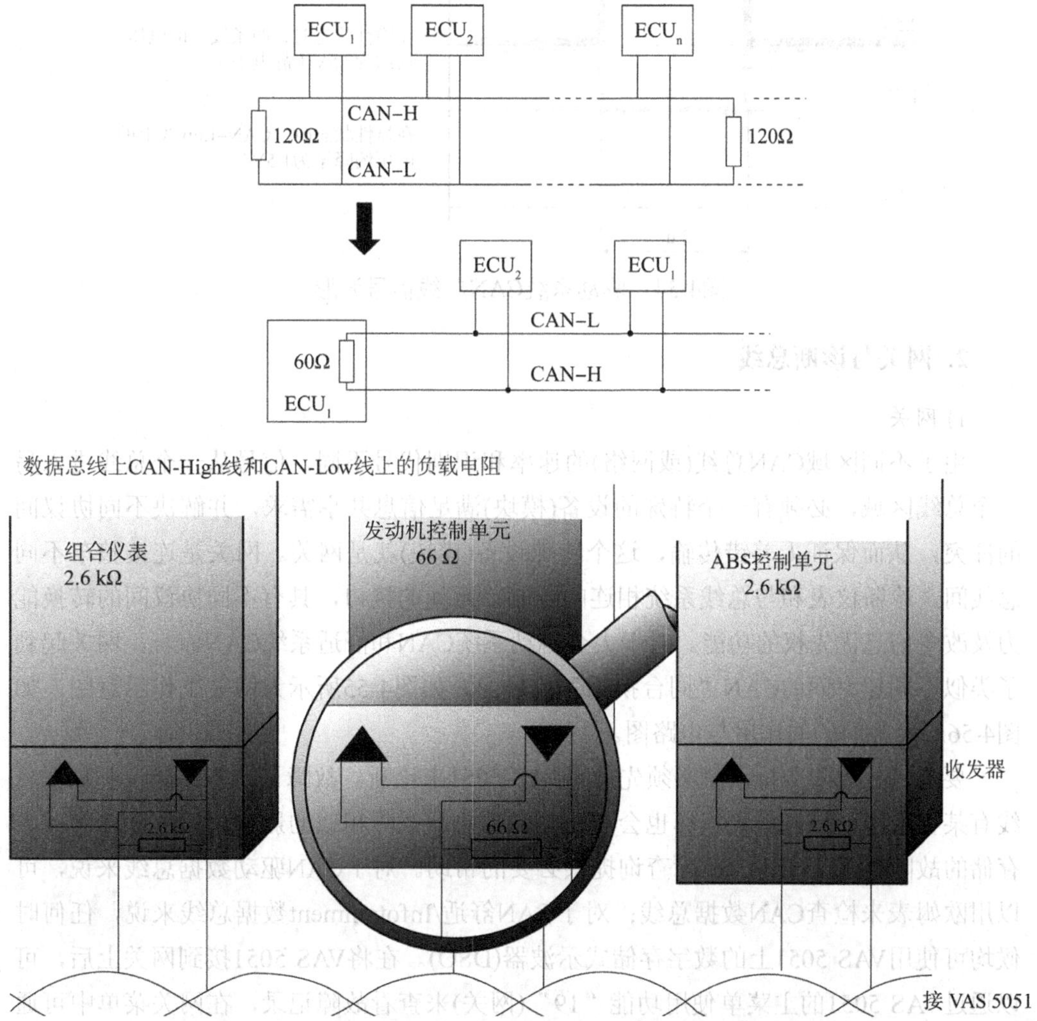

图4-53 大众驱动传输系统CAN终端电阻中心总线连接示意图

形成的总电阻为53～66Ω；高低CAN线为环状结构，即任一根CAN线断路，则CAN系统无法正常工作。驱动系统CAN总线信号波形如图4-54所示。

(1) 驱动系统CAN总线信号如下：

CAN高位线的高电平为3.5V，CAN高位线的低电平为2.5V；

CAN低位线的高电平为2.5V，CAN低位线的低电平为1.5V。

(2) 驱动系统CAN逻辑信号如下：

逻辑为“0”时，CAN高位线的电压为3.5V，CAN低位线的电压为1.5V；

逻辑为“1”时，CAN高位线的电压为2.5V，CAN低位线的电压为2.5V。

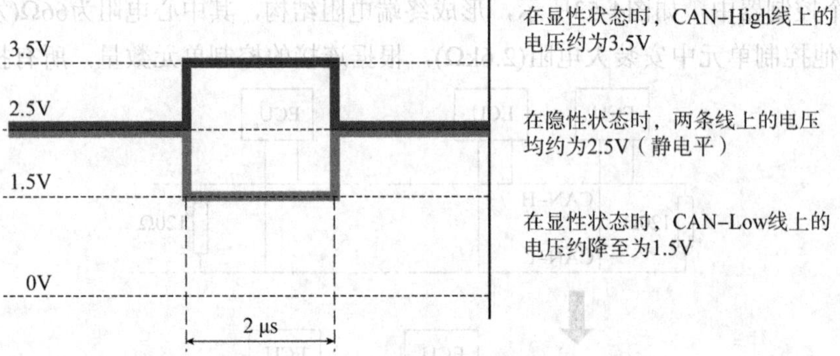

图4-54　驱动系统CAN总线信号波形

2. 网关与诊断总线

1) 网关

由于不同区域CAN总线(或网络)的速率和识别代号不同，信号从一个总线进入另一个总线区域，必须有一个特殊的设备(模块)满足信息共享需求，并解决不同协议间的冲突，从而保证无差错传输，这个特殊设备(模块)就是网关。网关是连接整车不同总线间、诊断仪表和与总线系统相连的控制单元间的接口，具有不同协议间的转换能力及改变信息优先权的功能。对于大众驱动系统CAN和舒适系统CAN而言，网关起到了类似不同速率间的CAN“同台换乘”的目的。如图4-55所示为网关工作示意图。如图4-56所示为网关的作用与电路图。

要想进行故障分析，就必须先使用VAS 5051来诊断。故障记录并不能说明数据总线有某种故障，控制单元损坏也会产生与数据总线故障相似的影响。只有读出网关内存储的故障记录，才能为故障查询提供必要的帮助。对于CAN驱动数据总线来说，可以用欧姆表来检查CAN数据总线；对于CAN舒适/Infotainment数据总线来说，任何时候均可使用VAS 5051上的数字存储式示波器(DSO)。在将VAS 5051接到网关上后，可以通过VAS 5051的主菜单使用功能“19”(网关)来查看故障记录，在网关菜单中可通过选择“08”来查看测量数据块，随后必须输入想要查看的测量数据块的值。

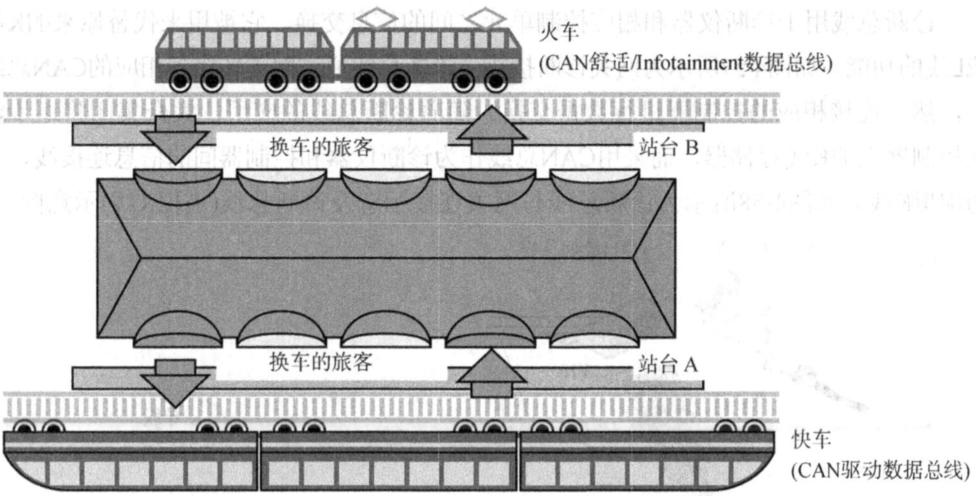

图4-55　网关工作示意图

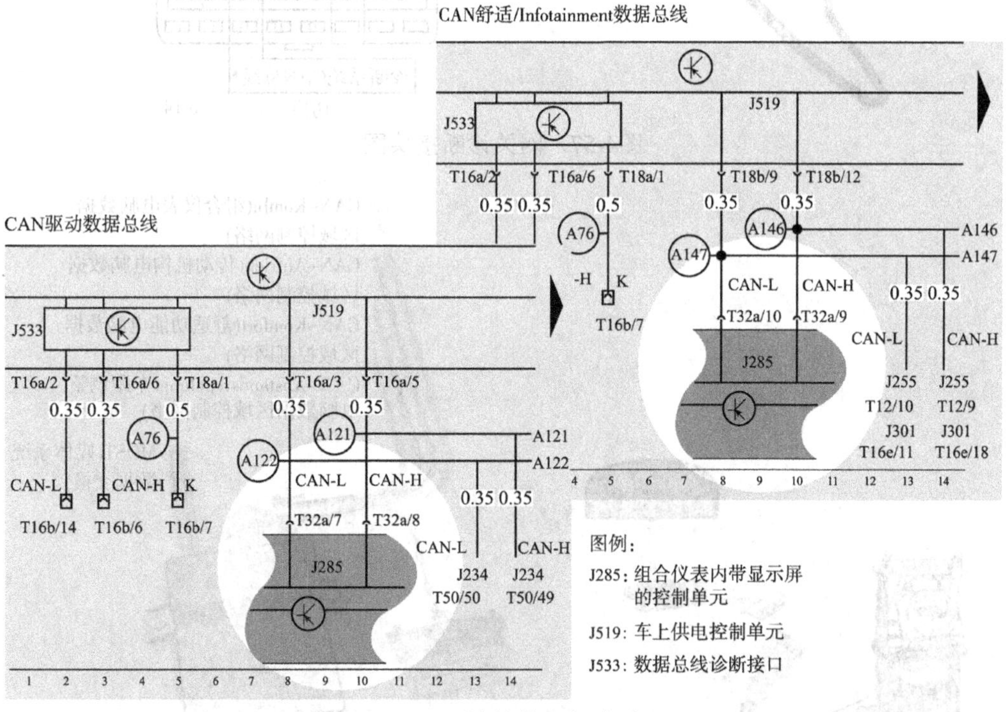

图4-56　网关的作用与电路图

2) 诊断总线

故障诊断是现代汽车必不可少的一项功能，使用故障诊断的目的主要是满足OBD-Ⅱ(ON Board Diagnose)、OBD-Ⅲ或E-OBD(European-On Board Diagnose)标准。目前，大多汽车生产厂商都采用ISO14230(Keyword Protocol 2000，KWP2000)作为诊断系统的通信标准，它满足OBD-Ⅱ和OBD-Ⅲ的要求。随着CAN总线的广泛应用，欧洲汽车厂商已经开始使用一种基于CAN总线的诊断系统通信标准ISO315765，它满足E-OBD的系统要求。

诊断总线用于诊断仪器和相应控制单元之间的信息交换，它被用来代替原来的K线或L线的功能，如图4-57所示为网关诊断接头。诊断总线通过网关转接到相应的CAN总线上，然后连接相应的控制器进行数据交换。随着诊断总线的应用，大众集团将逐步淘汰控制器上的K线存储器，而采用CAN总线作为诊断仪器和控制器间的信息连接线，称为虚拟K线。如图4-58所示为诊断总线与网关连接示意及诊断总线(虚拟K线)示意图。

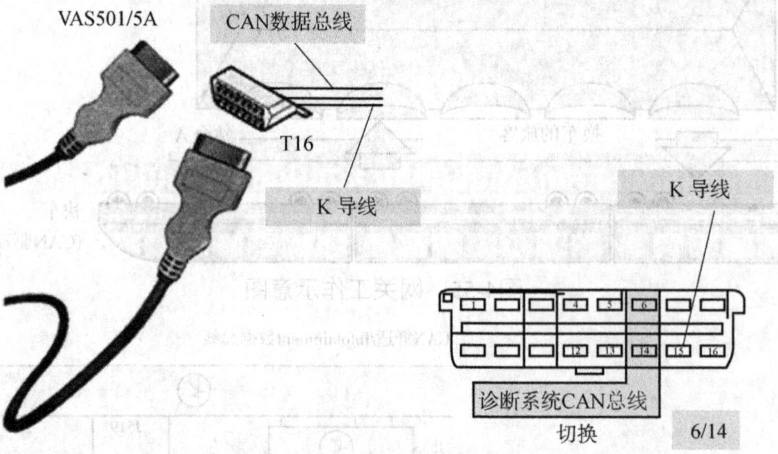

图4-57　网关诊断接头图

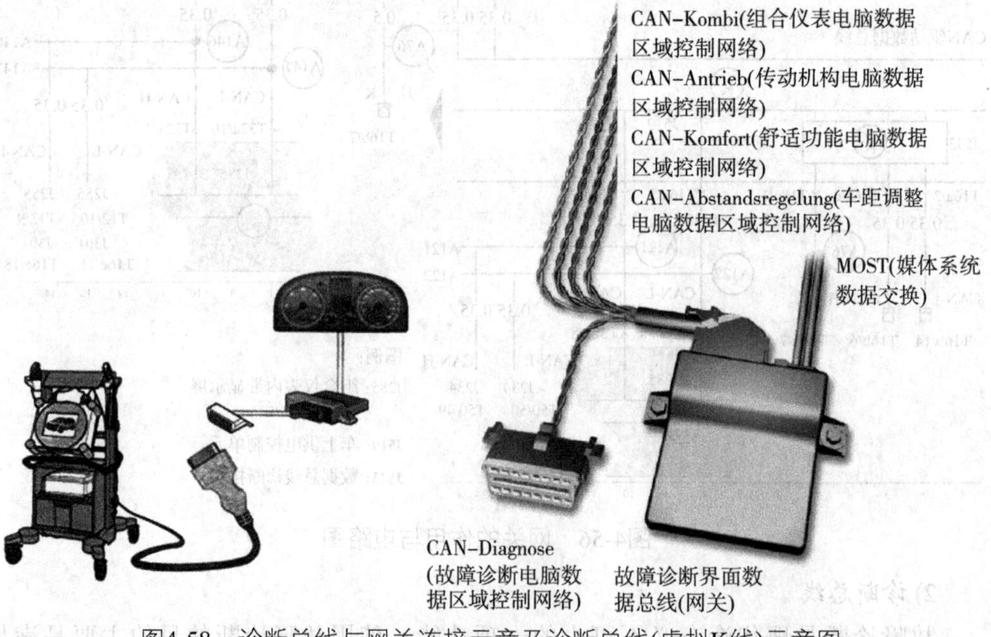

图4-58　诊断总线与网关连接示意及诊断总线(虚拟K线)示意图

3. 驱动系统CAN的检修基础

驱动系统CAN出现故障，维修人员应首先检测CAN信息传输是否正常。因为如果CAN传输系统有故障，则整个汽车多路信息传输系统中的有些信息将无法传输，接收这些信息的电控模块将无法正常工作，从而为故障诊断带来困难。一般说来，引起驱动系统CAN故障的原因有三种：一是汽车电源系统引起的故障；二是节点故障；三是链路故障。

1) 汽车电源系统引起的CAN-BUS故障

多路信息传输系统的核心是含有通信IC芯片的电控模块，电控模块的正常工作电压为10.5～15.0V。如果汽车电源系统提供的工作电压低于该值，就会导致一些电控模块出现短暂的停止工作的现象，从而使整个汽车多路信息传输系统出现短暂的无法通信，尤其是高速的驱动系统CAN。

2) 节点故障

节点就是汽车多路信息传输系统中的电控模块，因此，节点故障就是电控模块故障。它包括软件故障即传输协议或软件程序有缺陷或冲突，从而使信息传输系统通信出现混乱或无法工作，这种故障一般成批出现，且无法维修。硬件故障一般包括通信芯片或集成电路故障，会导致信息传输系统无法正常工作。对于采用低版本信息传输协议即点到点信息传输协议的信息传输系统，如果有节点故障，将会导致整个信息传输系统无法工作。

3) 链路故障

驱动传输系统的链路(或通信线路)出现故障时，如通信线路的短路、断路以及物理性质引起的通信衰减或失真，都会引起多个电控单元无法正常工作或电控系统错误动作，从而使驱动传输系统无法工作。与舒适系统链路故障诊断一样，驱动系统链路故障诊断同样采用示波器或解码器来观察通信数据信号是否与标准通信数据信号相符。在检查数据总线系统前，同样须保证所有与数据总线相连的控制单元无功能性故障。链路故障诊断可参考ISO故障表。

(1) 驱动系统CAN-Low线断路故障(ISO故障1)。驱动系统CAN-Low线断路故障如图4-59所示。

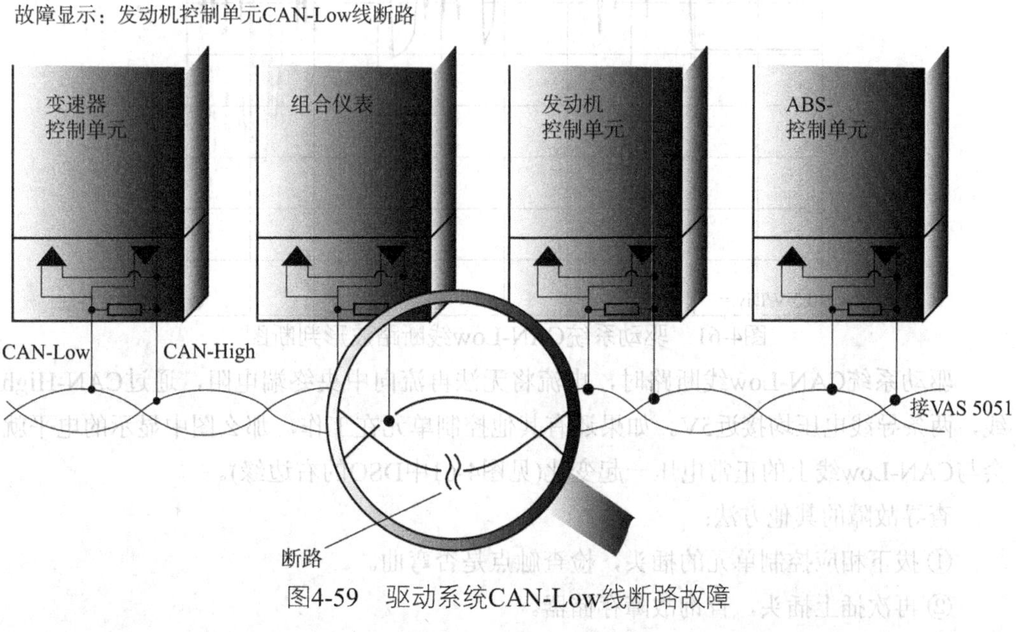

图4-59　驱动系统CAN-Low线断路故障

如图4-60所示为使用存储式示波器DSO的CAN驱动系统正常波形判断图。如图4-61所示为驱动系统CAN-Low线断路波形判断图。

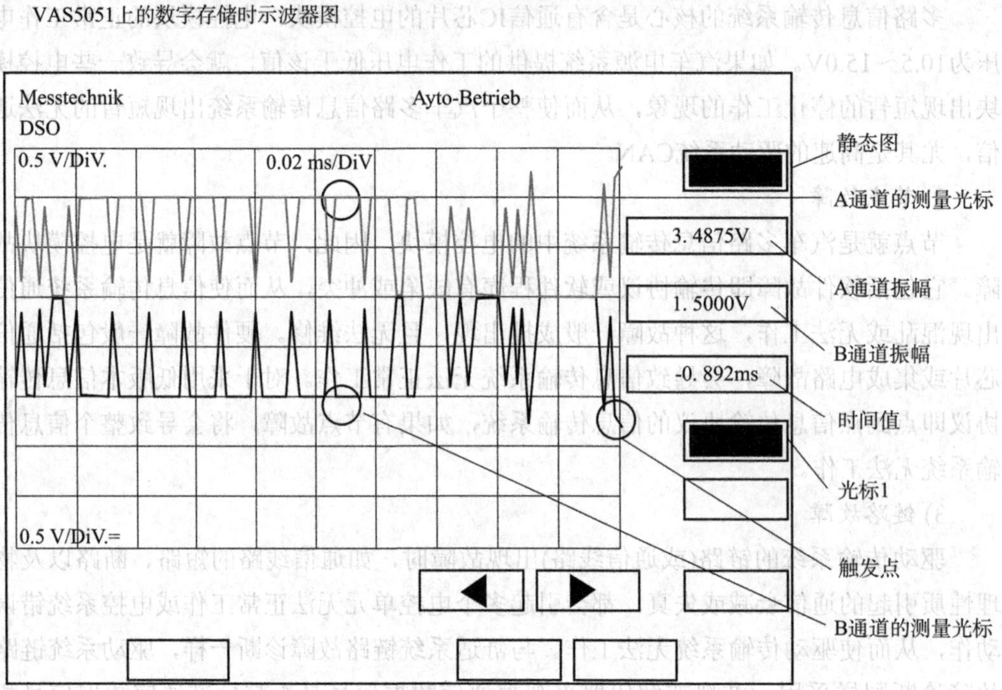

图4-60　驱动系统CAN波形判断图(正常波形)

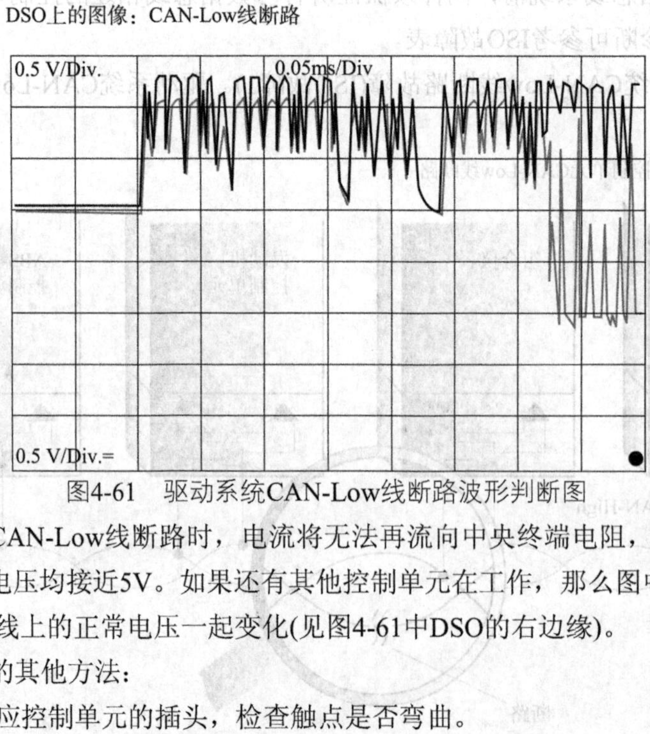

图4-61　驱动系统CAN-Low线断路波形判断图

驱动系统CAN-Low线断路时，电流将无法再流向中央终端电阻，通过CAN-High线，两条导线电压均接近5V。如果还有其他控制单元在工作，那么图中显示的电平就会与CAN-Low线上的正常电压一起变化(见图4-61中DSO的右边缘)。

查寻故障的其他方法：

① 拔下相应控制单元的插头，检查触点是否弯曲。

② 再次插上插头，查询故障存储器。

如果还是显示有故障，那么：

① 再次拔下通信有故障的控制单元插头。

② 查看一下电路图，将与有故障的控制单元直接相连的控制单元插头拔下。

③ 对于CAN-Low线来说，检查插头内针脚之间的连接是否断路。

(2) 驱动系统CAN-Low线与12V电源短路故障(ISO-3故障)。驱动系统CAN-Low线与12V电源短路故障如图4-62所示。如图4-63所示为驱动系统CAN-Low线与12V电源短路波形判断图。

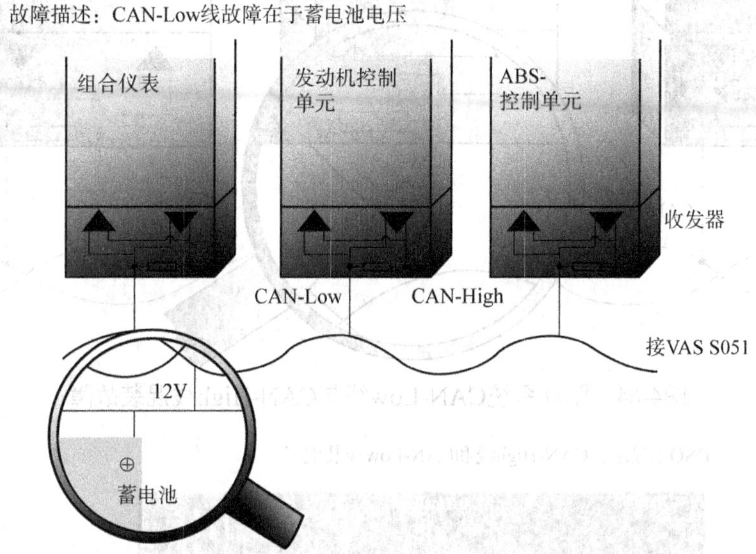

图4-62 驱动系统CAN-Low线与12V电源短路故障

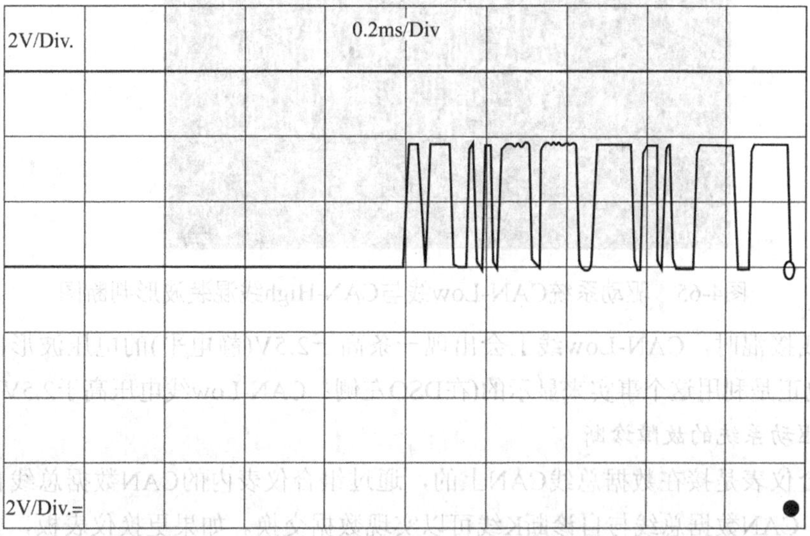

图4-63 驱动系统CAN-Low线与12V电源短路波形判断图

(3) 一个或多个控制单元上的CAN-High线和CAN-Low线装混(ISO-9故障)。驱动系统CAN-Low线与CAN-High线混装故障如图4-64所示。如图4-65所示为驱动系统

CAN-Low线与CAN-High线混装波形判断图。

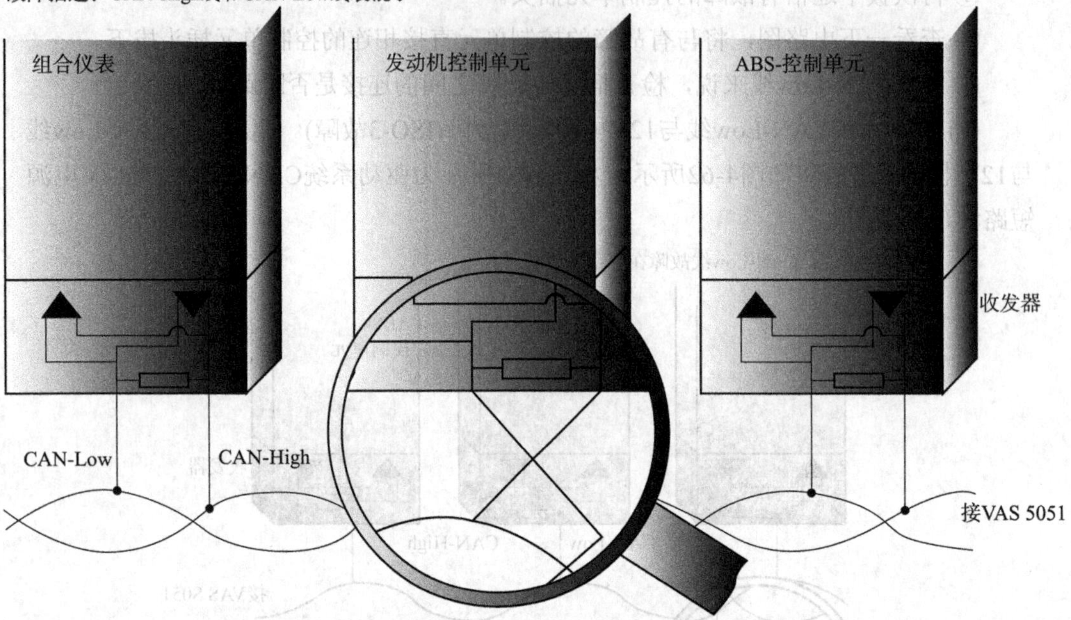

图4-64 驱动系统CAN-Low线与CAN-High线混装故障

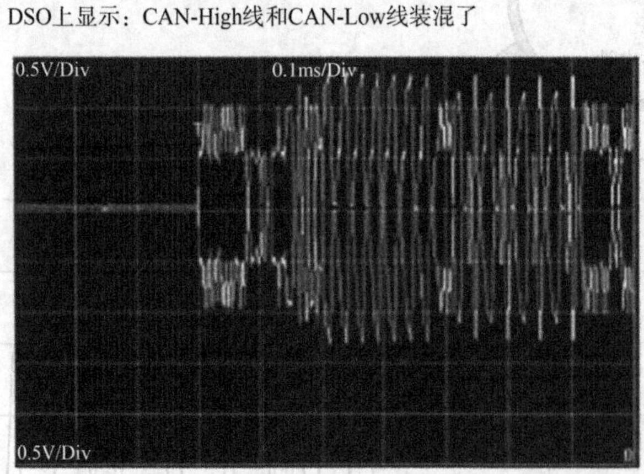

图4-65 驱动系统CAN-Low线与CAN-High线混装波形判断图

当线接混时，CAN-Low线上会出现一条高于2.5V(静电平)的电压波形曲线，图4-65中也正是利用这个事实来显示的(在DSO左侧：CAN-Low线电压高于2.5V)。

4) 驱动系统的故障诊断

组合仪表是接在数据总线CAN上的，通过组合仪表内的CAN数据总线自诊断接口J533，CAN数据总线与自诊断K线可以实现数据交换。如果更换仪表板，必须按照车上装备对CAN数据总线的自诊断接口J533进行编码(必须对新换上的组合仪表的数据总线自诊断接口J533进行编码，即使已经存在正确的编码)。

(1) CAN数据总线系统的进入。CAN数据总线自诊断接口J533有一个自诊断地址。

① 连接VAG1551故障阅读仪，选择“快速数据传递”，打开点火开关，输入地址码“19”，故障阅读仪显示屏显示：

快速数据传递 输入地址码××	帮助

② 按“1”和“9”键，选择“入口”，故障阅读仪显示屏显示：

快速数据传递 19入口	Q

③ 按“Q”确认输入，故障阅读仪显示屏显示：

快速数据传递 检测仪发送地址码19	Q

④ 故障阅读仪显示屏显示：

6N0909901	入口K

该消息表示控制单元，系统名称(入口K〈-〉CAN)。

⑤ 按→键，故障阅读仪显示屏显示：

快速数据传递 选择功能××	帮助

按“HELP”键后可以打印可选择功能一览表。可以选择的功能：

02	查询故障存储器
05	清除故障存储器
06	结束输出
07	编制控制单元代码
08	读取测量数据块

(2) 查询故障存储器。故障阅读仪显示的故障信息，只有在启动自诊断功能或启动“05——清除故障存储器”功能时才能不断更新。

① 当故障阅读仪显示屏显示如下信息时，按“0”和“2”选择“查询故障存储器”。

快速数据传递 选择功能××	帮助

② 故障阅读仪显示屏显示：

快速数据传递 02查询故障存储器	Q

③ 按“Q”键确认输入，故障阅读仪显示屏显示存储的故障数量，显示方式：

有X个故障

④ 如果故障阅读仪显示屏显示：

无故障！

按“→”键，回到起始状态，故障阅读仪显示屏显示：

快速数据传递	帮助
选择功能××	

⑤ 如果显示其他内容，请查阅故障阅读仪的使用说明书。

⑥ 启动“06”功能结束输出。

⑦ 关闭点火开关并拔下自诊断插头。

(3) 数据总线数据流。对于ABS/EDL控制单元来说，它与安全因素有关；对于发动机控制单元来说，它决定了对点火和喷油量的控制；对于自动变速器控制单元来说，它决定了驾驶的舒适性。动力系统CAN信息传输的部分数据块见表4-33。

表4-33 动力系统CAN信息传输举例

优先权顺序	数据来源	信息举例
1	ABS/EDL控制单元	① 发动机制动控制请求(EBC) ② 牵引力控制系统请求(TCS)
2	数据组1发动机控制单元	① 发动机转速 ② 节气门位置 ③ 换低挡
3	数据组2发动机控制单元	① 冷却液温度 ② 车速
4	自动变速器控制单元	① 换挡时机 ② 应急运行模式 ③ 换挡手柄位置

节气门位置信息以8位比特数据表示，可以有256种数据变化。因此，节气门位置以0.4°为间隔，对节气门开度从0°到102°进行编码传输。

通过“08读取测量数据块”，查看“19数据总线”内相应通道的数据流，见表4-34。

表4-34 数据总线内相应通道的CAN总线状态数据流

组号	数据块	显示区域	额定数据流值
125	1	发动机Engine	1——OK 0——not OK
	2	自动变速器Gear	1——OK 0——not OK
	3	防抱死制动系统ABS	1——OK 0——not OK
	4	安全气囊Airbag	1——OK 0——not OK

(续表)

组号	数据块	显示区域	额定数据流值
126	1	转角传感器St.ang.	1——OK 0——not OK
	2	安全气囊Airbag	1——OK 0——not OK
	3	空	
	4	空	
127	1	空	
	2	全轮驱动AWD	1——OK 0——not OK
	3	空	
	4	空	

4.4.2 驱动系统故障诊断

任务实施(课内学习，学习方法：理实一体集中教学，教师示范，学生体悟)

1. 症状体验与描述

症状体验：在驱动系统CAN实验台上体验宝来车仪表ABS故障灯常亮时的症状。

故障车型：宝来轿车1.6L自动挡。

症状描述：打开点火开关，大众宝来轿车仪表ABS故障灯常亮。

其他现象观察：发动机、自动变速器及安全气囊等控制工作正常。

要求学生对照任务工作单中的故障诊断分析表进行填写，教师指导、答疑。

2. 原因分析

1) 症状分析

(1) 主症状可能原因分析。根据症状，打开点火开关，大众宝来轿车仪表ABS故障灯常亮不灭。

根据大众车ABS的控制功能与原理分析：①ABS外围传感器故障；②ABS泵总成故障(ABS泵电动机、电磁阀或控制单元故障)；③驱动系统CAN故障(总线链路故障、ABS控制单元CAN收发器或控制器故障)。

(2) 其他症状可能原因分析。由于发动机、自动变速器及安全气囊等工作正常，说明驱动系统CAN总线相互间的通信正常(ABS电控单元除外)。

因此，根据主症状及其他症状综合分析得出，故障的主要可能原因为：①ABS外围传感器故障；②ABS泵总成故障(ABS泵电动机、电磁阀或控制单元故障)；③驱动系统CAN故障(总线链路故障、ABS控制单元CAN收发器或控制器故障)。

2) 仪器选用分析(解码器)

使用解码器进入地址码“03”防抱死系统ABS控制单元J104，发现该系统进不去。查看发动机控制单元，有1个故障码显示：18057——驱动系统数据总线丢失(来自ABS控制单元信息)；查看自动变速器、安全气囊控制单元和网关，共同有一个故障码显示：01316——ABS控制单元没有通信。

因此，根据解码器故障码分析得出，可能ABS控制单元的CAN驱动总线链路出现故障或ABS控制单元CAN收发器或控制器出现故障。由于宝来轿车驱动系统的发动机、自动变速器、ABS等的CAN总线电路采用公共节点式连接，即便有一个控制单元断开，其他控制单元也可以正常通信，并且不支持单线工作模式。因此，需要先检查ABS控制单元总线链路是否存在故障，再核实ABS控制单元是否有故障。

3. 故障诊断过程记录

1) 诊断过程分析

(1) 首先体验症状，根据症状分析，确定故障的主要原因可能为：①ABS外围传感器故障；②ABS泵总成故障(ABS泵电动机、电磁阀或控制单元故障)；③驱动系统CAN故障(总线链路故障、ABS控制单元CAN收发器或控制器故障)。

(2) 解码器故障码的读取与原因分析。通过防抱死系统ABS控制单元J104读取故障码，发现该系统进不去。查看发动机控制单元，有一个故障码显示：18057——驱动系统数据总线丢失(来自ABS控制单元信息)；查看自动变速器、安全气囊控制单元和网关，共同有一个故障码显示：01316——ABS控制单元没有通信。

(3) 综合原因分析。根据主症状及其他症状综合分析得出，故障的主要可能原因为：①ABS外围传感器故障；②ABS泵总成故障(ABS泵电动机、电磁阀或控制单元故障)；③驱动系统CAN故障(总线链路故障、ABS控制单元CAN收发器或控制器故障)。

(4) 万用表系统电压测试分析。主要测量驱动系统ABS控制单元端CAN数据总线链路是否断路和ABS控制单元是否工作正常(包括系统电源电压)。通过拔下驱动系统控制单元插头，测量ABS控制单元端CAN数据总线与其他控制单元端CAN数据总线链路是否断路。若正常，则检查ABS控制单元是否工作正常(包括系统电源电压)，根据先易后难的原则，先检查ABS控制单元外围线路与供电电源线路是否存在故障，再对ABS控制单元进行替换法检测，以确定故障的最终部位。

(5) 根据以上原因分析，逐步进行线路细查。

2) 诊断过程操作示范与记录(教师示范，学生观察记录)

诊断分析表的填写如表4-35所示。

表4-35 宝来轿车仪表ABS故障灯常亮故障诊断分析表

(空白任务工单详见学生任务工作单手册)

<table>
<tr><td>班级</td><td></td><td>学号</td><td></td><td>姓名</td><td></td><td>得分</td><td></td></tr>
<tr><td rowspan="2">故障症状确认</td><td colspan="7">1. 症状描述：打开点火开关，大众宝来轿车仪表ABS故障灯常亮。
2. 其他现象描述：发动机、自动变速器及安全气囊等控制工作正常</td></tr>
<tr><td colspan="7">初步可能原因分析：①ABS外围传感器故障；②ABS泵总成(ABS泵电动机、电磁阀或控制单元故障)；③驱动系统CAN故障(总线链路故障、ABS控制单元CAN收发器或控制器故障)</td></tr>
<tr><td rowspan="3">解码器检测</td><td>故障码记录</td><td colspan="6">ABS控制单元——系统无法进入；
发动机控制单元——(18057)驱动系统数据总线丢失(来自ABS控制单元信息)；
自动变速器、安全气囊控制单元和网关——(01316)ABS控制单元没有通信</td></tr>
<tr><td>异常数据流记录</td><td colspan="6">系统无法进入，无法读取数据流</td></tr>
<tr><td colspan="7">初步可能原因分析：
ABS控制单元没有通信</td></tr>
<tr><td rowspan="2">综合分析可能原因</td><td colspan="7">观察症状，根据检测结果，结合维修手册，分析所有可能原因，初步确定检修步骤</td></tr>
<tr><td colspan="7">①ABS外围传感器故障；②ABS泵总成(ABS泵电动机、电磁阀或控制单元)故障；③驱动系统CAN故障(总线链路故障、ABS控制单元CAN收发器或控制器故障)</td></tr>
<tr><td rowspan="4">检修步骤、结果分析与判断</td><td colspan="3">检修步骤描述</td><td colspan="2">测试结果记录</td><td colspan="2">结果分析判断</td></tr>
<tr><td colspan="3">拔下ABS控制单元J104插头和自动变速器控制单元插头；打开点火开关，测量CAN总线间的导通情况</td><td colspan="2">CAN-H：导通
CAN-L：导通</td><td colspan="2">ABS控制单元CAN总线链路无断路情况</td></tr>
<tr><td colspan="3">测量ABS控制单元电源线，检测电源熔断器S179和S178供控制单元端电压</td><td colspan="2">12V</td><td colspan="2">熔丝正常</td></tr>
<tr><td colspan="3">测量ABS控制单元搭铁线，检测ABS控制单元与左纵梁前部的搭铁点65之间的电阻</td><td colspan="2">发现固定螺栓连接点松动</td><td colspan="2">搭铁不良导致ABS控制单元不能正常工作，与外界的通信发生异常</td></tr>
<tr><td>故障点排除确认</td><td colspan="7">紧固搭铁点65的固定螺栓，打开点火开关，观察仪表ABS灯等工作正常，故障排除</td></tr>
</table>

任务评价

目的：培养学生的交流合作能力、表达能力、演讲能力及总结概括能力。

方法：学生分组上台总结、演讲，组间、组内评价。各小组按顺序推荐组内同学上台总结，其他组派代表对其进行提问、评价、打分；根据得分，组内再评价得分(参与提问、答题等工作的要加分)；最后统计每个人的过程成绩。

拓展提高

原则：大众车载网络(动力系统)故障诊断的操作练习(变换故障点部位，逐步深入练习；课外学习8学时，自愿练习，但所有课外学时不得少于总课外学时数)。

措施：落实课外开放式实训管理制度，安排值班教师(学生)，学生课外自愿到实训室进行舒适系统故障诊断练习。

思考题

1. 对于Polo(MJ2002)车来说，应去哪里收集CAN驱动数据总线的诊断数据？
2. 在CAN驱动数据总线处于工作状态时，为什么不能用欧姆表来检测？
3. 当大众CAN- High线或CAN- Low线断路时，CAN驱动数据总线为什么会完全失效？
4. 如何在CAN导线和地之间找到短路处？
5. 怎样才能知道CAN驱动数据总线的导线装混了？
6. 通过CAN信号的哪种变化可识别CAN驱动数据总线的CAN- High线断路了？

任务4.5 其他车载网络系统故障检修

学习目标

(1) 知识点：车身网络LIN的结构原理；多媒体娱乐系统MOST的结构原理；蓝牙BlueTooth的结构原理；FlexRay的结构原理。

(2) 技能点：LIN、MOST、蓝牙、FlexRay等车载网络系统的功能分析(方法能力——观察能力、学习能力、写作能力；社会能力——团队合作能力、交流能力、演讲能力；专业能力——动手能力、分析问题的能力)。

(3) 训练点：LIN、MOST、蓝牙、FlexRay等车载网络系统的电路功能分析练习。

(4) 评价点：考勤与加分项，任务处理过程考核，任务验收考核(任务工作单的填写、上台演讲表达、提问与解答)，知识识记考核，操作过程考核与期考。

任务导入

作为业务接待人员与维修人员，需要了解最新其他车载网络系统，以便更好地服务本职岗位。

任务分析

(1) 内联局域网LIN的结构与工作原理；
(2) 多媒体娱乐系统MOST的结构与工作原理；
(3) 蓝牙BlueTooth的结构与工作原理；
(4) FlexRay的结构与工作原理。

任务实施

1. 教学条件(师资、设备、场地、资源)

(1) 师资要求。具有中级职称以上、双师资格的教师2名以上。
(2) 设备要求。其他类型车载网络系统的台架2～4个，其他材料。
(3) 场地要求。理实一体化的教室，投影仪，黑板5～9块。
(4) 学习资源。教师教学手册、学生学习手册、任务工作单、维修手册等教学资源。

2. 教学实施

(1) 内联局域网LIN结构原理讲解(课内集中讲解、学生记录)。
教师现场分析内联局域网LIN系统的结构与原理，学生现场观察记录。
(2) 多媒体娱乐系统MOST结构原理讲解(课内集中讲解、学生记录)。
教师现场进行多媒体娱乐系统MOST的结构与原理分析，学生现场观察记录。
(3) 蓝牙BlueTooth结构原理讲解(课内集中讲解、学生记录)。
教师现场分析蓝牙BlueTooth的结构与原理，学生现场观察记录。
(4) FlexRay结构原理讲解(课内集中讲解、学生记录)。
教师现场分析FlexRay的结构与原理，学生现场观察记录。
(5) 学习评价(学生上台总结、演讲、评价)。
学生分组上台总结、演讲，组间、组内评价，最后统计每个人的过程考核成绩。

相关知识

4.5.1 内联局域网LIN结构原理

1. 内联局域网LIN

1) LIN-BUS的含义

LIN是Local Interconnect Network的缩写，即内联局域网，又称本地互联网络。由Audi、BMW等7家汽车制造商及Motorola集成电路制造商联合提出的LIN协议是一种廉价的局部互联的串行通信网络协议。LIN是用于汽车分布式电控系统的一种新型低成本串行总线，是将开关、显示器、传感器及执行器等简单控制设备连接起来的廉价、单线、串行通信网络协议。LIN的目标是为现有汽车网络(如CAN总线)提供辅助功能。因此，LIN总线是一种辅助的总线网络，在不需要CAN总线的带宽和多功能的场合，比如智能传感器和传动装置之间的通信，使用LIN总线可大大节省成本。在低速车身控制条件下，与CAN总线相比，LIN总线控制方案成本较低，这是它最大的优势。

LIN总线是一种基于UART的数据格式，具有主从结构，而这正是CAN总线的带宽和功能所不要求的部分。由于目前尚未建立低端多路通信的汽车标准，而从价格和实用性等因素考虑，LIN在A类网络内具有很强的竞争力，因此LIN正逐渐发展为低成本的串行通信的行业标准。

2) LIN-BUS的特点

(1) 12V单线介质传输，成本低。可直接使用汽车电源电压进行单线传输，结构更简单，可节省大量导线。

(2) 单主机/多从机，无总线仲裁。配置灵活的LIN网络的拓扑结构为总线型，网络中只有一个主节点，其余均为从节点。数据的优先级由主机节点确定，主节点控制整个网络的通信，网络中不存在冲突，不需要仲裁。

(3) 不需要改变任何其他从机节点的软件或硬件，就可以在网络中方便地直接添加节点。整个网络的配置信息只保护在主节点中，从节点可以自由地接入或脱离网络而不会对网络中的其他节点产生任何影响，可以根据需要灵活改变。

(4) 基于普通UART/SCI接口硬件，从机节点无须石英或陶瓷振荡器即可实现自同步，协议简单，对硬件的依赖程度低，可以基于普通单片机的通用串口等硬件资源，以软件方式实现，成本低廉。

(5) 通信量小、配置灵活。信号编码方式为NRZ(8N1)串行数据格式，通信速率最高可达20kb/s。

(6) 使机械电子部件智能传感器(Smart Sensors)和智能执行器的应用变得更为简便。

(7) LIN的协议是开放的，任何组织及个人无须支付费用即可获取。

(8) 总线长度≤40m，通常一个LIN网络节点数小于12个。

(9) 睡眠和唤醒。网络空闲时，主节点发出睡眠命令使整个网络进入睡眠状态。睡眠命令只能由主节点发出，网络中任何一个节点都可以发出唤醒信号来唤醒整个网络。

(10) 故障检测。LIN网络的节点具有区分短暂干扰和永久故障的能力。

(11) LIN总线的主从结构保证了信号传输在最大延迟情况下，通信不会产生冲突，因此无须仲裁，故网络的最大传输延时能通过计算准确得出，从而为可靠通信提供保障。

2. LIN-BUS的结构原理与应用

1) LIN-BUS的结构原理

以LIN总线为基础的车身控制系统的设计如图4-66所示。为将汽车上各类原始信号转换为可在LIN总线上进行传输的数字量信号，同时为提高系统的可靠性，在LIN总线上设置了节点。节点的功能是：接收传感器输出的模拟信号、数字信号或开关信号，经ECU处理，转换为可在LIN总线上通信的数据报文格式，经ECU内的LIN控制器发送到LIN总线上，同时将从LIN总线上接收到的数据信息转换成能够驱动执行器或照明灯的模拟信号或数字信号。

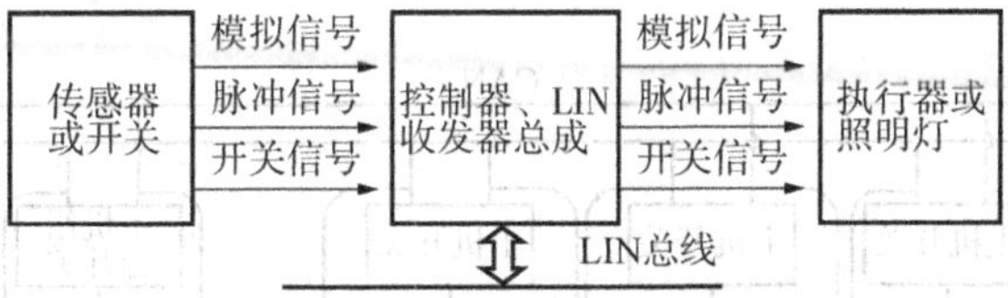

图4-66　LIN总线节点结构

LIN的主机节点可实现一个网关的功能，如CAN总线和LIN总线之间的网关。根据OSI参考模型，LIN分为物理层和数据链路层。如图4-67所示为LIN总线网络拓扑结构和通信节点结构示意图。

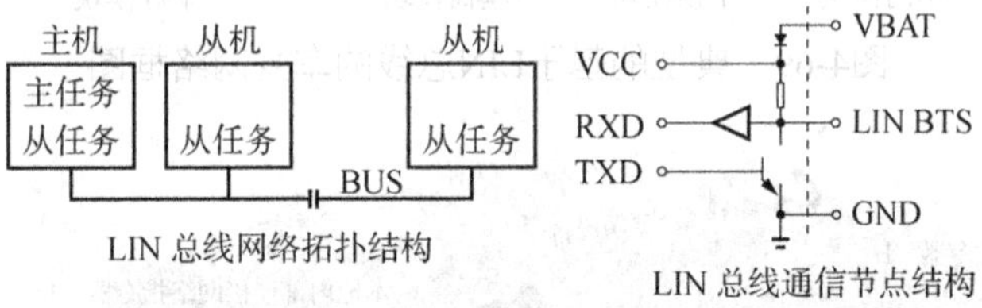

图4-67　LIN总线网络拓扑结构和通信节点结构示意图

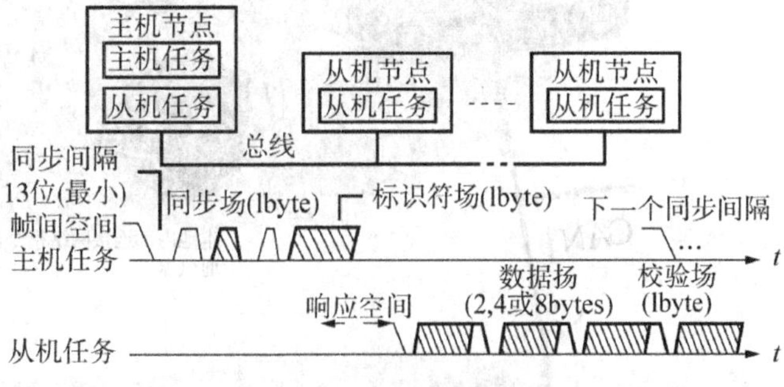

图4-68　LIN的主机任务与从机任务示意图

LIN网络的节点内部有主机任务和从机任务，如图4-68所示为LIN的主机任务与从机任务示意图。活动LIN网络中的通信总是由主控任务发起，主机任务只在LIN总线主机节点上运行，它控制总线上所有的通信，如定义传输速率(2～20kb/s，由一个精确的参考时钟驱动)，发送同步间隔、同步场、标识符(ID)场，监控并通过检查校验和来验证数据的有效性，请求从机进入睡眠模式(当需要时再将其唤醒)，对从机的唤醒进行响应；从机任务可在主机或从机节点上运行，它等待同步间隔，在同步场取得同步，分析识别码并做出相应动作(什么也不做，接收数据或发送数据)，检查/发送校验和。

通过主机节点中的从机任务，数据可由主机节点发至任意从机节点。相应的主机报文ID可触发从机通信。

2) LIN-BUS的应用

LIN总线的目标定位是作为CAN的辅助总线，用于车身控制网络的低端场合，实现汽车车身网络的层次化，以降低汽车网络的复杂程度，保持最低成本。LIN协会推荐的典型的基于LIN总线的车身网络框图如图4-69所示。

典型的LIN总线通常应用在汽车联合装配单元(主要用来连接分布式车身控制电子系统)中，如车门模块、车顶模块、座椅模块、空调模块、综合仪表盘模块、车灯模块、湿度传感器、交流发电机及雨刷传感器等，如图4-70所示为奥迪A8 LIN网络结构。

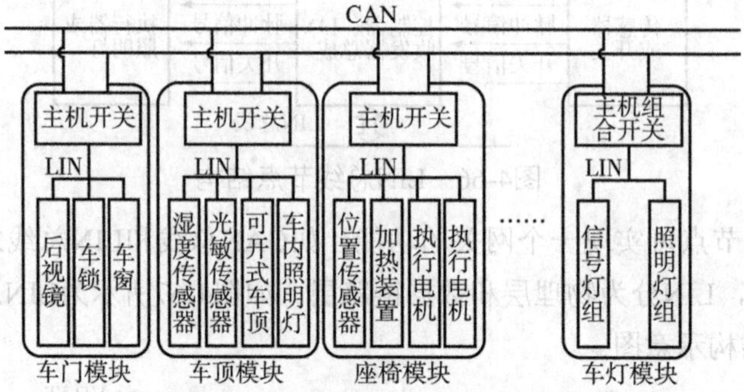

图4-69 典型的基于LIN总线的车身网络框图

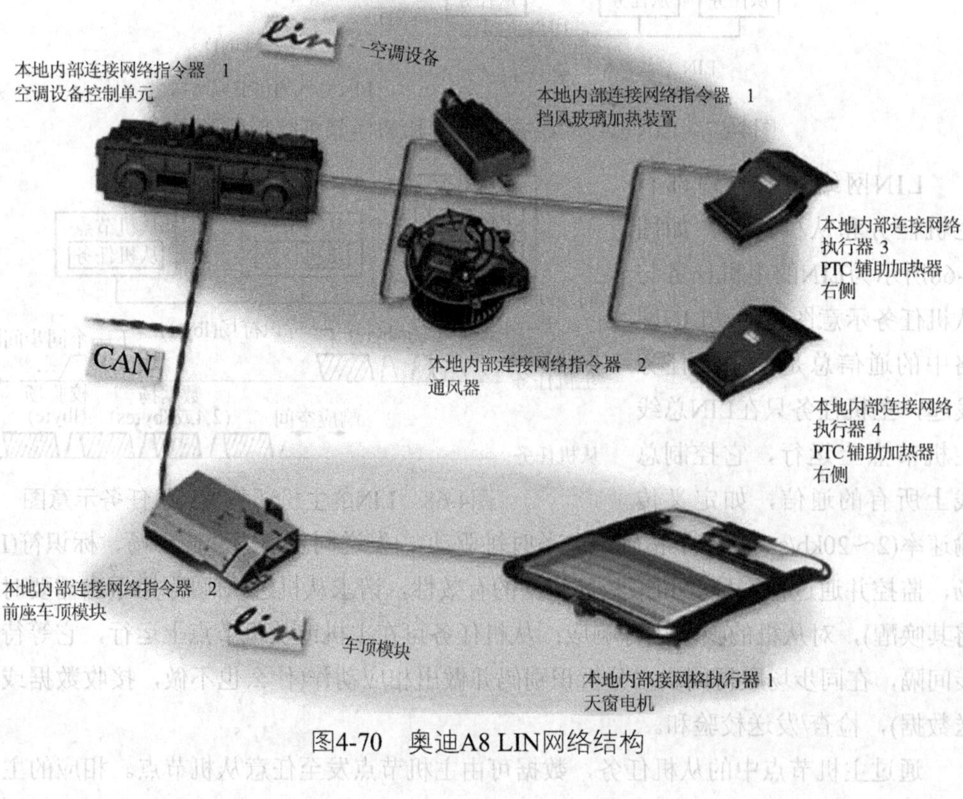

图4-70 奥迪A8 LIN网络结构

图4-69中每个模块内部各节点间通过LIN总线构成一个低端通信网络，完成对外围设备的控制，各个模块又作为一个节点，通过作为网关的主机连接到低速CAN总线上，构成上层主干网，使整个车身电子系统构成一个基于LIN总线的层次化网络，实现了真正的分布式多路传输，这些单元可方便地连接汽车网络，供所有其他类型的诊断和服务访问使用，用数字信号代替广泛使用的模拟信号编码，从而可以优化布线，使网络连接的优点得到充分发挥。

对于这些成本比较敏感的单元，LIN可使那些机械元件，如智能传感器、制动器或光敏器件等得到较广泛的使用。这些元件可以很容易地连接到汽车网络中，并十分方便地实现维护和服务。在以下的汽车电子控制系统中使用LIN总线可得到非常满意的效果：车顶(湿度传感器、光敏传感器、信号灯控制、汽车顶篷)；车门(车窗玻璃、中枢锁、车窗玻璃开关、吊窗提手)；车头(传感器、小电动机)；方向盘(方向控制开关、挡风玻璃上的擦拭装置、方向灯、无线电、空调、座椅、座椅控制电动机、转速传感器)。

(1) LIN在车灯模块中的应用。汽车灯光控制系统是车身控制系统的一个子系统，主要控制对象是不同功率的车灯和开关量输出器件，该系统作为车身低端网络，传输数据量小，对传输快速性要求不高，20kb/s完全可以满足系统对传输速率的要求。相较于具有更多优良性能而价格也更高昂的CAN总线，LIN总线成本较低，容易在UART中实现，并具有较好的容故障能力和传输可靠性。在综合考虑总线的硬件与软件成本和总线的可靠性之后，选择LIN总线实现灯控模块内部子模块间的数据传输，而CAN总线则用于灯控模块与车身内部其他ECU之间的通信。如图4-71所示为灯控模块中LIN应用结构图。

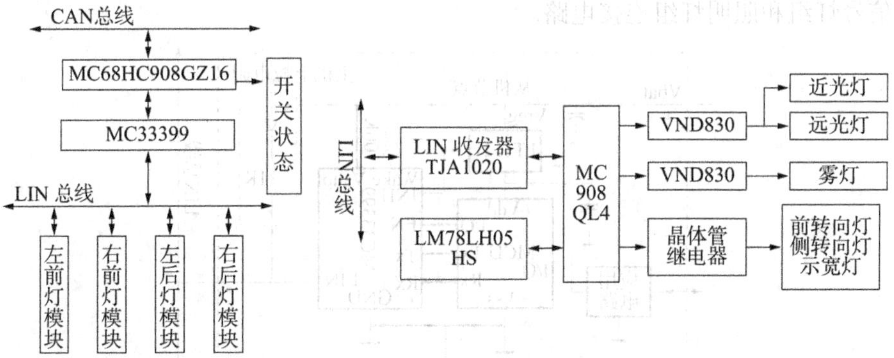

(a) 灯控模块中LIN应用　　(b) 前车灯LIN模块

图4-71　灯控模块中LIN应用结构图

根据汽车车灯的实际分布情况，将整个车灯模块分为3个节点，即组合开关作为主机节点，信号灯组、照明灯组作为2个从机节点，构成一个简单的LIN网络(见图4-69中的车灯模块)。照明灯组共有4盏灯，分为近光和远光2组任务，用数据长度为2个字节的标识符“0x10”来标记；信号灯组有8盏灯，分为左转向、右转向、倒车、制动4组任务，用数据长度为4个字节的标识符“0x20”来标记，整个网络具有2种不同的数据类型“0x10”和“0x20”。另外，还有睡眠和唤醒2个命令帧，分别用LIN总线保留的标识符“0x3C”和“0x00”来识别。表4-36列出了整个车灯模块的数据流动方向。

表4-36　车灯模块发送和接收的数据

标识符	信息类型	组合开关	照明灯组	信号灯组
0x10	近光	发送	接收	-
	远光	发送	接收	-
0x20	左转向	发送	-	接收
	右转向	发送	-	接收
	倒车	发送	-	接收
	制动	发送	-	接收
0x3C	睡眠	发送	接收	接收
0x00	唤醒	发送	接收	接收

LIN节点电路框图如图4-72所示。LIN接口电路主要包括微控制器MCU、LIN收发器和电源管理芯片Vreg共3个芯片。需要注意的是，主机节点电路和从机节点电路有所区别，主机节点电路中需要再连接一个1KΩ的上拉电阻和一个二极管(如图4-72中虚线框内所示)。对于车灯模块的3个节点，图4-72中的应用电路分别为组合开关连接电路、信号灯组和照明灯组连接电路。

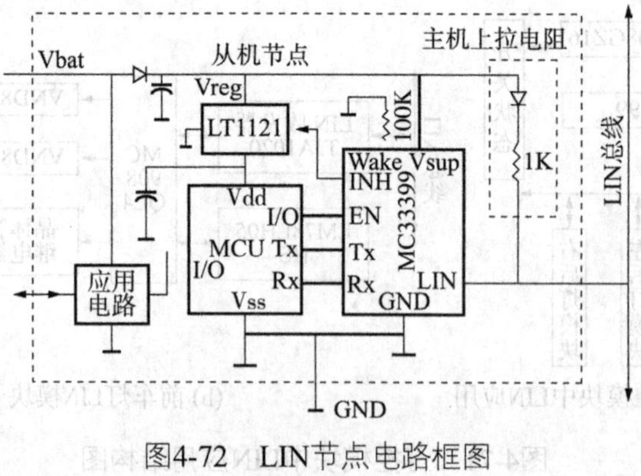

图4-72　LIN节点电路框图

LIN网络只有3根导线，即数据总线LIN、12V电源线和地线。设定数据传输速率为9.6kb/s，第一次按键灯亮，第二次按键灯灭，实现开关型器件的网络通信。

(2) LIN在空调模块中的应用。如图4-73所示为Audi A8的LIN空调控制系统。如图

4-74所示为Audi A8的LIN空调控制示意图。

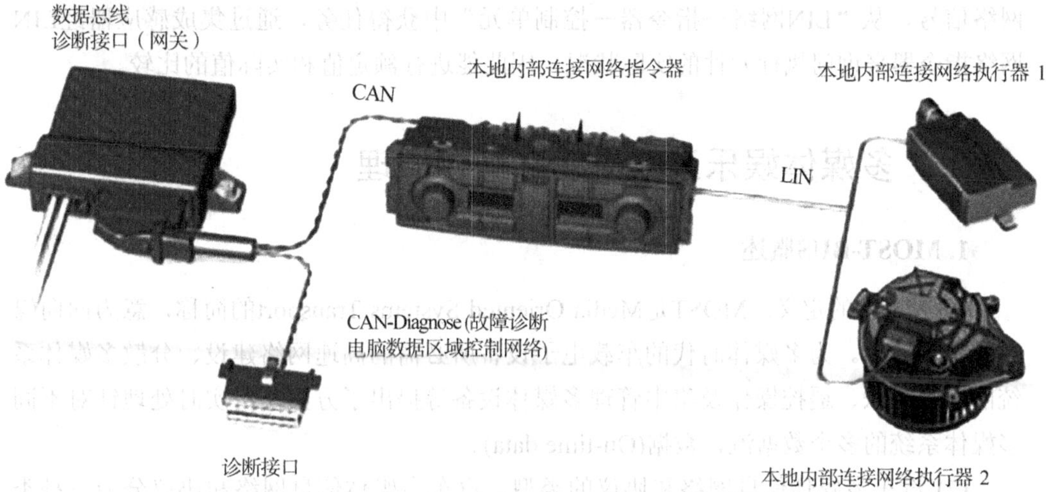

图4-73　Audi A8的LIN空调控制系统

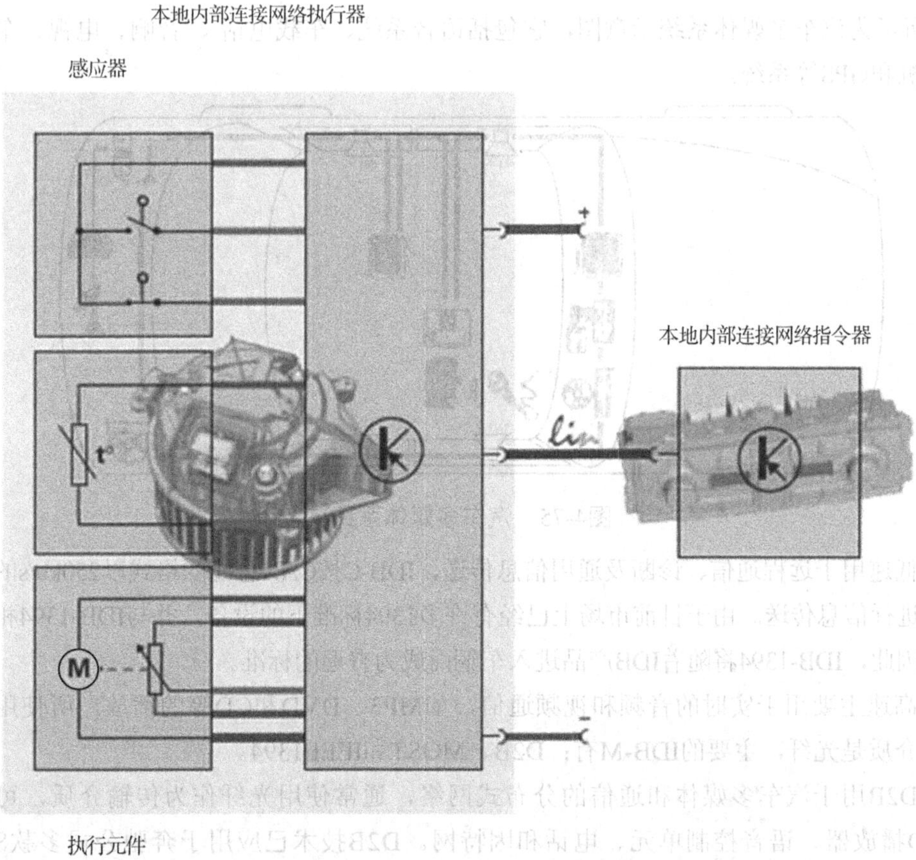

图4-74　Audi A8的LIN空调控制示意图

LIN网络执行空调模块智能型电子元件或电控机械式组件，它通过LIN网络连接网络信号，从“LIN网络—指令器—控制单元”中获得任务，通过集成感应器经LIN网络指令器来询问执行元件的实际状况，因此能进行额定值和实际值的比较。

4.5.2 多媒体娱乐系统MOST结构原理

1. MOST-BUS概述

(1) MOST的定义。MOST是Media Oriented Systems Transport的简称，意为面向媒体的系统传输。为多媒体时代的车载电子设备所必需的高速网络建设、分散多媒体系统的构筑方法、遥控操作及集中管理多媒体设备等提出了方案，可实时处理针对不同多媒体系统的多个数据流、数据(On-time data)。

(2) 汽车多媒体信息网络和协议的类型。汽车多媒体信息网络和协议分为三种类型，分别是低速、高速和无线，对应SAE的分类相应为：IDB-C(Intelligent Data Bus-CAN)、IDB-M(Multimedia)和IDB-Wireless，其传输速率为250kb/s~100Mb/s。如图4-75所示为汽车多媒体系统示意图，它包括语音系统、车载电话 、音响、电视、车载计算机和GPS等系统。

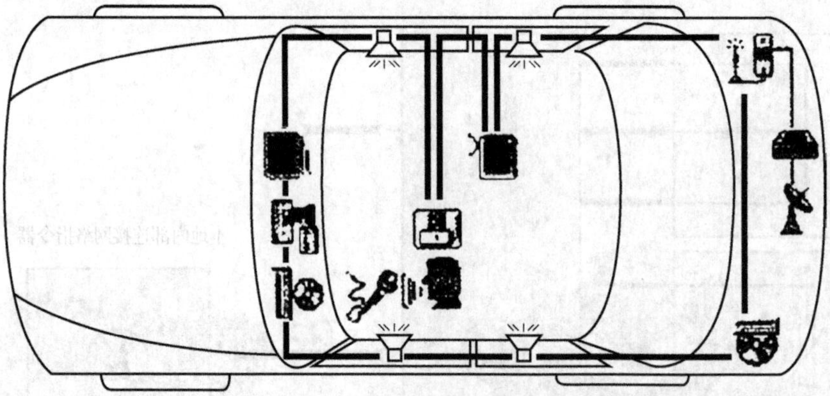

图4-75　汽车多媒体系统

低速用于远程通信、诊断及通用信息传送，IDB-C按CAN总线的格式以250kb/s的位速率进行信息传送。由于目前市场上已经有许多1394标准下的设备，并与IDB-1394相兼容，因此，IDB-1394将随着IDB产品进入车辆而成为普遍的标准。

高速主要用于实时的音频和视频通信，如MP3、DVD和CD等的播放，所使用的传输介质是光纤，主要的IDB-M有：D2B、MOST和IEEE1394。

D2B用于汽车多媒体和通信的分布式网络，通常使用光纤作为传输介质，可连接CD播放器、语音控制单元、电话和因特网。D2B技术已应用于奔驰公司多款S级轿车中。

MOST是车辆内LAN的接口规格，用于连接车载导航器和无线设备等，数据传输速度可达25Mb/s。它的规格主要由德国Oasis Silicon System公司制定。目前，德国宝马、奔驰、奥迪等高端车已大规模使用MOST构建汽车多媒体信息系统。

在无线通信方面，“蓝牙”(BlueTooth)技术有很大优势，它可以在汽车系统、生产工具之间以及服务工具之间建立无线通信。如图4-76所示为蓝牙在汽车生产线上的应用。

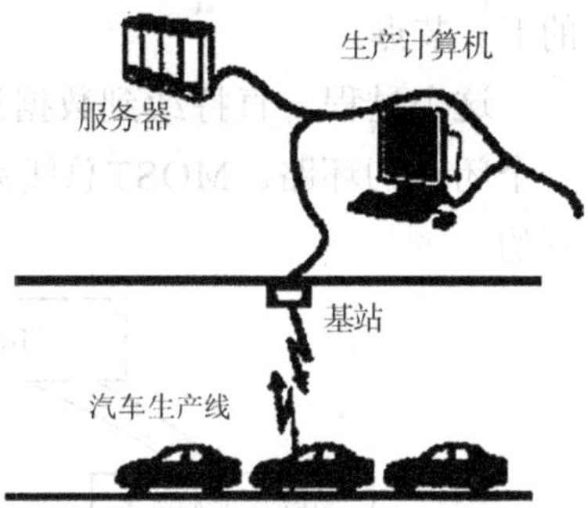

图4-76 蓝牙在汽车生产线上的应用

2. MOST-BUS的特点

(1) 以光纤(单根)为载体，采用环型拓扑结构，单向传输。控制单元通过光纤沿环形方向(单方向)将数据发送到下一个控制单元，这个过程一直在持续进行，直至首先发出数据的控制单元又接收到这些数据为止，从而形成一个封闭环。

(2) 高达25Mb/s的集合同步带宽，远远高于传统汽车网络，相当于15个不同的音频流同时播放。在MOST网络中，多媒体信号是同步传输的，无须缓存，即支持如麦克风之类的最简单的多媒体设备。

(3) 主从式结构，点对点式通信。常见的MOST网络有3~10个节点。用户控制界面或HMl(人机界面)，通常作为时序主控者(Timing Master)，负责驱动系统时钟、生成帧数据，即64字节序列数据。剩下的节点都充当从控者(Slave)。

(4) 质量非常轻，抗电磁干扰。用单独的塑料光纤媒介传输各种信号，克服了传统的铜布线昂贵、复杂并且不可变的缺点，降低了成本，同时扩展了功能。此外，数据不受电磁干扰的影响，也能够消除由于传统铜线传输数据造成的电磁干扰。

(5) 独立系统时钟，无中央处理器，应用范围宽(适用于从几kb/s到几Mb/s的带宽，将来可以达到150Mb/s)，高品质完整数据，具有低抖动特性，支持异步和同步数据传输，一个网络中最多支持64个设备；真正的P2P网络，允许任何一个节点直接无阻碍地与另外的节点通信(对话)；使用轻松，只需进行简单的连接器、无交流循环、无辐射、即插即用、虚拟网络管理。

(6) 对通信的误码率要求不高。尽管要求较高的通信速率，然而对于传输过程中的错误并不敏感(相对于控制器网络而言)。例如，视频信号流中的误码率可达到10～6量级，但人眼不会有明显的感觉，与控制器网络相比，这一要求相差5～6个量级。

3. MOST-BUS的结构

MOST总线系统的显著特点是它的环型结构，如图4-77所示。MOST采用点对点的“接力”通信方式实现网络广播，控制单元通过一根光纤把数据传送至环型结构中的下一节点。

这个过程一直持续到数据返回至原先传送它们的那个控制单元。由此，形成了一个闭合的环路。MOST总线系统的诊断是借助数据总线的诊断接口和诊断CAN进行的。

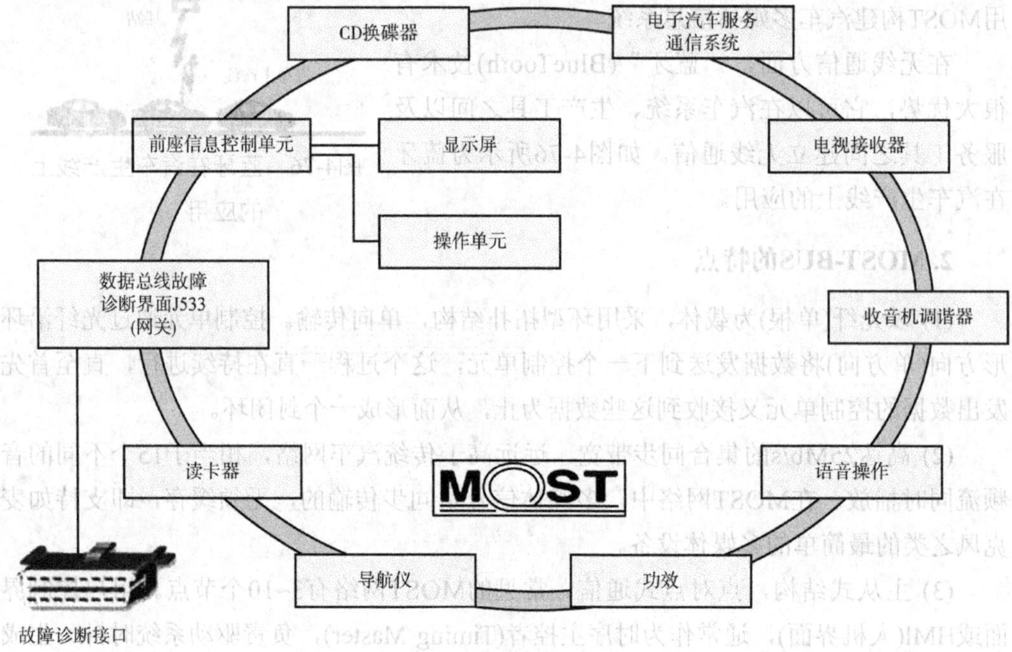

图4-77　MOST的环型结构

不过，MOST的环型拓扑结构与传统的环状结构有所区别，MOST采用的是带旁路模式的环型拓扑结构，要求在网络中实现一个物理环路(光纤)和一个逻辑环路。网络上的第N个设备通过输入端口从第N-1个设备收到信号，并将收到的信号在它的输出端口发送到第N+1个设备，如图4-78所示。

MOST通过在每个节点上实现即使断电时也可工作的“旁路模式”(ByPass Mode)，解决了传统环路上因节点故障而导致网络瘫痪的问题。

如果MOST总线处于睡眠模式，唤醒程序首先把系统切换至备用模式。如果一个控制单元(系统管理器除外)唤醒了MOST总线，它就把特殊的已调制光——从属光传送到下一个控制单元。通过睡眠模式中处于激活状态的光敏二极管，环形结构中的下一个控制单元接收从属光并继续传送它。这个过程一直持续到抵达系统管理器为止。通过接收到达的从属光，系统管理器辨认出系统启动的命令，如图4-79所示。

然后，系统管理器把另一个特殊的已调制光——主控制光传送到下一个控制单元，所有控制单元继续传送这个主控制光。系统管理器在它的FOT中接收到主控制光后，就能够判断出环路已经闭合并开始传送信息，如图4-80所示。

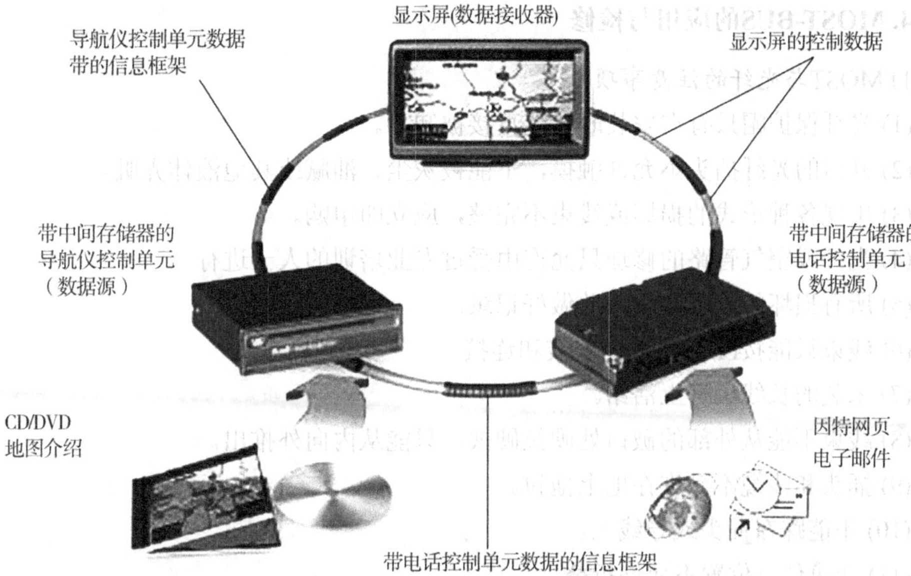

图4-78 MOST信息传递

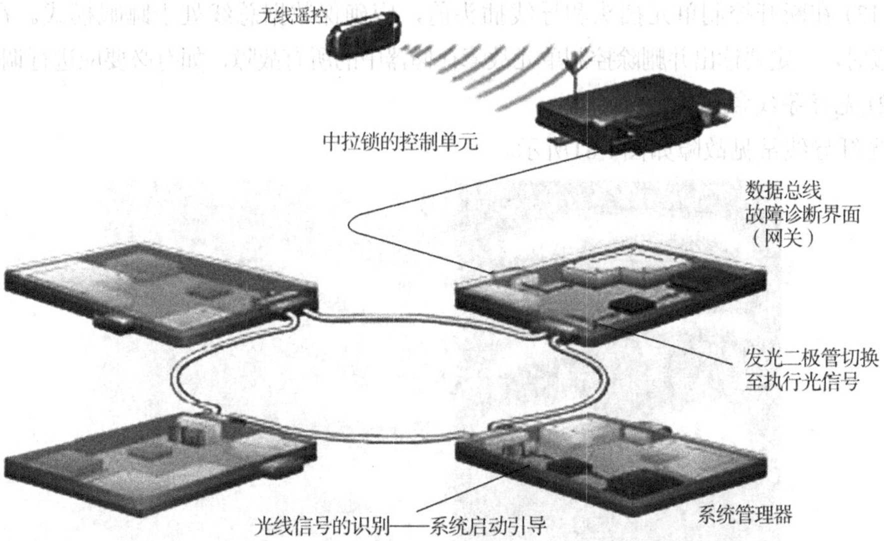

图4-79 从属光的传送

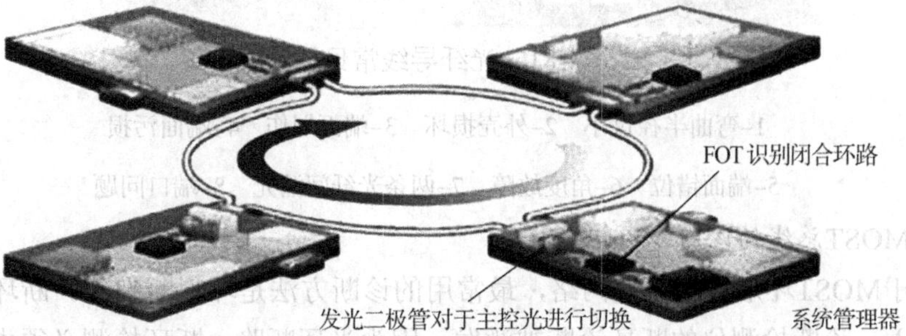

图4-80 主控光的传送

4. MOST-BUS的应用与检修

1) MOST与光纤的注意事项

(1) 光纤保护帽只有在安装时才能直接被卸下。

(2) 开口的光纤插头不允许触摸，不能被灰尘、油腻或其他液体弄脏。

(3) 出现各种形式的损坏或线束不完整，应立即申购。

(4) 光纤或空气管路的修理只允许由受过专业培训的人士进行。

(5) 所有损坏的插头要申报并做好记录。

(6) 线束只能按PDM说明图安装和连接。

(7) 未装的长线束打上活结。

(8) 线束不能从外部的破口处硬拉硬拽，只能从内向外推出。

(9) 插头和线缆不允许在地上拖拉。

(10) 不能踩在插头或导线上。

(11) 线束任一位置不允许折叠。

(12) 只有在确保必要的情况下才能断开控制单元插头和导线插头。

(13) 在断开控制单元插头和导线插头前，应确保数据总线处于睡眠模式。在解码器连接时，一定要读出并删除控制单元故障存储器中的所有故障，如有必要应进行调整。

2) 光纤导线常见故障

光纤导线常见故障如图4-81所示。

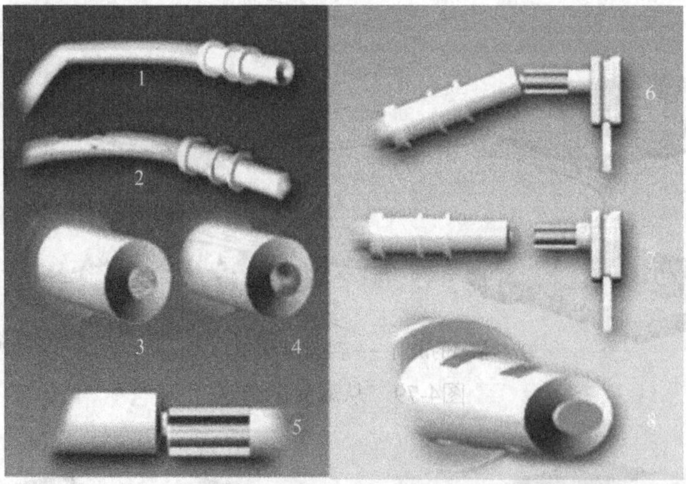

图4-81　光纤导线常见故障

1-弯曲半径过小　2-外壳损坏　3-端面划伤　4-端面污损

5-端面错位　6-角度故障　7-两条光纤间漏光　8-端口问题

3) MOST总线的诊断

对于MOST环形信息系统网络，最常用的诊断方法是环形断裂法。断环诊断通过网关导入，诊断检测仪的断环诊断被激发，因为光环断路，断环检测必须由星型连接的故障诊断线路点检测实现，并用断环诊断进行分析，以判断总线上的所有控制单元的电路和光路是否正常。系统出现故障的原因主要有以下几点。

(1) 环断(光纤压坏、剪断或者插头没插)；

(2) 控制单元没有电；

(3) 光纤变形；

(4) 发射、接收二极管有故障。

为分析断环出现的位置，零件清单、断环诊断应答等信息非常必要，如图4-82所示。环路环形断裂法诊断可以通过以下方式进行：激活诊断接口的执行元件测试，从诊断接口发一个电脉冲到诊断线上，所有控制单元发送光信号，所有控制单元检查电器功能，所有控制单元检查环路上运行的光信号是否到达入口，控制单元通过诊断线回答，通过环形顺序检查指出环路的断路位置。

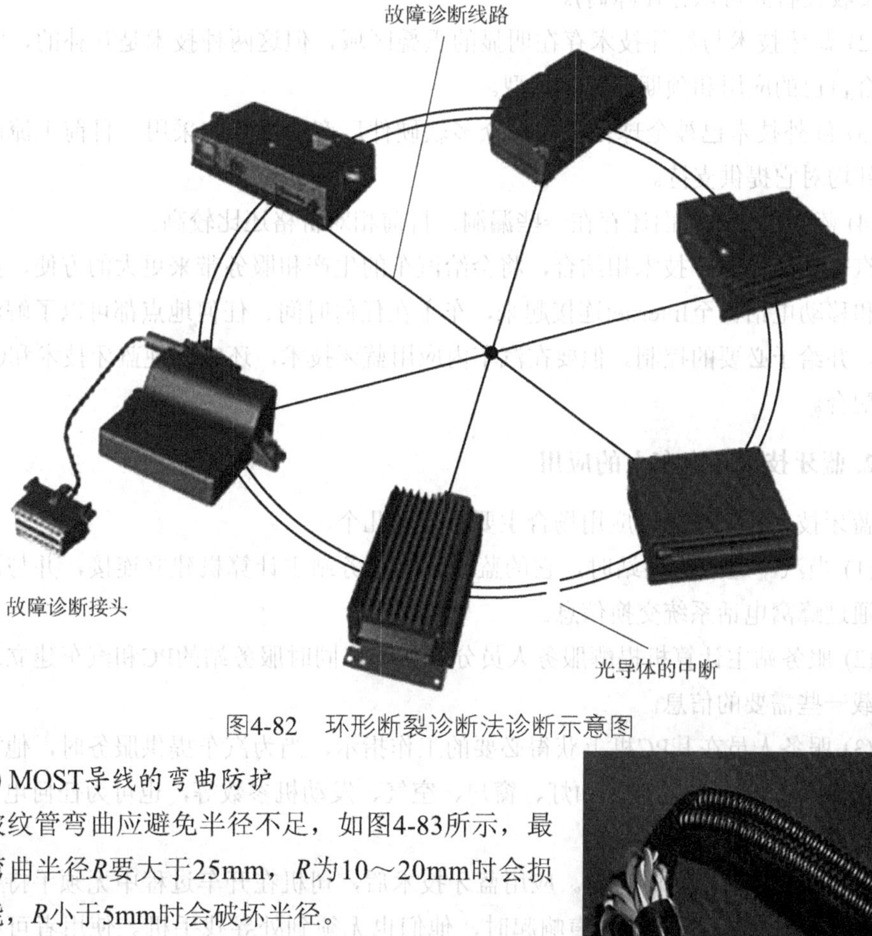

图4-82　环形断裂诊断法诊断示意图

4) MOST导线的弯曲防护

波纹管弯曲应避免半径不足，如图4-83所示，最小的弯曲半径R要大于25mm，R为10～20mm时会损害功能，R小于5mm时会破坏半径。

图4-83　MOST导线的弯曲防护

4.5.3 蓝牙BlueTooth结构原理

1. 概述

蓝牙(BlueTooth)是一种短距离无线通信技术。利用蓝牙技术，能有效简化与掌上电脑等移动通信终端设备间的通信，也能成功简化以上设备与INTERNET间的通信，从而使现代设备与因特网间的数据传输变得更加迅速高效，为无线电通信拓宽道路。蓝牙是世界著名的五家大公司——爱立信(Ericsson)、诺基亚(Nokia)、东芝(Toshiba)、国际商用机器公司(IBM)和英特尔(Intel)于1998年5月联合开发的一项技术。

蓝牙技术与红外技术主要有如下几方面区别。

(1) 蓝牙技术与红外技术相比的主要优势是，蓝牙传输不要求视线传输(即发送设备与接收设备间可以存在障碍)。

(2) 蓝牙技术与红外技术存在明显的重叠区域，但这两种技术是互补的，它们都有适合自己的应用和预期的使用模型。

(3) 红外技术已被全球范围内的众多软硬件厂商所支持和采用，目前主流的软件和硬件均对它提供支持。

(4) 蓝牙在安全方面还存在一些漏洞，目前相对价格还比较高。

汽车系统和蓝牙技术相结合，将会给汽车的生产和服务带来更大的方便，如果进一步和移动电话甚至Internet连接起来，车主在任何时间、任何地点都可以了解汽车的状况，并给予必要的控制。但要在汽车内应用蓝牙技术，还需要使蓝牙技术和CAN技术相配合。

2. 蓝牙技术在汽车上的应用

蓝牙技术在汽车上的应用场合主要有以下几个。

(1) 当汽车进入服务站时，它的蓝牙站和服务站主计算机建立连接，并与汽车计算机通过蜂窝电话系统交换信息。

(2) 服务站主计算机提醒服务人员分配任务，同时服务站的PC和汽车建立连接，并下载一些需要的信息。

(3) 服务人员在其PC机上获得必要的工作指示，当为汽车提供服务时，他可通过PC机控制和调节一些功能，如灯、窗户、空气、发动机参数等，也可为任何电子控制单元下载最新版本的软件。

(4) 手机的免提操作功能。应用蓝牙技术后，司机在开车过程中无须手持手机即可接听来电，并且当电话铃声响起时，他们也无须到处寻找手机。使用者可根据需要，选择由汽车制造商提供的标准或可选通信系统、售后汽车套件、无线扬声器配件以及无线耳机。

为使蓝牙技术在汽车领域中真正具有吸引力，必须能够在标准蓝牙MAC层与用户定制的MAC层之间切换。在汽车工业中把蓝牙技术用做CAN网络的网关，将使汽车具有更强的无线接口能力，从而具有更广阔的市场前景。在实际应用中，应将蓝牙单元安置在需要灵活电缆的地方，而不是仅仅与上文提到的蓝牙CAN网关通信，这样市场潜力会更大。如图4-84所示为2003款Audi A8轿车总线网络示意图。如图4-85所示为蓝牙技术在汽车中的拓扑结构图。

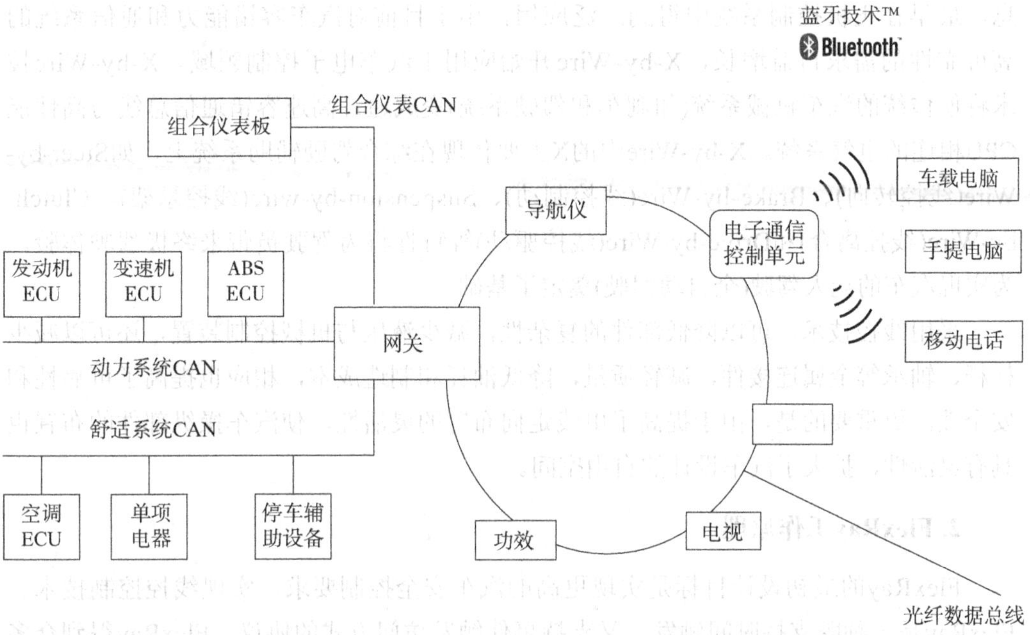

图4-84　2003款Audi A8轿车总线网络示意图

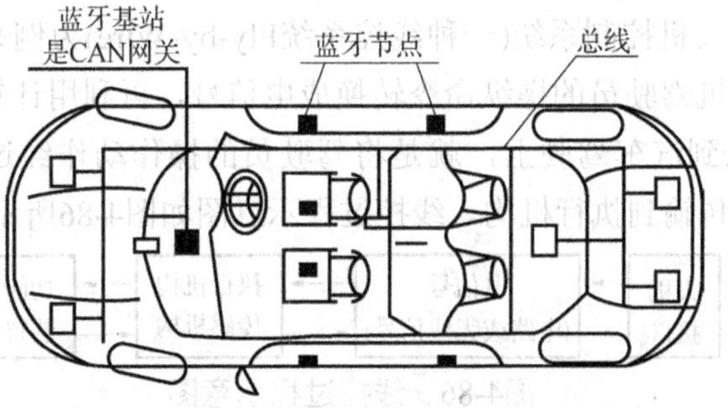

图4-85　蓝牙技术在汽车中的拓扑结构图

4.5.4 FlexRay结构原理

1. 概述

汽车电控系统日益复杂，对车辆安全性能的要求不断提高，CAN已不能完全满足分布式控制系统对通信时间离散性和延迟的要求，于是出现了一些新型的传输速率强、可靠性高、通信时间离散度小，并且延迟固定的车载通信网络协议。

以线控系统为主要应用目标的FlexRay是由BMW、Daimler Chrysler、Motorola、Philips等公司组成的FlexRay共同体，为车载系统高层网络和线控系统制定的通信标准，可视为Byte Flight协议的升级。

X-by-Wire，即线控系统，又称电传控制网络。线控技术采用导线实时传送信息，最早在飞机控制系统中得到广泛应用，由于目前对汽车容错能力和通信系统的高可靠性的需求日益增长，X-by-Wire开始应用于汽车电子控制领域。X-by-Wire技术将使传统的汽车机械系统(如刹车和驾驶系统)变成通过高速容错通信总线与高性能CPU相连的电气系统。X-by-Wire中的X主要体现在综合驾驶辅助系统上，如Steer-by-Wire(线控转向)、Brake-by-Wire(线控制动)、Suspension-by-wire(线控悬架)、Clutch-by-Wire(线控离合)和Drive-by-Wire(线控驱动)等特性将为驾驶员带来终极驾驶体验，为实现汽车的无人驾驶(全自动驾驶)奠定了基础。

采用线控技术，可以降低部件的复杂性，减少液压与机械控制装置，还可以减少杠杆、轴承等金属连接件，减轻质量，降低油耗和制造成本，相应也提高了可靠性和安全性。更重要的是，由于提高了电线走向布置的灵活性，使汽车操纵部件的布置也具有灵活性，扩大了汽车设计的自由空间。

2. FlexRay工作原理

FlexRay的最初设计目标是实现更高的汽车安全控制要求，实现线控控制技术。FlexRay是一种既支持时间触发，又支持事件触发访问方式的协议。FlexRay得到众多实力厂商的支持，是事实上的线控控制协议标准。

下面，我们以飞机控制系统(一种线控系统Fly-by-Wire)为例来介绍线控系统的工作过程：首先将飞机驾驶员的操纵命令转换成电信号，再利用计算机控制飞机飞行。这种控制方式引入到汽车驾驶上，就是将驾驶员的操作动作经过传感器转变成电信号，通过网络直接传输到执行机构。线控过程示意图如图4-86所示。

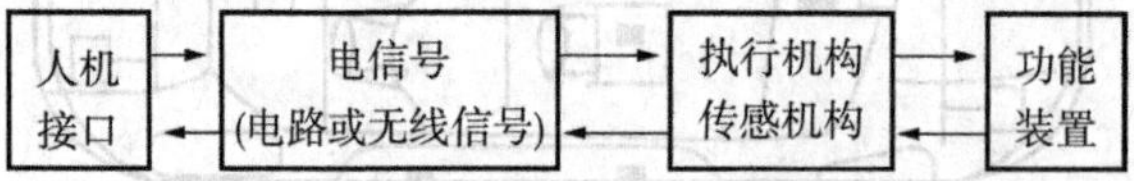

图4-86　线控过程示意图

FlexRay安全总线创立了大量的线控技术，如宝马的线控制动(Brake-by-Wire)分为电液制动系统EHB和电子机械制动系统EMB。电液制动系统EHB是将电子与液压系统相结合而形成的多用途、多形式的制动系统，EHB由电子系统提供柔性控制，由液压系统提供动力。而电子机械制动系统EMB则完全由电制动取代传统制动系统中的液压油或空气等传力介质，是制动控制系统的发展方向。

如图4-87所示为Steer-by-Wire系统原理图。在该系统中，无论是电控单元，还是传感器和执行器都有冗余备份，极大地增强了系统的安全性和可靠性。

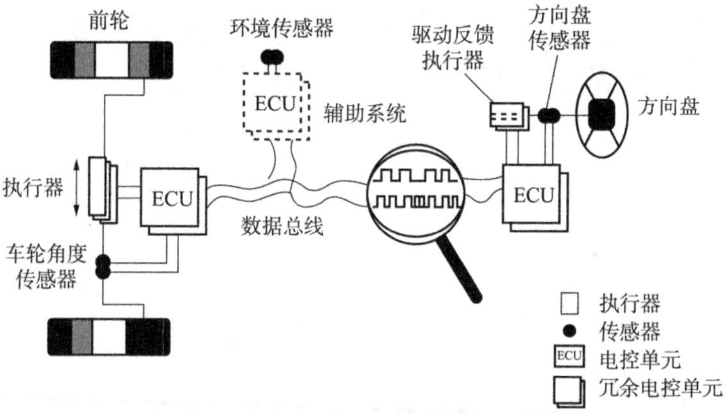

图4-87 Steer-by-Wire系统原理图

思考题

1. 比较LIN、CAN、MOST光纤、BlueTooth等通信协议间的差异及各自的应用范围。

2. 卡罗拉自动空调系统采用LIN协议后，空调控制单元与空调显示面板信号是如何传输的？

3. 大众奥迪A6L多媒体系统采用了MOST协议，为什么空调显示面板、多媒体系统显示面板及导航系统显示面板等可以合为一体？

4. 蓝牙功能在现代轿车中的主要应用场合有哪些？

参考文献

[1] 郑尧军，陈立旦，黄会明. 汽车车身电控技术[M]. 杭州：浙江大学出版社，2009.

[2] 李春明. 汽车车身电子技术[M]. 北京：北京理工大学出版社，2008.

[3] 毛峰. 汽车车身电控技术[M]. 北京：机械工业出版社，2010.

[4] 李勇. 汽车单片机与车载网络技术[M]. 北京：电子工业出版社，2011.

[5] 王锦俞，闵思鹏. 国产大众汽车车身电控系统检修[M]. 北京：机械工业出版社，2005.

[6] 杨庆彪. 大众车系新电器培训教程[M]. 北京：中国劳动社会保障出版社，2008.

[7] 杨庆彪. 丰田车系新电器培训教程[M]. 北京：中国劳动社会保障出版社，2008.

[8] 吴文琳，蚁文荣. 汽车舒适系统和电动控制装置维修精华[M]. 北京：机械工业出版社，2009.

[9] 李东江，宋良玉. 现代汽车用传感器及其故障检修技术[M]. 北京：机械工业出版社，1999.

[10] 张军，董长兴. 汽车总线系统检修[M]. 北京：北京理工大学出版社，2010.

[11] 尹力会. 汽车总线系统原理与检修[M]. 北京：机械工业出版社，2010.

[12] 吴基安. 汽车电子装置图解检修手册[M]. 北京：人民邮电出版社，2001.

[13] 汪立亮，徐寅生，杨生超. 电子巡航控制系统技术[M]. 北京：电子工业出版社，2000.

[14] 朱建风. 新款汽车自动空调诊断速查手册[M]. 北京：机械工业出版社，2009.

[15] 石哲. 新型进口汽车空调检修手册[M]. 福州：福建科学技术出版社，1999.

[16] 徐森，汪立亮，周玉茹. 现代汽车自动空调系统原理与检修[M]. 北京：电子工业出版社，2000.

[17] 齐志鹏. 汽车空调系统的结构原理与维修[M]. 北京：人民邮电出版社，2002.

[18] 郝君. 汽车自动空调[M]. 北京：高等教育出版社，2007.

[19] 杨庆彪. 现代轿车全车网络系统原理与维修[M]. 北京：国防工业出版社，2007.

[20] 李东江，张大成. 汽车车载网络系统(CAN-BUS)原理与检修[M]. 北京：机械工业出版社，2005.

[21] 李贵炎. 车载网络系统结构原理与维修[M]. 南京：江苏科学技术出版社，2008.

[22] 鲁植雄，赵兰英. 汽车多媒体和导航系统结构原理与维修[M]. 南京：江苏科学技术出版社，2007.

[23] 汪立亮，彭生辉，徐寅生. 现代汽车SRS原理与检修[M]. 北京：电子工业出版社，2001.

[24] 刘希恭. 凌志LS400轿车维修手册[M]. 沈阳：辽宁科学技术出版社，1999.

[25] 宋福昌. 凌志LS400皇冠CROWN 3.0轿车电脑控制系统结构与维修[M]. 北京：北京理工大学出版社，1998.

[26] 邵惠等. 佳美2.2 3.0维修手册[M]. 沈阳：辽宁科学技术出版社，1998.

[27] 燕洛沙. 新款雅阁轿车结构与维修[M]. 哈尔滨：黑龙江科学技术出版社，2000.

[28] 鲁植雄，韩英. 帕萨特B5轿车数据流分析图解[M]. 北京：电子工业出版社，2004.